O Banco Mundial como ator político, intelectual e financeiro 1944-2008

João Márcio Mendes Pereira

O Banco Mundial como ator político, intelectual e financeiro 1944-2008

CIVILIZAÇÃO BRASILEIRA

Rio de Janeiro
2010

Copyright ©2010, João Márcio Mendes Pereira

PROJETO GRÁFICO
Evelyn Grumach e João de Souza Leite

CAPA
Hip Design

CIP-BRASIL. CATALOGAÇÃO-NA-FONTE
SINDICATO NACIONAL DOS EDITORES DE LIVROS, RJ

P492b
Pereira, João Márcio Mendes, 1977-
O Banco Mundial como ator político, intelectual e financeiro (1944-2008) / João Márcio Mendes Pereira. – Rio de Janeiro: Civilização Brasileira, 2010.
il.

Inclui bibliografia
ISBN 978-85-200-0995-6

1. Banco Mundial – História. 2. Economia – História. 3. Globalização – Aspectos econômicos. I. Título.

10-4118
CDD: 332.1
CDU: 336.7

EDITORA AFILIADA

Todos os direitos reservados. Proibida a reprodução, armazenamento ou transmissão de partes deste livro, através de quaisquer meios, sem prévia autorização por escrito.

Texto revisado segundo o novo Acordo Ortográfico da Língua Portuguesa.
Direitos desta tradução adquiridos pela
EDITORA CIVILIZAÇÃO BRASILEIRA
Um selo da
EDITORA JOSÉ OLYMPIO LTDA
Rua Argentina 171 – 20921-380 – Rio de Janeiro, RJ – Tel.: 2585-2000

Seja um leitor preferencial Record.
Cadastre-se e receba informações sobre nossos lançamentos e nossas promoções.

Atendimento e venda direta ao leitor:
mdireto@record.com.br ou (21) 2585-2002.

Impresso no Brasil
2010

A grande política compreende as questões ligadas à fundação de novos Estados, à luta pela destruição, pela defesa, pela conservação de determinadas estruturas econômico-sociais. A pequena política compreende as questões parciais e cotidianas que se apresentam no interior de uma estrutura já estabelecida em decorrência de lutas pela predominância entre as diversas frações de uma mesma classe política. Portanto, é grande política tentar excluir a grande política do âmbito interno da vida estatal e reduzir tudo à pequena política (...). Os mesmos termos se apresentam na política internacional.

Antonio Gramsci,
Breves notas sobre a política de Maquiavel (1932-34)

Para Mazi

Agradecimentos

Parte expressiva da literatura internacional necessária à realização deste trabalho — originalmente defendido como tese de doutoramento no Programa de Pós-graduação em História da Universidade Federal Fluminense — foi obtida graças ao apoio inestimável de algumas pessoas. Agradeço, por isso, a Carmen Alveal, Luiz Bernardo Pericás, Sérgio Sauer, Fabrizio Rigout, Miguel Carter, Pilar Gamero, Flaviane e Flávia Canavesi, Lisa Viscidi, Marcela Pronko, Roberto Leher e Guillermo Almeyra. Agradeço também a João Paulo Rodrigues e Marina dos Santos por viabilizarem o acesso a documentos e livros localizados em bibliotecas de Brasília.

Sou grato aos professores que compuseram a banca examinadora por seus comentários, questionamentos e sugestões. Em particular, a Carlos Walter Porto-Gonçalves e a Roberto Leher, que também compuseram a banca de qualificação e me brindaram com sugestões decisivas para os rumos da pesquisa.

Agradeço a Eduardo Barcelos por haver confeccionado os mapas apresentados aqui.

Meu reconhecimento integral à professora Virgínia Fontes, por anos de interlocução rigorosa, franqueza no trato pessoal e encorajamento à ousadia intelectual. Foi uma grande honra para mim ter contado com o seu apoio e sua confiança nessa jornada.

Devo dizer, por fim, que não teria feito essa travessia sem a presença, o cuidado e o amor da minha mulher, Márcia. Por tudo que vivemos, é a ela que dedico esta pesquisa.

Sumário

LISTA DE ABREVIATURAS E SIGLAS   *13*
LISTA DE TABELAS   *15*
LISTA DE MAPAS E GRÁFICOS   *19*
PREFÁCIO   *21*
INTRODUÇÃO   *29*

CAPÍTULO 1
Grupo Banco Mundial: estrutura e divisão interna de trabalho   *37*
ORGANIZAÇÕES QUE COMPÕEM O GRUPO BANCO MUNDIAL   *39*
   Banco Internacional para a Reconstrução e o Desenvolvimento (Bird)   *39*
   Associação Internacional de Desenvolvimento (AID)   *51*
   Corporação Financeira Internacional (CFI)   *64*
   Centro Internacional para Conciliação de Divergências em
   Investimentos (CICDI)   *65*
   Agência Multilateral de Garantias de Investimentos (AMGI)   *66*
   Instituto do Banco Mundial (IBM)   *67*
   Painel de Inspeção   *69*
PARCERIAS E INICIATIVAS MULTILATERAIS EM CURSO   *72*
INSTÂNCIAS DE DECISÃO, GOVERNANÇA E DISTRIBUIÇÃO DO PODER DE VOTO   *76*

CAPÍTULO 2
Do nascimento à consolidação — 1944-1962   *95*
BRETTON WOODS   *97*
NASCIMENTO E PRIMEIRAS DEFINIÇÕES ESTRATÉGICAS   *105*
INÍCIO DA GUERRA FRIA   *109*
GANHANDO A CONFIANÇA DE WALL STREET   *118*
MODUS OPERANDI: DINHEIRO, IDEIAS E INFLUÊNCIA POLÍTICA   *128*
PRESSÕES CRUZADAS E AMPLIAÇÃO INSTITUCIONAL   *142*

O BANCO MUNDIAL COMO ATOR POLÍTICO, INTELECTUAL E FINANCEIRO

CAPÍTULO 3
Crescimento acelerado, diversificação de ações e ampliação do raio de influência — 1963-1968 *153*

CAPÍTULO 4
Desenvolvimento como segurança, assalto à pobreza e início do ajustamento estrutural: os anos McNamara — 1968-1981 *175*
EXPANSÃO OPERACIONAL: SETORES E REGIÕES *177*
CONSTRUÇÃO POLÍTICO-INTELECTUAL DO "ASSALTO À POBREZA":
TEORIA E RESULTADOS *195*
ENDIVIDAMENTO ACELERADO, FUGAS PARA FRENTE E INÍCIO DO AJUSTAMENTO
ESTRUTURAL *226*

CAPÍTULO 5
Ajustamento estrutural, consolidação do programa político neoliberal e embates socioambientais — 1981-1995 *239*
A POLÍTICA DO AJUSTAMENTO ESTRUTURAL: DIMENSÕES E TENSIONAMENTOS *242*
FIM DA GUERRA FRIA, CONSENSO DE WASHINGTON E IMPULSO À NEOLIBERALIZAÇÃO *274*
DETERIORAÇÃO DA IMAGEM PÚBLICA E CONTRAOFENSIVA INSTITUCIONAL *302*
PESQUISA, CONHECIMENTO E MECANISMOS DE REPRODUÇÃO DO PARADIGMA
DOMINANTE *314*
CINQUENTA ANOS DE BRETTON WOODS: CRÍTICAS E EMBATES SOBRE O PAPEL
DO BANCO MUNDIAL *319*

CAPÍTULO 6
Reciclagem e dilatação do programa político neoliberal — 1995-2008 *327*
COOPTAÇÃO, CONSENTIMENTO E INTERNALIZAÇÃO DA DOMINAÇÃO:
A POLÍTICA DE WOLFENSOHN *331*
RECICLAGEM E DILATAÇÃO DO PROGRAMA POLÍTICO NEOLIBERAL *363*
CONTROVÉRSIAS EM WASHINGTON E REAFIRMAÇÃO DA *REALPOLITIK*
ESTADUNIDENSE — 1998-2000 *404*
OPERAÇÕES FINANCEIRAS POR SETORES E REGIÕES *429*
PESQUISA, CONHECIMENTO E MECANISMOS DE REPRODUÇÃO DO PARADIGMA
DOMINANTE *444*
DE 2005 A MEADOS DE 2008: O BANCO MUNDIAL SOB WOLFOWITZ E ZOELLICK *464*

CONSIDERAÇÕES FINAIS *473*
BIBLIOGRAFIA E DOCUMENTOS CITADOS *479*
REPORTAGENS CITADAS *499*
PÁGINAS ELETRÔNICAS CONSULTADAS *501*

Lista de abreviaturas e siglas

ADM — Agência de Desenvolvimento Mundial

AID — Associação Internacional de Desenvolvimento

AMGI — Agência Multilateral de Garantias de Investimentos

AOD — Ajuda Oficial ao Desenvolvimento

BAD — Banco de Desenvolvimento Asiático

BAfD — Banco de Desenvolvimento Africano

Berd — Banco Europeu para a Reconstrução e o Desenvolvimento

BID — Banco Interamericano de Desenvolvimento

Bird — Banco Internacional para a Reconstrução e o Desenvolvimento

BIS — Banco de Compensações Internacionais

BMD — Banco Multilateral de Desenvolvimento

CAD — Comitê de Ajuda ao Desenvolvimento

CDM — Conta do Desafio do Milênio

Cepal — Comissão Econômica para a América Latina e o Caribe

CFI — Corporação Financeira Internacional

CGIAR — Grupo Consultivo para a Pesquisa Agrícola Internacional

CIA — Agência Central de Inteligência

CICDI — Centro Internacional para Conciliação de Divergências em Investimentos

CMB — Comissão Mundial de Barragens

Delp — Documento Estratégico de Redução da Pobreza

DRI — Desenvolvimento Rural Integrado

Escap — Comissão Econômica e Social para a Ásia e o Pacífico

EUA — Estados Unidos da América

FAO — Organização das Nações Unidas para Agricultura e Alimentação

FMI — Fundo Monetário Internacional

Gatt — Acordo Geral sobre Tarifas e Comércio

GBM — Grupo Banco Mundial
IBM — Instituto do Banco Mundial
ICMM — Conselho Internacional de Mineração & Metais
IDE — Instituto de Desenvolvimento Econômico
IDS — Institute of Development Studies
Ifad — Fundo Internacional para o Desenvolvimento Agrícola
IFI — Instituição Financeira Internacional
MIT — Massachusetts Institute of Technology
Nafta — Tratado Norte-Americano de Livre Comércio
NEI — Nova Economia Institucional
OCDE — Organização para a Cooperação e o Desenvolvimento Econômico
OECE — Organização Europeia de Cooperação Econômica
OIT — Organização Internacional do Trabalho
OMC — Organização Mundial do Comércio
OMS — Organização Mundial da Saúde
ONG — Organização Não Governamental
ONU — Organização das Nações Unidas
Otan — Organização do Tratado do Atlântico Norte
PAE — Programa de Ajustamento Estrutural
PIB — Produto Interno Bruto
Pnud — Programa das Nações Unidas para o Desenvolvimento
PPME — Países Pobres Muito Endividados
RDM — Relatório sobre o Desenvolvimento Mundial
RIE — Revisão das Indústrias Extrativas
Sapri — Revisão Participativa do Ajustamento Estrutural
Saprin — Rede da Revisão Participativa do Ajustamento Estrutural
Sunfed — Fundo Especial das Nações Unidas para o Desenvolvimento
   Econômico
Unctad — Conferência das Nações Unidas sobre Comércio e
   Desenvolvimento
Unesco — Organização das Nações Unidas para a Educação, a Ciência e a
   Cultura
Unicef — Fundo das Nações Unidas para a Infância
URSS — União das Repúblicas Socialistas Soviéticas
Usaid — Agência dos Estados Unidos para o Desenvolvimento Internacional

Lista de Tabelas

1.1 Países elegíveis ao Bird, à AID e a ambos por região — 30 de junho de 2008	41
1.2 Sumário de empréstimos do Bird, 15 maiores mutuários — 30 de junho de 2007	47
1.3 Sumário geral de empréstimos do Bird — 30 de junho de 2007	49
1.4 Movimentação financeira do Bird — 1995-2008	52
1.5 Reposições da AID por país e período — 1961-2011	55
1.6 Financiamento da AID — 1994-2011	56
1.7 Sumário de créditos da AID, 15 maiores mutuários — 30 de junho de 2007	58
1.8 Sumário geral de créditos da AID — 30 de junho de 2007	60
1.9 Movimentação financeira da AID — 1995-2008	63
1.10 Compromissos financeiros da CFI — 2000-2008	65
1.11 Denúncias apresentadas ao Painel de Inspeção — 12 de novembro de 2008	71
1.12 Organizações financeiras internacionais associadas ao Banco Mundial — 30 de junho de 2008	73
1.13 Principais parcerias multilaterais do Banco Mundial — 30 de junho de 2008	73
1.14 Estados-membros e poder de voto no Bird — 30 de junho de 2007	77
1.15 Estados-membros e poder de voto na AID — 30 de junho de 2007	79
1.16 Poder de voto dos membros mais poderosos no Bird, anos selecionados	82
1.17 Poder de voto no Bird e posição na economia internacional — 30 de junho de 2007	83
1.18 Poder de voto dos diretores-executivos do Bird — 30 de junho de 2007	85
1.19 Presidentes do Banco Mundial desde 1946	90

O BANCO MUNDIAL COMO ATOR POLÍTICO, INTELECTUAL E FINANCEIRO

2.1 Subscrições de capital e poder de voto no Bird — agosto de 1947   116

2.2 Distribuição geográfica dos gastos efetuados com os empréstimos do Banco Mundial — 1946-1962   127

2.3 Empréstimos do Bird e créditos da AID para desenvolvimento — 1947-1969   130

2.4 Empréstimos para desenvolvimento concedidos pelo Banco Mundial — 1948-1961   132

2.5 Compromissos financeiros anuais do Bird com países menos desenvolvidos (1948-1961)   133

3.1 Posição do Banco Mundial entre bancos globais por ativos — anos fiscais selecionados   155

3.2 Tamanho do Banco Mundial: crescimento por períodos — de 1948-1949 até 1993-1994   159

3.3 Tamanho do Banco Mundial: crescimento anual — de 1948-1949 até 1993-1994   160

3.4 Volume de empréstimos do Banco Mundial entre 1961-1969 por países   161

3.5 Volume de empréstimos do Banco Mundial — 1961-1969   164

3.6 Alocação setorial dos empréstimos do Banco Mundial (Bird e AID) — 1961-1969   166

4.1 Compromissos financeiros do Grupo Banco Mundial por região — 1946-1973   184

4.2 Empréstimos do Banco Mundial durante a gestão McNamara — 1969-1982   184

4.3 Empréstimos do Banco Mundial durante a gestão McNamara — 1969-1982 (percentual)   186

4.4 Empréstimos para o setor agropecuário por região — 1959-1995   192

4.5 Distribuição dos projetos para agropecuária e desenvolvimento rural — 1965-1982   210

4.6 Distribuição dos projetos para agropecuária e desenvolvimento rural por região — 1965-1986   211

4.7 Distribuição dos projetos para agropecuária e desenvolvimento rural aprovados por subsetor — 1965-1973   213

4.8 Distribuição dos projetos aprovados para agricultura e desenvolvimento rural por subsetor — 1974-1986   214

4.9 Dez principais mutuários do Bird e da AID — 30 de junho de 1981   238

LISTA DE TABELAS

5.1 Compromissos financeiros do Banco Mundial para fins de
ajustamento por região — 1980-1993 — 251

5.2 Empréstimos do Bird e da AID por setor — 1982-1989 — 253

5.3 Distribuição regional dos empréstimos do Banco Mundial
— 1982-1991 — 254

5.4 Dívida externa total (pública e privada) dos países em
desenvolvimento — 1970-2004 — 256

5.5 Dívida dos países em desenvolvimento com o Bird — 1970-2004 — 257

5.6 Atividades de ensino e assistência institucional realizadas pelo
Instituto de Desenvolvimento Econômico — 1983-1990 — 259

5.7 Empréstimos do Banco Mundial para setores com foco no
aliviamento da pobreza — 1981-1993 — 265

5.8 O consenso de Washington original — 276

5.9 Empréstimos do Bird e da AID por setor — 1990-1995 — 287

5.10 Projetos do Banco Mundial em colaboração com ONGs,
por regiões e setores — 1974-1995 — 292

5.11 Periodização da implementação das reformas neoliberais
na América Latina, segundo o *mainstream* — 295

5.12 Distribuição regional dos empréstimos do Bird — 1983-1995 — 297

5.13 Distribuição regional dos créditos da AID — 1983-1995 — 298

5.14 Atividades de ensino e assistência institucional realizadas pelo
Instituto de Desenvolvimento Econômico, por setor e região
— 1991-1993 — 299

5.15 Financiamentos do Banco Mundial para projetos ambientais —
1986-1998 — 309

6.1 Projetos do Banco Mundial em colaboração com ONGs,
por regiões e setores — 1987-1999 — 336

6.2 Políticas de estabilização monetária e liberalização econômica na
América Latina e no Caribe — 1975-1995 — 364

6.3 Os estágios da liberalização econômica, segundo o *mainstream*
neoliberal — 372

6.4 Matriz de políticas para implementação do Marco Integral de
Desenvolvimento — 1999 — 397

6.5 Consenso de Washington original (final dos anos 1980)
e ampliado (final dos anos 1990) — 403

6.6 Superposição dos empréstimos dos bancos regionais de
desenvolvimento e do Banco Mundial — 1996-1998 — 413

O BANCO MUNDIAL COMO ATOR POLÍTICO, INTELECTUAL E FINANCEIRO

6.7 Indicadores de desempenho da Conta do Desafio do Milênio — 427

6.8 Compromissos financeiros do Banco Mundial — 1990-2008 — 432

6.9 Empréstimos para fins de ajustamento estrutural e setorial do Banco Mundial — 1994-2000 — 433

6.10 Empréstimos para fins de ajustamento estrutural e setorial do Banco Mundial — 2001-2008 — 434

6.11 Compromissos financeiros para fins de ajustamento do Banco Mundial por região — 1996-2004 — 435

6.12 Empréstimos do Banco Mundial por tópico e setor — 1995-2008 — 437

6.13 Empréstimos do Banco Mundial por tópico e setor — 1995-2008 (percentual) — 439

6.14 Empréstimos do Bird e da AID por tópico e setor — 2002-2008 — 441

6.15 Distribuição regional dos empréstimos do Banco Mundial — 1992-2008 — 443

6.16 Empréstimos do Bird por tema e setor e por região — 1990-2003 — 446

6.17 Empréstimos do Bird por tema e setor e por região — 1990-2003 (percentual por região) — 448

6.18 Créditos da AID por tema e setor e por região — 1990-2003 — 450

6.19 Créditos da AID por tema e setor e por região — 1990-2003 (percentual por região) — 452

6.20 Empréstimos do Banco Mundial (Bird e AID) por tema e setor e por região — 1990-2003 (percentual) — 454

6.21 Empréstimos do Banco Mundial (Bird e AID) por região — 1990-2003 (percentual) — 456

6.22 Distribuição regional dos empréstimos do Bird — 1995-2008 (percentual) — 458

6.23 Distribuição regional dos créditos da AID — 1995-2008 (percentual) — 459

Lista de mapas e gráficos

Mapa 1.1 Países elegíveis ao Bird, à AID e a ambos — 30 de junho
de 2008 — 42

Mapa 1.2 Países elegíveis a empréstimos do Banco Mundial
(Bird e AID) por região — 30 de junho de 2008 — 43

Mapa 1.3 Quinze maiores mutuários do Bird — 30 de junho de 2007 — 48

Mapa 1.4 Quinze maiores mutuários da AID — 30 de junho de 2007 — 59

Mapa 1.5 Poder de voto no Bird (15 maiores acionistas) — 30 de junho
de 2007 — 81

Mapa 3.1 Volume de empréstimos para os clientes do Banco Mundial
— 1961-1969 — 163

Gráfico 6.1. Grupos dentro do Banco Mundial que produzem
pesquisa — maio de 2006 — 460

Prefácio

História contemporânea, ciência e política: uma mesma vocação

O Banco Mundial, muito mais do que um banco, enfeixa um complexo de entidades e uma gigantesca base de ação econômica, social, intelectual e ideológica, o que é magistralmente esmiuçado neste livro. Porém o resultado dessa análise incisiva é, acima de tudo, uma obra de História Contemporânea em seu sentido mais pleno. Estudar o funcionamento do Grupo Banco Mundial, na cuidadosa maneira como fez João Márcio, envolveu esmiuçar as múltiplas conexões internacionais que tecem a hierarquia entre os países, organizam a desigualdade econômica e promovem convencimento, o qual, apoiando-se em inúmeras e variadas imposições e sanções, levam a crer que o mundo sob o qual vivemos é a única maneira possível de produzir a existência.

Este livro é uma verdadeira joia de pesquisa, apesar dos inúmeros óbices que se interpuseram para a localização e disponibilização de documentos sobre o Grupo Banco Mundial. Defrontando-se com documentação de difícil acesso e trato árido, João Márcio Mendes Pereira cresceu como pesquisador a cada obstáculo, deslindando o que se procurava ocultar em documentos impessoais. Constitui uma rara lição de metodologia de pesquisa aos que pretendem compreender e explicar instituições que se apresentam como meramente econômicas. Contesta na prática os que imaginam que a documentação institucional não permite identificar lutas e embates políticos e delas extrair as formas dominantes de subjetivação, mesmo difusas.

João Márcio conseguiu trazer à tona um variado processo histórico composto de arranjos, correlações de força e de tensões, desvelando a imbricação entre grandes empresas, fundações e governos na consolidação internacional e internacionalizada de estruturas produtivas, de políticas econômicas e de preparação intelectual de dirigentes para o capital nos mais diferentes países. Partindo de números frios, pacientemente correlacionou os dados de maneira a desvendar uma extensa teia de relações econômicas, sociais e intelectuais no plano internacional.

Este livro mantém cuidadosa distância de qualquer proselitismo e averigua cautelosa mas corajosamente as tensões internas e as estreitas conexões entre as opções e inflexões do Banco Mundial e os conflitos específicos da política norte-americana. Sua contribuição é inestimável ao mostrar como se generaliza internacionalmente uma *forma peculiar de política*, elaborada e/ou referendada pelo Grupo Banco Mundial e incorporada institucionalmente, de maneira mais ou menos velada, pelos demais países. A dialética da relação entre os âmbitos nacionais e as instituições internacionais voltadas para a disseminação e a conservação da ordem do capital-imperialismo ganha relevo e substância neste livro, que demonstra ao mesmo tempo a rígida crispação da desigualdade e a imposição de flexível mobilidade oferecida para quantidades cada vez mais faraônicas de capitais procurando valorização.

É quase impossível destacar um aspecto isolado deste formidável trabalho, uma vez que as relações estão apresentadas como são na vida real, entrelaçadas. No entanto, vale atentar para algumas questões, ainda insuficientemente exploradas na literatura crítica, pela magnitude de suas implicações na vida social da grande maioria da população do planeta, e levar em conta a força com a qual penetraram nas políticas públicas e nos partidos políticos de inúmeros países. Em primeiro lugar, a conversão ideológica realizada em fins da década de 1960 pelo Banco Mundial, procurando afogar a luta social pela igualdade sob uma maré, mais discursiva do que efetiva, do "assalto à pobreza", realizado por meio de políticas de gotejamento. Essa prática constituiria a base para desdobramentos ulteriores de uma pobretologia que, apresentada com todas as letras neste livro, tinha como um de seus elementos centrais a tentativa de apagar as razões do próprio aprofundamento internacional da pobreza, diretamente ligado à expansão internacional capitalista e às sucessivas expropriações que promove.

HISTÓRIA CONTEMPORÂNEA, CIÊNCIA E POLÍTICA

Em segundo lugar, a íntima conexão entre produção científica, grandes empresas, fundações internacionais, governos — em primeiro e central lugar, o dos Estados Unidos — e o Banco Mundial na promoção, no apoio e na generalização de uma agricultura capitalista de grandes extensões, impregnada de tecnologia e de defensivos, devoradora de terras, que posteriormente se converteria em base da produção de transgênicos.

Finalmente, gostaria de sublinhar a imbricação profunda entre aparelhos de hegemonia com claras origens nacionais, que se apresentam sob o rótulo de sociedade civil, Estados e o Grupo Banco Mundial. Novamente, não se trata de uma relação mecânica. Além da intimidade de algumas fundações com o Banco Mundial, como a Ford Foundation, ocorreram também aqui tensões e embates em âmbito internacional. Na última década, vem ocorrendo acelerado processo de incorporação seletiva ao Grupo Banco Mundial de algumas entidades associativas internacionais consideradas "maduras", tendo como contrapartida o isolamento e a fragmentação das questões trazidas por outras entidades, apresentadas como "imaturas". Embora não seja este o alvo deste livro, merecem nossa atenção os procedimentos de criminalização incidindo sobre movimentos sociais no âmbito internacional, em especial sobre aqueles que persistem em organizar setores populares contra a dinâmica destrutiva do capital ou, mesmo, endinheiradas campanhas de descrédito lançadas sobre aqueles que se limitam a explicitar os dramáticos efeitos das políticas impostas pelo Grupo Banco Mundial.

A atuação cosmopolita dessa agência internacional a serviço da expansão do capital, respondendo sobretudo às injunções da política dominante dos Estados Unidos, procura incorporar terrenos cada vez mais extensos da formulação intelectual, avassalando enorme espectro de reivindicações de cunho mais ou menos pontual que se disseminavam no cenário internacional.

Não vou me alongar mais na apresentação deste que, como qualquer bom livro, absorve o leitor ao compartilhar com ele um universo que, aparentemente cotidiano, se revela pleno de surpresas.

Gostaria de me dedicar agora a outro aspecto, prosaico e afetuoso: refiro-me à grande amizade que me liga a João Márcio. Como transferir uma experiência vivida para uma tela em branco que se converterá em prefácio, algo que conserva sempre um aspecto muito formal? Ainda mais, um prefácio de um livro que resulta de uma tese de doutorado da qual tive a satisfação de ser a orientadora. Procurarei trazer para o leitor alguns dos aspectos mais sensíveis dos encontros que povoaram uma grande amizade.

Conheci João Márcio quando ele cursava sua graduação em História na Universidade Federal Fluminense, onde eu lecionava. Ficamos amigos. Se a memória não me trai, nos conhecemos num curso no qual procurei debater cuidadosamente Karl Marx e Max Weber, comparando seus pressupostos metodológicos e as análises históricas realizadas sobre a emergência do capitalismo. Mesmo que não tenha sido naquele curso o nosso encontro, certamente as questões que ali eram tratadas povoaram nossas conversas.

Aliás, sequer estava em discussão naquele curso o famosíssimo livro de Max Weber, *Ciência e política: duas vocações*, editado no Brasil pela Cultrix, de São Paulo, em 1970. Com tranquilidade, porém, considero que, para a amizade construída com João Márcio, era evidente a impossibilidade de escolher, como sugeriu Weber, entre a ética do cientista, feita de convicção, e a ética do político, costurada pela responsabilidade da ação imediata e tingida de pragmatismo. Para Weber, o cientista se pauta pelo valor do conhecimento, elaborado através de firmes procedimentos metodológicos, e deve apresentar os resultados, por mais incômodos que eles se revelem para suas próprias crenças e expectativas. Já os políticos, para ele, são guiados pela responsabilidade, precisam aceitar interesses e valores contraditórios e muitas vezes precisam ocultar seus verdadeiros sentimentos e suas dúvidas. A acuidade de Weber e seu refinamento em apresentar a diferença entre ciência e política se ressente, todavia, da dicotomização paradoxal na qual ele se encerrou. A suposição de partida separa profissionais, da política ou da ciência, sem questionar ou indagar a que responde tal divisão social do trabalho. Naturaliza, portanto, algo que não é necessário e nem sempre existente na história da humanidade.

Decerto, vivemos em sociedades com uma dramática divisão social do trabalho, cuja análise nos ajuda a compreender o sofrimento expresso por Weber. Não obstante não se ocupar com este aspecto crucial do problema, Weber instiga e inquieta, ao considerar que os valores mais caros a cientistas e políticos tornam-se irredutivelmente incompatíveis. O elaborado impasse ao qual ele nos conduz pode, entretanto, disseminar uma paralisia feita de desilusão, porém bastante confortável: libera ficticiamente um e outro — cientista e político — para o descompromisso com seus mais altos valores, irremediavelmente dualizados. Aos cientistas, secundariza a responsabilidade. Aos políticos, deixa em segundo plano a busca da compreensão do conjunto da vida social e a convicção forjada pelo conhecimento.

Assim, para muitos, a busca desinteressada de conhecimento se converte em aplicação sistematizada e muitas vezes mecânica de técnicas de pesquisa, no máximo voltada para as angústias e inquietudes do próprio pesquisador, que, em muitos casos, apenas reflete sua ânsia de fazer uma carreira acadêmica. Trata-se do "desinteresse interessado" sobre o qual já escreveram Robert Merton e Pierre Bourdieu. Outros se sentem autorizados a ignorar o fato de que suas pesquisas repousam sobre enorme manancial histórico de tentativas de compreensão e explicação do mundo realizadas pela humanidade e se limitam a fazer investigações com requintadas técnicas, mas sobre temas inócuos. Melhor dizendo, sobre temas apenas aparentemente inócuos, pois tendem em geral a reiterar o mundo tal como está, como se fosse necessário e insuperável. Muitos desconsideram que, se é certo que a procura do conhecimento não deve se reduzir a seu alcance pragmático ou utilitário, não deve se descomprometer das condições da existência humana.

Se, como queria Weber, é fundamental averiguar a fundo os elementos desconfortáveis para suas próprias opções teóricas, não basta fazê-lo de maneira aligeirada, e sim realizar uma rigorosa crítica de pressupostos teóricos e das implicações intelectuais e sociais da produção científica e dos diferentes tipos de valores que nela circulam. A lição de Marx ao elaborar sua formidável crítica da economia política subjaz ao longo de todo este livro.

Infelizmente, em nossos dias, ao contrário desse penoso, mas gratificante trabalho, muitos confortavelmente desprezam as consequências sociais de suas pesquisas, separando o valor do conhecimento do valor da vida humana.

Aos políticos, a prédica de Weber pode resultar numa "liberação" para inúmeros tipos de compromisso, de maneira a atingir objetivos não necessariamente explicitados, uma vez que a ética da responsabilidade sugerida por ele autoriza tanto o "segredo de Estado" — o que seria, a princípio, recusado ao cientista — quanto definições arbitrárias de "valores supremos", definidos pela própria personalidade do líder ou resultantes das características da dominação segundo a qual se delineia sua própria prática profissional. Com Marx, e em seguida com Antonio Gramsci, entretanto, a luta se revelava mais profunda: não basta estabelecer procedimentos para as decisões de dirigentes, mas apontar a todo o tempo o processo pelo qual se recompõem as clivagens entre dirigentes e dirigidos. Ler Weber ajuda a conhecer os desafios e as contradições que as duas vocações encerram; posto vivermos numa sociedade, a divisão social do trabalho se apresenta como rigidamente cristalizada.

Contudo, o desafio que nutria a amizade crescente com João Márcio era o de combater exatamente esse enrijecimento, procurando aliar a rigorosa atividade de pesquisador à militância consciente. A opção weberiana crispava o devir histórico, separava valores que precisam caminhar juntos, mesmo que não idênticos. Com Marx, abriam-se possibilidades mais amplas para compreender a estreita vinculação do conhecimento com a militância, nenhum dos dois reduzido a uma profissão, mas tornados partes integrantes da própria existência.

Assim, mais do que uma oposição entre profissões incompatíveis, o dilema incidia sobre a própria existência social. Em longas conversas com João Márcio, ficava clara a importância de enfrentar autores com pressupostos distintos dos nossos e, por vezes, até mesmo francamente contraditórios. Conversávamos sobre isso, líamos muito mais do que os autores com os quais concordávamos, recuperando uma experiência da existência humana mais ampla do que os rótulos podem encerrar.

As disjuntivas opondo convicção e responsabilidade não são falsas. Mas podem ser dramaticamente insuficientes, uma vez que existir no mundo, tendo a coragem de enfrentar seu pleno significado, exige enfrentar essas disjuntivas conjuntamente e não abdicar, de maneira terrivelmente sofrida — como o foi para Weber, aliás — de uma ou de outra. Aceitar ser ora responsável e pragmático, ser político, ou ora convictos e pesquisadores sérios, ser cientistas, era apenas a confissão de uma enorme impotência. Muitas vezes conversamos sobre o horror da amputação de um dos dois lados da existência humana — a convicção contraposta à responsabilidade, a ação desencadeada independentemente da reflexão — e até mesmo contra ela.

HISTÓRIA CONTEMPORÂNEA, CIÊNCIA E POLÍTICA

Weber provavelmente jamais foi enunciado de forma explícita, nas diferentes ocasiões em que conversei com João Márcio. Mas era em torno dessas questões que nossos debates cresciam. Como conhecer e explicar o mundo sem abdicar dele? Este livro é a demonstração de que isso é não só possível, mas a cada dia mais urgente. João Márcio demonstra que o conhecimento engajado é uma condição para a superação (e não apenas a recusa) de pontos de vista parciais, ainda que contenham grãos de verdade.

Nossa amizade compartilhou ainda a experiência de termos vivido, em diferentes períodos, em Jacarepaguá e de estudar roubando tempo aos empregos. Além disso, reconhecemos a coragem dos suburbanos e a ousadia de enfrentar limitações que para muitos pareciam enormes.

Uma grande amizade intelectual, provocativa e afetuosa nos une desde então. Acompanhei, como leitora, sua monografia de conclusão de curso, com a qual enormemente aprendi. João Márcio ingressou no mestrado em outra instituição, onde trabalhou com afinco. Mais uma vez a distância, convivi com sua brilhante dissertação. Tivemos muitos encontros informais, algumas vezes em conversas regadas por cerveja ou vinho. Debatíamos sobre variadas questões teóricas e conjunturais, sem escamotear nossas dúvidas; discutíamos a importância de produzir conhecimento com o rigor necessário, sem preconceitos e sem limitações. Interrogávamo-nos sobre como trabalhar as contradições que povoam nosso mundo e nossa própria existência sem abrir mão dos preceitos éticos e políticos. Em nossas longas conversas, havia um fio comum: ousar fazer de tal forma que conhecimento e convicção jamais se afastassem de responsabilidade e da militância diante das desigualdades que constituem o mundo e ousar trazer para o conhecimento o sentido da existência social e singular.

Em seu doutoramento, João Márcio afinal integrou o grupo de estudantes sob minha orientação. Nossos encontros se refinavam, sob a múltipla injunção do desafio teórico, do desafio histórico e da pedagogia de mão dupla que tais desafios envolvem. João Márcio não necessitava de orientação para sua investigação, já era um pesquisador maduro, um jovem sólido na pesquisa e na vida. Se uma infinitesimal parte cabe aos orientadores, a mais importante é o reconhecimento da capacidade dos pesquisadores que temos a sorte de encontrar. O jovem João Márcio tem já uma extensa trajetória, que agrega não apenas sua própria vivência, mas incorpora a longa luta daqueles que, subordinados ao capital, ousam a ele se defrontar. Em qualquer terreno.

João Márcio militava em movimentos sociais e, curioso e feroz, enfrentava os textos e a vida, em condições por vezes bastante difíceis. Devem ser fáceis e dóceis as pessoas que enfrentam tais desafios? O refinamento do conhecimento deve adoçar os modos ou, ao contrário, aguçá-los? Afiando o gume de sua capacidade intelectual, sem perder o fio da luta social, João Márcio pôde encontrar o espaço dos afetos e do amor doce, visível na sua ligação com sua companheira Márcia.

Esse é um pedacinho de uma história que, de outra forma, ficaria oculta na sombra projetada pela belíssima pesquisa que este livro apresenta.

Meu mais relevante papel nesta tese foi o de ter sugerido a importância de aumentar o primeiro capítulo — que versava sobre a história do Banco Mundial — para convertê-lo numa pequena publicação que tínhamos urgência de ler e divulgar. A capacidade de João Márcio — com a contribuição da banca que atuou na qualificação de sua tese — foi a de não aceitar nada pela metade. A tese final e o livro que temos nas mãos expressam a teimosia, a coerência, a coragem e a persistência de João Márcio. Modificou sua tese, sem a perda de um fiapo sequer de sua consistência e de sua abrangência para torná-la aquilo de que precisávamos. Livro atual, rigoroso e que não se satisfaz com denúncias, mas se nutre de enorme e paciente pesquisa e, sobretudo, da inteligência necessária para corporificar a teoria, transformando os ingredientes da investigação histórica (documental e bibliográfica) e da curiosidade intelectual em explicação histórica.

Virgínia Fontes

Introdução

Esta pesquisa* tem como foco a ação do Banco Mundial, as pressões que a modelaram e os interesses a que serviu ao longo da sua história. Sua hipótese central é a de que o Banco age, desde as suas origens, ainda que de diferentes formas, como um ator político, intelectual e financeiro, e o faz devido à sua condição singular de emprestador, formulador de políticas, ator social e produtor e/ou veiculador de ideias em matéria de desenvolvimento capitalista, sobre o que fazer, como fazer, quem deve fazer e para quem fazer. Ao longo da sua história, o Banco sempre explorou a sinergia entre dinheiro, prescrições políticas e conhecimento econômico para ampliar sua influência e institucionalizar sua pauta de políticas em âmbito nacional, tanto por meio da coerção (influência e constrangimento junto a outros financiadores e bloqueio de empréstimos) como da persuasão (diálogo com governos e assistência técnica).

Os atributos de poder que gradualmente deram ao Banco uma condição ímpar entre as demais organizações internacionais decorreram de contingências históricas, decisões institucionais e, fundamentalmente, da supremacia norte-americana. O Banco foi, em grande medida, uma criação dos Estados Unidos e a sua subida à condição de organização internacional relevante foi escorada, do ponto de vista político e financeiro, pelos EUA, que sempre foram o maior acionista e o membro mais influente. As rela-

---

*Este trabalho foi originalmente defendido como tese de doutoramento no Programa de Pós-Graduação em História da Universidade Federal Fluminense no dia 13 de janeiro de 2009. Compuseram a banca examinadora os professores José Luís Fiori (Economia, UFRJ), Carlos Walter Porto-Gonçalves (Geografia, UFF), Roberto Leher (Educação, UFRJ), Marcela Pronko (Fiocruz) e, como orientadora, Virgínia Fontes (História, UFF). Sua realização somente foi possível graças ao recebimento de bolsa de estudos da Capes.

ções com os EUA, sob a forma de apoio, injunções e críticas, foram decisivas para o crescimento e a configuração geral das políticas e práticas institucionais do Banco. Em troca, os EUA beneficiaram-se largamente da ação do Banco em termos econômicos e políticos, mais do que qualquer outro grande acionista, tanto no curto como no longo prazos. As relações com o poder norte-americano foram e continuam sendo fundamentais para a definição da direção, da estrutura operacional e das formas de atuação do Banco.

Por sua vez, a política norte-americana para o Banco sempre foi objeto de disputa e barganha entre interesses empresariais, financeiros, políticos, ideológicos e de segurança diversos, às vezes radicalmente diferentes, quanto ao papel da cooperação multilateral e da assistência externa ao desenvolvimento capitalista. Dessa disputa originou-se o apoio dos EUA à assistência externa em geral e ao Banco Mundial em particular como instrumentos para a promoção de uma economia internacional livre e aberta ao capital no pós-guerra, bem como o suporte à cooperação multilateral como meio efetivo para alavancar e alocar recursos para essa finalidade e, assim, desonerar a carga dos EUA com a ajuda econômica bilateral. Originou-se, também, a instrumentalização das organizações internacionais, incluindo o Banco Mundial, para fins imediatos da política externa americana, contrariando a pregação sobre o multilateralismo.

Com o passar do tempo, a disputa passou a envolver um número cada vez maior de atores políticos e econômicos. A partir do final dos anos 1960, o ativismo crescente do Congresso sobre a política externa dos EUA pouco a pouco alcançou o Banco Mundial, abrindo pontos de entrada durante a década seguinte para que interesses variados influenciassem as provisões norte-americanas para a instituição. Até então, a política de Washington para o Banco era definida basicamente pelo jogo de poder entre o Departamento do Tesouro e o Departamento de Estado. Durante os anos 1980, o ativismo do Congresso criou oportunidades para que grupos políticos e organizações não governamentais norte-americanas passassem a agir por dentro do parlamento, com o objetivo de pautar as ações do Banco Mundial em matéria social e ambiental. Desde então, o Congresso tornou-se alvo de *lobbies* e campanhas públicas voltadas para influenciar a política dos EUA para o Banco. Isso transformou o Congresso norte-americano no único parlamento cujos trâmites

INTRODUÇÃO

de fato têm peso sobre as pautas e a forma de atuação do Banco, o que também reforça a gravitação dos EUA sobre a organização.

Esta pesquisa se apoia empiricamente em fontes documentais produzidas pelo próprio Banco Mundial e numa volumosa e rica literatura especializada sobre múltiplos aspectos da sua organização e de sua trajetória. Do ponto de vista metodológico, a análise documental priorizou o cruzamento permanente de fontes internas diversas, em particular aquelas dedicadas à prescrição de políticas, ao balizamento do debate sobre desenvolvimento e ao informe anual de suas próprias atividades. A prática de cruzamento permanente também foi aplicada à leitura crítica da bibliografia, aqui contemplada, sempre que possível, na sua diversidade máxima.

O Capítulo 1 apresenta um panorama das organizações que compõem o Grupo Banco Mundial (GBM), do qual o Banco Mundial (Bird + AID) é parte, e discute a divisão de trabalho entre elas. O objetivo é apresentar, em linhas gerais, a complexidade institucional do GBM, divisar a abrangência do seu campo de ação e indicar os nexos entre as organizações que potencializam a influência do GBM como um todo e do Banco em particular. Além disso, o capítulo identifica as principais parcerias e iniciativas multilaterais em curso desenvolvidas pelo Banco, com o propósito de ressaltar a capilaridade das suas formas de atuação e o seu grau de articulação política, econômica e institucional. Por fim, o capítulo apresenta o poder de voto dos Estados-membros e as principais instâncias de decisão do Banco para mostrar como, em diversos planos, as desigualdades de riqueza e poder constitutivas do sistema internacional se traduzem na estrutura do Banco.

O Capítulo 2 cobre as duas primeiras décadas da história do Banco Mundial. Parte da conferência de Bretton Woods, patrocinada pelos EUA em 1944, e chega ao final da gestão Black, no início de 1962. Ressalta a assimetria de poder que marcou a realização da conferência, os planos para o Banco gestados pelo Tesouro norte-americano e as depurações que sofreram por pressão dos banqueiros de Wall Street. Mostra de que maneira a irrupção da guerra fria e o lançamento do Plano Marshall impactaram o funcionamento do Banco nos seus primeiros anos e que papel lhe foi reservado pelos Estados Unidos no âmbito das demais organizações internacionais criadas no pós-guerra. Discute a dependência do Banco ao mercado financeiro norte-americano e mostra de que modo a necessidade de ganhar a confiança dos investidores de Wall Street para viabilizar-se como ator financeiro modelou a trajetória do Banco nos seus primeiros 20 anos. O capítulo também analisa o caráter da política de empréstimos adotada pelo Banco naquele período, identifica as ideias que a pautavam e discute como o Banco exerceu, já naqueles anos, um papel disciplinador em países da periferia. Em seguida, examina as pressões internacionais e geopolíticas desencadeadas durante a segunda metade dos anos 1950 que impulsionaram a ampliação do Banco, mediante a criação da CFI e da AID, e levaram a uma revisão parcial da sua política de empréstimos. Ao final do período, o Banco havia se tornado uma agência sólida do ponto de vista financeiro e, graças à AID, alcançava todas as regiões do mundo fora do campo comunista.

O Capítulo 3 aborda a trajetória do Banco durante a gestão Woods (1962-68), que coincidiu com o auge do credo internacional no desenvolvimento. Esse foi o período em que a organização como um todo mais cresceu. O texto delineia os contornos gerais e as causas desse movimento expansivo pelo qual o Banco não apenas aumentou enormemente o número de clientes, o volume de empréstimos e o tamanho do seu orçamento administrativo como também começou a emprestar para setores antes não financiáveis, como educação, abastecimento de água e saneamento básico. O capítulo também discute o crescimento dos empréstimos para agricultura, mostrando como estavam associados ao deslanche da Revolução Verde e ao foco em áreas politicamente sensíveis para os Estados Unidos, como a Índia e o Paquistão. Analisa, ainda, de que maneira o redesenho gradual do mapa geopolítico internacional, decorrente da superposição da divisão norte-sul entre nações ricas e pobres à divisão leste-oeste da guerra fria, impactou as formas de atuação do Banco Mundial. Por fim, o texto aborda de que modo os problemas econômicos enfrentados pelos EUA no final dos anos 1960 levaram o Banco a buscar fontes de financiamento alternativas ao mercado de capitais norte-americano e obrigaram Washington a rever suas contribuições à AID, dando origem a um padrão de negociações periódicas vulneráveis ao jogo político entre Executivo e Congresso que gerou diversas implicações importantes para o Banco.

INTRODUÇÃO

O Capítulo 4 abarca os anos McNamara (1968-81), um período fundamental na história do Banco Mundial. O texto situa a conjuntura internacional em que McNamara assumiu para explicar a força do movimento expansivo promovido pela sua gestão. Discute as pressões, a orientação política e as medidas operacionais que conduziram à consolidação do Banco como uma agência capaz de exercer liderança no âmbito da assistência internacional ao desenvolvimento. Aborda o quadro político e macroeconômico norte-americano no final dos anos 1960 e início dos anos 1970 para explicar as tensões entre o governo e o Congresso norte-americanos sobre a definição e a condução da política dos EUA para o Banco e analisa de que modo tais tensões impactaram o primeiro quinquênio da gestão. Em seguida, o capítulo analisa a construção política e intelectual da bandeira do "assalto à pobreza", entronizada por McNamara, relacionando-a com a conjuntura política internacional, a revisão da política de ajuda externa norte-americana e os debates no âmbito do *mainstream* econômico. Discute de que modo o "assalto à pobreza" se traduziu em projetos para os meios rural e urbano, o papel que tais projetos cumpriram na indução do gasto público e na definição de políticas setoriais e sociais e as contradições e limites de que padeceram. Aborda, na sequência, a maneira como o Banco reagiu à instabilidade crescente da economia internacional após o fim do regime de Bretton Woods e o primeiro choque do petróleo, bem como à instabilidade política que pôs fim à "distensão" (*détente*) da guerra fria. O capítulo traz à discussão, ainda, as principais fricções dentro do governo norte-americano com relação à política dos EUA para o Banco pós-1973, a aceleração do endividamento dos países da periferia no final dos anos 1970 e, como expressão de um novo momento da economia política internacional, o lançamento do empréstimo de ajustamento estrutural em 1980. Por fim, aborda as tensões políticas da transição do governo Carter para o governo Reagan e o seu impacto sobre as provisões dos EUA para o Banco Mundial.

O Capítulo 5 cobre os anos de 1981 a 1994-95. Destaca a virada liberal-conservadora na economia política internacional com a ascensão de Thatcher e Reagan e situa a mudança na política dos EUA para o Banco nesse quadro mais amplo. Analisa o processo de neoliberalização do Banco, tanto do ponto de vista organizacional como político-intelectual. Discute a irrupção da "crise da dívida externa" em agosto de 1982 e o giro do discurso e da política do Banco Mundial a serviço dos credores privados internacionais. Acompanha o desenho gradual dos programas de ajustamento ao longo da década de 1980, em sintonia com as variações da estratégia de gestão da dívida comandada pelos EUA, até a sua consolidação, no final dos anos 1980, como programa político neoliberal. Mostra como e por que, a partir de 1986-87, o Banco começou a falar em "custos sociais" do ajustamento estrutural e a patrocinar programas para aliviar os efeitos socialmente regressivos dos programas econômicos e neoliberalizar o conjunto da política social. Aborda a ascensão da campanha ambientalista contra os projetos financiados pelo Banco Mundial, a sua penetração no Congresso norte-americano e as respostas táticas que o Banco foi obrigado a dar no final dos anos 1980. Na sequência, o capítulo analisa a gestação das coordenadas estratégicas que passaram a orientar a ação política, intelectual e financeira do Banco Mundial no início da década de 1990, quais sejam: a remodelagem da política social, a mudança do papel do Estado na economia e, como elo entre ambas, a governança das reformas neoliberais. Como parte desse processo, o texto discute a assimilação das ONGs ao *modus operandi* do Banco Mundial. A seguir, discute a dinâmica da segunda onda de ataques ao histórico ambiental do Banco deslanchada no início dos anos 1990 e avalia o seu saldo político. O capítulo também problematiza o processo de produção intelectual do Banco, à luz das injunções políticas a que estava subordinado e das suas próprias características organizacionais. Por fim, o texto expõe as críticas de vários matizes desferidas contra o Banco Mundial em 1993-94, para ressaltar as diferenças de posição dentro da esquerda e da direita sobre o presente e o futuro da instituição naquele momento, quando os acordos de Bretton Woods completaram 50 anos.

O sexto e último capítulo abrange os anos de 1995 a 2008, durante os quais o Banco cumpriu um papel de pivô na dilatação e na reciclagem do programa político neoliberal, contribuindo para preservar os seus fundamentos. O capítulo está organizado em seis partes. A primeira analisa a dinâmica mais geral da gestão Wolfensohn (1995-2005), dando destaque à conjuntura política em que ele assumiu, às táticas que empregou para ganhar apoio de ONGs norte-americanas e internacionais e à reforma administrativa que empreendeu. Além disso, discute as principais iniciativas multilaterais promovidas por essa gestão e avalia o seu saldo político para o Banco. A segunda parte analisa o processo de dilatação e reciclagem do programa político neoliberal, tal como empreendido pelo Banco a partir de 1995, de modo articulado com as principais tomadas de posição da gestão Wolfensohn. A terceira parte apresenta e discute os principais termos do debate dentro do *establishment* norte-americano entre os anos 1998-2000 acerca do papel do Banco Mundial (e do FMI) frente às novas condições da economia internacional, novamente com o propósito de desvelar os matizes das posições norte-americanas. A quarta parte traz à discussão dados sobre a movimentação financeira do Banco no atacado e por setor, tema e região, com o propósito de mostrar para onde e para que fins foi o dinheiro e fundamentar empiricamente o processo de reciclagem e dilatação da agenda neoliberal promovida pelo Banco. A quinta parte problematiza mais uma vez a produção intelectual do Banco, agora à luz de pesquisas mais recentes sobre o tema. O capítulo se encerra com uma análise da movimentação do Banco no período 2005-08, evidenciando os percalços da gestão Wolfowitz, a transição para a gestão Zoellick e a continuidade da agenda neoliberal.

As considerações finais amarram algumas ideias-força que atravessam toda a pesquisa e trazem à discussão o papel do Banco Mundial frente à crise financeira internacional deflagrada em meados de 2008.

CAPÍTULO 1 **Grupo Banco Mundial:**
estrutura e divisão interna de trabalho

O Grupo Banco Mundial (GBM) é constituído por sete organizações com diferentes mandatos, gravitação política, estruturas administrativas e instâncias de decisão. São elas: Banco Internacional para a Reconstrução e o Desenvolvimento (Bird), Associação Internacional de Desenvolvimento (AID), Corporação Financeira Internacional (CFI), Centro Internacional para Conciliação de Divergências em Investimentos (CICDI), Agência Multilateral de Garantias de Investimentos (AMGI), Instituto do Banco Mundial (IBM) e Painel de Inspeção. A expressão "Banco Mundial" designa apenas o Bird e a AID. A seguir, cada organização é vista em maior detalhe.

ORGANIZAÇÕES QUE COMPÕEM O GRUPO BANCO MUNDIAL

Banco Internacional para a Reconstrução e o Desenvolvimento (Bird)

O Bird é a organização mais antiga, maior e mais importante do Grupo Banco Mundial. Produto das articulações que promoveram a conferência de Bretton Woods, nasceu em 1944 junto com o FMI. O nexo entre ambas as organizações é de tal ordem que, desde o início, a precondição para um país se tornar membro do Bird é vincular-se ao FMI.

Sediado em Washington, começou a operar em 1946 com menos de 400 funcionários. Em 1993 tinha cerca de oito mil e, em meados de 2008, tinha cerca de dez mil empregados, dos quais dois terços trabalhavam na sede. O restante estava disperso em quase 120 escritórios espalhados pelo mundo.

Em 1947, quando efetuou seu primeiro empréstimo, tinha 42 países-membros; em 1967, 106; em meados de 2008, após 62 anos de operação, tinha 185, enquanto a Organização das Nações Unidas (ONU) contava com 192 países-membros. Trata-se, pois, de uma organização com alcance mundial de fato.

O fundamental da sua estrutura organizativa e de suas funções segue inalterado, tal como estabelece o acordo de fundação. Sua função básica, ali definida, é prover empréstimos e garantias financeiras aos países-membros elegíveis para tal, bem como serviços não financeiros de análise e assessoramento técnico. Os critérios de elegibilidade variaram ao longo do tempo, mas, do ponto de vista formal, basearam-se no tamanho da economia, na renda *per capita* e na solvência ante os credores internacionais. A Tabela 1.1 e o Mapa 1.1 informam quais países eram elegíveis a empréstimos no final do ano fiscal de 2008. Na sequência, o Mapa 1.2 ilustra a elegibilidade dos países ao Banco Mundial por região.

Até o final do ano fiscal de 2008, encerrado em 30 de junho, o Bird havia emprestado cerca de US$ 446 bilhões. Para o exercício financeiro daquele ano, os novos compromissos chegaram a US$ 13,5 bilhões para 99 novas operações em 34 países.

Embora já em 1948 começasse a emprestar dinheiro para países considerados "menos desenvolvidos", mais da metade da sua carteira de empréstimos se concentrou, até o final da década de 1950, nos países capitalistas mais industrializados.

O Bird empresta somente para governos e instituições públicas, com juros próximos aos cobrados no mercado financeiro internacional, mediante cálculo semestral referenciado na taxa interbancária de Londres (Libor). O prazo de amortização varia de 15 a 20 anos, com carência de até cinco anos.

Os recursos financeiros do Bird têm origem em três fontes. A primeira é a subscrição de capital efetuada pelos Estados-membros, que corresponde a aproximadamente 20% do total. Na prática, porém, somente uma pequena parte desse montante é efetivamente desembolsada. O restante é considerado "capital reclamável", i.e., uma garantia dada pelos Estados-membros para uma situação eventual de não pagamento pelos devedores, o que jamais ocorreu.

Tabela 1.1

Países elegíveis ao Bird, à AID e a ambos por região — 30 de junho de 2008

Regiões	Elegíveis ao Bird e à AID	Elegíveis apenas ao Bird	Elegíveis apenas à AID
África		África do Sul, Botsuana, Gabão, Lesoto, Namíbia e Suazilândia	Angola, Benin, Burkina Faso, Burundi, Cabo Verde, Camarões, Chade, Comores, Costa do Marfim, Eritreia, Etiópia, Gâmbia, Gana, Guiné, Guiné-Bissau, Guiné Equatorial, Libéria, Madagascar, Malaui, Mali, Maurício, Mauritânia, Moçambique, Níger, Nigéria, Quênia, República Centro-Africana, República Democrática do Congo, República do Congo, Ruanda, São Tomé e Príncipe, Seicheles, Senegal, Serra Leoa, Somália (inativo), Sudão (inativo), Tanzânia, Togo, Uganda, Zâmbia e Zimbábue (inativo)
Leste da Ásia	Indonésia e Papua Nova Guiné	China, Coreia do Sul, Fiji, Filipinas, Ilhas Marshall, Malásia, Micronésia, Palau e Tailândia e Pacífico	Camboja, Ilhas Salomão, Laos, Mianmar (inativo), Mongólia, Quiribati, Samoa, Timor-Leste, Tonga, Vanuatu e Vietnã
Sul da Ásia	Índia e Paquistão		Afeganistão, Bangladesh, Butão, Maldivas, Nepal e Sri Lanka
Europa e Ásia Central	Armênia, Azerbaijão, Bósnia e Herzegovina e Uzbequistão	Belarus, Bulgária, Croácia, Belarus, Bulgária, Croácia, Cazaquistão, Macedônia, Montenegro, Polônia, Romênia, Federação Russa, República Eslovaca, Sérvia, Turquia, Turcomenistão e Ucrânia	Albânia, Geórgia, Quirguistão, Moldávia e Tadjiquistão
América Latina e Caribe	Bolívia, Dominica, Granada, Santa Lúcia, São Vicente e Granadinas	Antigua e Barbuda, Argentina, Belize, Brasil, Chile, Colômbia, Costa Rica, Equador, El Salvador, Guatemala, Jamaica, México, Panamá, Paraguai, Peru, República Dominicana, São Cristóvão e Névis, Suriname, Trinidad e Tobago, Uruguai e Venezuela	Guiana, Haiti, Honduras e Nicarágua
Oriente Médio e Norte da África		Argélia, Egito, Irã, Iraque, Jordânia, Líbano, Líbia, Marrocos, Síria e Tunísia	Djibuti (inativo) e Iêmen

Fonte: Banco Mundial (2008a, p. 28-29).

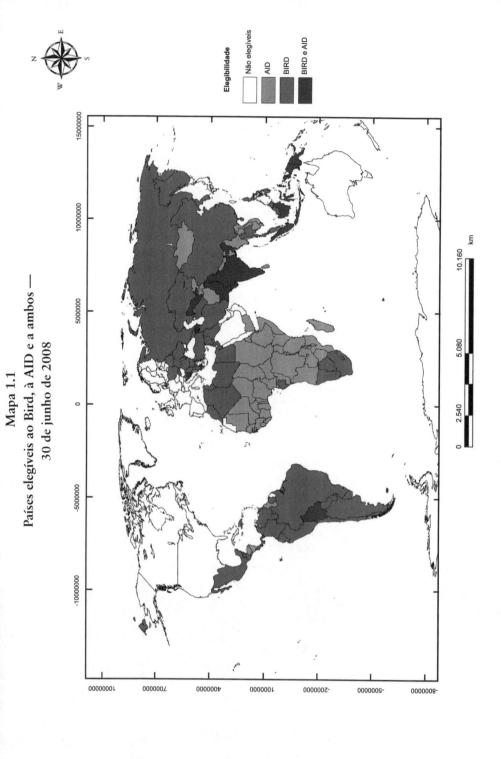

Mapa 1.1
Países elegíveis ao Bird, à AID e a ambos —
30 de junho de 2008

Mapa 1.2
Países elegíveis a empréstimos do Banco Mundial (Bird e AID) por região — 30 de junho de 2008

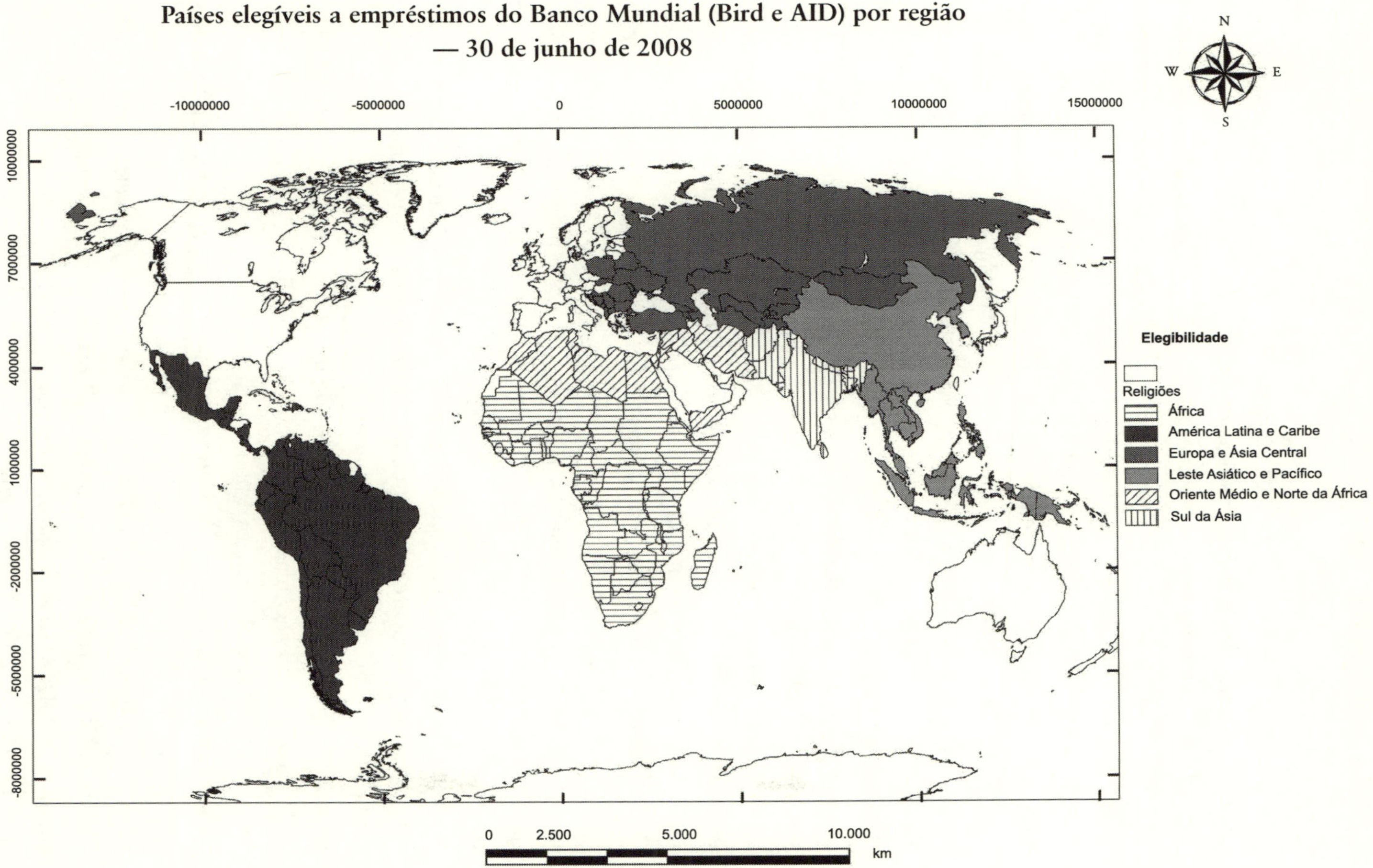
N
W
E
S
-10000000
-5000000
0
5000000
10000000
15000000
10000000
7000000
4000000
1000000
-2000000
-5000000
-8000000
Elegibilidade
Religiões
África
América Latina e Caribe
Europa e Ásia Central
Leste Asiático e Pacífico
Oriente Médio e Norte da África
Sul da Ásia
0
2.500
5.000
10.000
km

A segunda fonte corresponde a cerca de 80% do total dos recursos. Trata-se da tomada de empréstimos e da intermediação financeira em mercados internacionais de capital mediante a emissão de bônus, com prazos de desconto e taxas de juros variados. Como o capital do Bird é, na prática, garantido politicamente pelos Estados-membros, os bônus que emite gozam de solidez notável, expressa pela qualificação de risco AAA, a máxima outorgada por agências especializadas do mercado financeiro. Por essa razão, o Bird pode tomar emprestado de fontes privadas a custo moderado e emprestar aos seus clientes em condições mais favoráveis do que aquelas vigentes nos mercados internacionais de capital. A reprodução desse esquema depende da preservação da segurança máxima de seus títulos, a qual é assegurada pelos Estados-membros. É por isso que o Bird goza do status de credor preferencial.

A terceira fonte, bastante menos expressiva, advém dos ganhos que a instituição obtém com os pagamentos de empréstimos e créditos, a intermediação bancária e os investimentos que realiza com a sua receita.

Em suma, as operações financeiras do Bird são asseguradas pela combinação da garantia política que o sistema interestatal lhe proporciona, ao lado da inserção plena nos mercados internacionais privados, de onde capta a maioria esmagadora dos recursos que financiam suas operações.

As modalidades de empréstimo concedidas podem ser agrupadas em duas categorias: investimento e ajustamento. A primeira abarca os instrumentos tradicionais da ação do Bird, respondendo por empréstimos para: a) inversões específicas, que financiam projetos de infraestrutura social e econômica; b) assistência técnica ou institucional, que financia a criação ou a reorganização de agências governamentais, a importação de conhecimento e tecnologia, a realização de estudos e consultorias e programas de formação e treinamento de quadros técnicos e profissionais; c) intermediação financeira, que apoia bancos e outras instituições financeiras, em geral vinculados a programas de ajustamento; d) recuperação de emergência, que financia atividades de reconstrução ou reativação depois de guerras, desastres naturais ou convulsões sociais.

A segunda categoria não se materializa em inversões concretas e tem a finalidade de ajustar externa e internamente as economias domésticas à configuração internacional de poder surgida ao longo do último quarto do século XX. Seu instrumento mais importante é o empréstimo de ajustamento estrutural, concebido em 1979 e operacionalizado no ano seguinte com o objetivo inicial de reforçar as finanças de economias altamente endividadas acossadas por problemas no balanço de pagamentos, condicionado à implementação de um conjunto de medidas de caráter macroeconômico e estrutural. Em geral, opera em sintonia fina com os programas de estabilização e ajuste do FMI, num esquema de reforço mútuo. Para viabilizar a agenda de ajustamento também foi criado, em 1983, o empréstimo de ajustamento setorial, que fragmenta a política de reestruturação econômica setor a setor. Ambas as modalidades se caracterizam por grande volume de recursos, desembolso rápido e vigilância estreita pelo Banco.[1]

Ao longo dos anos 1990, em resposta à irrupção de sucessivas crises financeiras em diversos "mercados emergentes" e à necessidade de garantir a continuidade de certos programas e projetos, a operacionalização dos empréstimos para fins de ajustamento foi aperfeiçoada e duas novas modalidades foram criadas. Um empréstimo de ajuste estrutural "especial" foi aprovado após a crise financeira asiática em 1998. De desembolso ainda mais rápido e um volume maior de recursos, em geral integra pacotes emergenciais financiados por um conjunto de instituições financeiras internacionais e agências bilaterais. Também foi criado o empréstimo "programático" para ajuste setorial e estrutural, que financia projetos e programas de médio prazo mediante desembolsos sucessivos, condicionados à avaliação de resultados.

Após a reforma administrativa de 1987, o Banco passou a articular todas as suas operações financeiras e de assistência técnica em cada país com um enfoque coordenado estrategicamente, com o objetivo de impulsionar e acelerar a implementação das medidas de ajustamento.

---

[1] Sobre os instrumentos de financiamento utilizados pelo Banco, ver http://go.worldbank.org/HTWLTBH7S0.

Embora o Bird empreste apenas para o setor público, o mundo dos negócios tem entrada direta no funcionamento das suas operações. Isso ocorre porque o financiamento concedido pelo Bird anualmente gera em torno de 40 mil contratos que envolvem um grande volume de compra e venda de bens e serviços de todo tipo, parte dos quais por meio de licitações internacionais abertas a empresas sediadas nos Estados-membros. Historicamente, as empresas estabelecidas nos países capitalistas mais industrializados abocanham a maioria esmagadora dos contratos, graças a *lobbies* bem organizados e silenciosos, dos quais fazem parte os seus respectivos governos (Woods, 2006, p. 203-04). O mesmo vale para os serviços de consultoria privada contratados pelo Banco.[2] Nos primeiros 17 anos de operação, mais de 93% do dinheiro emprestado seguiu essa direção todos os anos. A partir de 1963, com a expansão rápida de novos membros devido ao processo de descolonização da Ásia e da África, essa informação deixou de ser prestada pelos relatórios anuais do Banco (Toussaint, 2006, p. 38).

A situação mudou pouco com o passar dos anos, se se leva em conta o crescimento do número de membros. No ano fiscal de 1999, por exemplo, as empresas sediadas nos países da OCDE obtiveram 68,1% dos pagamentos pela venda de bens e serviços em contratos com o Bird. Significa dizer que a relação entre o capital subscrito por cada país da OCDE ao Bird e os pagamentos recebidos por suas empresas nacionais — a "taxa de aproveitamento comercial" — situou-se entre os 740% da Bélgica e os 2.443% da Alemanha (Sanahuja, 2001, p. 38).

A carteira do Bird sempre foi concentrada em alguns poucos países, a maioria de renda média. De acordo com o relatório anual de 2007, a situação permanece inalterada, como mostram as Tabelas 1.2 e 1.3 e o Mapa 1.3.

---

[2]Na seção "projetos e programas" do sítio do Banco é possível obter informações sobre os contratos firmados por região, país, setor, tema, contratado, provedor e consultores [http://go.worldbank.org/2QBJ5VEAC0].

Tabela 1.2
Sumário de empréstimos do Bird, 15 maiores mutuários — 30 de junho de 2007
Milhões de dólares

Prestatário ou garantidor	Total de empréstimos autorizados	Empréstimos em mora	Percentual dos empréstimos em mora
China	16,914	11,584	11,84
Brasil	11,905	9,632	9,85
Turquia	10,900	6,874	7,03
Indonésia	7,913	6,842	7,00
Índia	11,041	6,404	6,55
Os cinco maiores	58,673	41,336	42,27
Argentina	8,801	5,906	6,04
Colômbia	5,691	4,574	4,68
Rússia	5,548	4,474	4,57
México	5,117	4,095	4,19
Filipinas	3.669	2.787	2.85
Os dez maiores	87,499	63,172	64,6
Peru	3,246	2,520	2,58
Romênia	3,975	2,479	2,53
Coreia	2,381	2,381	2,43
Ucrânia	3,147	2,306	2,36
Marrocos	2.906	2.307	2.36
Os 15 maiores	103,154	75,165	76,86
Demais 63 países + CFI	30,091	22,640	23,14
TOTAL GERAL	133,245	97,805	100

Fonte: Banco Mundial (2007a, p. 54-55).

Mapa 1.3
Quinze maiores mutuários do Bird
30 de junho de 2007

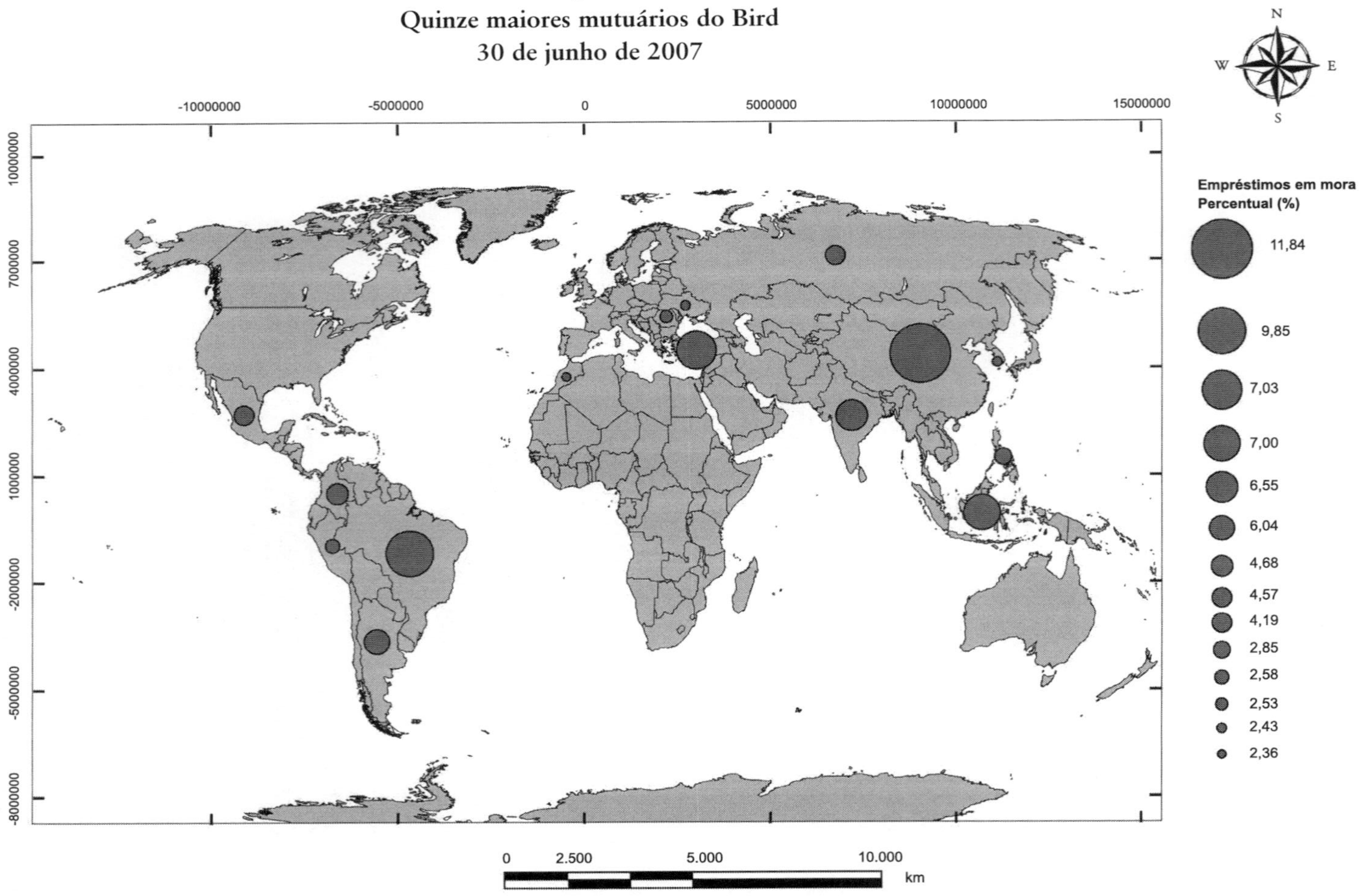

Empréstimos em mora
Percentual (%)

11,84
9,85
7,03
7,00
6,55
6,04
4,68
4,57
4,19
2,85
2,58
2,53
2,43
2,36

km

0   2.500   5.000   10.000

GRUPO BANCO MUNDIAL: ESTRUTURA E DIVISÃO INTERNA DE TRABALHO

Tabela 1.3
Sumário geral de empréstimos do Bird — 30 de junho de 2007
Milhões de dólares

Prestatário ou garantidor	Total de empréstimos autorizados	Empréstimos em mora	Percentual dos empréstimos em mora
África do Sul	35	28	0,03
Albânia	47	1	*
Argélia	147	116	0,12
Argentina	8,801	5,906	6,04
Armênia	6	6	0,01
Azerbaijão	508	5	0,01
Barbados	15	14	0,01
Belarus	98	46	0,05
Belize	28	28	0,03
Bolívia	*	*	*
Bósnia e Herzegovina	454	454	0,46
Botsuana	1	1	*
Brasil	11,905	9,632	9,85
Bulgária	1,766	1,493	1,53
Camarões	43	28	0,03
Cazaquistão	743	454	0,46
Chade	28	28	0,03
Chile	503	348	0,36
China	16,914	11,584	11,84
Colômbia	5,691	4,574	4,68
Coreia do Sul	2,381	2,381	2,43
Costa do Marfim	477	477	0,48
Costa Rica	119	48	0,05
Croácia	1,962	1,035	1,06
Dominica	3	3	*
Egito	1,897	1,139	1,17
El Salvador	629	408	0,42
Equador	985	712	0,73
Eslováquia	333	318	0,33
Eslovênia	38	38	0,04
Estônia	33	33	0,03
Fiji	3	3	*

(cont.)

O BANCO MUNDIAL COMO ATOR POLÍTICO, INTELECTUAL E FINANCEIRO

Prestatário ou garantidor	Total de empréstimos autorizados	Empréstimos em mora	Percentual dos empréstimos em mora
Filipinas	3,669	2,787	2,85
Gabão	61	18	0,02
Granada	19	9	0,01
Guatemala	1,058	742	0,76
Hungria	129	120	0,12
Índia	11,041	6,404	6,55
Indonésia	7,913	6,842	7,00
Irã	1,421	573	0,59
Jamaica	419	372	0,38
Jordânia	1,045	877	0,90
Latvia	91	91	0,09
Lesoto	22	7	0,01
Líbano	456	321	0,33
Libéria	152	152	0,15
Lituânia	30	25	0,03
Macedônia	305	139	0,14
Malásia	387	387	0,40
Marrocos	2,906	2,307	2,36
Maurício	90	87	0,09
México	5,117	4,095	4,19
Moldávia	144	144	0,15
Montenegro	346	346	0,35
Namíbia	8	—	—
Nigéria	449	449	0,46
Panamá	311	231	0,24
Papua Nova Guiné	253	246	0,25
Paquistão	2,424	2,132	2,18
Paraguai	338	226	0,23
Peru	3,246	2,520	2,58
Polônia	2,241	1,896	1,94
Rep. Dominicana	630	429	0,44
Romênia	3,975	2,479	2,53
Rússia	5,548	4,474	4,57
Santa Lúcia	26	16	0,02

(*cont.*)

GRUPO BANCO MUNDIAL: ESTRUTURA E DIVISÃO INTERNA DE TRABALHO

Prestatário ou garantidor	Total de empréstimos autorizados	Empréstimos em mora	Percentual dos empréstimos em mora
São Cristóvão e Névis	20	14	0,01
São Vicente e Granadinas	10	3	*
Sérvia	2,330	2,163	2,21
Suazilândia	22	22	0,02
Tailândia	84	62	0,06
Trinidad e Tobago	53	42	0,04
Tunísia	1,951	1,502	1,54
Turcomenistão	20	20	0,02
Turquia	10,900	6,874	7,03
Ucrânia	3,147	2,306	2,36
Uruguai	972	672	0,69
Zimbábue	445	445	046
Subtotal	133,183	97,743	99,94
CFI	62	62	0,06
TOTAL	133,245	97,805	100

Fonte: Banco Mundial (2007a, p. 54-55).
* Indica quantia menor do que US$ 500 mil ou menor do que 0,005%.

Entre os anos fiscais de 1995 e 2008 o portfólio do Bird sofreu variação considerável, como mostra a Tabela 1.4, com picos inéditos no biênio 1998-99 e queda para patamares igualmente inéditos no biênio seguinte, voltando a aumentar de maneira irregular e lenta desde então, sem alcançar, porém, o nível de 1995. Do mesmo modo, o volume de empréstimos em mora em 2008 era, à exceção de 2007, o menor desde 1995, o que evidencia a queda do volume geral de endividamento com a entidade.

Associação Internacional de Desenvolvimento (AID)

A criação da AID transformou a natureza do Banco Mundial, afetando a escala e o conteúdo das suas operações. Tratou-se da mudança singular que mais impactou a formatação geral do GBM (Kapur, 2002, p. 56). Foi criada em 1960 para conceder créditos de longo prazo (de 30 a 40 anos, sendo

Tabela 1.4
Movimentação financeira do Bird — anos fiscais 1995-2008
Bilhões de dólares

Operações	1995	1996	1997	1998	1999	2000	2001	2002	2003	2004	2005	2006	2007	2008
Compromissos financeiros	16,9	14,6	14,5	21,1	22,2	10,9	10,5	11,5	11,2	11,0	13,6	14,1	12,8	13,4
Número de operações	135	129	141	115	131	97	91	96	99	87	118	112	112	99
Número de países clientes	n.i.	45	42	43	39	41	36	40	n.i.	33	37	33	34	34
Empréstimos em mora	123,676	110,369	105,954	106,576	117,228	120,104	118,866	121,589	116,240	109,610	104,401	103,004	97,805	99,050

Fonte: relatórios anuais do Banco Mundial (1995 a 2008).
n.i.: não informado.

dez de carência) com taxa de juro muito baixa ou nula para governos e instituições públicas de países pobres que, por seu nível de renda, não tinham acesso aos mercados de capitais nem eram elegíveis ao financiamento do Bird. Até 2008, havia concedido cerca de US$ 193 bilhões em créditos. Para o exercício financeiro daquele ano, os novos compromissos chegaram ao máximo histórico anual de US$ 11,2 bilhões para 199 novas operações em 72 países.

Entre os critérios formais de elegibilidade para créditos da AID figuram o nível de pobreza (calculado pela renda *per capita*) e a insolvabilidade do país para obter recursos nos mercados de capitais. Na prática, porém, também é necessário que o cliente implemente — ou se comprometa a fazê-lo — políticas econômicas consideradas "sólidas" e "responsáveis". O grau segundo o qual o "bom comportamento" figura como condicionalidade ao crédito bem como os termos que o definem como tal variam conforme as circunstâncias.

A AID contava em 2008 com 167 membros, dos quais apenas 82, os mais pobres, podiam contrair crédito da Associação. Havia também um pequeno grupo de países (chamados de *blended countries*) elegíveis tanto a créditos da AID como a empréstimos do Bird (Tabela 1.1). Desde o início das suas operações, o conjunto dos membros é organizado em dois grandes grupos: a Parte I, integrada pelos principais países doadores, e a Parte II, integrada por outros doadores com obrigações financeiras menores e pelos países elegíveis a créditos, como mostra a Tabela 1.15.

Embora seja uma organização formalmente independente, a estrutura administrativa e a cadeia de comando da AID são as mesmas que governam o Bird: corpo técnico, procedimentos internos, critérios de ação, instâncias decisórias, sede e presidência.

A AID tem três fontes de financiamento: doações voluntárias dos países-membros mais ricos e de alguns países "em desenvolvimento" e "em transição" (como Brasil, México, Coreia, Hungria, Federação Russa, Turquia, entre outros), ressarcimento dos seus próprios créditos pelos mutuários e transferências da receita líquida do Bird e da CFI (descontadas de seus rendimentos anuais). A primeira fonte é responsável pela maior parte dos recursos da agência, enquanto as duas restantes respondem por percentuais variados. As doações ocorrem periodicamente a cada três anos, por meio de reposições (*replenishments*) que englobam cerca de 30 países doadores, cujo aporte, em geral, é parte do seu orçamento para Assistência Oficial ao Desenvolvimento.[3]

Seguindo uma regra informal, os países doadores devem compartilhar a carga de financiar a AID segundo o tamanho da sua economia, sem jamais reduzir o volume da doação entre uma reposição e outra. Na prática, o aporte de cada membro sempre foi objeto de negociação intensa e apelos insistentes dos presidentes do Banco para a necessidade de mais recursos e novos doadores, apesar do baixíssimo volume de recursos envolvido, quando comparado aos respectivos PIBs nacionais dos países que formam a Parte I.

As condições de financiamento oferecidas pela AID, embora sejam bastante brandas, não constituem doações. Parte significativa da dívida externa dos países mais pobres é composta por créditos da AID. Com efeito, até a década de 1990, a dificuldade das nações mais pobres de pagarem os créditos da AID tinha sido ocultada pelo recebimento de empréstimos novos, confiando-se que os governos, a cada reposição, aumentariam suas doações (Mallaby, 2005, p. 2). Nos anos 1980 e 1990, o Congresso norte-americano rompeu essa regra duas vezes, reduzindo drasticamente a contribuição dos EUA. A Tabela 1.5 mostra a fatia percentual dos principais doadores em todas as reposições desde 1961. Constata-se que, historicamente, os EUA diminuem a sua fatia na doação de fundos à AID, partilhando a carga financeira. Na 14ª Reposição (2006-2008), os EUA reduziram agudamente a sua contribuição em termos relativos e, na reposição seguinte, pela primeira vez o país deixou de ser o maior doador.

---

[3]Segundo a definição do Comitê de Assistência ao Desenvolvimento (CAD) da OCDE, a AOD é todo fluxo financeiro outorgado por instituições públicas para a promoção de "desenvolvimento econômico e social" com um grau de, pelo menos, 25% de doação. Por essa razão, necessariamente deve se concedido em condições mais favoráveis do que as vigentes no mercado internacional (Sanahuja, 2001, p. 25, nota 2).

Tabela 1.5

Reposições da AID por país e período — 1961-2011

Percentual

País	Início		Reposições														
		1ª	2ª	3ª	4ª	5ª	6ª	7ª	8ª	9ª	10ª	11ª	12ª	13ª	14ª	15ª
	1961-64	1965-68	1969-71	1972-74	1975-77	1978-80	1981-84	1985-87	1988-90	1991-93	1994-96	1997-99	2000-02	2003-05	2006-08	2009-11
Alemanha	7,0	9,8	9,2	9,6	11,4	10,9	12,6	11,1	11,2	11,5	11,0	11,0	11,0	10,3	7,9	7,1
Canadá	5,0	5,6	5,9	6,2	6,1	5,8	4,9	4,5	4,7	4,8	4,0	3,7	3,7	3,7	3,7	39
EUA	42,3	41,9	37,8	39,3	33,3	31,2	23,2	22,0	23,5	21,6	20,8	20,8	20,8	20,1	12,9	11,2
França	7,0	8,3	7,6	6,2	5,6	5,4	5,5	7,7	6,9	7,6	7,0	7,0	7,3	6,0	7,2	6,4
Itália	2,4	4,0	3,8	4,0	4,0	3,8	3,9	5,6	5,7	5,4	5,3	4,3	3,8	3,8	3,8	3,8
Japão	4,4	5,5	5,2	5,9	11,0	10,3	16,2	18,6	21,3	20,1	18,7	18,7	18,7	16,0	11,7	9,2
Países Baixos	3,7	2,2	2,3	2,8	3,0	2,8	3,2	4,1	4,1	3,3	3,3	3,3	2,6	2,6	2,8	3,0
Reino Unido	17,3	13,0	12,2	12,7	11,1	10,6	10,0	6,7	6,4	6,7	6,1	6,1	7,3	10,1	12,1	14,3
Suécia	1,3	2,0	6,2	4,2	4,0	3,8	3,2	2,7	2,5	2,6	2,6	2,6	2,6	2,6	2,9	2,9
OPEP (a)	0,5	0,5	0,4	0,4	0,6	7,2	5,8	4,4	3,3	2,3	0,9	0,8	0,5	0,5	0,3	0,4
Subtotal	91,2	92,8	90,7	91,2	90,2	92,1	88,4	87,5	89,6	86,5	79,7	78,3	78,3	75,7	65,3	62,2
Outros (b)	8,8	7,2	9,3	8,8	9,8	7,9	11,6	12,5	10,4	13,5	20,3	21,7	21,7	24,3	34,7	37,8
TOTAL	100	100	100	100	100	100	100	100	100	100	100	100	100	100	100	100

Fonte: Kapur *et al.* (1997, p. 1.137), Banco Mundial (1993a, p. 58), Banco Mundial (1996c, p. 18), Banco Mundial (1999, p. 20), AID (2002, p. 77), AID (2005, p. 87) e AID (2008, p. 62).

(a) Arábia Saudita, Kuwait e, até a 9ª Reposição, Emirados Árabes.

(b) Inclui países da Parte II, contribuições de países, transferências de rendimentos do Bird e pagamentos dos mutuários da AID.

Tabela 1.6

Financiamento da AID — anos fiscais 1994-2011

Bilhões de dólares

Fonte de recursos	10ª Reposição 1994-96		11ª Reposição 1997-99		12ª Reposição 2000-02		13ª Reposição 2003-05		14ª Reposição 2006-08		15ª Reposição 2009-11	
	$	%	$	%	$	%	$	%	$	%	$	%
AID	4,1	20,5	7,5	38,1	7,9	38,5	9,2	40,4	12,7	35,8	6,3	17,8
Países doadores	15,0	75	11,0	55,8	11,7	57,1	12,7	55,7	20,7	58,3	25,2	71,2
Bird e CFI	0,9	4,5	1,2	6,1	0,9	4,4	0,9	3,9	2,1	5,9	3,9	11
TOTAL	20	100	19,7	100	20,5	100	22,8	100	35,5	100	35,4	100

Fonte: Banco Mundial (2000, p. 10; 2007, p. 56; 2008, p. 58).

A importância dos ressarcimentos como fonte de financiamento da AID aumentou bastante da 10ª (1994-1996) para a 13ª Reposição (2003-2005) — passando de 20,5% para 40,4% do total, como mostra a Tabela 1.6 — graças ao acúmulo de pagamentos. Em 20 anos, quando chegarem ao seu nível máximo, espera-se que esses pagamentos financiem a metade dos novos créditos da AID (Mallaby, 2005, p. 2). Contudo, os recursos oriundos dessa fonte sofreram queda na 14ª Reposição e, com mais gravidade, na reposição seguinte, já negociada. Por outro lado, o aumento expressivo de doações somado ao incremento de recursos oriundos do Bird e da CFI compensaram aquela redução. Resta saber se tal aumento constitui uma reversão duradoura da queda histórica das doações ou apenas um fenômeno conjuntural.

Quanto maior é a parcela dos fundos oriunda dos doadores, maior é a ingerência direta deles nas políticas e operações da AID. Para manter essa influência com rédeas curtas, os principais doadores, seguindo o comportamento dos EUA, têm se recusado a alargar o ciclo de reposição da AID de três para cinco ou seis anos (Kapur, 2002, p. 63). Por outro lado, a dependência do dinheiro governamental resultou numa mudança no balanço de poder — nos EUA mais do que em qualquer outro país — do Executivo para o Legislativo e atores não governamentais com *lobbies* bem organizados, uma vez que é o Congresso que autoriza o montante de doação e o cronograma de desembolsos.

Comparada à carteira do Bird, a da AID sempre foi ainda mais concentrada no topo, embora seus empréstimos atendessem a um número maior de clientes. De acordo com o relatório anual de 2007 (último disponível para essa informação), tal padrão segue inalterado, como mostram as Tabelas 1.7 e 1.8 e o Mapa 1.4

O BANCO MUNDIAL COMO ATOR POLÍTICO, INTELECTUAL E FINANCEIRO

Tabela 1.7
Sumário de créditos da AID, 15 maiores mutuários — 30 de junho de 2007
Milhões de dólares

Prestatário ou garantidor	Total de créditos autorizados	Créditos pendentes de pagamento	Percentual de créditos pendentes
Índia	29,016	24,622	24,03
China	9,959	9,935	9,70
Bangladesh	10,718	9,712	9,48
Paquistão	9,304	8,702	8,49
Vietnã	7,217	3,997	3,90
Os cinco maiores	66,214	56,968	55,6
Quênia	3,790	2,824	2,76
República Democrática do Congo	2,687	2,290	2,24
Sri Lanka	2,589	2,275	2,22
Iêmen	2,403	1,950	1,90
Costa do Marfim	1,967	1,859	1,82
Os dez maiores	79,650	68,166	66,54
Nigéria	3,528	1,701	1,66
Nepal	1,608	1,485	1,45
Egito	1,515	1,471	1,44
Indonésia	2,132	1,392	1,36
Sudão	1,277	1,277	1,25
Os 15 maiores	89,710	75,492	73,7
Demais 84 países + créditos	37,264	26,965	26,3
TOTAL	126.974	102.457	100

Fonte: Banco Mundial (2007a, p. 105-107) [cálculos do autor].

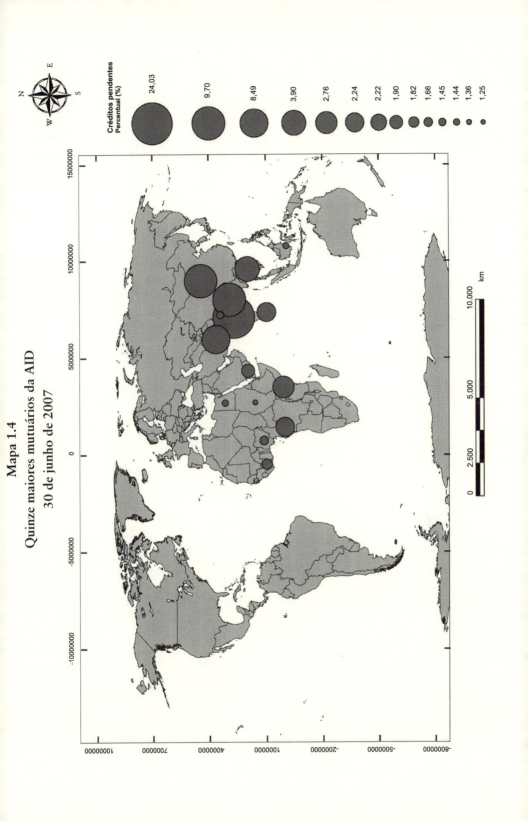

Mapa 1.4
Quinze maiores mutuários da AID
30 de junho de 2007

Tabela 1.8
Sumário geral de créditos da AID — 30 de junho de 2007
Milhões de dólares

Prestatário ou garantidor	Total de créditos	Créditos pendentes	Percentual de créditos pendentes
Afeganistão	506	371	0,36
Albânia	925	751	0,73
Angola	485	351	0,34
Azerbaijão	813	609	0,59
Bangladesh	10,718	9,712	9,48
Benin	358	163	0,16
Bolívia	368	245	0,24
Bósnia e Herzegovina	1,200	998	0,97
Botsuana	6	6	0,01
Burquina Faso	731	413	0,40
Burundi	867	805	0,79
Butão	104	80	0,08
Cabo Verde	267	245	0,24
Camarões	488	183	0,18
Camboja	611	512	0,50
Chile	3	3	*
China	9,959	9,935	9,70
Colômbia	3	3	*
Comores	123	119	0,12
Costa do Marfim	1,967	1,859	1,82
Costa Rica	1	1	*
Djibuti	161	139	0,14
Dominica	29	25	0,02
Egito	1,515	1,471	1,44
El Salvador	11	11	0,01
Eritreia	517	426	0,42
Etiópia	1,834	614	0,60
Filipinas	194	194	0,19
Gâmbia	276	267	0,26
Gana	1,489	998	0,98
Geórgia	950	805	0,79
Granada	42	32	0,03
Guiana	11	10	0,01
Guiné	1,339	1,263	1,23

(cont.)

GRUPO BANCO MUNDIAL: ESTRUTURA E DIVISÃO INTERNA DE TRABALHO

Prestatário ou garantidor	Total de créditos	Créditos pendentes	Percentual de créditos pendentes
Guiné-Bissau	313	302	0,29
Guiné Equatorial	49	49	0,05
Haiti	512	511	0,50
Honduras	580	359	0,35
Ilhas Salomão	46	45	0,04
Índia	29,016	24,622	24,03
Indonésia	2,132	1,392	1,36
Iraque	411	-	-
Jordânia	41	41	0,04
Laos	695	659	0,64
Lesoto	321	282	0,28
Libéria	109	109	0,11
Macedônia	384	383	0,37
Madagascar	1,133	706	0,69
Maláui	224	166	0,16
Maldivas	84	72	0,07
Mali	778	340	0,33
Marrocos	18	18	0,02
Maurício	9	9	0,01
Mauritânia	377	165	0,16
Mianmar	776	776	0,76
Moçambique	1.197	812	0,79
Moldávia	367	268	0,26
Mongólia	390	311	0,30
Nepal	1,608	1,485	1,45
Nicarágua	442	296	0,29
Níger	281	220	0,21
Nigéria	3,528	1,701	1,66
Papua Nova Guiné	112	74	0,07
Paquistão	9,304	8,702	8,49
Paraguai	19	19	0,02
Quênia	3,790	2,824	2,76
Quirguiz	672	625	0,61
Rep. Centro-Africana	412	392	0,38
República Democ. do Congo	2,687	2,290	2,24
República do Congo	307	296	0,29
Rep. Dominicana	10	10	0,01

(cont.)

Prestatário ou garantidor	Total de créditos	Créditos pendentes	Percentual de créditos pendentes
Ruanda	265	182	0,18
Samoa	86	71	0,07
Santa Lúcia	53	44	0,04
São Cristóvão e Névis	1	1	*
São Tomé e Príncipe	14	9	0,01
São Vicente e Granadinas	22	17	0,02
Senegal	1,071	590	0,58
Serra Leoa	111	75	0,07
Sérvia	741	571	0,56
Síria	20	20	0,02
Somália	437	437	0,43
Sri Lanka	2,589	2,275	2,22
Suazilândia	3	3	*
Sudão	1,277	1,277	1,25
Tadjiquistão	391	344	0,34
Tailândia	68	68	0,07
Tanzânia	2,463	1,170	1,14
Togo	701	701	0,68
Tonga	24	17	0,02
Tunísia	25	25	0,02
Turquia	62	62	0,06
Uganda	1,451	742	0,72
Uzbequistão	108	31	0,03
Vanuatu	13	13	0,01
Vietnã	7,217	3,997	3,90
Iêmen	2,403	1,950	1,90
Zâmbia	452	281	0,27
Zimbábue	504	504	0,49
Subtotal	126,771	102,366	99,91
Outros créditos	203	89	0,09
TOTAL	126,974	102,457	100

Fonte: Banco Mundial (2007a, p. 105-107).

Diferentemente do que ocorreu com o Bird, entre os anos fiscais de 1995 e 2008 o portfólio da AID manteve-se em ascensão com relativa regularidade, dobrando de tamanho em 13 anos, como mostra a Tabela 1.9.

Tabela 1.9
Movimentação financeira da AID — anos fiscais 1995-2008
Bilhões de dólares

Operações	1995	1996	1997	1998	1999	2000	2001	2002	2003	2004	2005	2006	2007	2008
Compromissos financeiros	5,7	6,9	4,6	7,5	6,8	4,3	6,8	8,0	7,3	9,0	8,7	9,5	11,9	11,2
Número de operações	137	127	100	67	145	126	134	133	141	158	160	167	189	199
Número de países clientes	n.i.	49	50	19	53	52	57	62	55	62	66	59	64	72
Empréstimos em mora	72,032	72,821	76,124	78,347	83,158	86,643	86,572	96,372	106,877	115,743	120,907	127,028	102,457	113,542

Fonte: relatórios anuais do Banco Mundial (1995 a 2008).
n.i.: não informado.

Corporação Financeira Internacional (CFI)

A CFI foi criada em 1956 como uma organização complementar ao Bird, com o objetivo de financiar e apoiar diretamente — sem o aval governamental — a expansão do setor privado, estrangeiro e nacional, em países pobres e de renda média. Figura no cenário internacional como a principal fonte multilateral de crédito para essa finalidade. Embora seja legal, técnica e financeiramente independente, sua política de empréstimos se articula de modo coerente e integral à pauta macropolítica do Banco Mundial.

Em 2007 contava 179 membros e uma carteira de compromissos acumulados de US$ 32,2 bilhões, acrescidos de US$ 7,5 bilhões em empréstimos consorciados. Para o exercício financeiro daquele ano, os compromissos chegavam a US$ 11,4 bilhões, acrescidos de US$ 4,8 bilhões mobilizados para 372 projetos em 85 países. Tem mais de 3.100 funcionários, dos quais 49% trabalham na sede e o restante em mais de 80 escritórios espalhados pelo mundo.

A CFI financia projetos empresariais específicos, participa como sócia do capital de empresas, empresta para bancos intermediários e presta assessoria técnica a corporações interessadas em mobilizar fundos em mercados de capital. Opera em condições comerciais, razão pela qual investe exclusivamente em projetos com fins lucrativos e aplica taxas de mercado a todos os seus produtos e serviços. Seus empréstimos têm carência variável e prazos de amortização que variam normalmente entre sete e 12 anos, podendo chegar a 20. Nas empresas cujo capital integraliza, limita a sua participação em até 35%, figurando sempre como acionista minoritária.

Os recursos de que dispõe são obtidos nos mercados internacionais de capital, em sua grande maioria por meio da emissão de bônus, o que a insere integralmente no universo da valorização financeira. Os títulos que emite também gozam da qualificação máxima (triplo A), o que demonstra a confiança da banca privada na sua solvabilidade. O prestígio que detém lhe permite operar como catalisadora de fundos privados diversos, razão pela qual seus empréstimos figuram em operações de cofinanciamento.

Os empréstimos que concede costumam oscilar entre US$ 1 milhão e US$ 100 milhões. Diferentemente do discurso oficial, a CFI não financia apenas empresas médias e pequenas; na verdade, a organização habitualmente financia grandes corporações, como Coca-Cola, Santander, Royal Dutch Shell, Wal-Mart Stores, GTE Corporation e Intercontinental Hotels Group (Rich, 2002, p. 38-39).

Embora os empréstimos que concede não dependam do aval governamental, a CFI atua fortemente junto aos Estados para catalisar recursos públicos, agilizar o trâmite legal dos negócios e emprestar o seu selo a determinadas iniciativas empresariais. Trata-se, portanto, de uma organização que atua em tempo integral no âmbito da intermediação de interesses públicos e privados.[4]

Desde o início da década de 1990, o portfólio da CFI cresce quase que de maneira ininterrupta. Desde 2000, essa tendência ganhou intensidade notável, como mostra a Tabela 1.10.

Tabela 1.10
Compromissos financeiros da CFI — anos fiscais 2000-2008
Bilhões de dólares

Operações	2000	2001	2002	2003	2004	2005	2006	2007	2008
Compromissos financeiros	2,4	3,9	3,6	3,9	4,8	5,4	6,7	8,2	11,4
Número de operações	n.i.	205	204	204	217	236	284	299	372
Número de países clientes	75	74	75	64	65	67	66	69	85

Fonte: relatórios anuais do Banco Mundial (2000 a 2008).
n.i.: não informado.

Centro Internacional para Conciliação de Divergências em Investimentos (CICDI)

Criado em 1966, o CICDI presta serviços de conciliação e arbitragem em casos de litígios jurídicos entre investidores estrangeiros e Estados nacio-

---

[4]Para mais informações, vide o sítio da CFI < http://www.ifc.org/ >.

nais contratantes, esferas subnacionais de governo ou organismos públicos, desde que acreditados pelo respectivo Estado nacional no Centro. Sua ação depende da adesão das partes à sua jurisdição, tomada em caráter voluntário, porém irrenunciável. A sentença proferida pelo Centro é soberana e obrigatória, não passível de apelação. Figura como instância de arbitragem em quantidade expressiva de acordos bilaterais (mais de 900) e tratados internacionais de investimento (ou que contêm capítulos relativos à inversão).

Tal como a CFI, o CICDI expande o âmbito de atuação do Grupo Banco Mundial, mas dele faz parte como uma organização autônoma. Foi instituído por um convênio próprio, do qual eram signatários, ao final do ano fiscal de 2008, 144 Estados. Sua estrutura organizativa consiste em um secretariado e um conselho administrativo, que é dirigido pelo presidente do Banco Mundial (sem direito a voto) e composto por um representante de cada Estado signatário. Funciona na sede do Banco Mundial.

As despesas do Centro devem ser cobertas pelos direitos recebidos pela utilização de seus serviços. Caso isso não ocorra, a diferença deve ser custeada pelos Estados contratantes membros do Bird, na proporção de suas respectivas subscrições de capital do Bird, e pelos Estados contratantes não membros do Banco, de acordo com as regras adotadas pelo conselho administrativo.

A partir de 1978, um conjunto de regras adicionais ampliou a competência do CICDI, permitindo-lhe intervir em processos de arbitragem que envolvam um Estado ou um investidor de um Estado não signatário.[5] Até 2008, havia registrado 268 casos.

Agência Multilateral de Garantias de Investimentos (AMGI)

A AMGI foi criada em 1988 para garantir a segurança dos investimentos forâneos e fomentar a expansão das empresas multinacionais. Fornece seguros (garantias) contra riscos "não comerciais" ou políticos tanto a em-

---

[5]O convênio constitutivo e outros documentos do CICDI estão em <http://www.worldbank.org/icsid/>.

presários como a financiadores, cobrindo um leque amplo que abarca situações como expropriação/desapropriação de bens, descumprimento unilateral de contrato por órgãos públicos, restrições à repatriação de lucros, guerras e conflitos civis. Além disso, atua como mediadora em conflitos relativos a investimentos entre investidores e governos receptores. Ainda assessora governos na definição, implementação e manutenção de políticas favoráveis à atração de capital privado estrangeiro.

O programa de garantias da AMGI serve como catalisador para a abertura dos mercados domésticos ao capital estrangeiro. Até o final do ano fiscal de 2008, havia fornecido US$ 19,5 bilhões em mais de 90 garantias para projetos de inversão em mais de 90 países pobres e de renda média. No ano fiscal de 2008, a Agência concedeu garantias de US$ 2,1 bilhões, dos quais US$ 689,6 milhões para países mais pobres (elegíveis à AID) (MIGA, 2008, p. 2). Diferentemente das seguradoras privadas, a AMGI proporciona coberturas de até 20 anos. Os investimentos podem ser cobertos em até 90% e as dívidas em até 95%, com um limite de US$ 200 milhões por projeto, que pode ser aumentado. Cobre negócios em infraestrutura, agroindústria, química, petróleo e gás, telecomunicações, água, transporte, turismo, finanças, mineração e energia elétrica, entre outros.[6] Até 2008, tinha 172 Estados-membros.

Instituto do Banco Mundial (IBM)

O Instituto de Desenvolvimento Econômico foi criado em 1955 com o apoio financeiro e político das fundações Rockefeller e Ford. Em 2000 foi rebatizado de Instituto do Banco Mundial. Funciona na sede do Banco em Washington.

Seu objetivo original era formar e treinar quadros políticos e técnicos locais para atuar na elaboração e/ou execução tanto da política econômica doméstica como de projetos e programas direcionados ao desenvolvimento capitalista em países da periferia.

---

[6] Para informações gerais e específicas, consulte-se <http://www.miga.org/>.

Os cursos oferecidos variaram muito ao longo dessas cinco décadas, no que diz respeito ao formato, aos programas e aos instrumentos utilizados. Nos primeiros 20 anos, por exemplo, os alunos necessariamente tinham de estar envolvidos com o manejo da política econômica ou com a preparação ou avaliação de projetos e programas vinculados à pauta de financiamento do Banco Mundial. Os governos, normalmente por meio do Banco Central ou do Ministério da Fazenda ou do Planejamento, deviam assegurar a remuneração integral dos alunos durante a realização dos estudos, bem como a sua recolocação ulterior em cargo equivalente ou superior ao que detinham antes da ida a Washington. Muitos ex-alunos ocuparam os cargos de primeiro-ministro, ministro da Fazenda e do Planejamento (Mason & Asher, 1973, p. 327-29).

A partir dos anos 1990, não apenas as temáticas aumentaram significativamente como também o tipo e o número de "clientes" que participam de suas atividades. Sem deixar de focalizar quadros técnicos estrategicamente posicionados na administração pública, o Instituto começou a promover certa massificação de suas iniciativas. Por essa razão, seus clientes passaram a ser não apenas funcionários públicos e autoridades de governo, mas também o pessoal de ONGs, jornalistas, acadêmicos em geral, professores de educação secundária, estudantes e grupos de jovens, além do próprio pessoal do Banco Mundial. Parte desse público é contemplado com bolsas de estudo concedidas pelo Instituto. Em 2006 foram 350 bolsas.

No ano fiscal de 2008, houve cerca de 570 atividades de aprendizado, entre cursos e oficinas presenciais e a distância, que envolveram quase 40 mil pessoas em mais de uma centena de países. Trabalhando estreitamente com as equipes do Banco, os temas tratados em tais atividades ilustram a extensão da pauta de ações do Instituto.[7]

---

[7] Os "programas de aprendizagem" (cursos e oficinas) do IBM em andamento no ano fiscal de 2008 abordaram os seguintes temas: a) competitividade empresarial e desenvolvimento; b) promoção da autonomia comunitária e inclusão social; c) educação; d) gestão ambiental e de recursos naturais; e) setor financeiro; f) boa gestão do setor público; g) saúde e Aids; h) entorno para investimentos; i) conhecimento para o desenvolvimento; j) pobreza e crescimento; l) associações público-privadas para infraestrutura; m) pobreza rural e desenvolvimento; n) proteção social e gestão de riscos; o) comércio; p) governo urbano e local; q) gestão dos recursos hídricos. Para mais informações, consulte-se <http://www.bancomundial.org/aprendizaje/programas.html>.

A ampliação e o aprofundamento da influência intelectual e organizativa do IBM dependeram, para chegar ao patamar atual, da associação com uma gama crescente e variada de organizações sociais. Tais "alianças" são de tipo formal e informal. As formais somam quase 200, por meio das quais o IBM infunde as referências intelectuais e a agenda de políticas do Banco Mundial. As informais não são de conhecimento público.

Além dessa diferenciação, o IBM também distingue entre dois tipos de "associados". Os "sócios de recursos" pertencem aos setores público e privado e não apenas cofinanciam as atividades do Instituto das quais fazem parte como também compartilham a elaboração de cursos e a coordenação das ações. Já os "sócios de produção" dividem a execução de cursos e cumprem o papel de articulação, coesão e comprometimento local. São ONGs, fundações, universidades, centros de pesquisa e instituições de formação e capacitação. Usualmente, cerca de 50% das atividades do Instituto são realizadas em conjunto com tais "sócios" a cada ano. Para o IBM, ambos os tipos de associação servem a diversos propósitos importantes, como a economia de recursos financeiros próprios, a difusão de suas pautas intelectuais, técnicas e políticas e a corresponsabilização pelos riscos e resultados das atividades realizadas.

A maior parte do financiamento do IBM cabe ao Bird. Os sócios doadores, tais como organismos bilaterais e multilaterais, organizações do setor público e privado e algumas fundações cobrem pouco mais de 20% do orçamento anual do Instituto.[8]

Painel de Inspeção

Criado em setembro de 1993, o Painel de Inspeção funciona como um foro independente cuja missão é investigar denúncias de pessoas ou organizações afetadas ou que podem ser afetadas negativamente por projetos financiados pelo Banco Mundial. As denúncias devem versar estritamente sobre o descumprimento pelo Banco de seus próprios procedimentos e regras

---

[8]Para informações adicionais, consulte-se www.worldbank.org/wbi

operacionais. Os denunciantes devem já haver tentado apresentar suas reclamações ao *staff* ou à gerência do Banco, sem obterem uma resposta considerada satisfatória. Os diretores executivos também podem ordenar ao Painel que realize uma investigação. Com o propósito de impedir denúncias retroativas sobre projetos encerrados, somente são consideradas válidas denúncias relativas a projetos cujo desembolso tenha alcançado até 95% do empréstimo.

Os membros do Painel são designados pelo presidente do Banco Mundial e aprovados pela diretoria executiva. É formado por três pessoas para mandatos não renováveis de cinco anos. Nenhuma delas pode haver trabalhado no Banco dois anos antes da sua designação e, depois do exercício do cargo, não podem voltar a trabalhar no Banco.

Uma vez recebida a denúncia, o Painel avalia e aponta ou não à diretoria do Banco a necessidade de uma investigação. À diretoria cabe decidir se o Painel seguirá em frente ou não. Concluída a investigação, o Painel remete o informe final à administração do Banco, que tem seis semanas para preparar um relatório à diretoria que indica como responder às conclusões do Painel. Cabe à diretoria anunciar se o Banco tomará medidas de correção e, nesse caso, quais.

O Painel pode investigar se o Banco cumpriu ou não suas próprias regras e seguiu todos os procedimentos previstos, mas não pode investigar as ações e omissões de outros atores, como os governos prestatários e as empresas envolvidas nos projetos. O acesso do Painel à área do projeto investigado e à documentação pertinente depende da autorização do governo prestatário.

As operações da CFI e da AMGI estão fora da competência do Painel.[9]

A Tabela 1.11 informa quais projetos financiados pelo Banco Mundial foram denunciados ao Painel de Inspeção.

---

[9]Para outras informações, consulte-se Banco Mundial (2003b) e <www.worldbank.org/inspectionpanel>. Para avaliações críticas de autores envolvidos com os trâmites do Painel, vide Clark *et al.* (2005) e Barros (2001).

GRUPO BANCO MUNDIAL: ESTRUTURA E DIVISÃO INTERNA DE TRABALHO

Tabela 1.11
Denúncias apresentadas ao Painel de Inspeção
— 12 de novembro de 2008

Ano	Projetos	País
1994	Hidrelétrica Arun III	Nepal
1995	Compensação por expropriação (não registrada)	Etiópia
	Energia elétrica	Tanzânia
	Gestão dos recursos naturais, Planaforo, Rondônia	Brasil
	Represa Bío Bío (não registrada)	Chile
1996	Ponte Jamuna	Bangladesh
	Hidrelétrica Yacyretá	Paraguai/Argentina
	Ajustamento do setor de juta	Bangladesh
1997	Reassentamento, Itaparica	Brasil
	Energia elétrica, Singrauli/NTPC	Índia
1998	Projeto de ecodesenvolvimento	Índia
	Água das montanhas	Lesoto/África do Sul
	Rede de esgoto e limpeza, Lagos	Nigéria
	Reforma agrária assistida pelo mercado	Brasil
1999	Água das montanhas	Lesoto
	Redução da pobreza	China
	Ajustamento estrutural	Argentina
	Reforma agrária assistida pelo mercado (2ª denúncia)	Brasil
	Gestão ambiental, Lago Vitória	Quênia
	Mineração e controle ambiental	Equador
2000	Energia elétrica, Singrauli/NTPC (2ª denúncia)	
	(não registrada)	Índia
2001	Gasoduto Chade-Camarões	Chade
	Setor carvoeiro	Índia
	Hidrelétrica Bujagali	Uganda
	Ajustamento estrutural	Papua Nova Guiné
2002	Hidrelétrica Yacyretá (2ª denúncia)	Paraguai/Argentina
	Gasoduto e petróleo	Camarões
2003	Rede de esgoto, Manila	Filipinas
	Gasoduto e petróleo (não registrada)	Camarões
2004	Coinbio, biodiversidade	México
	Abastecimento de água, esgoto e gestão ambiental, Cartagena	Colômbia
	Transporte urbano, Mumbai	Índia

(cont.)

O BANCO MUNDIAL COMO ATOR POLÍTICO, INTELECTUAL E FINANCEIRO

Ano	Projetos	País
	Programa nacional de drenagem	Paquistão
	Criação de empregos (não registrada)	Burundi
2005	Concessão florestal, projeto-piloto	Camboja
	Crédito emergencial para apoio à recuperação	República
	econômica	Democrática do
		Congo
2006	Gestão fundiária	Honduras
	Fechamento de mina e aliviamento social	Romênia
	Gás	Nigéria
	Biodiversidade, Paraná	Brasil
	Infraestrutura, estrada Santa Fé	Argentina
2007	Geração privada de energia	Uganda
	Bacia hidrográfica Uttaranchal	Índia
	Geração de energia elétrica	Albânia
	Administração e limpeza da zona costeira	Albânia
	Saneamento urbano	Gana
	Infraestrutura e desenvolvimento urbano	
	(não registrada)	Camarões
	Infraestrutura, Santa Fé	Argentina
	Serviços urbanos, Bogotá	Colômbia

Fonte: <www.worldbank.org/inspectionpanel>.

PARCERIAS E INICIATIVAS MULTILATERAIS EM CURSO

Desde o início da sua história, o Banco Mundial promove inúmeras articulações formais e informais com atores bilaterais e multilaterais, públicos e privados. Com frequência, assume nessas iniciativas uma posição de liderança. Tais articulações tornam possível ao Banco viabilizar a sua influência e dilatar imensamente o seu raio de ação. A Tabela 1.12 oferece um panorama resumido das organizações financeiras internacionais associadas formalmente ao Banco em meados de 2008.

GRUPO BANCO MUNDIAL: ESTRUTURA E DIVISÃO INTERNA DE TRABALHO

Tabela 1.12
Organizações financeiras internacionais associadas ao Banco Mundial — 30 de junho de 2008

Bancos multilaterais de desenvolvimento
Banco de Desenvolvimento Asiático
Banco de Desenvolvimento Africano
Banco Europeu para a Reconstrução e o Desenvolvimento
Banco Interamericano de Desenvolvimento

Instituições financeiras multilaterais
Comissão Europeia
Banco Europeu de Investimentos
Fundo Internacional de Desenvolvimento Agrícola
Banco Islâmico de Desenvolvimento
Fundo Nórdico de Desenvolvimento
Banco Nórdico de Investimentos
Fundo da Opep para o Desenvolvimento Internacional

Bancos sub-regionais
Corporação Andina de Fomento
Banco de Desenvolvimento do Caribe
Banco Centro-Americano de Integração Econômica
Banco de Desenvolvimento da África Oriental
Banco de Desenvolvimento da África Ocidental

Fonte: <http://go.worldbank.org/LFMT59PAP0>.

O Banco também patrocina a criação de parcerias multilaterais e se integra a outras tantas já existentes. A Tabela 1.13 lista as principais delas em curso em meados de 2008.

Tabela 1.13
Principais parcerias multilaterais do Banco Mundial — 30 de junho de 2008

Parcerias	Sinopse
Grupo Consultivo para a Pesquisa Agrícola Internacional (CGIAR)	Criado em 1971, tem como membros 47 países, quatro copatrocinadores e outros 13 organismos internacionais. Abrange uma rede de 15 centros internacionais de pesquisa agronômica e mais de oito mil cientistas e profissionais diversos em mais de 100 países.

(cont.)

O BANCO MUNDIAL COMO ATOR POLÍTICO, INTELECTUAL E FINANCEIRO

Parcerias	Sinopse
Fundo Global para o Meio Ambiente (GEF)	Parceria global entre 178 países, organizações internacionais, ONGs e empresas privadas. Funciona como mecanismo financeiro para acordos multilaterais na área de meio ambiente. É o principal financiador de projetos nessa área. Desde 1991 forneceu US$ 8,26 bilhões em créditos e alavancou US$ 33,7 bilhões em cofinanciamento para mais de 2.200 projetos em 165 países.
Grupo Consultivo para Assistência aos Pobres (CGAP)	Parceria entre agências bilaterais e multilaterais de desenvolvimento, bancos multilaterais de desenvolvimento, fundações privadas e instituições financeiras multilaterais. Tem como missão construir sistemas de microcrédito para populações de baixa renda.
Iniciativa para a Reforma e o Fortalecimento do Setor Financeiro (First)	Lançado em 2002 por agências bilaterais do Canadá e da Europa em parceria com o FMI e o Banco Mundial (responsável pela sua administração), tem como missão promover o fortalecimento de sistemas financeiros abertos e diversificados em países de renda baixa e média, em particular na África.
Fundo Tipo para Reduzir as Emissões de Carbono	Parceria entre 17 corporações privadas e seis países, desde 2000 funciona sob a administração do Banco Mundial. Tem o propósito de promover mercados para o sequestro de carbono.
Educação para Todos	Iniciada após a Conferência de Jomtien (Tailândia), em 1990, é coordenada pela Unesco e tem como objetivo principal promover a universalização da educação básica. Tem relação direta com os Objetivos de Desenvolvimento do Milênio da ONU, aprovados por quase 200 países.
Programa Conjunto das Nações Unidas sobre HIV/Aids	Envolve diversas organizações do sistema ONU.
Associação Mundial para a Água (GWP)	Criada em 1996 por iniciativa do Banco Mundial junto com o Pnud e a Agência de Cooperação Sueca de Desenvolvimento Internacional, envolve diversas agências públicas, empresas privadas, organizações profissionais e instituições multilaterais. Tem a missão de promover ou reformar sistemas de regulação e administração hídrica.
Iniciativa para os Países Pobres Muito Endividados (PPME)	Lançada em 1996 em parceria com o FMI, envolve a redução da dívida externa multilateral condicionada à execução de políticas de ajustamento estrutural e setorial.

(cont.)

GRUPO BANCO MUNDIAL: ESTRUTURA E DIVISÃO INTERNA DE TRABALHO

Parcerias	Sinopse
Feira do Desenvolvimento	Programa de pequenas doações administrado pelo Banco Mundial com o apoio de inúmeras organizações, entre as quais a Fundação Bill & Melinda Gates e o Fundo Global para o Meio Ambiente. Financia projetos sociais variados, cujos proponentes concorrem entre si anualmente.
Plataforma de Doadores Globais para o Desenvolvimento Rural	Criada em 2004, abarca agências bilaterais europeias de desenvolvimento, a Usaid e a FAO, e seu trabalho envolve a formulação de políticas, o alinhamento esforços entre agências internacionais, a harmonização de políticas entre Estados e a disseminação de conhecimento, iniciativas e projetos para o campo.
Iniciativa de Transparência nas Indústrias Extrativas Plus Plus (EITI++)	Parceria entre Estados, organizações multilaterais e bilaterais, empresas privadas e ONGs lançada em abril de 2008. Provê assessoria técnica em matéria de políticas e financiamento (por meio de um fundo fiduciário próprio) com o objetivo de remodelar os marcos regulatórios e a gestão dos recursos naturais (gás, petróleo e minérios), em particular no continente africano.
Iniciativa de Recuperação de Ativos Roubados (StAR)	Lançada em setembro de 2007 em parceria com o Escritório de Drogas e Crime das Nações Unidas, tem o propósito de assessorar governos a acompanhar, congelar e recuperar fundos desviados por corrupção.
Serviço de Assessoria em Investimento Estrangeiro (FIAS)	A cargo da CFI, assessora governos de países do Sul e do Leste na reforma de leis e mecanismos de regulação econômica. Tem como doadores a União Europeia e agências bilaterais da Europa, dos Estados Unidos, do Canadá, da Austrália e Nova Zelândia.
Fundos de Investimento Climático (CIF)	Fundos administrados pelo Banco para financiar em particular o carbono. Recebem recursos de 16 Estados e 66 empresas privadas de diversos setores que totalizam mais de US$ 6 bilhões.
Parceria em Estatística para o Desenvolvimento do Século XXI (Paris21)	Criada em novembro de 1999 para fomentar a capacidade de formulação estatística e harmonizar a sua utilização. Fundada pelo Banco Mundial e outros parceiros, envolve uma quantidade gigantesca de entidades públicas e privadas, multilaterais e bilaterais.
Fundo Fiduciário de Resposta à Crise de Preços de Alimentos (FPCR)	Criado em 2008, arrecadará contribuições de doadores bilaterais e multilaterais.

Fonte: Banco Mundial (2008a) e <http://go.worldbank.org/ENUVWV7A30>.

As duas tabelas anteriores oferecem uma ideia aproximada da malha de relações construída pelo Banco. No plano internacional, ela abarca fundações privadas, organizações não governamentais, instituições de pesquisa, corporações privadas, instituições financeiras internacionais e organizações bilaterais e multilaterais financeiras e de assistência ao desenvolvimento. Essa rede de relações internacionais, por sua vez, articula-se com relações igualmente vastas e diversificadas forjadas pelo Banco dentro de cada país cliente, potencializando enormemente sua capilaridade social e influência política.

INSTÂNCIAS DE DECISÃO, GOVERNANÇA E DISTRIBUIÇÃO DO PODER DE VOTO

A estrutura decisória do Banco Mundial está estabelecida pela cláusula V do seu estatuto. A instância máxima é o Conselho de Governadores, no qual cada país está representado por um governador e um suplente, com mandato renovável de cinco anos. Comumente é o ministro da Fazenda ou o presidente do banco central do respectivo país que exerce a função de titular. O Conselho realiza uma assembleia geral por ano, coincidindo com a assembleia geral do FMI.

Existe também a diretoria executiva, à qual cabe conduzir no dia a dia as operações do Bird, conforme as atribuições delegadas pelo Conselho. É formada por 24 membros, não necessariamente governadores. Cinco devem ser nomeados diretamente pelos cinco maiores acionistas do Banco, que na atualidade são Estados Unidos, Japão, Alemanha, França e Reino Unido. Os demais diretores representam países ou grupos de países e são eleitos pelos governadores que não hajam sido nomeados como diretores executivos pelos cinco maiores acionistas.

Não se aplica o princípio da igualdade de voto entre os países, que rege a maior parte das organizações internacionais do sistema ONU, nem o voto ponderado de acordo com o tamanho da população. O poder de voto de cada membro está condicionado pela sua subscrição de capital, definida formalmente em função do tamanho da economia doméstica e da renda *per capita* e, informalmente, da força política dos Estados no sistema

GRUPO BANCO MUNDIAL: ESTRUTURA E DIVISÃO INTERNA DE TRABALHO

internacional. Em outras palavras, a desigualdade de poder político e riqueza que caracteriza o sistema internacional se reflete no Banco Mundial, modelando a sua estrutura de tomada de decisão. A Tabela 1.14 informa o poder de voto de todos os membros no Bird e, na sequência, o Mapa 1.5 ilustra o poder de voto dos 15 maiores acionistas. A Tabela 1.15 apresenta o poder de voto dos membros da AID. Por sua vez, a Tabela 1.16 destaca o poder de voto dos membros mais poderosos no Bird desde 1947 em anos selecionados. Na página seguinte, a Tabela 1.17 indica a correlação entre a concentração da riqueza mundial e o poder de voto no interior do Banco Mundial.

Tabela 1.14
Estados-membros e poder de voto no Bird — 30 de junho de 2007
Percentual

País	Poder de voto	País	Poder de voto	País	Poder de voto	País	Poder de voto
Afeganistão	0,03	Djibuti	0,05	Lesoto	0,06	República do Congo	0,07
África do Sul	0,85	Dominica	0,05	Líbano	0,04	República Dominicana	0,14
Albânia	0,07	Egito	0,45	Libéria	0,04	República Tcheca	0,40
Alemanha	4,49	El Salvador	0,02	Líbia	0,5	Romênia	0,26
Arábia Saudita	2,78	Emirados Árabes	0,16	Lituânia	0,11	Ruanda	0,08
Argélia	0,59	Equador	0,19	Luxemburgo	0,12	Rússia	2,78
Angola	0,18	Eritreia	0,05	Macedônia	0,04	Samoa	0,05
Antigua e Barbuda	0,05	Eslováquia	0,21	Madagascar	0,1	San Marino	0,05
Argentina	1,12	Eslovênia	0,09	Malásia	0,52	Santa Lúcia	0,05
Armênia	0,09	Espanha	1,74	Maláui	0,08	São Cristóvão e Névis	0,03
Austrália	1,53	Estados Unidos	16,38	Maldivas	0,04	São Tomé e Príncipe	0,05
Áustria	0,7	Estônia	0,07	Mali	0,09	São Vicente e Granadinas	0,03
Azerbaijão	0,12	Etiópia	0,08	Malta	0,08	Seicheles	0,03
Bahamas	0,08	Fiji	0,08	Marrocos	0,32	Senegal	0,14
Bangladesh	0,32	Filipinas	0,44	Maurício	0,09	Serra Leoa	0,06

(*cont.*)

O BANCO MUNDIAL COMO ATOR POLÍTICO, INTELECTUAL E FINANCEIRO

País	Poder de voto	País	Poder de voto	País	Poder de voto	País	Poder de voto
Barbados	0,07	Finlândia	0,54	Mauritânia	0,07	Sérvia	0,19
Bahrein	0,08	França	4,3	México	1,18	Síria	0,15
Bielo-Rússsia	0,22	Gabão	0,08	Mianmar	0,17	Somália	0,05
Bélgica	1,80	Gâmbia	0,05	Micronésia	0,05	Sri Lanka	0,25
Belize	0,05	Gana	0,11	Moçambique	0,07	Suazilândia	0,04
Benin	0,07	Geórgia	0,11	Moldávia	0,1	Sudão	0,07
Bolívia	0,13	Granada	0,05	Mongólia	0,04	Suécia	0,94
Bósnia e Herzegovina	0,05	Grécia	0,12	Montenegro	0,06	Suíça	1,66
Botsuana	0,05	Guatemala	0,14	Namíbia	0,11	Suriname	0,04
Brasil	2,07	Guiana	0,08	Nepal	0,08	Tadjiquistão	0,08
Brunei Darussalam	0,16	Guiné	0,1	Nicarágua	0,05	Tailândia	0,41
Bulgária	0,34	Guiné-Bissau	0,05	Níger	0,07	Tanzânia	0,1
Burquina Faso	0,07	Guiné Equatorial	0,06	Nigéria	0,8	Timor-Leste	0,05
Burundi	0,06	Haiti	0,08	Noruega	0,63	Togo	0,08
Butão	0,05	Honduras	0,06	Nova Zelândia	0,46	Tonga	0,05
Cabo Verde	0,05	Hungria	0,51	Omã	0,11	Trinidad e Tobago	0,18
Camarões	0,11	Ilhas Marshall	0,04	Países Baixos	2,21	Tunísia	0,06
Camboja	0,03	Ilhas Salomão	0,05	Palau	0,02	Turcomenistão	0,05
Canadá	2,78	Índia	2,78	Panamá	0,04	Turquia	0,53
Cazaquistão	0,2	Indonésia	0,94	Papua Nova Guiné	0,10	Ucrânia	0,69
Chade	0,7	Irã	1,48	Paquistão	0,59	Uganda	0,05
Chile	0,44	Iraque	0,19	Paraguai	0,09	Uruguai	0,19
China	2,78	Irlanda	0,34	Peru	0,34	Uzbequistão	0,17
Chipre	0,11	Islândia	0,09	Polônia	0,69	Vanuatu	0,05
Cingapura	0,04	Israel	0,31	Portugal	0,35	Venezuela	1,27
Colômbia	0,41	Itália	2,78	Quatar	0,08	Vietnã	0,08
Comores	0,03	Jamaica	0,17	Quênia	0,17	Iêmen	0,15
Coreia do Sul	0,99	Japão	7,86	Quiribati	0,04	Zâmbia	0,19
Costa do Marfim	0,17	Jordânia	0,1	Quirguiz	0,08	Zimbábue	0,22
Costa Rica	0,03	Kuwait	0,84	Reino Unido	4,3		
Croácia	0,16	Laos	0,03	República Centro-Africana	0,07		
Dinamarca	0,85	Latvia	0,1	República Democrática do Congo	0,18		

Fonte: Banco Mundial (2007, p. 57-60).

GRUPO BANCO MUNDIAL: ESTRUTURA E DIVISÃO INTERNA DE TRABALHO

Tabela 1.15
Estados-membros e poder de voto na AID — 30 de junho de 2007
Percentual

	PARTE I			PARTE II			
País	Poder de voto	País	Poder de voto	País	Poder de voto	País	Poder de voto
África do Sul	0,30	Afeganistão	0,10	Gana	0,40	Panamá	0,06
Alemanha	6,45	Albânia	0,22	Geórgia	0,25	Papua Nova Guiné	0,27
Austrália	1,27	Angola	0,35	Granada	0,12	Paquistão	0,94
Áustria	0,72	Arábia Saudita	3,34	Guatemala	0,22	Paraguai	0,12
Bélgica	1,16	Argélia	0,17	Guiana	0,14	Peru	0,18
Canadá	2,77	Argentina	0,81	Guiné	0,20	Polônia	2,17
Dinamarca	1,02	Armênia	0,09	Guiné-Bissau	0,04	Quênia	0,35
Emirados Árabes	0,01	Azerbaijão	0,05	Guiné Equatorial	0,04	Quiribati	0,07
Eslovênia	0,25	Bangladesh	0,60	Haiti	0,15	Quirguiz	0,05
Espanha	0,73	Barbados	0,24	Honduras	0,26	República Centro-Africana	0,14
Estados Unidos	12,94	Belize	0,08	Hungria	0,75	República Democrática do Congo	0,34
Finlândia	0,61	Benin	0.14	Ilhas Salomão	>0.005	República do Congo	0,23
França	4,12	Bolívia	0,31	Índia	2,93	República Dominicana	0,17
Grécia	0,28	Bósnia e Herzegovina	0,23	Indonésia	0,78	República Tcheca	0,48
Irlanda	0,37	Botsuana	0,19	Irã	0,09	Ruanda	0,14
Islândia	0,26	Brasil	1,69	Iraque	0,36	Samoa	0,13
Itália	2,59	Burquina Faso	0,25	Israel	0,36	San Marino	0,13
Japão	10,05	Burundi	0,22	Jordânia	0,15	Santa Lúcia	0,18
Kuwait	0,54	Butão	0,21	Laos	0,14	São Cristóvão e Névis	0,08
Luxemburgo	0,28	Cabo Verde	0,05	Latvia	0,24	São Tomé e Príncipe	0,06
Noruega	1,04	Camarões	0,21	Lesoto	0,23	São Vicente e Granadinas	0,21
Nova Zelândia	0,31	Camboja	0,14	Líbano	0,05	Senegal	0,31
Países Baixos	2,08	Cazaquistão	0,02	Libéria	0,13	Serra Leoa	0,23

(cont.)

O BANCO MUNDIAL COMO ATOR POLÍTICO, INTELECTUAL E FINANCEIRO

País	Poder de voto	País	Poder de voto	País	Poder de voto	País	Poder de voto
Portugal	0,29	Chade	0,10	Líbia	0,10	Sérvia	0,31
Rússia	0,31	Chile	0,19	Macedônia	0,20	Síria	0,06
Suécia	1,97	China	1,99	Madagascar	0,27	Somália	0,06
Suíça	1,97	Chipre	0,29	Malásia	0,41	Sri Lanka	0,43
Reino Unido	5,14	Cingapura	0,07	Maláui	0,27	Suazilândia	0,11
		Colômbia	0,47	Maldivas	0,24	Sudão	0,15
		Comores	0,08	Mali	0,21	Tadjiquistão	0,12
		Coreia	0,64	Marrocos	0,48	Tailândia	0,45
		Costa do Marfim	0,28	Maurício	0,30	Tanzânia	0,32
		Costa Rica	0,07	Mauritânia	0,21	Timor-Leste	>0,005
		Croácia	0,36	México	0,62	Togo	0,14
		Djibuti	0,04	Mianmar	0,33	Tonga	0,16
		Dominica	0,16	Micronésia	0,11	Trinidad e Tobago	0,09
		Egito	0,48	Moçambique	0,12	Tunísia	0,02
		El Salvador	0,04	Moldávia	>0,005	Turquia	0,64
		Equador	0,28	Mongólia	0,15	Ucrânia	0,01
		Eritreia	0,19	Montenegro	0,27	Uganda	0,29
		Eslováquia	0,32	Nepal	0,25	Uzbequistão	>0,005
		Etiópia	0,24	Nicarágua	0,26	Vanuatu	0,08
		Fiji	0,12	Níger	0,12	Vietnã	0,12
		Filipinas	0,10	Nigéria	0,44	Iêmen	0,30
		Gabão	0,01	Omã	0,22	Zâmbia	0,36
		Gâmbia	0,12	Palau	0,02	Zimbábue	0,13
Subtotal Parte I							59
Subtotal Parte II							41
TOTAL							100

Fonte: Banco Mundial (2007, p. 108-11).

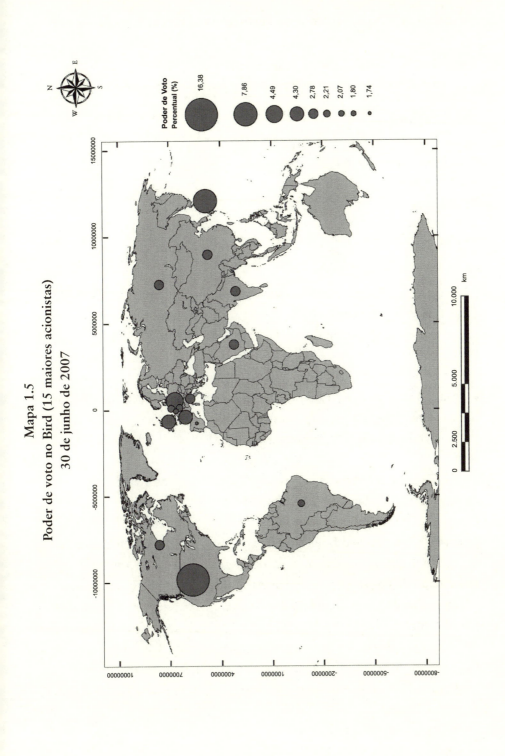

Mapa 1.5
Poder de voto no Bird (15 maiores acionistas)
30 de junho de 2007

O BANCO MUNDIAL COMO ATOR POLÍTICO, INTELECTUAL E FINANCEIRO

Tabela 1.16

Poder de voto dos membros mais poderosos no Bird, anos selecionados

Número e poder	1947	1957	1967	1977	1987	1997	2007
Membros	44	60	106	129	151	180	185
Poder de voto (percentual)							
Estados Unidos	34,2	29,7	25	22,5	19,4	17	16,3
G7 (a)	65,2	58,1	53,6	51,07	46,9	42,4	42,8

Fonte: relatórios anuais do Banco Mundial (1947, 1956-57, 1966-67, 1977, 1987, 1997, 2007)
(a) Estados Unidos, Reino Unido, França, Canadá e Itália. A partir de 1957, também Japão e Alemanha.

A Tabela 1.17 mostra que, no topo da hierarquia do Bird, a correspondência entre riqueza nacional e poder de voto é integral. Os quatro primeiros acionistas são também os países mais ricos do mundo. Vale destacar o fato de que os casos mais significativos de ascensão na hierarquia internacional da riqueza ocorridos no pós-guerra — Japão e Alemanha — estão no topo da estrutura de decisão do Banco, embora muito atrás dos Estados Unidos. Em 1946, ambos sequer eram membros do Banco, o que só ocorreu em 1952 (no caso alemão, como República Federal da Alemanha) (Kapur *et al.*, 1997, p. 1.219).

Na quinta e na sexta posições, essa correlação entre riqueza e poder de voto se torna mais nuançada. Em 2004 a China — que ingressou no Banco em 1980 — tornou-se a quinta maior economia do mundo, ultrapassando, com pouca diferença, a França. Esta, porém, divide com o Reino Unido a quarta posição dentro da hierarquia do Bird, detendo uma quantidade de votos quase 65% superior à da China. Já a Itália e o Canadá, ambos integrantes do grupo dos dez mais ricos, seguem a mesma correlação entre riqueza e poder de voto, embora sem a mesma integralidade observada no grupo dos quatro primeiros acionistas. Por outro lado, ainda dividindo a sexta posição, aparecem Rússia, Índia e Arábia Saudita. Nesse caso, fatores de ordem geopolítica e geoeconômica explicam o poder de voto que detêm.

Tabela 1.17
Poder de voto no Bird e posição na economia internacional — 30 de junho de 2007

Países	Capital subscrito (a)	Poder de voto (percentual)	Posição	PIB (b)	Posição	População (c)	PIB per capita (d)	Posição
Estados Unidos	31.964,5	16,38	1	12.168,5	1	294	41.440	5
Japão	15.320,6	7,86	2	4.734,3	2	128	37.050	9
Alemanha	8.733,9	4,49	3	2.532,3	3	83	30.690	18
Reino Unido	8.371,7	4,30	4	2.013,4	4	60	33.630	13
França	8.371,7	4,30	5	1.888,4	6	60	30.370	19
Itália	5.403,8	2,78	6	1.513,1	7	58	26.280	28
Canadá	5.403,8	2,78	6	905.0	9	32	28.310	21
China	5.404,3	2.78	6	1.938,0	5	1.296	1.500	129
Rússia	5.403,8	2,78	6	488,5	16	144	3.400	94
Arábia Saudita	5.403,8	2,78	6	242.9	23	24	10.140	55
Índia	5.403,8	2,78	6	673,2	11	1.080	620	159
Países Baixos	4.282,9	2,21	7	523.1	15	16	32.130	16
Brasil	4.015,6	2,07	8	551.6	13	184	3.000	97
Bélgica	3.496,4	1,80	9	326.0	18	10	31.280	17
Espanha	3.377,4	1,74	10	919.1	8	43	21.530	34
Suíça	3.209,6	1,66	11	366.5	17	7	49.600	3
Austrália	2.951,2	1,53	12	544.3	14	20	27.070	25
Venezuela	2.456,2	1,27	13	105.3	38	26	4.030	86
México	2.268,4	1,18	14	704.9	10	104	6.790	70

Fonte: Banco Mundial (2006b, Tabela 1.1) e Banco Mundial (2007, 57-60).

(a) Em milhões de dólares (dados relativos a 30 de junho de 2007).

(b) Em bilhões de dólares (dados relativos a 2004).

(c) Em milhões de pessoas (dados relativos a 2004).

(d) Em dólares (dados relativos a 2004).

Rússia e Índia têm populações e territórios grandes, são economias cujo PIB é considerável em termos absolutos e exercem uma atuação importante na diplomacia internacional. A Rússia é uma potência militar e tem assento permanente no Conselho de Segurança da ONU, junto com Estados Unidos, França, Reino Unido e China. Seu ingresso no Banco ocorreu em 1992, logo após a segunda guerra do Golfo Pérsico (1990-1991). A Índia, por sua vez, tornou-se uma potência nuclear nos anos 1990 e apresenta taxas significativas de crescimento econômico há vários anos. Ademais, em termos absolutos, foi o maior cliente do Banco de todos os tempos até a década de 2000, quando perdeu essa posição para a China. Já a Arábia Saudita detém as maiores reservas de petróleo do mundo e desempenha um papel estratégico no tabuleiro geopolítico e geoeconômico do Oriente Médio, especialmente para os interesses diplomáticos e empresariais norte-americanos. Além disso, situa-se no campo dos países de alta renda *per capita*.

A posição dos Países Baixos (Holanda) e da Bélgica, ex-potências coloniais, assim como da Suíça, chama atenção pelo relativo desequilíbrio entre riqueza e poder de voto. Embora os três países estejam entre os mais ricos do mundo e de maior renda *per capita*, a quantidade de votos que comandam é bem maior do que a sua posição na economia mundial autorizaria. Em maior grau, essa distorção é observável no caso da Venezuela. Em 1995, por exemplo, o país detinha apenas 0,77% do total de votos. Em menos de dez anos conseguiu quase dobrar a sua representação, aproveitando-se da fase de alta do preço do petróleo. Na mesma situação, embora em menor grau, está o Brasil, a maior economia e o principal ator político da América do Sul. Em 1995, o país controlava 1,67%, o que indica uma política deliberada de aumentar sua cota de influência dentro do Banco.

Dos países selecionados, os únicos que comandam uma quantidade de votos inferior à sua posição na economia mundial são a China, a Espanha e o México. Apesar do crescimento acentuado da economia chinesa, o país perdeu votos na última década, junto com a Rússia, a Índia e a Arábia Saudita, todos com 2,99% do total em 1995. Desde a sua entrada no Tratado Norte-Americano de Livre Comércio (Nafta) e a crise financeira de 1994, o México também perdeu votos (tinha 1,26% do total em 1995). O inverso

GRUPO BANCO MUNDIAL: ESTRUTURA E DIVISÃO INTERNA DE TRABALHO

ocorreu com a Espanha, uma economia em rápida ascensão na Europa, cuja representação subiu 0,16% entre 1995 e 2006. De todo modo, Espanha e Austrália voltam a apresentar uma correlação bem mais equilibrada entre riqueza e poder de voto dentro do Banco.

Os Estados-membros decidem como se agrupam no interior do Banco e alguns com maior quantidade de votos decidem permanecer sozinhos. A maioria, no entanto, articula-se em grupos. A composição da diretoria executiva, detalhada na Tabela 1.18, ilustra de outra maneira a distribuição do poder de voto.

Tabela 1.18
Poder de voto dos diretores — executivos do Bird — 30 de junho de 2007

Países ou grupos de países (a)	Percentual de votos
Estados Unidos	16,38
Japão	7,86
Alemanha	4,49
Reino Unido	4,3
França	4,3
Bélgica, Turquia, Áustria, Bielo-Rússia, República Tcheca, Hungria, Cazaquistão, Luxemburgo, Eslováquia e Eslovênia	4,78
México, Venezuela, Espanha, Costa Rica, El Salvador, Guatemala, Honduras e Nicarágua	4,49
Países Baixos, Romênia, Ucrânia, Israel, Armênia, Bósnia e Herzegovina, Bulgária, Croácia, Chipre, Geórgia, Macedônia e Moldávia	4,47
Canadá, Bahamas, Guiana, Belize, Antigua e Barbuda, Barbados, Dominica, Granada, Irlanda, Jamaica, São Cristóvão e Neves, Santa Lúcia, São Vicente e Granadinas	3,83
Brasil, Colômbia, Filipinas, Equador, República Dominicana, Haiti, Panamá e Trinidad e Tobago	3,55

(*cont.*)

O BANCO MUNDIAL COMO ATOR POLÍTICO, INTELECTUAL E FINANCEIRO

Países ou grupos de países (a)	Percentual de votos
Itália, Portugal, Albânia, Grécia, Malta, São Marino e Timor-Leste	3,5
Coreia do Sul, Austrália, Nova Zelândia, Camboja, Quiribati, Ilhas Marshall, Micronésia, Mongólia, Palau, Papua Nova Guiné, Samoa, Ilhas Salomão, Vanuatu	3,45
Etiópia, Burundi, Namíbia, Gambia, Quênia, Lesoto, Libéria, Maláui, Moçambique, Nigéria, Seicheles, Serra Leoa, África do Sul, Sudão, Suazilândia, Tanzânia, Uganda, Zâmbia e Zimbábue	3,36
Índia, Bangladesh, Butão e Sri Lanka	3,4
Noruega, Finlândia, Islândia, Suécia, Dinamarca, Estônia, Latvia e Lituânia	2,7
Paquistão, Argélia, Gana, Irã, Iraque, Marrocos, Tunísia e Afeganistão	3,65
Polônia, Suíça, Azerbaijão, Quirguiz, Tadjiquistão, Turcomenistão, Uzbequistão e Sérvia	3,04
Kuwait, Egito, Bahrein, Jordânia, Líbano, Líbia, Maldivas, Omã, Qatar, Síria, Emirados Árabes, Iêmen e Iraque	2,89
China	2,78
Arábia Saudita	2,78
Federação Russa	2,78
Malásia, Tailândia, Indonésia, Brunei, Darussalam, Fiji, Laos, Malásia, Mianmar, Nepal, Cingapura, Tonga e Vietnã	2,56
Argentina, Chile, Peru, Bolívia, Paraguai e Uruguai	2,31
Maurício, São Tomé e Príncipe, Guiné-Bissau, Benin, Burquina Fasso, Camarões, Cabo Verde, República Centro-Africana, Chade, Comores, República do Congo, República Democrática do Congo, Costa do Marfim, Djibuti, Guiné Equatorial, Gabão, Guiné, Madagascar, Mali, Mauritânia, Níger, Ruanda, Senegal e Togo	2,0

Fonte: Banco Mundial (2007, p. 8; 57-60).
(a) Os dois primeiros citados de cada grupo ocupam a presidência e a suplência do grupo no ano de 2007, respectivamente.

GRUPO BANCO MUNDIAL: ESTRUTURA E DIVISÃO INTERNA DE TRABALHO

Constata-se que os cinco maiores acionistas do Banco, que têm o poder de indicar seus próprios diretores executivos, são os mesmos que compõem o núcleo do sistema capitalista internacional em termos de poder e riqueza, tal como configurado no pós-guerra (Fiori, 2004, p. 50).

Para a grande maioria dos Estados-membros, a agregação a um grupo não é produto de uma escolha, pois não têm possibilidade de apresentar candidatura isolada, devido ao pequeno número de votos que detêm. Os que optam pela agregação a utilizam para aumentar a participação relativa no total de votos e/ou a influência sobre os Estados que integram o grupo. Como contrapartida, no entanto, sofrem uma perda relativa de autonomia decisória, uma vez que cada membro fica obrigado a partilhar decisões e aceitar, em graus variados, certa rotatividade na indicação para o posto de diretor executivo. Em alguns grupos, por exemplo, há o acordo segundo o qual alguns de seus membros ocupam o referido posto a cada dois anos de forma sucessiva.

Além dos cinco maiores acionistas, três outros membros optaram por não se agrupar: China, Federação Russa e Arábia Saudita. Não por acaso, todos ocupam posições importantes no sistema internacional, do ponto de vista econômico, diplomático e/ou militar.

A distribuição do poder de voto muda conforme a revisão das cotas, que ocorre com a entrada de membros ou quando um ou mais Estados aumentam rapidamente seu peso econômico e requerem uma ampliação seletiva. Em ambos os casos, há um processo intenso de negociação, uma vez que a mudança na composição geral das cotas ou o aumento da cota de um ou vários implica, necessariamente, a redução da cota dos demais.

No ano fiscal de 2007, somente os cinco maiores acionistas somavam 37,3% do total de votos no Bird. Os 30 países que integram a OCDE[10] somavam pouco mais de 61,4%, cabendo aos demais 154 países o restante dos votos. Deve-se ressaltar que a composição de muitos grupos diluía a

---

[10]A OCDE é composta por 30 países: Alemanha, Austrália, Áustria, Bélgica, Canadá, Coreia do Sul, Dinamarca, Eslováquia, Espanha, Estados Unidos, Finlândia, França, Grécia, Hungria, Irlanda, Islândia, Itália, Japão, Luxemburgo, México (admitido em 1994, por conta do Nafta), Noruega, Nova Zelândia, Países Baixos, Polônia, Portugal, Reino Unido, República Tcheca, Suécia, Suíça e Turquia.

representação dos países da periferia, na medida em que eram liderados por países que integram a OCDE, como Austrália, Áustria, Espanha, Canadá, Itália, Finlândia, Países Baixos e Suíça.

Todos os membros da diretoria executiva residem em Washington e se reúnem com frequência na sede do Banco. A eles cabe aprovar ou não as propostas de empréstimo e as orientações estratégicas apresentadas pelo presidente do Banco, o que constitui o fundamental da atividade do Banco. As decisões correntes são tomadas por maioria simples, em geral por consenso, enquanto mudanças na composição do percentual de votos ou de ordem estatutária exigem o mínimo de três quintos dos membros e 85% do total de votos. Somente os EUA dispõem do direito de veto a tais mudanças, na medida em que detêm 16,38% do poder de voto. Ao longo de toda a história do Banco, somente os EUA dispuseram de tal prerrogativa.

Para fins ilustrativos, a distribuição das posições na hierarquia de poder dentro do Banco poderia ser organizada em quatro grupos. No topo estariam os cinco membros que detêm maior poder de voto: Estados Unidos, Japão, Alemanha, França e Reino Unido. Esses países formariam o núcleo decisório, dentro do qual cabe aos EUA um papel muito superior ao dos demais.

O segundo grupo seria composto por países de renda *per capita* alta, cuja maioria integra a OCDE e/ou a Otan.[11] Não são elegíveis a empréstimos do Banco, quase todos integram a Parte I da AID e, em sua grande maioria, são aliados dos países centrais.

O terceiro grupo, bastante heterogêneo, abarcaria as "potências emergentes" e a "periferia" do sistema internacional. Abrangeria os seis países-membros restantes da OCDE,[12] o enorme conjunto de países elegíveis a empréstimos do Bird e os elegíveis ao Bird e à AID (*blended countries*), conforme a Tabela 1.1. Compreenderia, pois, todos os países do Leste da

---

[11]Bélgica, Canadá, Dinamarca, Islândia, Itália, Luxemburgo, Noruega, Países Baixos, Portugal, Espanha, Grécia (todos membros da Otan), Austrália, Áustria, Finlândia, Irlanda, Nova Zelândia, Suécia, Suíça e Arábia Saudita. À exceção dessa, todos os demais são membros da OCDE.

[12]Coreia do Sul, México, República Tcheca, Hungria, Polônia e Turquia.

GRUPO BANCO MUNDIAL: ESTRUTURA E DIVISÃO INTERNA DE TRABALHO

Europa, a maior parte da América Latina e do Caribe, parte da Ásia e alguns países africanos. Nesse grande grupo, China, Federação Russa e Índia se destacam como os que detêm o maior número de votos, secundarizados por Brasil, Venezuela e México. O governo venezuelano anunciou, em maio de 2007, que retiraria o país do Bird e do FMI, como parte da sua campanha pela criação do Banco do Sul. Em 30 de junho de 2008, quando se encerrou o ano fiscal, a saída ainda não havia sido consumada.

O quarto grupo seria composto pelos membros elegíveis somente a créditos da AID. Corresponderia a uma espécie de "periferia da periferia", abarcando quase todos os países da África, alguns da Ásia e outros poucos da América Latina e do Caribe. A quantidade de votos que tais países comandam é irrisória.

Não é difícil perceber, como propôs Coelho (2002, p. 91), que existe uma correlação estrutural entre renda *per capita* e poder de voto no Banco Mundial. A maior parte dos países de renda média e média alta são elegíveis a empréstimos do Bird, assim como a maioria dos países de renda baixa se encontra no grupo elegível somente à tomada de créditos da AID. Por outro lado, há um número expressivo de países que detêm mais votos do que a faixa de renda *per capita* em tese autorizaria e vice-versa, mostrando que, no interior do Banco, a posição de cada membro é resultado da relação complexa entre a dinâmica internacional da acumulação capitalista e o exercício do poder político.

Como mostrou Woods (2006, p. 192-193), existem na prática dois sistemas de responsabilização dentro do Banco Mundial, um para os diretores executivos dos países mais poderosos e outro para os demais. Os primeiros respondem diretamente aos governos que os indicaram e podem ser removidos a qualquer tempo, o que não acontece com o restante. Além disso, ocorre uma diluição da responsabilidade dos diretores à frente de vários países de representar a visão dos membros do seu grupo. E essa diluição é reforçada pela regra, prevista nos estatutos, que exige dos diretores que se comportem como funcionários da instituição (que paga o seu salário) e como representantes dos países membros. Ademais, embora os procedimentos da diretoria em geral sejam decididos por consenso, eles não são publicados, o que impossibilita saber quais posições são tomadas e por quem. Em outras palavras, os diretores à frente de grupos de países não são obrigados a seguir as instruções dos seus membros, não podem ser removidos do cargo, não estão sujeitos a avaliações formais, suas ações não são públicas e as decisões tendem a ser consensuadas. Ressalte-se, ainda, que existe alta rotatividade na ocupação dos cargos na diretoria, com rodízio normalmente a cada dois anos. Significa dizer que a estrutura de governança do Banco incentiva fortemente os diretores de um número pequeno de membros mais poderosos a representarem de modo estreito os interesses dos seus países, o que não ocorre com os diretores que representam muitos países. Submetidos a um sem-número de demandas, esses acabam ficando de lado da discussão sobre as grandes questões relativas ao papel e à estrutura da instituição.

Em tese, caberia ao Conselho eleger um dos governadores como presidente do Banco Mundial para um mandato de cinco anos, renovável uma vez. Na prática, o governo dos EUA — normalmente o Departamento do Tesouro — indica o nome que ocupará o cargo. Isso é parte de um acordo informal que vigora desde Bretton Woods, pelo qual o cargo de diretor-gerente do FMI deve ser ocupado por um cidadão europeu, enquanto a presidência do Banco deve ser exercida por um cidadão norte-americano. A Tabela 1.19 indica o período de gestão dos 11 presidentes do Banco desde 1946 e resume a trajetória profissional de cada um antes do exercício do cargo.

Tabela 1.19
Presidentes do Banco Mundial desde 1946

Presidente do Banco	Período	Cargos exercidos antes da chegada à presidência do Banco Mundial
1. Eugene Meyer	Junho a dezembro de 1946	Banqueiro de investimentos (Eugene Meyer and Company) e editor do jornal *The Washington Post*
2. John McCloy	Março de 1947 a junho de 1949	Advogado e conselheiro do Chase National Bank (depois Chase Manhattan)

(cont.)

GRUPO BANCO MUNDIAL: ESTRUTURA E DIVISÃO INTERNA DE TRABALHO

Presidente do Banco	Período	Cargos exercidos antes da chegada à presidência do Banco Mundial
3. Eugene Black	Julho de 1949 a dezembro de 1962	Vice-presidente do Chase National Bank (depois Chase Manhattan)
4. George Woods	Janeiro de 1963 a março de 1968	Presidente do First Boston Bank
5. Robert McNamara	Abril de 1968 a junho de 1981	Presidente da Ford Motors e depois secretário de Defesa dos EUA nos governos Kennedy (1961-1963) e Johnson (1963-1969)
6. Tom Clausen	Julho de 1981 a junho de 1986	Presidente do Bank of America
7. Barber Conable	Julho de 1986 a agosto de 1991	Deputado federal (membro da Comissão de Finanças da Câmara de Representantes)
8. Lewis Preston	Setembro de 1991 a maio de 1995	Presidente do J. P. Morgan & Co.
9. James Wolfensohn	Junho de 1995 a maio de 2005	Alto executivo do banco de investimentos Salomon Brothers e presidente da James D. Wolfensohn Inc., do mesmo ramo
10. Paul Wolfowitz	Junho de 2005 a junho de 2007	Embaixador dos EUA na Indonésia (1986-89), subsecretário de Defesa (1989-1993), professor de relações internacionais na Johns Hopkins University (1994-2001) e novamente subsecretário de Defesa dos EUA (2001-2005)
11. Robert Zoellick	Desde julho de 2007	Vários cargos no Departamento do Tesouro durante os anos 1980, vice-presidente executivo da Fannie Mae (1993-1997), negociador principal dos EUA na OMC para Ásia e Pacífico (2001-2005), subsecretário de Estado para Assuntos Econômicos, Empresariais e Agrícolas (2005-2006), conselheiro internacional principal do banco de investimento Goldman Sachs (2006-2007)

Fontes: Mason & Asher (1973, p. 798), Kapur *et al.* (1997, p. 915) e página eletrônica do Banco Mundial.

Constata-se que, dos 11 presidentes, sete vieram diretamente do setor financeiro privado (Meyer, McCloy, Black, Woods, Clausen, Preston e Wolfensohn), um do meio parlamentar/financeiro (Conable) e três do aparelho de Estado, dos quais dois da área político-militar (McNamara e Wolfowitz) e um da área econômica (Zoellick). A indicação dos EUA para a presidência do Banco Mundial jamais foi debatida ou contestada publicamente por algum membro do Conselho ou da diretoria executiva (Toussaint, 2006, p. 66).

A insistência dos EUA em monopolizar a escolha do presidente do Banco Mundial não é por acaso: a presidência do Banco de fato cumpre um papel decisivo na governança da instituição. Como ressaltou Kapur (2002, p. 59-60), o cargo dá ao seu ocupante um púlpito de visibilidade e alcance inigualáveis. Além disso, o presidente tem considerável poder para estabelecer a agenda da instituição, decidindo quais questões são trazidas à mesa e quando o são. Os acionistas, por intermédio dos diretores-executivos, podem rechaçar um empréstimo proposto pela gerência. Porém, a decisão de levar um empréstimo à diretoria, e quando, cabe exclusivamente ao presidente. O presidente também tem considerável margem de manobra para modelar o funcionamento administrativo, desde prioridades e procedimentos orçamentários até controle financeiro, de pessoal e orientação de políticas.

Contudo, em linhas gerais, o monopólio sobre o direito de veto, o poder de voto muito superior ao dos demais membros e a prerrogativa para indicar o presidente da organização não são mais do que expressões formais da influência estrutural e modeladora dos Estados Unidos sobre todos os aspectos do Banco: desde a sua orientação política geral, passando por sua estrutura organizacional e sua forma de concessão de empréstimos, até a formação intelectual do seu pessoal. A autonomia da instituição frente ao seu principal acionista sempre foi — e continua sendo — limitadíssima. Em todas as questões consideradas estratégicas, os EUA impuseram o seu ponto de vista, com ou sem a negociação prévia com outros grandes acionistas (Toussaint, 2006, p. 63), ainda que as posições norte-americanas sejam um amálgama complexo de interesses políticos,

GRUPO BANCO MUNDIAL: ESTRUTURA E DIVISÃO INTERNA DE TRABALHO

econômicos, financeiros, ideológicos e de segurança (Kapur, 2002, p. 59). Desde os anos 1970, tais posições resultam das relações instáveis dentro do Executivo — em particular, entre os departamentos de Estado e do Tesouro — e, sobretudo, entre o Executivo e o Congresso — cada vez mais permeável a campanhas públicas e *lobbies* promovidos por organizações não governamentais baseadas em Washington.

CAPÍTULO 2 Do nascimento à consolidação —
1944-1962

Em contraste com o Fundo, que foi o resultado da negociação intensa entre os EUA e a Grã-Bretanha, o Banco foi, em grande medida, uma criação americana. Os EUA propuseram o seu desenho básico e conduziram o esforço que lhe deu origem. De 1945 a 1960 os EUA proveram a maior parte da cúpula administrativa e da equipe profissional do Banco, o apoio ativo necessário ao seu pronto crescimento institucional e sua expansão política e, através do mercado norte-americano, a maior parte do capital para empréstimos. O resultado foi uma marca americana forte e duradoura sobre todos os aspectos do Banco, incluindo sua estrutura, direção política geral e suas formas de empréstimo.

Catherine Gwin (1997, p. 197)

BRETTON WOODS

Em 1941, bem antes do final da Segunda Guerra Mundial, o governo dos Estados Unidos iniciou a elaboração de propostas para o desenho de uma nova arquitetura econômica internacional que se seguiria à paz (Aglietta & Moatti, 2002, p. 15; Eichengreen, 2000, p. 134). O objetivo fundamental era plasmar as condições que garantissem, ao mesmo tempo, o livre comércio para os produtos norte-americanos, a abertura dos mercados estrangeiros ao capital estadunidense e o acesso irrestrito a matérias-primas necessárias àquela que se tornara a maior potência econômica e militar do planeta (George & Sabelli, 1996, p. 32; Saxe-Fernández & Delgado-Ramos, 2004, p. 15).

A Conferência Monetária e Financeira das Nações Unidas, na cidade de Bretton Woods (New Hampshire, EUA), realizou-se em julho de 1944 nos marcos de uma assimetria de poder extraordinária. Quarenta e quatro delegações aliadas e associadas e um país neutro (Argentina) atenderam ao convite do presidente Franklin Roosevelt (1933-1945), mas foram as negociações entre apenas duas delas que realmente decidiram o fundamental (Kapur *et al.*, 1997, p. 69). Como se sabe, os governos dos EUA e do Reino Unido mantiveram negociações informais desde 1942 encabeçadas por Harry Dexter White (assessor-chefe do secretário do Tesouro dos EUA, Henry Morgenthau) e John Maynard Keynes (assessor principal do Tesouro britânico), aos quais foi delegada pelos seus respectivos governos a elaboração de propostas (Aglietta & Moatti, 2002, p. 16-17). Num dos primeiros encontros privados com White, ainda em 1942, Keynes argumentou contra a realização de uma conferência e por negociações diretas e reservadas entre EUA e Reino Unido. Derrotado, Keynes se manifestou, num informe posterior ao Tesouro britânico, expressamente contra a participação de países considerados menos desenvolvidos em Bretton Woods. Para a diplomacia norte-americana, porém, era indispensável a realização de um grande encontro internacional que formalizasse um acordo multilateral (Kapur *et al.*, 1997, p. 62).

As propostas norte-americana e britânica convergiam em alguns princípios básicos. Ambas consideravam indispensável a construção de um sistema de cooperação econômica baseado em regras e instituições de caráter multilateral que evitasse o cenário do entre guerras, marcado por políticas comerciais protecionistas e desvalorizações cambiais competitivas — a postura de "empobrecer o vizinho" (Eichengreen, 2000, p. 127; Gwin, 1997, p. 196). Na visão dos planejadores, era preciso erigir um sistema que encorajasse a estabilidade econômica, o pleno emprego, o livre comércio e o investimento internacional, vistos como condições para a conquista e a manutenção da paz e da prosperidade entre as nações. Ambos também defendiam a autonomia dos Estados para praticarem políticas econômicas que protegessem as economias nacionais de pressões financeiras internacionais. Essa abordagem conformava o *embedded liberalism*, uma reação ao capitalismo liberal (*laissez-faire*) que marcou os anos pré-guerra. Com forte apoio

DO NASCIMENTO À CONSOLIDAÇÃO — 1944-1962

entre industriais, sindicatos de trabalhadores e políticos de orientação keynesiana, esse ideário enfrentava a oposição de grandes banqueiros privados e administradores dos bancos centrais que haviam dominado as políticas financeiras antes de 1931 (Helleiner, 1994, p. 49-50).

Todavia, EUA e Inglaterra divergiam profundamente no conteúdo e nos instrumentos que deveriam assegurar a materialização de tais princípios. Não era para menos. Afinal, a Inglaterra tencionava, antes de mais nada, assegurar a zona da libra esterlina como um espaço de interesses privilegiados, no qual os EUA teriam um papel menor — embora estivesse endividada e arruinada e necessitasse, de maneira crônica, de financiamento, que só os EUA, naquele momento, tinham condições de prover. Esses, por sua vez, almejavam o fim de qualquer preferência inglesa no território do império britânico e, mais amplamente, a abertura dos mercados domésticos dos demais países às exportações de suas empresas e seus conglomerados industriais (Lichtensztejn & Baer, 1987, p. 27-34; Pauly, 1997, p. 82; Eichengreen, 2000, p. 138). Enquanto à primeira interessava minimizar a perda da força da libra e de prerrogativas políticas e comerciais, ao segundo era crucial afirmar a predominância do dólar como moeda internacional e âncora da projeção mundial do poder político-financeiro norte-americano.

As propostas de Keynes para o redesenho da arquitetura econômica internacional se concentravam em três pontos principais (Sanahuja, 2001, p. 48-50; Block, 1989, p. 82; Aglietta & Moatti, 2002: 17-19). Primeiro, a constituição de um marco mundial de cooperação monetária e financeira orientado para a promoção do equilíbrio e do crescimento econômico, em cujo epicentro estaria a criação da União Internacional de Compensações (International Clearing Union), uma espécie de banco central internacional com poder para emitir uma nova moeda de reserva mundial (o *bancor*) em substituição ao ouro, mas a ele conversível. Sua função seria assegurar as regras internacionais em matéria financeira, prover liquidez à economia e operar ajustes simétricos e automáticos entre países com déficit e superávit no balanço de pagamento dos países. Os deficitários tomariam recursos da União em condições altamente favoráveis, a fim de evitar desvalorizações competitivas. Os superavitários pagariam um gravame e se estimularia a adoção de políticas expansivas (com o subsequente aumento de importações) e/ou a exportação de capitais. Para cumprir sua missão, a União deveria dispor de um volume de reservas expressivo, algo em torno de 50% das importações mundiais. Segundo ponto, a criação de um fundo, originalmente concebido apenas para a reconstrução dos países atingidos pela guerra, mas depois ampliado para a promoção do desenvolvimento internacional, financiado pelos recursos da União Internacional de Compensações. Terceiro ponto, a criação da Organização Internacional de Comércio (International Trade Organization), dotada de amplos poderes para evitar a adoção de medidas protecionistas unilaterais e a flutuação dos preços das matérias-primas mediante acordos comerciais, gestão de reservas e intervenção nos mercados.

Quando começaram as negociações formais em 1943, as propostas de Keynes logo foram descartadas pelos EUA, por duas razões: de um lado, por implicarem a renúncia à soberania da sua política monetária — e à projeção mundial dela — em prol de um banco central internacional de fato; de outro lado, por punirem os países com superávit comercial, como era o caso — naquele momento, praticamente único — dos EUA (Sanahuja, 2001, p. 50; Block, 1989, p. 82-83). Assim, as propostas elaboradas por White constituíram a base sobre a qual se deram as negociações assimétricas entre as duas potências (Lichtensztejn & Baer, 1987, p. 28-34; Aglietta & Moatti, 2002, p. 13-30; Peet *et al.*, 2004, p. 58-61).

Em lugar de um "banco central internacional", acordou-se, então, a criação de um fundo de estabilização monetária, que depois daria origem ao FMI. Tal organismo seria desprovido de mecanismos de ajuste globais em caso de superávit, de modo que todo o peso dos ajustes deveria recair sobre os países em situação deficitária. Resultado: o Estado norte-americano, antes mesmo da conferência, impusera a isenção de prestar contas sobre sua própria política econômica (Sanahuja, 2001, p. 51).

Ainda no mesmo ciclo de negociações ocorrido em 1943, em lugar de um fundo, acordou-se também a criação de um banco para "a reconstrução e o desenvolvimento". Detalhe importante: o primeiro rascunho de White de uma proposta para um banco internacional, escrito em abril de 1942, não fazia menção ao "desenvolvimento". O original se referia simplesmen-

DO NASCIMENTO À CONSOLIDAÇÃO — 1944-1962

te a um "Banco de Reconstrução das Nações Unidas e Associadas" (Gardner, 1994, p. 168). Depois de circular para outros governos em novembro de 1943, o rascunho recebeu a expressão "e Desenvolvimento" acrescentada ao nome da instituição (Kapur *et al.*, 1997, p. 57). Contudo, àquela altura, a proposta não angariava maior atenção e interesse. O centro das atenções era, de fato, o futuro fundo de estabilização. Tanto assim que o secretário de Estado dos EUA, quando convidou os governos para enviarem representantes à conferência em Bretton Woods, disse que o encontro tinha "o propósito de formular propostas definitivas para um fundo monetário internacional e, possivelmente, um banco para reconstrução e desenvolvimento" (Mason & Asher, 1973, p. 12).

Convencido de que os investidores privados poderiam não prover o fluxo líquido de dólares necessário à reconstrução, a proposta de White concebeu um banco que garantisse títulos estrangeiros e, quando necessário, emprestasse diretamente para governos. Objetivo: encorajar o capital privado ao investimento produtivo, mais do que efetuar empréstimos (Gwin, 1997, p. 197). O capital inicial do banco chegaria a cerca de US$ 10 bilhões, uma quantia considerada adequada para aquela função de catalisação.

A mudança na correlação de forças políticas dentro dos EUA entre 1942 e 1944 — a perda de terreno do Partido Democrata nas eleições parlamentares de 1942, a ascensão de uma coalizão conservadora de republicanos e democratas do sul e o expurgo, dentro do governo Roosevelt, de partidários do New Deal por dirigentes mais conservadores oriundos das finanças e da indústria — fez com que algumas das propostas originais de White sofressem revisão dentro do *establishment* doméstico e fossem descartadas antes mesmo da conferência de Bretton Woods (Gardner, 1994, p. 171). Entre elas, por exemplo, a criação de uma moeda própria (chamada *unitas*), a realização de empréstimos a partir, exclusivamente, do seu próprio capital (e não de recursos tomados a partir da venda de títulos nos mercados financeiros privados), a missão de ajudar a estabilizar os preços das matérias-primas e, mais importante, o fornecimento de empréstimos contracíclicos no caso de depressão da economia internacional (Gardner, 1994, p. 169-70; Toussaint, 2006, p. 29-30). Tais propostas claramente projetavam a experiência do New Deal para o plano internacional, assentada no papel diretivo e regulador do Estado frente à atividade econômica. Nesse sentido, rechaçavam o *laissez-faire* e se identificavam com as ideias keynesianas.

Além disso, os banqueiros de Nova York pressionaram para que as propostas de White deixassem claro em 1943 que um dos objetivos do acordo a ser alcançado em Bretton Woods seria a promoção do fluxo internacional de capital "produtivo". Para os britânicos, isso implicava a limitação do *seu* direito de controlar os movimentos de capital dentro na zona da libra esterlina. Em defesa desse direito, Keynes contou com o apoio do Banco da Inglaterra, o que fraturou a aliança entre os banqueiros de Nova York e Londres em torno da finança desregulada forjada antes dos anos 1930 (Helleiner, 1994, p. 44-46).

Os trabalhos durante a conferência foram organizados em três comissões: a primeira, presidida por White, dedicou-se à elaboração do acordo sobre o FMI; a segunda, presidida por Keynes, encarregou-se do futuro banco internacional; a terceira, a cargo do mexicano Eduardo Suárez, debruçou-se sobre a constituição de outros meios de "cooperação financeira" (Nações Unidas, 1944). O centro das atenções girou em torno da primeira comissão. Nela se movimentaram os atores principais e dela saiu o produto que condensou o nível mais elevado de negociação. A segunda despertou relativamente pouco interesse. A terceira, com efeito, foi bastante marginal. Coube a Morgenthau presidir a conferência.[13]

Logo no primeiro dia, Washington anunciou a sua posição em um comunicado para a imprensa:

> O propósito da conferência está (...) por inteiro dentro da tradição estadunidense e é completamente alheio a considerações políticas. Depois desta guerra, os Estados Unidos querem a utilização total de suas indústrias, fá-

---

[13]Sobre as negociações políticas feitas antes e durante a conferência, o livro do diplomata norte-americano Richard Gardner (1994), publicado originalmente em 1956, continua sendo a referência mais completa. Consulte-se, também, Block (1989), van Dormael (1978), Lichtensztejn & Baer (1987), Aglietta & Moatti (2002) e Peet *et al.* (2004). Especificamente sobre as disposições da conferência para o Banco Mundial, cf. Mason & Asher (1973) e Kapur *et al.* (1997).

DO NASCIMENTO À CONSOLIDAÇÃO — 1944-1962

bricas e fazendas; emprego pleno e constante para seus cidadãos, em particular seus ex-militares; e paz e prosperidade completas. Para isso é preciso um mundo com um comércio vigoroso e esse somente pode ser alcançado se as moedas são estáveis, se o dinheiro conserva seu valor e se as pessoas podem comprar e vender com a certeza de que o dinheiro que recebem na data de vencimento terá o valor que contrataram, e a isso se deve a primeira proposta, a do fundo de estabilização. Uma vez que tenhamos valores seguros e estáveis, o próximo passo será promover a reconstrução mundial, retomar o comércio normal e pôr fundos à disposição das empresas solventes, o que demandará, por sua vez, produtos estadunidenses. Daí a segunda proposta de um Banco de Reconstrução e Desenvolvimento (US Department of State, 1948, p. 1.148 *apud* Peet *et al.*, 2004, p. 66-67).

Quase todo o trabalho preliminar para a proposição do futuro banco havia sido feito dentro do governo estadunidense, razão pela qual a futura instituição figurava como uma proposta essencialmente norte-americana (Mason & Asher, 1973, p. 12-13). Muitos países, incluindo o Reino Unido, abstiveram-se de tomar iniciativa em relação a esse aspecto do plano White, porque não esperavam estar depois da guerra numa posição que lhes permitisse fazer contribuições significativas. A delegação britânica, em particular, só mudou de opinião e passou a apoiar fortemente o banco quando compreendeu — diante da negativa dos negociadores norte-americanos a aprovar a concessão de crédito sem contrapartida financeira — que precisaria de fundos para a reconstrução. Na abertura da conferência de Bretton Woods, Keynes reconheceu o fato de que o documento-base para a criação de um banco internacional se devia "antes de tudo à iniciativa e à capacidade do Tesouro dos Estados Unidos" (*apud* Mason & Asher, 1973, p. 13).

O resultado final de Bretton Woods materializou e simbolizou a hegemonia norte-americana na reorganização política e econômica internacional do pós-guerra (Hobsbawm, 1995; Gowan, 2003; Tabb, 2004; Woods, 2006). Produto de uma mudança drástica na estrutura de poder internacional, institucionalizou uma nova ordem monetária baseada no dólar, razão pela qual a política econômica dos EUA centralizaria a criação de liquidez e forjaria as condições da expansão e da internacionalização do capital estadunidense. Criaram-se organizações financeiras de tipo multilateral que expressavam a desigualdade de poder configurada no sistema internacional. Por outro lado, as provisões do acordo em favor do controle de capitais refletiram a vitória dos *embedded liberals* contra os banqueiros de Wall Street (Helleiner, 1994, p. 50; Block, 1989, p. 89-90).

O FMI nasceu com caixa relativamente modesto para a época (US$ 5 bilhões), mas com regras já bastante restritivas, ratificando o esquema segundo o qual as obrigações de ajuste se limitariam aos países deficitários. O sistema de votação adotado se baseava na subscrição desigual de capital (cotas), sob controle firme dos EUA e seus aliados ocidentais. Sua missão: regular os tipos de câmbio e contribuir para a estabilidade financeira internacional por meio da concessão de empréstimos em caso de déficit no balanço de pagamentos dos países-membros. Ao longo do tempo, as condicionalidades exigidas pelo FMI para conceder empréstimos cresceram em âmbito e rigidez, conformando um conjunto coerente de medidas de política econômica.[14]

A proposta de criação da Organização Internacional de Comércio (OIC) foi ratificada em Bretton Woods. Para encaminhá-la, aprovou-se em caráter provisório o Acordo Geral sobre Tarifas e Comércio (Gatt) em 1947. Um ano depois, em Havana, a Conferência das Nações Unidas sobre Comércio e Emprego sancionou o convênio constitutivo do Gatt. A Grã-Bretanha resistia duramente a eliminar a preferência imperial em troca de reduções tarifárias e conseguiu impor artigos de exceção que permitiam a discriminação comercial em diversas condições (Block, 1989, p. 132). Com a irrupção da guerra fria no *front* externo combinada ao impacto das primeiras reduções tarifárias negociadas em Genebra sobre a produção agrícola interna, parte do *establishment* norte-americano se opôs decisivamente à cessão de parcela da soberania dos EUA em matéria comercial. Uma oposição se articulou no Congresso para barrar a aprovação da carta da OIC.

---

[14]A literatura sobre a atuação do FMI é vasta. Para uma visão mais geral, consulte-se, em especial, Payer (1974), Block (1989), Lichtensztejn & Baer (1987), Helleiner (1994), Pauly (1997), Eichengreen (2000), Aglietta & Moatti (2002) e Peet *et al*. (2004). Sobre a atuação do FMI em países específicos, ver Kofas (1995, 1999 e 2002), Minsburg (2003) e Wade & Veneroso (1998). Sobre a atuação conjunta do FMI e do Banco Mundial, cf. Bond (2003) e Woods (2006).

DO NASCIMENTO À CONSOLIDAÇÃO — 1944-1962

Não tardou para que o Departamento de Estado anunciasse, no final de 1950, que não submeteria novamente a carta à aprovação do Congresso (Gardner, 1994, p. 444-60; Eichengreen, 2000, p. 140-41). Com *status* ambíguo, restrito à resolução de disputas comerciais por meio de barganhas periódicas e desprovido da função de estabilização de preços e regulação dos mercados de matérias-primas, vigorou por quase meio século como o único — e politicamente débil — marco de regulação do comércio internacional (Hobsbawm, 1995, p. 269; Sanahuja, 2001, p. 52). Em 1995, depois de um processo tortuoso que consumiu diversas rodadas de negociação, criou-se a OMC, completando a tríade do sistema Bretton Woods.

Quanto ao outro rebento nascido da conferência, o Bird, estava mais do que claro para todos os participantes que os EUA haviam definido o seu desenho básico e conduzido o esforço que lhe dera origem.

NASCIMENTO E PRIMEIRAS DEFINIÇÕES ESTRATÉGICAS

A missão primordial do Bird consistiria em prover garantias e empréstimos para a reconstrução dos países-membros afetados pela guerra. O desenvolvimento figurava lateralmente, malgrado o protesto de alguns poucos países periféricos (como México e Venezuela) para que constituísse o objetivo principal (Mason & Asher, 1973, p. 22-23) ou, pelo menos, para que figurasse no mesmo patamar, como defendeu a delegação mexicana (Kapur *et al.*, 1997, p. 60).

De acordo com o convênio constitutivo do Bird, não caberia a ele competir com os bancos comerciais privados, muito menos fortalecer o setor público e quaisquer formas mistas de economia, mas sim, fundamentalmente, financiar projetos para fins produtivos relacionados a obras públicas de fácil definição, supervisão e aferição de resultados que não fossem de interesse direto da banca privada.[15] Ademais, caberia ao Banco promover o investi-

---

[15]Já em 1949, como assinalaram Stern e Ferreira (1997, p. 533), o Banco criticou um relatório da Comissão Econômica e de Emprego da ONU por haver advogado a realização de projetos industriais pelo setor público. O Banco sugeriu que governos de países menos desenvolvidos tinham muito o que fazer no provimento de infraestrutura, de modo que o financiamento da atividade produtiva (agricultura, indústria, comércio e serviços) deveria ficar a cargo do investimento privado, doméstico e estrangeiro.

mento de capitais estrangeiros, por meio de garantias ou participação em empréstimos e outros investimentos realizados por particulares, desde que relacionados a planos específicos de reconstrução ou desenvolvimento.[16]

A ênfase no "capital produtivo" inscrita nos estatutos do Banco respondia a uma dupla injunção. Primeira, a própria dinâmica da acumulação capitalista, que naquele momento — e no quarto de século que se seguiu — tinha a esfera produtiva como centro e, ao mesmo tempo, a ponta mais avançada, articulada sob a forma da exportação de capitais (Magdoff, 1978; Hobsbawm, 1995). Segunda, o pensamento convencional da época, segundo o qual o crescimento econômico demandaria a eliminação de obstáculos e/ou a constituição de condições para o aumento da produtividade média, sob a forma de grandes inversões em capital físico (Peet *et al.*, 2004, p. 147).

O Banco que emergiu do esforço de planejamento consagrou, em seus estatutos e nas suas políticas operacionais, as visões norte-americanas sobre como a economia mundial deveria ser organizada, como os recursos deveriam ser alocados e como decisões de investimento deveriam ser tomadas (Gwin, 1997, p. 198). Isso incluía a decisão de que a instituição não emprestaria diretamente a empresas privadas. Incluía, também, a supervisão do Banco por representantes nacionais, o que passava pela escolha de um assento permanente na diretoria executiva do Banco e pela definição do papel dos diretores-executivos.

As decisões sobre a localização do Banco e o papel dos diretores-executivos provocaram efeitos duradouros sobre as suas operações, facilitando a interação cotidiana entre o Banco e o governo norte-americano (Gwin, 1997, p. 198-200). A Grã-Bretanha e muitos outros membros queriam que o Banco fosse localizado fora dos EUA para assegurar o seu distanciamento em relação à política norte-americana (Block, 1989, p. 116). Quando ficou claro que os EUA não aceitariam, eles propuseram instalá-lo em Nova York, o coração financeiro, e não em Washington, o centro político do país. Mas o governo Roosevelt não abria mão de Washington. O objetivo era, nas palavras de Morgenthau, "trasladar o centro financeiro do mundo de Londres

---

[16]Cláusula I e Cláusula III, Artigo 4° do estatuto de fundação do Banco Mundial (Nações Unidas, 1944, p. 71 e 76-77).

DO NASCIMENTO À CONSOLIDAÇÃO — 1944-1962

e Wall Street para o Departamento do Tesouro dos Estados Unidos e criar uma nova mentalidade entre as nações a respeito das finanças internacionais", por meio de instituições concebidas como "instrumentos de governos soberanos, e não de interesses financeiros privados" (*apud* Gardner, 1994, p. 172).

Essa mesma perspectiva moldou a posição estadunidense sobre o papel dos diretores-executivos do Banco (Gwin, 1997, p. 198; Block, 1989, p. 116). No debate sobre as funções deles, a Grã-Bretanha (apoiada por vários países da *Commonwealth* e da Europa) procurou minimizar a influência dos governos nacionais. Ela argumentava que os diretores deveriam residir em seus países natais e visitar o Banco em intervalos regulares para tratar de assuntos de alta política, deixando os assuntos do dia a dia para a gerência e o *staff*, de perfil técnico e internacional. Em contraste, os EUA, que estavam subscrevendo a maior parte do capital do Banco, insistiam que os diretores servissem em tempo integral e exercessem mais iniciativa e controle sobre operações e política. A visão dos EUA prevaleceu.

Após a conferência, os delegados tiveram de explicar os acordos firmados em Bretton Woods aos seus governos para que os ratificassem. Pairavam dúvidas sérias sobre os estatutos das novas instituições (doravante, "as gêmeas de Bretton Woods") e, em muitos casos, nem os delegados nem os seus governos tinham consciência plena do que haviam acordado. Em sua maioria, os parlamentos tiveram participação escassa ou inexistente nas negociações e a ratificação não passou de mera formalidade (van Dormael, 1978, p. 274-86; Block, 1989, p. 85-86; Peet *et al.*, 2004, p. 71-72). O parlamento britânico, por sua vez, só ratificou os acordos porque o país dependia desesperadamente do megaempréstimo negociado com os EUA desde antes da conferência. De fato, a ratificação dos acordos de Bretton Woods figurava como condição para a aprovação do crédito de US$ 3,750 bilhões, assinado, finalmente, em 6 de dezembro de 1945. Entre outras disposições, os EUA exigiram que a Grã-Bretanha eliminasse, em menos de um ano, todas as restrições à conversibilidade da libra para transações correntes (Gardner, 1994, p. 357; Block, 1989, p. 112-13).

A resultante global da conferência não deve, todavia, obscurecer o fato de que a política externa do novo *hegemon*, ela própria, foi modelada também a partir da correlação de forças dentro da sociedade americana. Quando Roosevelt enviou ao Congresso os acordos de Bretton Woods para a aprovação em janeiro de 1945, teve de promover uma campanha ampla para ganhar apoio para as duas novas instituições, em resposta à oposição organizada por parte da banca privada, nucleada em Wall Street, e do Partido Republicano. Nas palavras de Gardner (1994, p. 246), "uma estranha aliança entre isolacionistas do Meio-Oeste e banqueiros do Leste". Em comum, tais forças repudiavam a aceitação de qualquer compromisso multilateral que implicasse cessão de parcelas da soberania ou restringisse a projeção global do poder político e econômico norte-americano (Sanahuja, 2001, p. 53). Além disso, repeliam a criação de organizações públicas internacionais fortes, capazes de regular os capitais privados e, de algum modo, com eles competir, associando-as imediatamente a Roosevelt, ao New Deal e ao keynesianismo (Toussaint, 2006, p. 31). Por essa razão, opunham-se ao projeto, enunciado por Morgenthau, de deslocar o centro financeiro do mundo para o Tesouro norte-americano.

O governo defendeu a participação estadunidense nas duas instituições como condição para assegurar a estabilidade da economia internacional no pós-guerra. Morgenthau disse ao Congresso que o plano de Bretton Woods era "o primeiro teste prático da nossa vontade de cooperar no trabalho de reconstrução mundial [e] um passo muito importante para a expansão ordenada do comércio exterior, do qual nossa agricultura e nossa indústria dependem" (*apud* Gwin, 1997, p. 200-01). White acrescentou que o plano era necessário à paz econômica mundial, à prosperidade econômica e à revitalização dos mercados para os bens norte-americanos. Ao cabo, a depuração das propostas originais de White antes mesmo da conferência, a natureza multilateral do Banco proposto e o seu papel de garantidor, mais do que de financiador, e a primazia incontestável dos EUA nas novas instituições, combinadas à ofensiva publicitária do governo de que a manutenção da paz dependia da ratificação dos acordos pelos EUA — exatamente no momento em que a guerra havia terminado — garantiram a aprovação dos acordos de Bretton Woods pelo Congresso norte-americano em 1945 por maioria folgada: 345 votos contra 18 na Câmara e 61 contra 16 no Senado.

DO NASCIMENTO À CONSOLIDAÇÃO — 1944-1962

Após a assinatura de 28 Estados-membros, o acordo constitutivo do Banco foi efetivado em dezembro de 1945 e a instituição iniciou suas operações em junho de 1946. Assim que abriu, o Banco começou a ser pressionado por governos europeus e alguns membros do Executivo norte-americano para que atuasse no socorro imediato às necessidades da Europa em matéria de divisas, matérias-primas e alimentos (Kapur *et al.*, 1997, p. 75). Em parte, a pressão decorria de pronunciamentos feitos por membros do governo estadunidense, quando estava em jogo a aprovação, pelo Congresso, dos acordos de Bretton Woods e, depois, do empréstimo à Grã-Bretanha. Quando a oposição questionou o empréstimo afirmando que os EUA poderiam enfrentar pedidos adicionais de assistência à reconstrução, o Executivo respondeu que aquele seria o último ato de ajuda financeira a uma nação estrangeira e que as instituições de Bretton Woods estavam aptas a disponibilizar cerca de US$ 15 bilhões para tal finalidade. A própria Assembleia Geral das Nações Unidas também foi encorajada a acreditar que assistência financeira abundante logo seria disponibilizada pelo Bird e pelo FMI (Gardner, 1994, p. 339-41). Por outro lado, pressões por empréstimos rápidos também vieram de representantes de países da periferia no Bird e na ONU, as quais, decerto, tinham muito menos força política, mas não eram desconsideráveis. O diretor-executivo chileno no Banco, por exemplo, sustentou que empréstimos em larga escala à Europa ameaçavam a capacidade futura de fazer empréstimos para fins de desenvolvimento (Kapur *et al.*, 1997, p. 75-76).

INÍCIO DA GUERRA FRIA

Embora a reconstrução figurasse no centro da missão do Bird, o fato era que a instituição havia nascido com recursos absolutamente insuficientes para a meta que deveria cumprir. Em tese, o Banco detinha um capital subscrito de US$ 10 bilhões. Na prática, os Estados-membros tinham de desembolsar apenas 20% desse total, enquanto os restantes 80% serviriam como garantia ante o não pagamento de algum empréstimo. Àquela altura, porém, o Banco só tinha imediatamente disponíveis, para conceder empréstimos, recursos equivalentes a 2% do seu capital subscrito em ouro e um adicional de 18% do seu capital desembolsado, do qual somente o aporte norte-americano de US$ 635 milhões estava à sua disposição. Mesmo contando com a parte não desembolsada do capital subscrito pelos EUA — o único país que tinha condições financeiras para isso naquele momento — o caixa potencial do Banco era de apenas US$ 3,2 bilhões (Gardner, 1994, p. 340). O FMI, por sua vez, não estava destinado à reconstrução e, por ora, a administração da entidade havia decidido não realizar nenhuma operação cambial durante a transição do imediato pósguerra, dado que nenhum país tinha condições de garantir que usaria os créditos para a estabilização monetária de curto prazo, e não para a reconstrução (Gardner, 1994, p. 345-46).

A visão dos planejadores, em particular dos norte-americanos, acerca da natureza dos problemas da transição da guerra para a paz e da magnitude da assistência financeira necessária ao soerguimento da Europa se revelou profundamente equivocada (Gardner, 1994, p. 341-348; Hobsbawm, 1995, p. 269-270; Eichengreen, 2000, p. 137-139). Em lugar da recuperação rápida das economias europeias, como esperavam, a instabilidade monetária e financeira se agravou sensivelmente no biênio 1946-1947. Sem meios de financiamento, os estrangeiros não tinham como evitar a redução das importações norte-americanas (Block, 1989, p. 123-128).

Além disso, em vez da restauração de regimes capitalistas liberais por toda a Europa no pós-guerra, as economias da região estavam desenvolvendo sistemas variados de controle (câmbio, importações etc.) sobre quase todas as transações econômicas internacionais (Block, 1989, p. 119-1920). A imagem de futuro de uma Europa livre e aberta ao capital norte-americano parecia cada vez mais borrada pela proliferação de diversos "capitalismos nacionais".

Ao mesmo tempo, a esquerda ganhava força em meio à aspiração popular por reforma social, depois de anos de guerra e depressão econômica. Foi assim com a vitória eleitoral do Partido Trabalhista na Grã-Bretanha em 1945 e o despontar dos partidos comunistas como as tendências políticas mais fortes na Itália e na França (Block, 1989, p. 121).

DO NASCIMENTO À CONSOLIDAÇÃO — 1944-1962

Para complicar ainda mais o quadro, a União Soviética ampliava a sua gravitação política e econômica na Europa Oriental, reorganizando as economias da região sob bases bilaterais e, com isso, pressionando os países da Europa Ocidental a fazerem o mesmo. Também por esse lado o multilateralismo perseguido pelos EUA se via ameaçado (Block, 1989, p. 127-128).

A morte de Roosevelt em abril de 1945 alterou profundamente a correlação de forças dentro do governo norte-americano. De imediato, Morgenthau se retirou de Washington e White perdeu influência dentro do Departamento do Tesouro. Até então, o *establishment* estadunidense havia se dividido amplamente sobre as políticas para a Alemanha e a URSS. O Tesouro — portanto, Morgenthau e White — era favorável a um tratamento punitivo à Alemanha (o que levaria o país à desindustrialização) e ao estreitamento das relações com a URSS mediante empréstimos massivos. O Departamento de Estado defendia a reconstrução da Alemanha como condição para a recuperação da economia europeia e o endurecimento das relações com a URSS. Com a eleição de Truman, as posições do Departamento de Estado passaram a dar a linha da política externa (Block, 1989, p. 92-93).

O anúncio da Doutrina Truman em março de 1947 alterou radicalmente a paisagem mundial. A Grã-Bretanha havia sinalizado no mês anterior que já não tinha condições de arcar com os custos de ajuda à Grécia e à Turquia, o que aumentava as chances de vitória da esquerda grega na guerra civil e, logo, sua aliança com a União Soviética (Block, 1989, p. 130). A conformação de dois grandes blocos rivais, cada qual dominado por uma potência militar, tinha a Europa como o palco principal da nova disputa (Gardner, 1994, p. 341). Tinha início a guerra fria.

Apenas três anos depois da Conferência de Bretton Woods, a imagem de futuro ali construída de um mundo de estabilidade monetária, livre comércio e liberdade crescente para os fluxos de capital, ancorados na ação do FMI e fomentados por empréstimos e garantias do Bird, foi posta de lado frente à urgência de blindar a Europa contra o "contágio" comunista (Kapur *et al.*, 1997, p. 74). Essa carga só podia ser assumida pelo novo *hegemon*. Em março de 1947, num discurso perante o Congresso, o presidente Truman anunciou o novo enfoque que comandaria a política externa norte-americana:

Estou convencido de que deve ser política dos Estados Unidos ajudar os povos livres que estejam resistindo a tentativas de serem subjugados por minorias armadas ou por correntes provenientes do exterior. (...) Nossa ajuda deve ser canalizada, primeiro, pela via da assistência econômica e financeira, que é essencial para a estabilidade nesses campos (*apud* Gardner, 1994, p. 351).

Dando sequência ao pronunciamento presidencial, três meses depois, em 5 de junho de 1947, George Marshall — chefe do Estado-Maior do exército estadunidense até 1945 e, então, secretário de Estado do governo Truman — pronunciou o seu célebre discurso em Harvard:

Durante os próximos três anos, as necessidades europeias em matéria de alimentos e outros produtos essenciais estrangeiros — principalmente procedentes da América do Norte — serão muito maiores do que os seus atuais meios de pagamento e, por consequência, [a Europa] deverá contar com uma ajuda financeira substanciosa; do contrário, produzir-se-ão prejuízos muito sérios de caráter econômico, social e político (...). Os EUA deveriam fazer tudo o que estiver ao seu alcance para facilitar ao mundo a volta à sua saúde normal, sem a qual não haverá estabilidade política nem será assegurada a paz (...). Tal ajuda não deve ser de natureza gradual nem parcial, (...) deve proporcionar uma cura definitiva dos males, não um mero paliativo (*apud* Gardner, 1994, p. 353).

O anúncio da Doutrina Truman foi um ato abrupto. Havia nos EUA uma forte oposição contra sacrifícios domésticos adicionais, participação externa e ajuda financeira a outras nações (Kapur *et al.*, 1997, p. 73). A oposição continuou firme durante 1947, mesmo depois de os comunistas tomarem o poder na Hungria em agosto. O Programa de Recuperação Europeia — mais conhecido como Plano Marshall — não saía do papel, apesar da pressão do Executivo. A resistência da opinião pública e do Congresso teve fim somente depois da invasão da Tchecoslováquia em fevereiro de 1948 (Block, 1989, p. 136). No dia 13 de abril, o governo conseguiu a aprovação do Economic Cooperation Act, autorizando o desembolso inicial de US$ 5 bilhões (US$ 21 bilhões em dólares de 1993) para a assistência financeira à Europa.

DO NASCIMENTO À CONSOLIDAÇÃO — 1944-1962

Tal como originalmente concebida, a reconstrução europeia seria financiada de modo indolor por meio de empréstimos concedidos em termos comerciais pelo Bird. Porém, quase que do dia para a noite, entre março de 1947 e março de 1948, o assunto se tornou o objetivo mais urgente para os Estados Unidos em matéria de segurança nacional (Kapur *et al.*, 1997, p. 74).

Imediatamente, as instituições de Bretton Woods foram ensombrecidas e subordinadas àquele imperativo. Já no segundo semestre de 1947, o FMI teve de entrar na seara da reconstrução, abandonando a sua política creditícia conservadora e outorgando quantias expressivas a título de ajuda aos países-membros, em particular para a Grã-Bretanha. Apenas uma parte pequena desses créditos estava destinada ao propósito da estabilização de curto prazo, mas serviu para tapar o buraco até que o Congresso norte-americano aprovasse as novas medidas de ajuda. Nos primeiros anos do Plano Marshall, o FMI praticamente não fez nenhuma operação cambial (Gardner, 1994, p. 353-54).

O mesmo atrelamento ocorreu com o Bird. Com efeito, todos os quatro créditos para reconstrução negociados em meses anteriores foram firmados depois do discurso de Marshall proferido em Harvard (Kapur *et al.*, 1997, p. 74).

Em quatro anos, os EUA concederam a 16 países[17] pela via bilateral cerca de US$ 13,5 bilhões, dos quais mais de 90% a título de ajuda, i.e., em condições altamente facilitadas, o que representou, na época, cerca de 10% do PIB dos receptores e pouco mais de 4% do PIB norte-americano (Sogge, 2002, p. 21-22). Para se ter um parâmetro de comparação, o Bird emprestou tão somente US$ 800 milhões para a mesma finalidade entre 1947 e 1954 (Sanahuja, 2001, p. 53), dos quais US$ 250 milhões foram para a França e US$ 195 milhões para a Holanda em 1947. O aporte de recursos dos EUA era vital para a viabilização do Bird, porque representava mais de um terço da subscrição do capital do Banco e constituía o único compo-

---

[17]Em ordem decrescente: Reino Unido, França, Itália, Alemanha, Holanda (Indonésia), Grécia, Áustria, Bélgica, Luxemburgo, Dinamarca, Noruega, Turquia, Suécia, Irlanda, Portugal e Islândia.

nente plenamente utilizável, dado que o depósito era em dólar, a moeda usada nas transações internacionais no pós-guerra.

A movimentação estadunidense no plano externo ganhou, então, impulso, coerência e sistemática. Ao mesmo tempo em que concentrava seus fundos no Plano Marshall, o governo norte-americano submetia a Administração das Nações Unidas para a Ajuda e a Reabilitação (United Nations Relief and Rehabilitation Administration, UNRRA) a um processo de desidratação financeira. Como os EUA haviam aportado 73% dos recursos desse organismo entre 1943 e 1947, tal política acabou inviabilizando qualquer ação relevante das Nações Unidas em matéria de reconstrução (Sanahuja, 2001, p. 53).

Além disso, como parte da macropolítica que orientava a sua ajuda bilateral, os EUA rapidamente anularam parte da dívida externa de dois aliados importantes, a França e a Bélgica — nesse último caso, em compensação pelo urânio extraído do Congo Belga utilizado na fabricação das duas bombas atômicas lançadas sobre Hiroshima e Nagasaki em agosto de 1945 (Toussaint, 2006, p. 58).

Para coordenar a distribuição dos fundos do Plano Marshall e promover a cooperação dos Estados-membros, o governo norte-americano patrocinou a criação, em abril de 1948, da Organização Europeia de Cooperação Econômica (OECE).[18] Por meio dela, os EUA impulsionaram a articulação de um bloco de forças aliadas na Europa, em oposição à União Soviética. Complementarmente, Washington exigiu que os fundos, concedidos em termos notavelmente brandos, fossem gastos na compra de bens e serviços de empresas americanas. Ou seja, se os EUA deram muito à Europa, também tomaram muito dela (Sogge, 2002, p. 21-22). Resulta-

---

[18]A OECE foi concebida também para promover a criação de uniões aduaneiras e de zonas de livre comércio em âmbito regional, bem como impulsionar as relações econômicas entre os Estados-membros e com os EUA. Esse organismo intergovernamental tinha como membros os seguintes países: Alemanha, Áustria, Bélgica, Dinamarca, França, Itália, Noruega, Portugal, Reino Unido, Suíça, Suécia e Turquia, além dos EUA e do Canadá como países associados. A Iugoslávia participou temporariamente e a Espanha se tornou membro em 1959. Dois anos depois, a OECE deu origem à atual OCDE, conhecida como o grupo dos 30 países mais ricos do mundo.

DO NASCIMENTO À CONSOLIDAÇÃO — 1944-1962

do: em quatro anos, graças ao Plano Marshall, o governo norte-americano teceu uma malha articulada de alianças e instituições no território europeu decisiva para desenhar o mapa geopolítico da guerra fria. Do ponto de vista político, ao subsidiar fortemente o consumo da população, o programa ajudou a minorar a influência da esquerda e forjou um capital político enorme para os EUA levarem adiante ações menos populares, direcionadas, por exemplo, à reconstrução da economia alemã. Do ponto de vista econômico, o programa proporcionou um contrapeso importante à atração do comércio com a Europa Oriental e proveu o meio para o financiamento de um grande superávit comercial dos EUA (Block, 1989, p. 136-137; Hobsbawm, 1995, p. 270-271).

Das negociações havidas em Bretton Woods entre EUA, Reino Unido e URSS, coube à última a terceira posição na hierarquia de votos no FMI e no Bird, apesar dos esforços do Kremlin para conquistar a segunda posição (Toussaint, 2006, p. 30). Tal resultado incorporava a potência soviética no novo esquema multilateral, assim como uma parte da periferia, porém de maneira totalmente subordinada.

Com o início da guerra fria, aquele esquema implodiu. A União Soviética não ratificou os artigos do acordo de fundação das organizações criadas em Bretton Woods, jogando por terra os esforços de Roosevelt, Morgenthau e White para assegurar a participação dela. Em 1947, o representante da URSS denunciou na Assembleia Geral da ONU que o Bird e o FMI não passavam de meras "sucursais de Wall Street" e que o Bird havia se convertido em um "instrumento de uma grande potência", inteiramente "subordinado a propósitos políticos" (*apud* Mason & Asher, 1973, p. 29, nota 46). A seguir, a Tabela 2.1 apresenta a subscrição de capital do Bird e o poder de voto acordados em 1947, no segundo encontro anual da organização.

O BANCO MUNDIAL COMO ATOR POLÍTICO, INTELECTUAL E FINANCEIRO

Tabela 2.1
Subscrições de capital e poder de voto no Bird — agosto de 1947

Países	Subscrição de capital (milhões de dólares)	Percentual de votos
Estados Unidos	3.175	34,28
Reino Unido	1.300	14,17
China	600	6,68
França	525	5,88
Índia	400	4,55
Canadá	325	3,74
Holanda	275	3,21
Bélgica	225	2,67
Austrália	200	2,41
Itália	180	2,19
Tchecoslováquia	125	1,6
Polônia	125	1,6
Brasil	105	1,39
União Sul-Africana	100	1,34
Dinamarca	68	0,99
México	65	0,96
Noruega	50	0,8
Turquia	43	0,73
Iugoslávia	40	0,7
Egito	40	0,7
Chile	35	0,64
Colômbia	35	0,64
Grécia	25	0,53
Irã	24	0,52
Peru	17,5	0,45
Filipinas	15	0,43
Uruguai	10,5	0,38
Venezuela	10,5	0,38
Luxemburgo	10	0,37
Síria	6,5	0,34
Bolívia	6,5	0,34
Iraque	6	0,33
Líbano	4,5	0,32

(*cont.*)

DO NASCIMENTO À CONSOLIDAÇÃO — 1944-1962

Países	Subscrição de capital (milhões de dólares)	Percentual de votos
Equador	3,2	0,3
Etiópia	3,2	0,3
Costa Rica	3	0,29
Guatemala	3	0,29
República Dominicana	3	0,29
El Salvador	1	0,28
Honduras	1	0,28
Islândia	1	0,28
Nicarágua	0,8	0,28
Paraguai	0,8	0,28
Panamá	0,2	0,27

Fonte: Banco Mundial (1947, p. 35).

A distribuição dos votos ilustra a correlação de forças que moldou a constituição do Bird na arena internacional. Os EUA e o seu principal aliado, o Reino Unido, controlavam juntos 48,3% dos votos. Somados aos votos dos outros 11 países capitalistas mais industrializados, alcançavam 71,4% do total. Em termos regionais, esses votos abarcavam a América do Norte, a Europa Ocidental e Central e a Oceania.

A representação do resto do mundo, além de minoritária, era desequilibrada regionalmente e, em termos políticos, ilustrava as relações de dominação e influência do pós-guerra. Os países do Oriente Médio (Irã, Síria, Iraque e Líbano) obtiveram a menor cota regional: 1,51% do total de votos.

Quanto à África, apenas três países tinham direito a voto, pois quase todos os demais estavam sob o jugo colonial. Seus votos representavam míseros 2,34% do total. Mais da metade desses pertenciam à União Sul-Africana — domínio britânico até 1961, quando surgiu a República da África do Sul — dominada por um regime racista que, em 1948, culminaria com a sanção da lei de *apartheid*. Outra parte dos votos estava com o Egito, país até então sob constante ingerência britânica desde a criação do Canal de Suez. O restante da cota africana ficou com a Etiópia, colonizada pela Itália e "libertada" pelas tropas inglesas em 1941.

O BANCO MUNDIAL COMO ATOR POLÍTICO, INTELECTUAL E FINANCEIRO

Da Europa Central e Oriental, somente quatro países tinham direito a voto (Grécia, Polônia, Tchecoslováquia e Iugoslávia), controlando modestos 4,43% dos votos. A Grécia encontrava-se sob um regime monárquico apoiado pelos EUA. A Polônia vivia forte turbulência política e era tensionada pela URSS, que invadiria o país no ano seguinte. A Tchecoslováquia e a Iugoslávia já estavam sob a órbita soviética.

Da América Latina e do Caribe — região de gravitação por excelência dos EUA — 17 países dividiam parcos 7,74% dos votos. Desses, quase um quinto estava sob controle do Brasil, que tinha a maior cota regional.

Os votos da Ásia, região mais populosa do mundo, representavam a maior cota da periferia: 12,39% do total. Porém, apenas quatro países tinham direito a voto: China, Índia, Filipinas e Turquia. O primeiro, então sob o governo de Chiang Khai-Chek, era aliado dos EUA. O segundo tornara-se independente da metrópole britânica em agosto de 1947. O terceiro havia sido colônia estadunidense de 1898 até 1946. O quarto tinha ingressado na fase final da guerra no campo aliado, permanecendo no lado dos EUA quando a guerra fria começou. Do ponto de vista anglo-americano, os quatro eram peças estratégicas no tabuleiro geopolítico internacional.

GANHANDO A CONFIANÇA DE WALL STREET

A despeito do controle dos EUA e seus aliados sobre a maioria dos votos no Bird e da aprovação do seu convênio constitutivo pelo Congresso norte-americano, o fato era que o Banco parecia destinado, nos seus primeiros anos, a um fracasso retumbante. Quando houve a primeira reunião do Conselho de Governadores, em março de 1946, por exemplo, o Bird ainda não tinha sequer um presidente. Nenhum banqueiro queria arriscar o seu prestígio frente a uma instituição pública internacional vista pela banca como demasiadamente marcada pelo ideário do New Deal e por demais suscetível a se orientar por pressões ou critérios "políticos", em detrimento da segurança e da estabilidade de seus títulos, num período de instabilidade monetária, debacle econômica e incerteza política (Caufield, 1996, p. 49-50). No início de 1947, a reputação do Banco era

DO NASCIMENTO À CONSOLIDAÇÃO — 1944-1962

bastante baixa. Depois de um ano de funcionamento, a instituição não havia efetuado um desembolso sequer e os problemas se avolumavam (Kapur *et al.*, 1997, p. 59). Como dispunha de recursos limitados para efetuar empréstimos diretos, o Bird necessariamente tinha de recorrer aos investidores privados, o que significava, naquele momento, lançar-se no mercado norte-americano. Todavia, em algumas bolsas de valores dos EUA, a venda de seus bônus não estava autorizada.[19]

Como argumentou Gwin (1997, p. 202), a expectativa geral era a de que a atuação do Banco se concentrasse na garantia de títulos emitidos por outros, e não na emissão de títulos próprios. Porém, em 1946 tornou-se claro que os grandes investidores domésticos preferiam os títulos do Banco àqueles emitidos por Estados e respaldados por garantias do Banco. Contudo, para viabilizar a venda de títulos emitidos pelo Banco era preciso superar alguns obstáculos. O primeiro deles era que a instituição não se enquadrava nas leis de regulação bancária vigentes nos EUA. O segundo era a desconfiança dos investidores, cultivada durante os anos do entre guerras, em relação a títulos estrangeiros e, em particular, ao próprio Banco, uma instituição multilateral e absolutamente nova. O governo estadunidense, então, deslanchou uma campanha para adequar a legislação nacional e ganhar a confiança dos banqueiros de Wall Street (Gardner, 1994, p. 341-48). A forma como se deu a construção da confiança da banca privada envolveu um conjunto de ações que modelou a singularidade do Bird entre as demais organizações internacionais nascidas no imediato pós-guerra.

Em primeiro lugar, os nomes identificados diretamente com o governo Roosevelt e, em particular, com a defesa de um maior controle público sobre a atividade econômica e a liberdade de circulação do capital foram substituídos por outros aceitos pela banca. A nomeação de Eugene Meyer — ex-banqueiro e editor do *The Washington Post* — como presidente do Banco em junho de 1946 veio nessa direção, mas não foi o bastante para resolver a questão, tanto que ele ficou apenas seis meses no cargo e foi difícil

---

[19]Uma ilustração cômica mencionada por Kapur *et al.* (1997, p. 59) a esse respeito é emblemática: quando uma placa foi posta no lado de fora do Mount Washington Hotel em Bretton Woods poucos anos depois para comemorar a realização da conferência de 1944, o texto recordava apenas o aniversário do FMI, sem mencionar o Banco.

encontrar um substituto. A sua gestão coincidiu com a especulação crescente de que o Banco seria forçado a ajudar a Europa, o que debilitou a aceitação dos seus títulos no mercado financeiro norte-americano. Havia incerteza acerca do futuro da instituição. A questão em jogo era a preservação ou não da sua natureza como agência financeira internacional (Kapur *et al.*, 1997, p. 76). A banca só ficou satisfeita com a indicação, no início de 1947, de um triunvirato claramente identificado com os seus interesses: John McCloy para a presidência do Bird, Robert Garner para a vice-presidência e Eugene Black para a diretoria executiva (Mason & Asher, 1973, p. 50-51). McCloy era um advogado renomado em Wall Street envolvidíssimo com a política externa norte-americana, Garner era vice-presidente da General Foods Corporation e Black era vice-presidente do Chase National Bank. O mesmo tipo de depuração política ocorreu, simultaneamente, no FMI (Kapur *et al.*, 1997, p. 77-79; Gwin, 1997, p. 199). Essa troca de comando sinalizou que o Banco se dedicaria, predominantemente, ao financiamento de projetos justificáveis sobre bases comerciais, o que o impediria de ser a fonte primária de recursos para a reconstrução dos aliados europeus (Gardner, 1994, p. 348).

Em segundo lugar, o Bird — pilotado pelos EUA — trabalhou para que a instituição não fosse submetida às obrigações decorrentes do seu pertencimento ao sistema da ONU, fundada em outubro de 1945. A mesma ação foi empreendida, ao mesmo tempo, pelo FMI. O resultado, desde então, é que o Bird e o FMI, apesar de figurar como "organizações especializadas" das Nações Unidas, estão autorizados a funcionar de maneira independente, o que implica: a) a desobrigação de pautar as suas ações expressamente pelo cumprimento da Carta das Nações Unidas e da Declaração Universal dos Direitos Humanos; b) a não obrigatoriedade de colaborar formalmente com as demais organizações do sistema ONU; c) a liberdade para decidir quais informações devem ser repassadas ao Conselho Econômico e Social da ONU (Toussaint, 2006, p. 50). Esse descolamento era visto pela direção do Banco como condição fundamental para ganhar a confiança dos investidores de Wall Street em relação à credibilidade dos seus bônus (Mason & Asher, 1973, p. 56-59).

DO NASCIMENTO À CONSOLIDAÇÃO — 1944-1962

Em terceiro lugar, articulou-se uma campanha de persuasão e convencimento junto à banca. Funcionários graduados do Banco passaram a primavera de 1947 viajando pelos EUA fazendo discursos em convenções de banqueiros e em assembleias legislativas estaduais (Gwin, 1997, p. 202). Montou-se um departamento de marketing em Wall Street, mantido até 1963, e promoveu-se uma associação, encabeçada pelo First Boston Bank e pelo banco de investimento Morgan Stanley, para vender títulos do Banco (Kapur *et al.*, 1997, p. 90). Sob a batuta do governo norte-americano, a imbricação da instituição com a alta finança nucleada em Wall Street forjou, gradativamente, laços sólidos de confiança mútua. Até o final dos anos 1950, a subscrição norte-americana foi praticamente a única totalmente utilizável. Naquele período, 85% dos títulos do Banco estavam denominados em dólares e eram vendidos no mercado financeiro dos EUA. Na prática, a subscrição dada pelo Tesouro americano era a única garantia real dos investidores. Com efeito, até meados da década de 1960, os empréstimos do Banco estavam limitados pelo tamanho da cota estadunidense de reserva de garantia (Gwin, 1997, p. 202).

Em quarto lugar, os acordos de empréstimo firmados mostraram aos banqueiros de Wall Street que o Bird seria lucrativo para as empresas norte-americanas e útil à política externa dos EUA. Assim, nos dois meses seguintes ao anúncio do Plano Marshall, o Bird autorizou quatro empréstimos para a reconstrução europeia: US$ 250 milhões para a França, US$ 207 milhões para a Holanda, US$ 40 milhões para a Dinamarca e US$ 12 milhões para Luxemburgo. No biênio 1947-1948, apenas um empréstimo foi concedido para fins de desenvolvimento: módicos US$ 16 milhões ao Chile para a compra de equipamento hidrelétrico e máquinas e implementos agrícolas; mesmo assim, com exigências duríssimas (Mason & Asher, 1973, p. 52-53; Kapur *et al.*, 1997, p. 81-82), que já prefiguravam o perfil intervencionista e o tratamento desigual dispensado aos países da periferia.[20]

---

[20]Para uma análise bem documentada da ação do Bird no Chile nos anos seguintes, em articulação com o FMI e o Departamento de Estado norte-americano, ver Kofas (2002 e 1999).

O primeiro empréstimo efetuado pelo Banco — em maio de 1947 à França — é um exemplo de como a subordinação à política externa americana não minou a construção da credibilidade do Bird junto à banca. Tratava-se de uma operação financeira arriscada, pois comprometia mais de um terço dos recursos do Banco e não definia com precisão o destino dos fundos. Na prática, eram recursos da cota estadunidense, a única que podia de fato ser usada (Mason & Asher, 1973, p. 105). Para se ter uma ideia da sua magnitude, em termos reais, aquele foi o empréstimo mais volumoso concedido pelo Banco ao longo dos seus primeiros 50 anos de existência (Kapur *et al.*, 1997, p. 1.218). De acordo com Gwin (1997, p. 253), o Departamento de Estado norte-americano orientou McCloy a direcionar o primeiro empréstimo do Banco para a França. O empréstimo tinha termos duros, que a França, encurralada, aceitou. O Banco desembolsaria apenas a metade dos US$ 500 milhões solicitados, em troca dos quais o governo francês deveria equilibrar o orçamento e aumentar impostos. Além disso, o Departamento de Estado exigiu que a França expelisse os comunistas do governo de coalizão, para evitar que sua influência aumentasse na eleição seguinte. No início de maio de 1947, o PCF foi ejetado da coalizão e, horas depois, McCloy anunciou a liberação do empréstimo.[21] Dois meses se passaram e o Bird lançou, então, a sua primeira oferta de títulos na bolsa de valores de Nova York, no total de US$ 250 milhões. O fato de os títulos terem sido vendidos rápida e integralmente, inclusive com um prêmio sobre o preço inicial, foi interpretado na época como uma demonstração importante de confiança da banca na instituição (Mason & Asher, 1973, p. 53-54).

No mês seguinte (agosto de 1947), o Bird autorizou a concessão do seu segundo empréstimo, dessa vez à Holanda, que poucos dias antes iniciara um ataque militar em grande escala contra grupos nacionalistas que lutavam pela independência da Indonésia. O Bird foi duramente criticado na

---

[21]No ano anterior, os EUA já haviam emprestado para a França cerca de US$ 650 milhões por meio do Export-Import Bank, criado em 1934 e fortalecido em 1945. Em troca do empréstimo, o governo francês se comprometeu a participar de uma ordem econômica multilateral e a fazer concessões tarifárias. Um dos objetivos de Washington, já naquele momento, era fortalecer politicamente os elementos não comunistas da coalizão de governo (Block, 1989, p. 115).

DO NASCIMENTO À CONSOLIDAÇÃO — 1944-1962

ONU, em particular pela URSS, por sua implicação, dada a chance — em função da natureza fungível do dinheiro — de que o governo holandês usasse o empréstimo para financiar a sua cruzada bélica (Rich, 1994, p. 69; Mason & Asher, 1973, p. 38). Não há indicações de que a construção da credibilidade do Bird junto a Wall Street tenha sido prejudicada por isso.

Por outro lado, desde o início das operações do Bird, os EUA agiram no sentido de bloquear empréstimos para certos países. Nos casos em que os empréstimos foram reduzidos ou negados, o Banco sempre usou argumentos econômicos para justificar a sua decisão (Gwin, 1997, p. 253). Já em 1947, o Banco deixou claro que levaria em conta fatores de ordem política ao decidir sobre solicitações de empréstimo procedentes de países do bloco soviético. No seu segundo relatório anual consta que:

> Embora o Banco não possa conceder créditos para fins políticos ou negá-los pela mesma razão, existem uma inter-relação e uma interação óbvia e necessária entre os acontecimentos políticos e a situação de qualquer país. A solvência e a lisura de um empréstimo dependem de modo primordial das perspectivas financeiras e econômicas do prestatário. Na medida em que aquelas perspectivas se vejam prejudicadas pela situação de instabilidade ou incerteza política do país solicitante, essa situação terá de ser levada em consideração (Banco Mundial, 1947, p. 17).

A esse respeito dois casos foram emblemáticos: o da Polônia e o da Tchecoslováquia. De acordo com Gwin (1997, p. 253-54), na primavera de 1947 o Banco iniciou negociações com a Polônia para um empréstimo de US$ 128,5 milhões destinado à compra de equipamentos para produção de carvão mineral, muito abaixo dos US$ 600 milhões solicitados. Embora o empréstimo fosse considerado um investimento sólido pelo *staff* do Banco, o Departamento de Estado norte-americano era contra a operação, temendo que o crédito de algum modo favorecesse o governo liderado pelo Partido Comunista. Não obstante, o Banco enviou uma equipe ao país em meados de 1947 para avaliar o projeto. Após o relatório favorável do *staff*, McCloy foi a Varsóvia para dar início às negociações formais. O Banco se dispunha a emprestar apenas US$ 50 milhões (depois ofereceu a metade disso) e exigia condições inaceitáveis, como a estabilização da moeda segundo as prescrições do FMI. Ao mesmo tempo, o Banco manifestava dúvidas sobre a "reputação financeira" e a "independência" do país em relação à URSS (Gardner, 1994, p. 345). Enquanto isso, Washington decidiu que qualquer injeção externa de financiamento à Europa Oriental acabaria fortalecendo politicamente os comunistas. Após muito procrastinar e fazer exigências cada vez mais pesadas, McCloy suspendeu as negociações em meados de 1948. Logo depois, pelas mesmas razões o Bird negou um empréstimo à Tchecoslováquia (Mason & Asher, 1973, p. 53 e 170-71). Ambos os países se retiraram do Bird (e do FMI) em 1950 e 1954, respectivamente. Nos dois casos, o Bird forneceu justificativas econômicas para o veto, como sempre fez desde então (Brown, 1992, p. 129).

O inverso também é ilustrativo. Em 1949, por exemplo, o Bird concedeu o seu primeiro empréstimo à Iugoslávia, um ano após o governo Tito haver rompido relações com a URSS e, por isso, estar "desesperado para desenvolver seu comércio com o Ocidente" (Mason & Asher, 1973, p. 168). O Banco, a partir de então, acelerou os empréstimos, oferecendo um apoio "discreto e não ostensivo" (Kapur et al., 1997, p. 103). O financiamento do Banco à Nicarágua durante os anos 1950 fez parte da mesma política. O Banco apoiou o regime de Somoza com um número desproporcional de empréstimos enquanto o país oferecia aos EUA uma base conveniente a partir da qual podia lançar suas operações militares, como a derrubada do governo de Jacobo Arbenz na Guatemala em 1954 e a invasão da Baía dos Porcos em Cuba em 1961 (ibid, p. 103).

O preposto dos EUA na presidência do Banco, John McCloy, fazia parte da cadeia de comando da política externa norte-americana (Dezalay & Garth, 2005, p. 105-06). Durante a sua breve gestão, ele participou intensamente das atividades de planejamento que deram origem ao Plano Marshall e à criação da Agência Central de Inteligência (CIA) (Kapur et al., 1997, p. 76-77, nota 67). Não surpreende que o seu discurso multilateralista nem de longe significasse uma concessão a autoridades não estadunidenses. Ao reafirmar que o Banco não faria "empréstimos políticos", McCloy os definiu como "empréstimos inconsistentes com a política externa americana" (apud Kapur et al., 1997, p. 76). Ao deixar o Banco para ocupar nada me-

DO NASCIMENTO À CONSOLIDAÇÃO — 1944-1962

nos de que o cargo de alto-comissário dos EUA na Alemanha — país vital para os interesses geopolíticos e geoeconômicos norte-americanos na Europa —, McCloy indicou Eugene Black, seu colega do Chase National Bank, para a presidência do Bird (Woods, 1995, p. 39).

Embora a assistência financeira maciça e politicamente orientada concedida pelo Plano Marshall tenha, imediatamente, apequenado o papel do Bird na reconstrução das economias devastadas pela guerra, até 1957, somados todos os tipos de empréstimo, 52,7% do financiamento concedido pelo Brid ainda eram direcionados para os países capitalistas mais industrializados (Stern & Ferreira, 1997, p. 533). Com efeito, somente no final da década de 1950 o volume de operações voltadas para os países em desenvolvimento ultrapassou a metade da quantia desembolsada. Afinal, emprestar dólares para países considerados *a priori* "pouco solventes" poderia comprometer a construção da sua credibilidade ante Wall Street. Por essa razão, o Bird adotou, durante a gestão de Eugene Black (1949-1962), uma política creditícia bastante conservadora, pautada pela rentabilidade comercial de suas operações e pelo tratamento desigual dos prestatários. Estabeleceu-se uma distinção: empréstimos para programas (*program loans*) — de maior volume e voltados, em geral, para enfrentar desequilíbrios no balanço de pagamentos — eram autorizados para clientes considerados mais solventes, como os países europeus e o Japão,[22] já empréstimos para projetos (*project loans*) eram autorizados aos clientes considerados menos solventes — na maioria dos casos, países de renda média (Kapur *et al.*, 1997, p. 129).

Inscrita nos artigos de fundação do Bird, a obrigatoriedade de financiar apenas projetos produtivos específicos — salvo "circunstâncias especiais"[23]

---

[22]Nos anos 1950, o Bird fez diversos empréstimos de programas, mas apenas dois foram para áreas "subdesenvolvidas": Congo Belga e Irã (Kapur *et al.*, 1997, p. 129).

[23]Houve um debate sobre se o banco emprestaria para "programas e projetos", como queriam os EUA, ou se apenas para "projetos específicos", como queriam os britânicos. White insistiu para que o banco pudesse fornecer empréstimos mais gerais sob "condições especiais". No fim, o resultado foi que os empréstimos e garantias da instituição deveriam, exceto sob condições especiais, focalizar projetos específicos de reconstrução e desenvolvimento (Woods, 2006, p. 24-25). Em função do início da guerra fria, o Bird emprestou "sob circunstâncias especiais" para Itália, Bélgica e Austrália em 1947 (Kapur *et al.*, 1997, p. 121). As operações tiveram o objetivo de financiar importações, e não projetos.

— simbolizava, antes de tudo, o veto preventivo de Wall Street à concorrência financeira que o Bird pudesse lhe fazer (Mason & Asher, 1973, p. 24; Kapur *et al.*, 1997, p. 121). Se os empréstimos do Bird tinham de ser, antes de tudo, economicamente rentáveis, a forma considerada mais adequada para assegurar isso era a visibilidade e a verificabilidade dadas (ou supostamente dadas) pelos projetos. De acordo com essa visão, os investimentos concretos (em barragens, estradas, portos etc.) podiam *demonstrar* para onde ia e como era empregado o dinheiro, o que, por sua vez, era usado como elemento de propaganda pelo Banco junto aos investidores estrangeiros para que comprassem mais bônus do Banco, e assim sucessivamente. Por outro lado, quando questões políticas estavam em jogo, tal obrigatoriedade não impediu que o BIRD logo começasse a camuflar créditos para minimizar crises em balanços de pagamentos como se fossem empréstimos para projetos específicos (Kapur *et al.*, 1997, p. 123).

Outras razões contribuíram para robustecer a confiança dos banqueiros do Norte em relação ao Bird. Os acordos de empréstimo com o Banco estabeleciam que os recursos deviam ser gastos na compra de bens e serviços de empresas situadas nos países capitalistas mais industrializados. Nos 14 anos de gestão Black, nunca menos de 92,5% das quantias emprestadas foram gastas anualmente na compra de bens e serviços de empresas situadas nos países capitalistas mais avançados, concentrando-se, em ordem decrescente, em seis deles: Estados Unidos, Reino Unido, Alemanha, França, Itália e Japão. Assim, o Banco cumpria o papel de introduzir ou fortalecer a presença do seu "eleitorado" — os bancos, as firmas de investimento e empreiteiras ocidentais — no centro das relações comerciais e de produção entre os EUA, a Europa, o mundo colonial e a periferia (Goldman, 2005, p. 30). A Tabela 2.2 apresenta a distribuição geográfica dos gastos efetuados com os empréstimos do Banco de 1946 até 1962. A partir de então, essa informação deixou de ser pública.

DO NASCIMENTO À CONSOLIDAÇÃO — 1944-1962

Tabela 2.2
Distribuição geográfica dos gastos efetuados com os empréstimos do Banco Mundial — 1946-1962

Percentual

País	Até 1955 (a)	1956	1957	1958	1959	1960	1961	1962
Alemanha	4,1	14,1	18,6	17,2	16,3	16,9	13,5	10,9
Bélgica	3,7	2,9	2,8	2,9	3,3	2,1	2,5	1,6
Canadá	5,6	7	6	1,1	0	2,3	1,5	1,1
Estados Unidos	63,4	50,5	44,3	38,8	29,7	29,8	29,6	33,2
França	2,7	3,3	3,5	1,2	5,2	6,7	12	12,3
Itália	0,9	1,7	3	5,8	6,3	7,7	6,6	8,3
Japão	0	0,2	2,2	8,3	6,2	3,9	6,1	5
Países Baixos	0	0	0	0	0	0	0	2.5
Suécia	0,7	1,5	2,7	0,9	2,1	2,3	3,1	2,6
Suíça	2,1	2,3	1,9	1,3	2,7	4,3	4,5	3,6
Reino Unido	11,1	13,2	10,9	18,8	20,5	16,5	13,7	13,7
Subtotal	94,2	96,7	95,9	96,3	94,4	92,5	93,1	94,7
Demais países	5,8	3,3	4,1	3,7	5,6	7,5	6,9	5,3
TOTAL	100	100	100	100	100	100	100	100

Fonte: Toussaint (2006, p. 39), com base nos relatórios anuais do Banco de 1946 a 1962.
(a) Média dos nove primeiros anos de atividade.

Além disso, parte desses empréstimos foi destinada ao financiamento de projetos em áreas coloniais de interesse das suas respectivas metrópoles, contribuindo para provê-las de matérias-primas ou, simplesmente, abrir ou expandir frentes de exploração econômica para empresas metropolitanas (Kapur *et al.*, 1997, p. 687). Nesses casos, o Banco canalizava os seus empréstimos por meio dos mesmos bancos coloniais europeus, usando moedas ocidentais para remunerar empresas estadunidenses e europeias contratadas para a construção de barragens, minas e infraestrutura de transporte (portos e estradas). Nas primeiras décadas, parte considerável do *staff* era composta por ex-funcionários coloniais de escritórios europeus no ultramar, alçados pelo Banco — junto com os profissionais de origem estadunidense — à condição de especialistas transnacionais em leis, investimento e comércio entre os EUA, a Europa e seus domínios ultramarinos, somando forças com a administração colonial (Goldman, 2005, p. 31; Tabb, 2004, p. 193). Desse modo, o Banco contribuiu para que a Bélgica, o Reino Unido e a França prosseguissem com a sua dominação colonial, bem como aplainassem o terreno para a dependência econômica pós-colonial. Em casos assim, os recursos emprestados foram gastos, quase que integralmente, na importação de bens e serviços de empresas metropolitanas, com o agravante de que as dívidas contraídas pelas metrópoles foram, depois, transferidas aos novos Estados independentes (Toussaint, 2006, p. 40-41).

MODUS OPERANDI: DINHEIRO, IDEIAS E INFLUÊNCIA POLÍTICA

A rigor, desde cedo o Banco reconheceu que o ambiente de políticas de um país influenciava a produtividade de investimentos específicos e a solvência dos prestatários. Por isso, ele sempre estimulou certas políticas econômicas em detrimento de outras. Na lista das políticas indesejáveis estava, invariavelmente, a atitude hostil ou discriminadora contra o capital estrangeiro. Na visão do Banco, a sua assistência técnica e a exigência, em troca de empréstimos, de determinadas medidas em matéria de política econômica ajudariam a melhorar a qualidade do ambiente doméstico para o desenvolvimento capitalista, em particular para o capital estrangeiro (Gavin & Rodrik, 1995, p. 331-32).

Ao longo dos anos 1950, o Bird passou a considerar seus projetos como vitrines (*showcases*) para a disseminação de mais e mais projetos, ao mesmo tempo em que ampliava suas avaliações e aconselhamentos para um número cada vez maior de aspectos da vida econômica dos países receptores. No debate interno do Bird sobre a fungibilidade do dinheiro, abordado no relatório anual de 1949-1950, o financiamento de projetos teve como justificativa o "papel educacional" que desempenhavam ou poderiam desempenhar, funcionando como "salas de aula" para que os governos dos países periféricos aprendessem a "administrar melhor" seus investimentos (Kapur *et al.*, 1997, p. 125-26). Como? De duas formas, basicamente. A

DO NASCIMENTO À CONSOLIDAÇÃO — 1944-1962

primeira se dava por meio da assistência técnica e se materializava, em geral, pela montagem de agências específicas — insuladas do conjunto da administração pública ou vinculadas de modo privilegiado a certos ministérios — para gerir os projetos. A segunda forma ocorria pelo atrelamento, em maior ou menor grau, da liberação de recursos ao comportamento dos prestatários, como a perseguição ou manutenção da "disciplina fiscal e monetária". Desde o início de suas operações, pois, o Bird atuou mediante o monitoramento das políticas econômicas dos países periféricos, desempenhando um papel altamente intervencionista (*ibidem*, em, p. 87). No entanto, também desde o início, o grau de vigilância e tolerância variou segundo uma série de fatores de ordem geopolítica.

Com tal performance, o Bird garantiu, ao longo da década de 1950, a anuência plena não só de Wall Street, mas também da banca europeia em recuperação. Em 1951, o Banco realizou a sua primeira emissão de bônus fora dos EUA, na *city* londrina, com êxito pleno. Em 1959, as agências de classificação de risco estadunidenses que operavam nos mercados de capital atribuíram aos títulos do Bird a pontuação máxima AAA, o que impulsionou de vez o interesse de investidores domésticos e estrangeiros (Gwin, 1997, p. 202). Gradativamente, a importância relativa do mercado financeiro norte-americano como fonte de empréstimos para o Banco começou a declinar, embora em termos absolutos o volume de vendas dos títulos em dólar continuasse a aumentar. De 1956 a 1962-63, o Banco não apenas viu a estreia de subscrições de capital dos principais membros europeus como também captou em mercados não estadunidenses a maior fatia do seu capital (ibidem, p. 203).

Ao final dos 14 anos da gestão Black, como mostra a Tabela 2.3, o Bird havia emprestado mais de US$ 6 bilhões em mais de 300 operações, nenhuma das quais sem inadimplência, e auferia lucros anuais a uma taxa considerada "quase indecente" (Mason & Asher, 1973, p. 407).

O BANCO MUNDIAL COMO ATOR POLÍTICO, INTELECTUAL E FINANCEIRO

Tabela 2.3
Empréstimos do Bird e créditos da AID para
desenvolvimento — anos fiscais 1947-1969
Milhões de dólares

Ano fiscal	Empréstimos do Bird		Créditos da AID		TOTAL
	Número	$	Número	$	$
1947	1	250			250
1948	5	263			263
1949	10	137,1			137,1
1950	12	166,3			166,3
1951	21	297,1			297,1
1952	19	298,6			298,6
1953	10	178,6			178,6
1954	26	323,7			323,7
1955	20	409,6			409,6
1956	26	396			396
1957	20	387,9			387,9
1958	34	710,8			710,8
1959	30	703,1			703,1
1960	31	658,7			658,7
1961	27	609,9	4	101	710,9
1962	29	882,3	18	134,1	1.016,4
1963	28	448,7	17	260,1	708,8
Subtotal	349	7.121,4	39	495,2	2.436,1
1964	37	809,8	18	283,2	1.093
1965	38	1.023,3	20	309,1	1.332,4
1966	37	839,2	12	284,1	1.123,3
1967	46	876,8	20	353,5	1.230,3
1968	44	847	18	106,6	953,6
1969	84	1.399,2	38	385	1.784,2
TOTAL	635	12.916,7	165	2.216,7	15.133,4

Fonte: Mason & Asher (1973, p. 192).
(a) Todos os compromissos financeiros firmados no ano fiscal de 1963 podem ser atribuídos à gestão Black.

DO NASCIMENTO À CONSOLIDAÇÃO — 1944-1962

O outro lado dessa política foi o fechamento, ao longo dos anos 1950, das fontes de crédito internacional aos países mais pobres — muitos dos quais originados do processo de descolonização na África e na Ásia — uma vez que não eram considerados "elegíveis" aos empréstimos do Bird nem aos mercados financeiros privados. Mesmo para os países de renda média — principais clientes do Banco, depois da Índia — as condições de empréstimo eram consideradas onerosas.

Até 1962, exceto os empréstimos para enfrentar crises em balanços de pagamento (*program loans*), todos os empréstimos do Bird foram para projetos considerados bancáveis, o que significava, basicamente, a criação de infraestrutura física. O rol de projetos financiados pelo Banco era bastante restrito. O grosso dos empréstimos foi para projetos nas áreas de geração de energia elétrica por meio da construção de grandes represas e usinas termelétricas, depois vias de transporte (estradas e ferrovias) e, em terceiro lugar, telecomunicações. Também se financiou, em menor escala, a compra de máquinas e implementos agrícolas e projetos de irrigação. Marginalmente, emprestou-se para a modernização de indústrias domésticas de transformação. Ao longo dos primeiros 16 anos de operação, o Bird não autorizou nenhum empréstimo para a área "social", fundamentalmente porque Wall Street não aceitaria, mesmo com o governo estadunidense garantindo os compromissos financeiros do Bird (Kapur *et al.*, 1997, p. 119). Significa dizer que nenhum dólar foi desembolsado para a construção ou reforma de escolas e hospitais, tampouco para a realização de programas de alfabetização e saúde, acesso a saneamento básico, água potável e alimentos. Os projetos elegíveis ao financiamento tinham de ser pagáveis, viáveis e rentáveis, o que requeria análises de custo-benefício que demonstrassem a geração de impactos imediatos na atividade produtiva e, claro, dessem lucro. Deviam, também, efetuar os gastos predominantemente em dólar, e não em moeda local. Projetos para fins "sociais" não reuniam as condições que satisfizessem tais exigências (Gavin & Rodrik, 1995, p. 333). A Tabela 2.4 apresenta um painel das somas emprestadas entre 1948 e 1961, identificando, em termos agregados, a destinação geográfica e setorial dos US$ 5,1 bilhões emprestados a 56 países em 280 operações.

O BANCO MUNDIAL COMO ATOR POLÍTICO, INTELECTUAL E FINANCEIRO

Tabela 2.4
Empréstimos para desenvolvimento concedidos pelo Banco Mundial
— 1948-1961 (a)
Bilhões de dólares

Receptores	Países	Compromissos brutos		Empréstimos líquidos
		1948-61 (b)	1956-61 (c)	1948-61 (d)
Total de empréstimos		5,1	2,8	3,9
Países "mais desenvolvidos"	Austrália, Áustria, Bélgica, Dinamarca, Finlândia, Islândia, Israel, Itália, Japão, Holanda, Nova Zelândia e África do Sul	1,7	0,9	1,1
Colônias	Argélia, Congo Belga (Zaire), Costa do Marfim, Gabão, Quênia, Mauritânia, Nyassaland (Maláui), Nigéria, Rodésia do Norte (Zâmbia), Ruanda-Urundi (Burundi), Rodésia do Sul (Zimbábue), Tanganyika (Tanzânia) e Uganda	0,5	0,3	0,4
Países "menos desenvolvidos"	Brasil, Burma (Mianmar), Ceilão (Sri Lanka), Chile, Colômbia, Costa Rica, Equador, El Salvador, Etiópia, Guatemala, Haiti, Honduras, Índia, Irã, Iraque, Malaya (Malásia), México, Nicarágua, Paquistão, Panamá, Paraguai, Peru, Filipinas, Sudão (depois da independência em 1956), Tailândia, Turquia, República Árabe Unida (Egito), Uruguai e Iugoslávia	2,9	1,7	2,3
Energia e transporte		2,4	1,4	2
Agricultura e irrigação		0,1	0,1	0,1

Fonte: Kapur *et al.* (1997, p. 86).
(a) Exclusos todos os empréstimos para "reconstrução".

DO NASCIMENTO À CONSOLIDAÇÃO — 1944-1962

A Tabela 2.5 compara os compromissos financeiros anuais do Banco com a Índia e os países da América Latina acordados no mesmo período.

Tabela 2.5

Compromissos financeiros anuais do Bird com países menos desenvolvidos
(1948-1961)
Comparação entre Índia e América Latina (a)
Milhões de dólares

Ano fiscal	Compromissos financeiros (b)			
	Total	Índia	Países latino-americanos	Número cumulativo de prestatários
1948	16	0	16	1
1949	109	0	109	3
1950	137	63	59	8
1951	145	0	85	13
1952	163	0	79	16
1953	110	51	29	16
1954	144	0	99	19
1955	163	26	123	19
1956	227	75	75	24
1957	179	35	50	26
1958	423	166	121	27
1959	426	135	137	29
1960	339	60	134	30
1961	332	90	71	30
TOTAL	2.913	701	1.187	30

Fonte: Kapur *et al.* (1997, p. 100).
(a) Conferir Tabela 2.4 para a lista de países classificados como "menos desenvolvidos".
(b) Compromissos de 1º de março de 1948 a 30 de abril de 1961.

Ao longo dos anos 1950, o desenvolvimento emergiu como questão internacional. O pensamento da época guiava-se por uma visão profundamente etnocêntrica, que extrapolava a experiência histórica dos países capitalistas industrializados para o conjunto do que, pouco a pouco, desenhava-se como Terceiro Mundo (Finnemore, 1997, p. 207; Kapur *et al.*, 1997, p. 116).

O BANCO MUNDIAL COMO ATOR POLÍTICO, INTELECTUAL E FINANCEIRO

Entendido como crescimento do PIB ou, quando muito, do PIB *per capita*, desenvolvimento significava, basicamente, industrialização. De acordo com a proposição de Arthur Lewis, publicada em 1954, o crescimento econômico era concebido como a consequência aritmética direta da transferência de capital e de força de trabalho do setor de baixa produtividade (no caso, a agricultura) para o setor de alta produtividade, urbano-industrial. Por isso, ao Estado cabia taxar e espremer a agricultura, por meio de controle de preços e outros instrumentos de política econômica, para financiar investimentos em indústrias, mineração, transportes e utilidades públicas urbanas. Além da poupança interna, os recursos para financiar a industrialização deviam ser obtidos por meio do investimento direto (interno e externo) e, eventualmente, da ajuda externa. Nesse sentido, projetos de desenvolvimento eram entendidos como grandes projetos de infraestrutura (barragens, estradas, ferrovias etc.) que dariam suporte ao processo de industrialização.

Além dessa visão mais geral, outras duas coordenadas intelectuais específicas guiavam o Banco (Kapur *et al.*, 1997, p. 116-17; Stern & Ferreira, 1997, p. 530-32). A primeira seguia a hipótese de Kuznets, segundo a qual a distribuição de renda se concentrava nos estágios iniciais do ciclo econômico e se desconcentrava nos estágios finais, de tal maneira que, após uma fase ascendente e sustentada de crescimento econômico, operar-se-ia o "efeito derrame" (*trickle-down*), i.e., o gotejamento gradual da renda para os estratos mais baixos da estrutura social. Quanto tempo esse processo duraria e qual a intensidade e o alcance do derrame acabaram se tornando questões secundárias naquele período, frente à crença no próprio derrame. A segunda coordenada supunha a existência de troca compensatória (*trade-off*) entre crescimento e distribuição, razão pela qual políticas distributivas eram vistas como prejudiciais ao crescimento.

Em linhas gerais, essas eram as coordenadas intelectuais que serviam de parâmetros para a atuação do Bird como emprestador. A visão da instituição era pautada diretamente pelo *mainstream* anglo-americano. De fato, nenhuma inovação ao pensamento convencional teve origem no Bird nos anos 1950, pois a pesquisa econômica não era valorizada dentro do Banco naquele período (Kapur *et al.*, 1997, p. 129-30).

DO NASCIMENTO À CONSOLIDAÇÃO — 1944-1962

Durante a gestão Black, construiu-se e consolidou-se a imagem e a identidade do Bird como um ator financeiro qualificado, solidamente baseado no mercado, o que lhe garantiu um lugar muito particular no quadro das organizações internacionais. Fizeram parte da construção desse perfil a pouca importância relativa dos projetos ligados à atividade agrícola e a ausência completa de projetos considerados economicamente improdutivos na sua carteira de empréstimos durante toda a década de 1950. Desse modo, a trajetória do Bird naqueles anos se distinguiu daquela seguida tanto pela política bilateral norte-americana como por outras organizações internacionais (como a FAO e o Unicef, por exemplo), para as quais a agricultura e a área social — com destaque para a educação — eram alvos estratégicos.

Isso não quer dizer que, durante os anos 1950, o Bird estivesse isolado das pressões da guerra fria e, especificamente, dos requerimentos da política externa norte-americana. Longe disso. Na verdade, o Bird integrou-se plenamente àquela dinâmica macropolítica, porém de maneira seletiva, a partir do seu lugar específico na arena internacional.

Como argumentou Velasco e Cruz (2007, p. 371-73), desde a vitória republicana nas eleições legislativas de novembro de 1946 e o anúncio, em março de 1947, da Doutrina Truman, afirmou-se um consenso nacional entre os setores dominantes em torno da política externa estadunidense que soterrou o embate, até então encarniçado, entre multilateralismo e isolacionismo. Segundo o novo enfoque da contenção (*containment*), caberia ao *hegemon*, de um lado, impulsionar a reconstrução das economias arrasadas pela guerra e zelar pelo seu equilíbrio econômico e político, a fim de assegurar as condições para a expansão capitalista internacional e o combate eficaz à propaganda comunista; de outro lado, impedir qualquer tentativa de alteração do quadro geopolítico cristalizado nas negociações do pós-guerra por parte da URSS ou de forças internas a ela associada, por meio da persuasão ou da força. No plano militar, o enfoque se materializou no investimento permanente e elevado em armamentos, na ajuda externa militar maciça a aliados circunstanciais, na criação da Organização do Tratado do Atlântico Norte (Otan) e outras instituições regionais similares, além de toda sorte de guerras, intervenções militares e tentativas, abertas ou veladas, de desestabilização de governos ao redor do mundo. No plano político-financeiro, o enfoque se traduziu no Plano Marshall, nas diversas modalidades de assistência econômica bilateral, no apoio à OECE (e, depois, à Comunidade Econômica Europeia), na tolerância relativa diante de políticas econômicas protecionistas ou abertamente discriminadoras contra investimentos externos por parte de governos dentro da sua órbita de influência e, por fim, na modelagem de — e na primazia sobre — instituições financeiras multilaterais, entre as quais o Banco.

Naqueles anos, uma das referências de ligação entre a política externa norte-americana e a atuação do Banco era o programa Ponto IV. Lançado por Truman em 1949 no rastro do Plano Marshall e da criação da Otan, o programa se baseava na assistência técnica e financeira a países então considerados subdesenvolvidos em diversas áreas da atividade econômica, político-administrativa, educacional, cultural e científica, com vista a aumentar a taxa de crescimento econômico, elevar os padrões de vida da população e massificar a ideologia do "mundo livre". Enfatizando a ligação entre os interesses de segurança dos EUA e o desenvolvimento econômico do que se desenhava, então, como Terceiro Mundo, o programa marcou uma virada histórica nas relações dos EUA com países da periferia e o começo de compromissos norte-americanos substanciais no campo da ajuda externa a países não europeus (Gwin, 1997, p. 205).

Finalizado após a proclamação da República Popular da China e em plena disparada do processo de descolonização, o quarto relatório anual do Bird (1948-49) enunciou que o Ponto IV era de seu "interesse vital", embora as implicações plenas do programa e o método para implementá-lo ainda não estivessem "inteiramente claros" (Banco Mundial, 1949, p. 7). Alegou-se, ainda, que o programa, ao fomentar a expansão dos "recursos financeiros e técnicos disponíveis aos países subdesenvolvidos", assistiria e fortaleceria o Banco no cumprimento da sua missão de promover o "desenvolvimento".

O relatório afirmou, categoricamente, que a pobreza e as desigualdades socioeconômicas extremas geravam tensões políticas e sociais nas áreas subdesenvolvidas. O desenvolvimento, nessa perspectiva, figurava como fator de amortecimento e estabilização das contradições entre grupos e classes sociais no plano doméstico, o que era visto como condição para conter o

DO NASCIMENTO À CONSOLIDAÇÃO — 1944-1962

"contágio" em escala internacional. Para impulsionar o desenvolvimento, o relatório identificou quatro obstáculos que deveriam ser superados: a) o baixo nível educacional e de saúde pública da massa da população; b) o baixo nível de qualificação e competência profissional dos quadros da administração pública; c) em algumas situações, a extrema desigualdade na distribuição de riqueza, ancorada na manutenção de estruturas agrárias "ineficientes e opressivas" (*ibidem*, em, p. 9); d) a limitação de capital doméstico para investimento, resultante dos baixos níveis de poupança e de políticas econômicas e setoriais inadequadas. Diante disso, para o Bird, era preciso que os governos promovessem imediatamente "os ajustes necessários nas relações sociais tradicionais sem destruir a estabilidade para o desenvolvimento" (*ibidem*, em, p. 9).

O relatório não se debruçou apenas sobre as "áreas subdesenvolvidas", mas também sobre as relações entre elas, suas metrópoles e os demais países "mais desenvolvidos". O documento afirmou que a manutenção da política de pleno emprego e do crescimento econômico nos países capitalistas mais industrializados dependia da expansão do comércio internacional, o que, por sua vez, dependeria do aumento da produção nos países periféricos e nas colônias (*ibidem*, em, p. 7). Em outras palavras, os projetos financiados pelo Banco eram orientados, a um só tempo, para a promoção da modernização econômica como forma de contenção do comunismo, para a dinamização das relações desiguais entre centro e periferia e, por fim, para a extensão das relações capitalistas, em clave anglo-americana, a todo o "mundo livre".

Apesar da retórica reformista, o Bird jamais financiou ou apoiou qualquer iniciativa governamental voltada para a redistribuição de riqueza e, especificamente, a democratização da estrutura agrária. Quanto aos empréstimos para educação, saúde, saneamento básico e abastecimento de água, que corresponderiam à implementação dos aspectos sociais do Ponto IV, somente nos anos 1960 e 1970 é que começariam a aparecer aos poucos, e mesmo assim com muita resistência interna e de forma absolutamente minoritária na carteira do Bird. Como notou Toussaint (2006, p. 37), nos relatórios anuais seguintes até mesmo a retórica em prol dos aspectos sociais do Ponto IV gradativamente desapareceu, à medida que o governo norte-americano canalizava a sua operacionalização por instrumentos bilaterais de ajuda externa, em articulação estreita com o Desenvolvimento de Comunidade, patrocinado pela ONU durante a década de 1950 sob inspiração estadunidense.[24]

Em 1951, um grupo de assessoramento chefiado por Nelson Rockefeller foi designado por Truman para recomendar caminhos que viabilizassem os objetivos do Programa Ponto IV (Oliver, 1995, p. 44). O grupo apontou a necessidade de se criar, no plano internacional, um instrumento que disponibilizasse algo intermediário entre empréstimos puros e doações puras, e enfatizou que os EUA deveriam compartilhar a carga de financiar a assistência externa ao desenvolvimento. Nesse sentido, o grupo propôs que os EUA liderassem a criação de duas agências afiliadas ao Bird: uma dedicada a mobilizar recursos para empréstimos diretos ao setor privado e outra especializada na provisão de créditos concessionários a países pobres, a partir de fundos doados pelos seus membros. Precisamente, aquilo que viriam a ser a CFI e a AID poucos anos depois (Gwin, 1997, p. 205). Todavia, naquele momento, tais recomendações não foram acolhidas por Washington. Primeiro, porque os EUA estavam envolvidos com a guerra da Coreia (1950-53) e enfrentavam um déficit orçamentário crescente. Segundo, porque o *establishment* estadunidense era refratário a estimular o desenvolvimento por meio de créditos concessionários, insistindo no papel primordial do investimento privado. Terceiro, existia a visão de que créditos brandos não seriam considerados seriamente como dívida (Kapur *et al.*, 1997, p. 136). Assim, as propostas foram arquivadas.

Enquanto a dimensão "social" do Ponto IV ficou a cargo da assistência bilateral estadunidense, o Bird ocupava-se da dimensão "econômica". Todavia, para levá-la adiante de maneira que ela se convertesse em suporte funcional à contenção, precisava atuar também no âmbito da organização do Estado. Não por acaso, o nível considerado "insatisfatório" de "competência na administração pública" figurava como um dos "obstáculos" principais ao desenvolvimento, na visão do Bird (1949, p. 8). A ação do Banco,

---

[24]A literatura sobre o Desenvolvimento de Comunidade é vasta. Para uma visão geral, vide Usaid (1964) e Henry (1965). Para uma análise crítica em referência ao caso brasileiro, vide Amman (2003).

DO NASCIMENTO À CONSOLIDAÇÃO — 1944-1962

nesse âmbito, ganhou alento e contornos bem definidos ao longo da década de 1950, operando, basicamente, de três formas.

A primeira — perseguida, a rigor, desde o início das suas operações — consistia no fomento à criação de "instituições", frequentemente sob a forma de agências paraestatais, financiadas por fora do orçamento público ordinário e compostas por quadros altamente qualificados (Mason & Asher, 1973, p. 701-02). Organizadas para planejar e executar projetos financiáveis pelo Banco e influenciar o processo de tomada de decisão governamental, operavam nos níveis nacional, setorial ou de administração de projetos. Tais agências, invariavelmente, estampavam o selo da "neutralidade técnica" atribuído pelo Banco, segundo o qual supostamente atuariam em prol do desenvolvimento de forma insulada de "pressões políticas". Por meio desse mecanismo, o Banco formou uma rede estável e fiel de quadros e organismos no interior da administração pública de inúmeros países apta a atender, prontamente, aos seus requerimentos imediatos e estratégicos, na maioria dos casos passando por fora do controle parlamentar e com relativa independência em relação ao governo de plantão. Em geral, tais agências davam origem a verdadeiras "ilhas de excelência", fomentando a balcanização da burocracia estatal. Em vários países, a malha de aparelhos técnico-gerenciais responsável por investimentos em setores inteiros da economia foi construída, precisamente, por meio desse tipo de "assistência técnica". Em alguns países considerados estratégicos para os interesses norte-americanos — como a Colômbia, por exemplo — o Banco deu mais consistência a esse tipo de ação (Rich, 1994, p. 75), gerando impactos profundos na estrutura política e na organização social do país.

A segunda forma era por meio da organização e do envio de "missões técnicas" a certos países, compostas por especialistas e consultores do Bird — a maioria, norte-americanos e britânicos (Mason & Asher, 1973, p. 68) — e de outras organizações internacionais, como a FAO, a OMS e, quase sempre, o FMI. No geral, tais missões perseguiam dois objetivos combinados. O primeiro era identificar projetos que fossem bancáveis, convencer as autoridades domésticas a demandar empréstimos ao Bird para financiá-los e treinar quadros técnicos locais para esse mesmo fim. Ou seja, tratava-se não apenas de criar demanda para os seus próprios "serviços" financeiros e não financeiros, mas também educar e fidelizar atores domésticos capazes de sustentá-la no tempo. O segundo objetivo era analisar a situação econômica geral do país, orientar medidas de política macroeconômica e setorial e definir um rol de projetos passíveis de financiamento. Também aqui a geopolítica da guerra fria condicionou de maneira decisiva as tomadas de posição de governos e do Bird. A primeira missão, realizada na Colômbia em 1949, deu origem a planos de desenvolvimento bastante abrangentes, que implicavam um nível elevado de vigilância sobre a economia e articulação com autoridades nacionais por parte do Bird (Hayter, 1971, p. 107-19; Mason & Asher, 1973, p. 299-302), em parceria informal com o FMI (Polack, 1997, p. 477). No conjunto, essas missões alcançaram um número expressivo de países e possessões coloniais entre 1949 e 1964 e tenderam, em graus variados, a ampliar a capacidade e os instrumentos de influência do Banco sobre as políticas domésticas dos países-membros da periferia[25] (Mason & Asher, 1973, p. 302). Internamente, tais missões contribuíram bastante para a ascensão dos economistas frente aos engenheiros (Stern & Ferreira, 1997, p. 598).

A terceira forma se deu pela criação, em 1955, do Instituto de Desenvolvimento Econômico. Graças ao financiamento e ao apoio político das fundações Ford e Rockefeller, o IDE começou a funcionar no ano seguinte e logo passou a disseminar ideias geradas pelo *mainstream* anglo-americano — e, com o tempo, pelo próprio Banco — para quadros políticos e técnicos graduados nos países clientes. Tratava-se de modelar uma determinada visão de Estado e de gestão pública.

Esse tipo de ação já não era novidade para os EUA. Basta recordar as palavras do ex-secretário de Estado Robert Lansing proferidas em 1924,

---

[25]Segundo Mason e Asher (1973, p. 302), as missões tinham perfis variados, pois algumas eram permanentes e outras temporárias, algumas deram origem a documentos abrangentes sobre a política econômica do país, outras não, e muitas delas tiveram como destino territórios coloniais, por solicitação das respectivas metrópoles. O número de missões foi bastante alto durante a gestão Black. Das que resultaram em prescrições mais extensas, cabe mencionar: Turquia, Nicarágua, Guatemala e Cuba (1950), Iraque, Ceilão e Suriname (1951), Jamaica (1952), Guiana Britânica e Nigéria (1953), Malásia e Síria (1954), Jordânia (1955), Somália Italiana (1956), Tailândia (1957), Líbia (1958), Venezuela (1959), Uganda (1960), Espanha e Quênia (1961), Papua Nova Guiné e Kuwait (1962).

DO NASCIMENTO À CONSOLIDAÇÃO — 1944-1962

em resposta à proposta do magnata das comunicações William Randolph Hearst de instalar um norte-americano na presidência do México:

> Temos de abandonar a ideia de pôr na presidência mexicana um cidadão americano, já que isso levaria outra vez à guerra. A solução necessita de mais tempo: devemos abrir aos jovens mexicanos ambiciosos as portas de nossas universidades e fazer o esforço de educá-los no modo de vida americano, em nossos valores e no respeito à liderança dos Estados Unidos. O México precisa de administradores competentes. Com o tempo, esses jovens chegarão a ocupar cargos importantes e finalmente se apropriarão da presidência sem a necessidade de que os Estados Unidos gastem um centavo ou disparem um tiro. Farão o que queremos. E o farão melhor e mais radicalmente do que nós (*apud* Vilas, 2005, p. 299).

Intimamente articulado à construção institucional, o trabalho do IDE procurava não apenas formar quadros, mas também favorecer a montagem de agências domésticas estatais e paraestatais que pudessem assimilar e aplicar as ideias emanadas do Banco (Stern & Ferreira, 1997, p. 526). Os cursos oferecidos tinham como especialidade a gestão da política econômica e, sobretudo, a preparação e execução de programas e projetos de desenvolvimento. Para o Banco, era mais um instrumento para influenciar os termos do debate sobre políticas e o processo de tomada de decisão nos países-membros (Stern & Ferreira, 1997, p. 584). No início, os cursos duravam seis meses em Washington e eram voltados para quadros do alto escalão dos Estados-membros. Nos anos seguintes, começaram a treinar também quadros de médio escalão para a elaboração de projetos e de estratégias de longo prazo para empréstimos. Como regra, os ex-alunos do IDE ocuparam posições estratégicas nos seus países de origem, chegando, inclusive, aos cargos de primeiro-ministro, ministro da Fazenda e do Planejamento. Em 1971, mais de 1.300 funcionários já haviam passado pelo Instituto (Mason & Asher, 1973, p. 326-30). Encarregados de reproduzir o ideário aprendido nos EUA, fomentar e organizar a demanda local pelos "serviços" do Banco, abrir ou expandir canais de interlocução com atores domésticos (públicos e privados) e, claro, planejar e executar projetos e programas de interesse do Banco, esse destacamento avançado chegou a ser conhecido, no auge do credo no desenvolvimento, como a "máfia do IDE" (Caufield, 1997, p. 63).

Por tudo isso, o Banco se diferenciou, nos anos 1950, das agências bilaterais norte-americanas de ajuda *soft* e mais visivelmente política. O fato de que ajuda bilateral dos EUA despejasse dinheiro nos países da borda do comunismo facilitava as coisas para o Banco, que podia, assim, evitar ou negar empréstimos a tais países, exceto para Índia, Paquistão e, menos continuamente, Turquia. O Banco, dessa maneira, aparentava certa distância da guerra fria (Kapur *et al.*, 1997, p. 188-89).

Essa posição singular começou a erodir com o engajamento do Banco na diplomacia internacional e com a decisão — empurrada e apoiada pelos EUA — de presidir uma resposta concertada à crise do balanço de pagamentos da Índia em 1958 (Kapur *et al.*, 1997, p. 188-89). Porém, para além desse engajamento, o próprio *modus operandi* do Banco começou a se mostrar cada vez menos capaz de dar respostas eficazes a um conjunto de pressões internacionais durante a segunda metade da década de 1950.

PRESSÕES CRUZADAS E AMPLIAÇÃO INSTITUCIONAL

A primeira pressão advinha da conjuntura aberta pela ampliação e mudança de qualidade da guerra fria. Após a Segunda Guerra Mundial, a orientação da política externa ocidental, liderada pelos EUA, consistia em conter o comunismo dentro de suas próprias fronteiras por meio da combinação de intervenção e alianças político-militares, ofensivas militares em larga escala, ajuda econômica e esforços diplomáticos. O primeiro território em disputa foi a Europa. Depois de 1949, o palco principal da contenção deslocou-se para a Ásia, abarcando os países pobres que bordejavam a URSS e a China até as Filipinas. Outras regiões contavam pouco, tanto assim que, no final da década de 1950, apenas 2% da ajuda econômica estadunidense eram alocados na América Latina e menos ainda na África (Kapur *et al.*, 1997, p. 143).

DO NASCIMENTO À CONSOLIDAÇÃO — 1944-1962

Esse quadro foi mudando lentamente durante a segunda metade dos anos 1950 e virou de vez em 1959. A guinada teve, ao menos, quatro razões fundamentais. Em primeiro lugar, o processo de descolonização. Com efeito, a partir de 1945 o número de países independentes na periferia aumentou rápida e continuamente na África e na Ásia e, em muitos casos, as lutas de libertação nacional culminaram em vitórias importantes sobre as potências coloniais, como na Indochina. No começo, embora a orientação futura dos Estados pós-coloniais não estivesse clara (Hobsbawm, 1995, p. 225), aos poucos foram se avolumando os governos inclinados à adoção de políticas econômicas voltadas para o mercado interno e a industrialização por substituição de importações. Em certos casos, tais políticas eram acompanhadas da nacionalização de empresas e ativos patrimoniais e financeiros estrangeiros. O fracasso da dominação colonial sobre o Congo Belga e a Argélia aumentou o temor de que nacionalismo e socialismo convergissem e contagiassem todo o continente africano (Kapur *et al.*, 1997, p. 144).

Em segundo lugar, alguns governos da periferia começaram a ganhar posições no terreno diplomático, manifestando-se por uma articulação internacional anti-imperialista e não alinhada à geopolítica dualista da guerra fria — ainda que tivessem alguma simpatia pela URSS ou pelo menos interesse em aceitar a sua ajuda econômica e militar (Hobsbawm, 1995, p. 350). A Conferência de Bandung (1955), convocada pelo presidente indonésio Sukarno com o apoio dos governos iugoslavo (Tito) e indiano (Nehru), foi o símbolo mais forte dessa movimentação. Falavam em nome do "desenvolvimento" de seus países, associando-o à instauração de políticas autocentradas direcionadas para a constituição de sistemas de regulação nacional e a negociação permanente (individual e coletiva) no plano internacional, com a intenção de reduzir a polarização mundial (Amin, 2005, p. 27). A nacionalização do Canal de Suez, promovida pelo governo Nasser em 1956, e o acordo patrocinado pelos EUA dando vitória à causa egípcia contra a invasão militar anglo-francesa foram um marco dessa afirmação político-diplomática (Velasco e Cruz, 2007, p. 370).

Em terceiro lugar, a derrubada da ditadura de Batista em Cuba em 1959, apenas dez anos depois da revolução comunista na China, mostrou que até mesmo os países da América Latina e do Caribe — região onde, até então, a primazia americana parecia inabalável — poderiam ser atingidos pela "metástase" comunista.

Tudo somado, as fronteiras de um "mundo livre" claramente definido pareciam não mais existir. De um lado, porque a órbita do comunismo chegara a 120km dos EUA, requalificando a divisão Leste-Oeste de tal maneira que a política externa ocidental teve de passar da contenção localizada para a disputa generalizada por lealdade na periferia (Kapur *et al.*, 1997, p. 143-144). De outro lado, porque a emergência política de um conjunto de países "não alinhados", a perseguição de trajetórias mais ou menos soberanas de desenvolvimento e o surgimento de um número expressivo de nações independentes indicavam a constituição gradativa de uma nova divisão, agora sob o eixo Norte-Sul, que obrigava a política externa "ocidental", comandada pelos EUA, a evocar para si a "causa do desenvolvimento", a fim de lhe dar uma direção específica segundo os seus interesses. Isso porque, àquela altura, o desenvolvimento — enquanto discurso político e chamamento à ação — estava sendo tomado em muitos países como uma ferramenta para políticas de libertação colonial, afirmação nacional e, em alguns casos, de justiça social. Uma pluralidade de atores sociais passara a reivindicá-lo, vinculando-o a projetos políticos distintos, nos interstícios do espaço político hegemonizado pelo projeto de expansão e modernização capitalista conduzido pelo "Ocidente" (Goldman, 2005, p. 23-29). Por isso, junto com o aumento do engajamento militar os EUA também expandiram e diversificaram a assistência econômica. Um símbolo desse movimento foi a mensagem, lançada por Kennedy na 16ª Assembleia Geral da ONU em 1960, de que se iniciava então a "década do desenvolvimento".

A segunda grande pressão, decorrente da anterior, consistia no questionamento crescente do papel do Bird como agência financeira devotada ao desenvolvimento. Para ganhar e manter a confiança da banca estadunidense, a gestão Black havia fechado, na prática, o acesso da vasta maioria dos Estados pós-coloniais às fontes internacionais de crédito, uma vez que não eram elegíveis aos créditos do Bird nem à captação de empréstimos nos mercados financeiros. Por outro lado, desde o início das atividades do Bird, alguns governos de países latino-americanos de renda média,

DO NASCIMENTO À CONSOLIDAÇÃO — 1944-1962

seguidos depois pela Índia, criticavam a ausência, para eles, de crédito sob condições tão favoráveis como aquelas disponibilizadas para a Europa ocidental por intermédio do Plano Marshall. À medida que aumentava a dívida externa dos países da periferia, tornou-se cada vez mais claro que o número de países considerados solventes pelo Bird poderia diminuir, caso os critérios de elegibilidade para a tomada de empréstimos não fossem alterados (Kapur *et al.*, 1997, p. 1.126-27). Dois dos maiores clientes do Bird, Índia e Paquistão, enfrentavam problemas crescentes de solvência e estavam perto do estrangulamento financeiro. O problema foi identificado pela Casa Branca e levou à criação do Fundo de Empréstimo ao Desenvolvimento dos EUA — uma grande operação bilateral de transferência concessionária de capital — e à colaboração estreita entre o presidente do Banco e o subsecretário de Estado americano, Douglas Dillon, para o lançamento do consórcio de ajuda à Índia em 1958, com o propósito de debelar a crise no balanço de pagamentos que o país atravessava (Oliver, 1995, p. 129; Gwin, 1997, p. 206).

A terceira pressão sobre o Banco era de ordem político-institucional e consistia no fortalecimento da campanha internacional protagonizada por Índia, Chile e Iugoslávia em prol da aprovação do Fundo Especial das Nações Unidas para o Desenvolvimento Econômico (Sunfed). Em resumo, o objetivo da campanha era a criação de uma agência da ONU especializada em prover assistência financeira e técnica em termos concessionários que operasse segundo o princípio de um voto por país. Proposto em 1949, o projeto foi aprovado em 1952 pela Assembleia Geral da ONU, a despeito da oposição radical do governo dos EUA e de outras potências capitalistas (Mason & Asher, 1973, p. 382-383).

O governo Eisenhower (1953-1961) era refratário à ideia de financiamento concessionário — sugerido em 1951, vale ressaltar, pelo grupo de trabalho designado por Truman para propor formas de implementação do Programa Ponto IV — e mais ainda que o mesmo se desse por meio de uma agência especializada da ONU, regida por voto paritário. Contudo, embora insistisse na primazia do capital privado no financiamento do desenvolvimento, o governo norte-americano estava cada vez mais preocupado com a escalada da guerra fria e as tentativas soviéticas de explorar o debate dentro da ONU entre países desenvolvidos e em desenvolvimento. Era preciso dar alguma resposta àquela situação e a medida mais barata e politicamente segura a tomar consistia em criar um novo ramo do Banco voltado para a concessão de empréstimos para empresas privadas (Gwin, 1997, p. 205-206). Por isso, o governo lançou em 1954 uma primeira proposta, que se materializou dois anos depois na criação da CFI. No seu pedido de apoio ao Congresso, Eisenhower enfatizou a contribuição potencial da nova agência para a prosperidade, a expansão comercial e "a paz e a solidariedade do mundo livre" (*apud* Gwin, 1997, p. 206). A proposta passou no Congresso com pouco debate e extensa margem de apoio. Na prática, porém, o apoio de Washington à CFI era pequeno, razão pela qual o tamanho da entidade foi bastante modesto até bem entrada a década de 1990 (Kapur, 2002, p. 56). A ideia de financiamento direto ao setor privado sem garantias estatais era objeto de desconfiança por parte dos investidores de Wall Street.

Apesar da manobra, os EUA e seus principais aliados não conseguiram frear a campanha pela criação de uma agência de ajuda concessionária. Assim, em outubro de 1958, a ONU habilitou o Sunfed para financiar pré-investimentos em países em desenvolvimento (Mason & Asher, 1973, p. 386; Woods, 1995, p. 44).

Ao longo dos quase dez anos em que tramitou nas Nações Unidas, o projeto do Sunfed sofreu alterações importantes (Sanahuja, 2001, p. 66). De acordo com a sua formulação original, o fundo complementaria os empréstimos concedidos pelo Bird. Em meados da década de 1950, porém, propunha-se que o fundo fosse financiado por contribuições obrigatórias e progressivas e concedesse créditos em condições altamente facilitadas, de modo que o ônus recairia sobre os países mais industrializados. O governo norte-americano e seus aliados não aceitavam um fundo com tais características. Tampouco o Bird, uma vez que isso poderia esvaziar a sua missão como financiador do desenvolvimento. Para eles, a criação de um instrumento que concedesse créditos brandos seria aceitável somente se fosse administrado pelo Bird, o qual os EUA e seus aliados poderiam controlar sem dificuldade (Rich, 1994, p. 77; Kapur *et al.*, 1997, p. 1.123-24).

Enquanto a campanha em prol do Sunfed recrudescia, outro fator pressionou o governo norte-americano: a necessidade do Tesouro de utilizar as

DO NASCIMENTO À CONSOLIDAÇÃO — 1944-1962

reservas em moedas estrangeiras acumuladas desde 1954 pela venda dos excedentes agrícolas aos países da periferia realizadas por meio da lei 480.[26] Em fevereiro de 1958, o Senado endossou uma proposta apresentada pelo senador Mike Monroney (de Oklahoma) que sugeria, como solução para o problema, a seguinte triangulação: as reservas em moedas não conversíveis passariam a uma nova agência, que as emprestaria como créditos baratos e de longo prazo para que os países periféricos, por sua vez, comprassem mais excedentes agrícolas norte-americanos. Dessa maneira, os EUA não apenas se livrariam de parte das suas reservas em moedas fracas como também fomentariam as suas exportações agrícolas (Mason & Asher, 1973, p. 393; Woods, 2005, p. 43-46; Kapur *et al.*, 1997, p. 1.127-29).

A acolhida do Senado, combinada com o crescimento da campanha pela criação do Sunfed, finalmente forçaram Washington a propor a criação de uma agência de ajuda internacional (Gwin, 1997, p. 206). Em meados de 1959, o Tesouro estadunidense formalizou a proposta de criação da AID. O plano foi submetido à aprovação dos governos em janeiro de 1960. Após a promessa de que teria acesso privilegiado aos recursos da nova agência, o governo indiano aderiu, o que enfraqueceu o bloco que liderava a luta pela viabilização do Sunfed (Kapur *et al.*, 1997, p. 1.128).

No mesmo ano, a AID foi fundada e a Índia e o Paquistão — precisamente os dois principais clientes do Bird ameaçados de insolvência e os dois países vitais para os interesses geopolíticos dos EUA na Ásia — tornaramse, de longe, os maiores receptores de créditos brandos. Do ponto de vista institucional, a AID era o oposto do que se propusera com o Sunfed. Vin-

---

[26]A Lei de Comércio e Desenvolvimento Agrícola, mais conhecida como Public Law 480 ou simplesmente Alimentos para a Paz, foi aprovada em 1954 com o objetivo de viabilizar a venda dos excedentes agrícolas dos EUA e desenvolver mercados comerciais para as exportações norte-americanas de cereais. A PL 480 autorizou a venda de excedentes agrícolas em troca de moedas locais, e não em dólar, o que permitiu aos países importadores usarem suas divisas para comprar bens de capital norte-americanos. Além disso, autorizou a doação de alimentos a governos estrangeiros, dando continuidade, de maneira mais sistemática, ao uso da ajuda alimentar como arma política. A lei permitiu também a troca de matérias-primas estratégicas para a indústria norte-americana por alimentos. Como mostra farta literatura (George, 1978, p. 181-194; Lappé & Collins, 1982, p. 316-322; Burbach & Flynn, 1982, p. 67-78, entre outros), a PL 480 cumpriu um papel decisivo, direta ou indiretamente, na expansão e consolidação internacional da agroindústria estadunidense até o início dos anos 1970.

culada ao Bird, a Associação regia-se pelo mesmo sistema desigual de distribuição de voto e passava ao largo dos mecanismos de tomada de decisão da ONU. Ademais, suas atividades seriam financiadas por contribuições periódicas de natureza voluntária e não progressiva, oriundas das negociações e do jogo de interesses entre os países doadores (Sanahuja, 2001, p. 67). Já a triangulação proposta apresentada pelo senador Monroney permaneceu letra morta, o mesmo ocorrendo com a proposta de reembolso dos créditos da AID em moeda local (Mason & Asher, 1973, p. 393).

Com a criação da AID, o governo estadunidense e seus aliados conseguiram o seu objetivo principal: enterrar de vez o Sunfed (Mason & Asher, 1973, p. 386; Kapur *et al.*, 1997, p. 154-155). Em seu lugar, a ONU criou o modesto Fundo Especial das Nações Unidas, o qual, em 1965, fundiu-se com o Programa Ampliado de Assistência Técnica e deu lugar ao atual Programa das Nações Unidas para o Desenvolvimento (Pnud) (Sanahuja, 2001, p. 67).

Além disso, a criação da AID dotou os EUA e os países capitalistas mais industrializados de mais um instrumento de ajuda externa sob seu controle estrito, num período de avanço do processo de descolonização e de ampliação da guerra fria. Na apresentação da proposta da AID ao Congresso norte-americano, o secretário do Tesouro, Robert Anderson, ressaltou que os países ricos mostravam, com aquela ação, o "compromisso" de ajudar a atender às necessidades de desenvolvimento dos países pobres e "melhorar a sua vida econômica mediante instituições livres" (*apud* Gwin, 1997, p. 206). Tal como recomendado pelo grupo de assessoramento liderado por Nelson Rockefeller uma década antes, os EUA assumiram uma cota substancial (42%) da contribuição inicial da AID e mobilizaram o apoio de outros países. Ao mesmo tempo, a vinculação da AID ao Bird foi importante para evitar a sua associação direta com a política externa norte-americana. Na prática, enquanto organização internacional, a AID nunca passou, nas palavras de Mason e Asher (1973, p. 380-81), de uma "ficção elaborada", uma vez que se trata, simplesmente, de "um fundo administrado pelo Banco Mundial".

Ademais, a criação da AID forneceu, para os EUA, um meio adicional de compartilhamento da carga financeira da ajuda externa com os demais países desenvolvidos. Repetindo o que ocorrera com a CFI, a criação da AID re-

DO NASCIMENTO À CONSOLIDAÇÃO — 1944-1962

cebeu apoio forte de um arco amplo de grupos nacionais, razão pela qual a legislação que autorizava a participação dos EUA passou no Congresso com margem folgada de votos. Nesse mesmo movimento, Washington também impulsionou junto à OECE a fundação, em 1960, do Comitê de Ajuda ao Desenvolvimento (CAD). Trata-se de um clube de doadores que reúne os países mais ricos do mundo e é responsável por definir as regras da Ajuda Oficial ao Desenvolvimento (AOD) e as orientações mais gerais nesse âmbito. Sob firme controle dos EUA, o CAD trabalharia, nas décadas seguintes, em colaboração estreita com o FMI e o Banco Mundial, atrelando, em maior ou menor grau conforme o caso, a concessão da ajuda externa à adoção, pelos países receptores, das pautas de política econômica delineadas pelas instituições gêmeas de Bretton Woods (Sogge, 2002, p. 80).

Com o lançamento da AID, os EUA orientaram o Banco Mundial, na década seguinte, a expandir os empréstimos aos países pobres e a setores *soft*, a fomentar o aumento da produtividade agrícola em países da periferia por meio da difusão da Revolução Verde e a assumir a liderança no encaminhamento de questões politicamente estratégicas, como a liberalização comercial e industrial da Índia (Gwin, 1997, p. 207). Ao mesmo tempo, a criação da AID ajudou a aliviar a pressão sobre o Bird para que emprestasse a países com baixa solvabilidade (Kapur *et al.*, 1997, p. 170).

A criação da AID, assim, fez parte de uma virada efetiva da política estadunidense, operada no final dos anos 1950 e início da década seguinte, em cujo centro estava a decisão de aumentar os desembolsos da ajuda externa bilateral e os empréstimos multilaterais como meios para a promoção, na periferia, de uma economia "livre e aberta" (Gwin, 1997, p. 209).

Com a posse de John F. Kennedy em janeiro de 1961, a virada na política externa norte-americana ganhou mais consistência e ingredientes adicionais. O anúncio de que os anos 1960 seriam a "década do desenvolvimento" encarnou o chamamento agressivo e missionário de Kennedy em prol da "liderança americana" e da preservação de seu "modo de vida" (Kapur *et al.*, 1997, p. 150). A URSS havia, então, desenvolvido armas nucleares, lançado o primeiro satélite na órbita terrestre (o *Sputnik*, em outubro de 1957) e estendia rapidamente a sua diplomacia à África, à Ásia e a Cuba, cuja revolução, de acordo com o anúncio de Fidel Castro também em 1961, assumiria dali em diante um "caráter socialista".[27]

Para conter o que era visto como um movimento de ampliação da influência soviética, o governo Kennedy tomou medidas para fortalecer todas as áreas da assistência externa. No âmbito da ajuda ao desenvolvimento, o novo governo consolidou os programas existentes dentro da Usaid, criou os Corpos de Paz[28] e a Aliança para o Progresso e defendeu junto ao Congresso a necessidade imediata de transferir recursos financeiros consideráveis por meios bilaterais e multilaterais. Na visão da Casa Branca, a política externa não podia mais se pautar, preferencialmente, pela dissuasão militar. Segundo o novo enfoque, era preciso modernizar os países da periferia, estimulando o crescimento econômico, a realização de reformas sociais e a constituição de regimes liberal-democráticos, a fim de impedir a gravitação soviética e evitar a emergência de regimes políticos que, mesmo não alinhados à URSS, pudessem de algum modo descambar para uma posição hostil aos EUA (Gwin, 1997, p. 207-208; Dezalay & Garth, 2005, p. 101-110).

Um dos estrategistas mais conhecidos do *establishment* estadunidense, Walt W. Rostow (1913-2003) — assessor principal de segurança nacional dos governos Kennedy (1961-1963) e Johnson (1963-1969) — ilustrou com clareza as orientações da política externa dos EUA naquele período. Segundo ele, o objetivo não era apenas combater militarmente as guerrilhas existentes, mas sim impedir que elas surgissem, a fim de prevenir a repetição de crises — do ponto de vista norte-americano — como as que haviam ocorrido em Cuba, no Congo, no Laos e no Vietnã. De que maneira? Minimizando os efeitos disruptivos da modernização em curso na periferia, vistos como criadouros de oportunidades para a influência comunista na cidade e, sobretudo, no campo. Nas suas palavras:

---

[27]Não é demais recordar, porém, que "em março de 1960, muito antes de Fidel descobrir que Cuba ia ser socialista e que ele próprio era comunista, embora muitíssimo à sua maneira, os EUA já haviam decidido tratá-lo como tal, e a CIA foi autorizada a providenciar sua derrubada" (Hobsbawm, 1995, p. 427).

[28]Os Corpos de Paz foram criados por Kennedy em 1961 com o objetivo de arregimentar cidadãos norte-americanos como voluntários em missões estrangeiras na cruzada contra a "ameaça comunista". Funcionavam como braço de mobilização cívica da Aliança para o Progresso.

DO NASCIMENTO À CONSOLIDAÇÃO — 1944-1962

Não é difícil perceber por que os comunistas veem nas áreas subdesenvolvidas uma arena de oportunidades. O processo de modernização provoca modificações radicais não apenas na economia dessas nações, mas também em sua estrutura social e em sua vida política. Vivemos, literalmente, numa época revolucionária. Devemos esperar que na próxima década as agitações se repitam nessas áreas (Rostow, 1964, p. 36).

A estratégia norte-americana em curso, segundo Rostow, consistia na combinação de três dimensões. Primeira, a ampliação e o aprofundamento das relações econômicas entre os países "mais desenvolvidos" e os "menos desenvolvidos" para forjar um "moderno sistema de iniciativa privada" na periferia — dimensão que fazia parte dos consórcios promovidos pelo Bird (Rostow, 1964, p. 41). Segunda, o impulso à modernização tecnológica da atividade agropecuária, considerada vital para o desenvolvimento socioeconômico do campo, a industrialização dos países periféricos e as exportações agrícolas (cereais, sobretudo) dos EUA (*ibidem*, p. 157-164). Terceira, um trabalho amplo, intenso e sistemático de doutrinamento, inclusive mediante a manipulação do "orgulho nacional" (*ibidem*, p. 132 e 150-151). De acordo com Rostow, as três dimensões integravam a ação da Aliança para o Progresso (1961-1970), programa de ajuda externa lançado para impedir a "metástase" comunista que a revolução cubana poderia provocar no território latino-americano e caribenho. O uso desse instrumento foi justificado em termos inequívocos: "A ajuda externa não é, absolutamente, nosso único instrumento nessa luta (...), mas cada dólar colocado (...) é útil e tem influência (...). Uma redução da ajuda externa simplesmente reduz o poder e a influência efetivos dos EUA no cenário mundial" (*ibidem*, p. 204).

A interação entre a política externa dos EUA e a atuação do Banco, que já havia sido estreita durante os anos 1950, tornou-se ainda mais intensa, em particular em duas regiões: no sul da Ásia, onde os EUA passaram a desembolsar grandes somas de ajuda financeira ao Paquistão e à Índia, e na América Latina, durante a Aliança para o Progresso.[29] Numa considerável extensão, a política norte-americana para a instituição era mediada por ações coordenadas dentro dos países entre o Banco Mundial e a Usaid (Gwin, 1997, p. 218-219).

---

[29]Para fazer frente ao "perigo castrista", o Banco Mundial autorizou diversos empréstimos "emergenciais" para finalidades variadas no início dos anos 1960 a países da América Latina e do Caribe. No dizer de um membro graduado do banco, era conveniente, naquele momento, dar uma "mostra de simpatia" (*show of sympathy*) (Kapur et al., 1997, p. 163-164).

CAPÍTULO 3 Crescimento acelerado, diversificação de ações e ampliação do raio de influência — 1963-1968

George Woods assumiu a presidência do Banco Mundial em janeiro de 1963 num contexto de alta turbulência. Indicado pelo governo Kennedy (encerrado tragicamente em novembro de 1963), o ex-presidente do First Bank Boston encontrou o Banco em condições financeiras bastante sólidas, transbordando de dinheiro graças ao aumento geral de seu capital em 1959, a vendas bem-sucedidas em novos mercados fora dos EUA (Europa, sobretudo), ao acúmulo de reservas líquidas, ao adicional das subscrições e contribuições para a AID e aos pagamentos pelos empréstimos realizados (Kapur *et al.*, 1997, p. 188). Não por acaso a instituição gozava de pontuação máxima junto aos investidores. A Tabela 3.1 indica a posição do Banco naquele período entre os bancos globais.

Tabela 3.1
Posição do Banco Mundial entre bancos globais por ativos
Anos fiscais selecionados

	1952	1960	1972	1984	1992	1995
Bird	8	4	<10	27	40	68
Bird + AID	—	—	7	10	32	41

Fonte: Kapur *et al.* (1997, p. 1.107).

Contudo, o Banco encontrava-se no início dos anos 1960 em uma situação paradoxal: muito dinheiro em caixa e cada vez menos opções de investimento. Com efeito, o endividamento externo da grande maioria dos seus clientes crescia a um ritmo cada vez mais elevado. O relatório anual da instituição de 1963-1964 indicava que o endividamento público externo dos países da periferia aumentara, em média, a uma taxa anual de 15% entre 1955 e 1962 (Mason &

Asher, 1973, p. 221, nota 39). Em 1965, o relatório anual do Banco ressaltava que a queda dos preços das matérias-primas — base das exportações daqueles países — não era compensada pelo aumento geral do volume exportado, nem pelo afluxo de empréstimos, doações e capital, dado o volume ainda maior de pagamentos da dívida externa e a repatriação de lucros das empresas multinacionais. Entre 1962 e 1964, 11 países — todos grandes clientes do Banco — concentravam pouco mais de 50% da dívida externa: Índia, Brasil, Argentina, México, Egito, Paquistão, Turquia, Iugoslávia, Israel, Chile e Colômbia (Toussaint, 2006, p. 176). Entre 1957 e 1969, credores internacionais — na maioria dos casos, sem a mediação formal do Banco — realizaram 21 operações de renegociação das dívidas, reprogramando os pagamentos.[30] Por outro lado, no início da década de 1960, começou a haver uma transferência líquida negativa de recursos de diversos clientes para o Bird (Payer, 1991, p. 10-15; Rich, 1994, p. 80). Em resumo, o Bird se viu diante da escassez de prestatários considerados solventes, o que era um problema sério não apenas porque se tratava de uma organização lastreada na concessão de empréstimos (Ayres, 1983, p. 3), mas também por razões políticas e de imagem (Kapur *et al.*, 1997, p. 177). Afinal, estava-se em plena "década do desenvolvimento" e o número de países-membros do Banco — que já havia subido de 45 para 75 entre 1949 e 1962 — não parava de aumentar.

A reconfiguração do quadro de organizações internacionais também pressionava o Banco Mundial a realizar mudanças na sua política creditícia. A primeira onda de construção institucional do pós-guerra tinha ocorrido entre 1945 e 1950 e servido à ratificação dos acordos de Bretton Woods, à criação da maior parte do sistema ONU e ao estabelecimento de agências bilaterais de ajuda nos EUA, na Inglaterra e na França.[31] A segunda onda,

---

[30]Tais renegociações foram coordenadas, conforme cada caso, por arranjos institucionais constituídos por Clube de Paris, Clube de Haia, OECE, Consórcio Doador da OECD, Consórcios de Doadores (sob a liderança ou não do Bird), FMI e Grã-Bretanha (Mason & Asher, 1973, p. 224).

[31]Além do Bird e do FMI, surgiram naquele período a FAO em 1945, a Unesco e o Unicef em 1946, a Escap em 1947, a Cepal e a OMS em 1948. De acordo com Kapur *et al.* (1997, 150-51, nota 33), a assistência bilateral norte-americana estava dispersa em diversas agências e sujeita a mudanças organizacionais contínuas. No geral, foi largamente econômica entre 1946 e 1951, militar entre 1952 e 1956 e cada vez mais novamente econômica entre 1957 e 1968. Outra peça importante daquele tabuleiro era o Export-Import Bank, cuja atuação moveu-se da reconstrução dos aliados europeus para o apoio financeiro às nações pobres que bordejavam as fronteiras comunistas e, em seguida, ao desenvolvimento econômico das nações mais pobres.

CRESCIMENTO ACELERADO, DIVERSIFICAÇÃO DE AÇÕES

em curso entre 1958 e 1964, era bastante diferente, na medida em que se voltava, predominantemente, para um só objetivo: a promoção do desenvolvimento capitalista.[32] Com efeito, em pouco mais de uma década após o fim da Segunda Guerra Mundial, a desigualdade econômica entre as nações se agravara a tal ponto que motivava a institucionalização de iniciativas para reduzi-la. O subdesenvolvimento, trazido à cena política pela guerra fria, figurava como expressão maior daquela desigualdade e se convertia, então, num modo de categorizar o mundo e definir a natureza assimétrica das relações internacionais vigentes (Kapur *et al.*, 1997, p. 152-53).

O Banco Mundial não poderia ficar alheio àquela movimentação pró-desenvolvimento, inclusive porque surgiam organizações que, de uma maneira ou de outra, faziam-lhe concorrência. Era o caso, por exemplo, dos bancos multilaterais regionais, nos quais os países da periferia tinham relativamente mais poder de decisão do que no Bird. Era assim, em particular, com o Banco Interamericano de Desenvolvimento (BID), fundado em 1959 segundo os moldes do Bird para, em grande parte, atender à demanda por financiamento à agropecuária e à área "social" (educação, saneamento, habitação etc.), como queria o governo Eisenhower (Kapur *et al.*, 1997, p. 155). Para o Banco Mundial, aquilo representava uma reação parcial à sua política creditícia, numa região que concentrava alguns dos seus maiores clientes.

---

[32]Como assinalam Kapur *et al.* (1997, p. 152), em 1958 foram criados o Fundo de Empréstimo ao Desenvolvimento (Development Loan Fund), ligado à assistência bilateral norte-americana, o Fundo de Desenvolvimento Europeu (European Development Fund), a Comissão Econômica das Nações Unidas para a África (United Nations Economic Commission for Africa, ECA) e o primeiro consórcio internacional de assistência à Índia, sob coordenação do Banco Mundial; em 1959, o Sunfed; em 1960, a AID, a Associação Canadense de Desenvolvimento Internacional (Canadian International Development Association, CIDA) e a agência de ajuda bilateral do Canadá; em 1961, o segundo consórcio internacional de ajuda (dessa vez para o Paquistão), o Ministério da Cooperação na França e na Alemanha, o serviço de cooperação da Suíça, o Fundo de Cooperação Econômica Exterior do Japão (Japan's Overseas Economic Cooperation Fund, OECF) e o Comitê Interamericano da Aliança para o Progresso; em 1962, as organizações de assistência bilateral da Bélgica, Dinamarca e Noruega, o Centro de Desenvolvimento da OCDE e o primeiro grupo consultivo na Nigéria; em 1964, o Banco de Desenvolvimento Africano (BAfD) e, em 1966, o Banco de Desenvolvimento Asiático (BAD).

O BANCO MUNDIAL COMO ATOR POLÍTICO, INTELECTUAL E FINANCEIRO

Em suma, na virada dos anos 1950 para os anos 1960, o desenvolvimento despontou como questão política no plano internacional, condensando, entre outras, as críticas de países da periferia às condições de financiamento disponíveis.

A resposta da gestão Woods a tal situação consistiu em deixar de considerar o endividamento como um problema para vê-lo como parte da solução (Sanahuja, 2001, p. 68-69). Em termos concretos, a política do Banco passou a combinar, de um lado, a suavização das condições de pagamento e, de outro, o aumento da concessão de empréstimos e créditos. Tratava-se de expandir a "solvência" dos seus clientes, uma vez que ela era cada vez mais encarada como uma "função do crescimento", ligada ao aumento da "capacidade de absorção" de capital estrangeiro (Mason & Asher, 1973, p. 471). Para operacionalizar essa orientação, o Banco abrandou os critérios de solvência e passou a valorizar outros indicadores para a autorização de empréstimos, como o potencial de crescimento e o tipo de política econômica implementada, o que, por sua vez, aumentou a importância da "assistência técnica" no *modus operandi* do Banco. Por outro lado, para alguns países considerados politicamente estratégicos, o Banco começou a conceder empréstimos para amortecer crises nos respectivos balanços de pagamentos, sob a forma de empréstimos para importações industriais, muitos dos quais através da AID.[33] Com tudo isso, o Banco Mundial imiscuiu-se cada vez mais na vida econômica dos seus clientes durante a gestão Woods (Caufield, 1996, p. 91-94).

Essa reorientação gerou consequências significativas entre 1963 e 1968. Em primeiro lugar, a combinação de rendimentos elevados do Bird, aporte de recursos da AID, ingresso de membros e um programa mais agressivo de empréstimos e assistência técnica produziu uma expansão notável do Banco Mundial, como se pode observar na Tabela 3.2a.

---

[33]A Índia, por exemplo, recebeu cerca de US$ 1,5 bilhão entre 1964 e 1976, em 11 operações dessa natureza (Caufield, 1996, p. 94). Nem por isso, todavia, deixou de pagar ao Banco muito mais do que dele recebeu (Rich, 1994, p. 80).

CRESCIMENTO ACELERADO, DIVERSIFICAÇÃO DE AÇÕES

Tabela 3.2

Tamanho do Banco Mundial: crescimento por períodos —
de 1948-1949 até 1993-1994

| | Anos fiscais (b) | | | | |
	1948-49	1959-60	1968-69 (c)	1980-81	1993-94
Despesas administrativas (a)	35	81	261	825	1.455
Staff total	414	657	1859	5.470	7.106
Staff de alto nível		270	829	2.513	4.075
Número de países-membros	47	68	109	137	177
Número de prestatários	4	21	51	80	90
Número de empréstimos (d)	7	44	103	302	445
Compromissos financeiros (a)	1.093	4.100	7.194	20.208	26.043

Fonte: Kapur *et al.* (1997, p. 186).
(a) Milhões de dólares. Valores corrigidos para 1993.
(b) Anos fiscais encerrados em 30 de junho.
(c) A maior parte dos compromissos financeiros durante 1968 e início de 1969 pode ser atribuída à gestão Woods.
(d) Inclui empréstimos do Bird desde o ano fiscal de 1947, da IFC desde 1957 e da AID desde 1961.

Entre 1961 e 1969, os empréstimos do Banco Mundial aumentaram à razão de 10,4% ao ano. O orçamento administrativo do Banco mais do que triplicou. O *staff* de alto nível (profissional) — em especial, o número de profissionais do Departamento Econômico — cresceu 13% ao ano, mais rapidamente de que em qualquer outra década (Kapur *et al.*, 1997, p. 187-188). Como um todo, foi o período em que o Banco Mundial mais cresceu nos seus primeiros 50 anos. A Tabela 3.3 oferece, em termos percentuais, uma visão da velocidade e da magnitude desse processo.

Tabela 3.3
Tamanho do Banco Mundial: crescimento anual
— de 1948-1949 até 1993-1994
Percentual

	Crescimento anual (a)			
	Pré-AID (b)	Anos 1960 (c)	Gestão McNamara (d)	Pós-McNamara
	1948-49 a 1959-60	1959-60 a 1968-69	1968-69 a 1980-81	1980-81 a 1993-94
Despesas administrativas	8	14	10	4
Staff total	4	12	9	2
Staff de alto nível		13	10	4
Número de países-membros	3	5	2	2
Número anual de prestatários	16	11	4	1
Número de empréstimos (e)	19	10	9	3
Compromissos financeiros	13	6	9	2

Fonte: Kapur *et al.* (1997, p. 186).
(a) Anos fiscais encerrados em 30 de junho.
(b) Inclusos empréstimos para "reconstrução" feitos na gestão Black antes da criação da AID.
(c) Inclusos empréstimos feitos por Black e Woods depois da criação da AID. McNamara tornou-se presidente do Banco Mundial em 1º de abril de 1968, mas a maior parte dos compromissos de empréstimo feitos durante 1968 e o início de 1969 pode ser atribuída à gestão Woods.
(d) McNamara deixou a presidência do Banco Mundial em junho de 1981.
(e) Inclui empréstimos do Bird desde o ano fiscal de 1947, da IFC desde 1957 e da AID desde 1961.

Em seu movimento expansivo para países e regiões da periferia, o Banco iniciou operações de empréstimo em 50 novos clientes, dos quais 27 estavam na África Subsaariana, dez no Norte da África e Oriente Médio, sete na América Latina e seis na Ásia. A Tabela 3.4 e o Mapa 3.1 mostram o volume de desembolsos e identificam quantos recursos e onde o Banco alocou.

CRESCIMENTO ACELERADO, DIVERSIFICAÇÃO DE AÇÕES

Tabela 3.4
Volume de empréstimos do Banco Mundial entre 1961-1969 por países
Milhões de dólares (a)

Prestatários (b)	Volume de empréstimo por país	Número de prestatários	Bird	AID	Total
Total		93	7.219	2.217	9.436
Renda alta	Japão (495), Taiwan (203), Espanha (188), Finlândia (142), Nova Zelândia (103), Austrália (100), Itália (100), Cingapura (99), Israel (82), África do Sul (45), Dinamarca (25), Noruega (25), Islândia (20), Irlanda (15), Grécia (13) e Áustria (5)	16	1.644	15	1.659
Renda média e baixa		77	5.575	2.201	7.776
Renda média	México (607), Colômbia (444), Brasil (366), Argentina, (321), Venezuela (298), Iugoslávia (287), Irã (211), Tailândia (206), Malásia (194), Turquia (176), Filipinas (142), Peru (137), Chile (128), Coreia do Sul (113), Tunísia (99), Marrocos (86), Portugal (58), Jamaica (53), Trinidad e Tobago (49), Costa Rica (39), Chipre (35), Paraguai (33), Camarões (31), Congo (31), Equador (31), El Salvador (31), Uruguai (31), Guatemala (28), Bolívia (24), Iraque (23), Senegal (23), Costa do Marfim (23), Argélia (21), Gabão (20), Jordânia (12), Suazilândia (10), Afeganistão (9), Papua Nova Guiné (9), Síria (9), Malta (8), Maurício (7), Panamá (4) e Botsuana (4)	43	4.113	354	4.467
Renda baixa	Índia (1.449), Paquistão (787), Nigéria (214), Etiópia (103), Sudão (101), Guiné (66), Gana (63), Quênia (63), Tanzânia (62), Zâmbia (53), Indonésia (51), Honduras (43), Nicarágua (30), Uganda (29), Maláui (28), Quênia/Tanzânia/Uganda	34	1.462	1.847	3.309

(cont.)

Prestatários (b)	Volume de empréstimo por país	Número de prestatários	Bird	AID	Total
	(22), Madagascar (26), Sri Lanka (16), Guiana (12), Mauritânia (10), Mali (9), Somália (9), Libéria (8), Níger (8), Serra Leoa (8), Zâmbia/Zimbábue (8), Zaire (6), Chade (6), Benin (5), República Centro-Africana (4), Lesoto (4), Togo (4), Burundi (3), Burquina Faso (1) e Haiti (0,4)				
Índia		1	405	1.044	1.449
Paquistão		1	375	413	788

Fonte: Kapur *et al.* (1997, p. 140).
(a) De 1º de maio de 1961, data do primeiro crédito da AID, até 30 de junho de 1969.
(b) Conforme os critérios de classificação do Banco Mundial de 1992-1993.

Os dados mostram que, entre 1961-69, 77% do volume de empréstimos do Bird e 99,2% dos créditos da AID foram para países de renda média e baixa. Note-se, porém, o desequilíbrio entre os programas. A Índia recebeu, sozinha, 47% dos créditos da AID e 5,6% dos empréstimos do Bird. Junto com Paquistão, ambos responderam por 65,6% dos créditos da AID e 10,8% dos empréstimos do Bird. No total, quase um quarto da quantia desembolsada pelo Banco Mundial.

Ao lado da hiperconcentração dos empréstimos naqueles dois países da Ásia, os dados revelam que, no mesmo período, o Banco direcionou seus desembolsos para um número muito pequeno de países, a maioria dos quais de renda média e todos, sem exceção, peças importantes no tabuleiro geopolítico da guerra fria. A Tabela 3.5 oferece um panorama mais detalhado dessa concentração.

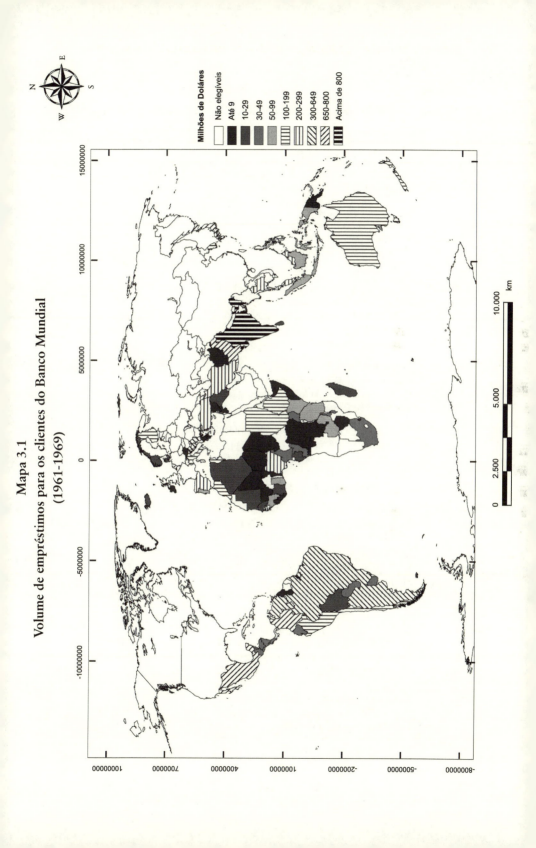

Mapa 3.1
Volume de empréstimos para os clientes do Banco Mundial
(1961-1969)

Tabela 3.5
Volume de empréstimos do Banco Mundial — anos fiscais 1961-1969
Milhões de dólares

Empréstimos	Volume de empréstimo por país	Nº de países	Total emprestado	Percentual
Acima de 300	Índia (1.449), Paquistão (787), México (607), Japão (495), Colômbia (444), Brasil (366) e Argentina (321)	7	4.469	47,3
De 200 a 299	Venezuela (298), Iugoslávia (287), Nigéria (214), Irã (211), Tailândia (206) e Taiwan (203)	6	1.419	15
De 100 a 199	Malásia (194), Espanha, (188), Turquia (176), Finlândia (142), Filipinas (142), Peru (137), Chile (128), Coreia do Sul (113), Nova Zelândia (103), Etiópia (103), Sudão (101), Austrália (100) e Itália (100)	13	1.727	18,3
De 50 a 99	Cingapura (99), Tunísia (99), Marrocos (86), Israel, (82), Guiné (66), Gana (63), Quênia (63), Tanzânia (62), Portugal (58), Zâmbia (53), Jamaica (53) e Indonésia (51)	12	835	8,8
De 30 a 49	Trinidad e Tobago (49), África do Sul (45), Honduras (43), Costa Rica (39), Chipre (35), Paraguai (33), Camarões (31), Congo (31), Equador (31), El Salvador (31), Uruguai (31) e Nicarágua (30)	12	429	4,5
De 10 a 29	Uganda (29), Maláui (28), Guatemala (28), Madagascar (26), Dinamarca (25), Noruega (25), Bolívia (24), Iraque (23), Senegal (23), Costa do Marfim (23), Quênia/Tanzânia/Uganda (22), Argélia (21), Gabão (20), Islândia (20), Sri Lanka (16), Irlanda (15), Grécia (13), Jordânia (12), Guiana (12), Mauritânia (10) e Suazilândia (10)	23	425	4,5
Até 9	Mali (9), Somália (9), Afeganistão (9), Papua Nova Guiné (9), Síria (9), Libéria (8), Níger (8), Serra Leoa (8), Zâmbia/Zimbábue (8), Malta (8), Maurício (7), Zaire (6), Chade (6), Áustria (5), Benin (5), República Centro-Africana (4), Lesoto (4), Togo (4), Panamá (4), Botsuana (4), Burundi (3), Burkina Faso (1) e Haiti (0,4)	24	138.4	1,46

Fonte: Kapur *et al.* (1997, p. 140).

CRESCIMENTO ACELERADO, DIVERSIFICAÇÃO DE AÇÕES

A comparação entre os dados mostra que, ao longo dos anos 1960, a destinação dos empréstimos do Banco Mundial virou completamente em direção aos países de renda média e baixa. Com efeito, os empréstimos do Banco para os países mais ricos (e suas colônias) caíram de 43% durante a década de 1950 para 7% em 1968-69 (Kapur *et al.*, 1997, p. 192, nota 174). Mesmo assim, após a criação da AID, o Banco continuou emprestando para países desenvolvidos até o final da década de 1960.[34]

Tão importante quanto o aumento do portfólio foi a sua diversificação setorial. Os empréstimos para a atividade agropecuária cresceram consideravelmente, em especial para projetos não vinculados à irrigação e para instituições financeiras nacionais de fomento. Começaram os empréstimos para educação, abastecimento de água e saneamento básico, entre outros considerados não produtivos ou *soft*. A Tabela 3.6 informa o volume de empréstimos por setor.

Os dados permitem dimensionar as mudanças operadas pela gestão Woods. De acordo com a Tabela 2.4, os empréstimos líquidos para países de renda média e baixa realizados entre 1948 e 1961 totalizaram US$ 2,3 bilhões, dos quais US$ 2 bilhões (cerca de 86,9% do total) foram para energia e transporte e apenas US$ 100 milhões (5% do total) foram destinados para agricultura e irrigação. Nenhum centavo foi autorizado para educação, saúde e outras "necessidades sociais". Já entre 1961 e 1969, o volume de empréstimos triplicou, chegando a US$ 7,7 bilhões, dos quais 12,2% foram direcionados para agricultura e irrigação e 4,2% para educação, abastecimento de água e saneamento básico. Ainda sim, a maior fatia (cerca de 61,2% do total) continuou sendo alocada nos setores tradicionais de energia e transporte.

---

[34]Os empréstimos do Bird para a reconstrução foram encerrados oficialmente em 1955, mas o Bird emprestou para países desenvolvidos por mais 24 anos. Os últimos empréstimos foram para Japão (1966), Nova Zelândia (1972), Islândia (1974), Finlândia (1975), Irã (1975), Israel (1975), Cingapura (1975), Irlanda (1976), Espanha (1977) e Grécia (1979). Vale frisar que quatro países nunca tomaram empréstimos do Banco: EUA, Canadá, Reino Unido e Alemanha (Kapur *et al.*, 1997, p. 192 e 194, notas 174 e 186).

Tabela 3.6
Alocação setorial dos empréstimos do Banco Mundial
(Bird e AID) — anos fiscais 1961-1969
Milhões de dólares (a)

Setores	Bird	AID	Total	Percentual
Transporte	2.372	714	3.086	32,7
Energia	2.555	141	2.696	28,5
Agricultura	764	395	1.159	12,2
Finanças	768	40	808	8,5
Empréstimos de programa (b)	0	555	555	5,8
Indústria	327	7	333	3,5
Telecomunicações	158	119	277	2,9
Educação	92	152	244	2,5
Abastecimento de água e saneamento	99	66	165	1,7
Mineração	85	0	85	0,9
Empréstimos não setoriais (c)	0	29	29	0,3
Total	7.220	2.218	9.437	100

Fonte: Kapur *et al.* (1997, p. 141).
(a) De 1º de maio de 1961 a 30 de junho de 1969.
(b) Créditos para importação industrial para Índia e Paquistão.
(c) Assistência técnica e créditos para importação comercial.

Até então, a atenção do Banco à agricultura havia sido bastante modesta comparada à atuação de outros atores internacionais. A FAO, por exemplo, foi criada em 1943 e logo deu início às suas atividades pelo mundo. Durante os anos 1950, diversos programas de ajuda bilateral estadunidense tinham a agricultura como prioridade, em estreita sintonia com a atuação das fundações Ford e Rockefeller. Até o início dos anos 1960, o programa do Banco para a agricultura era modesto e fazia parte da sua ênfase em infraestrutura, resumindo-se a grandes projetos de irrigação e drenagem intensivos em capital. Em certos casos, projetos de irrigação e energia eram a mesma coisa. Tais projetos refletiam o perfil do Banco como um atacadista de crédito (Kapur *et al.*, 1997, p. 379-80).

Proporcionalmente, os empréstimos para agricultura foram os que mais cresceram na carteira do Banco durante a gestão Woods. Por quê? Uma série de fatores empurrou o Banco nessa direção. O principal deles está ligado

CRESCIMENTO ACELERADO, DIVERSIFICAÇÃO DE AÇÕES

ao processo de expansão capitalista no setor agrícola conhecido como Revolução Verde. Com o apoio da Fundação Rockefeller, experimentos realizados em 1943 no estado mexicano de Sonora desenvolveram sementes híbridas de trigo cuja alta produtividade dependia de condições ótimas de irrigação e do uso intensivo de pesticidas, fertilizantes químicos e máquinas agrícolas produzidos por agroindústrias estadunidenses e europeias. Logo vieram experimentos similares com sementes de milho (Lappé & Collins, 1982, p. 115-19; Burbach & Flynn, 1982, p. 121; Oliver, 1995, p. 163-65). No início dos anos 1950, a Fundação Rockefeller se associou à Fundação Ford e à Usaid com o propósito de formar técnicos e economistas especializados para difundir as novas variedades na Índia (George, 1978, p. 112). Durante a década de 1960, ambas as fundações patrocinaram a criação de centros de pesquisa agrícola em diversos países. O primeiro foi o Instituto Internacional de Investigação sobre o Arroz (IRRI) nas Filipinas em 1960. Depois vieram o Centro Internacional de Melhoramento de Milho e Trigo (CIMMYT) no México em 1966, o Instituto Internacional de Agricultura Tropical (IITA) na Nigéria em 1967 e, no mesmo ano, na Colômbia, o Centro Latino-Americano para Agricultura Tropical (CIAT). Os quatro tinham em comum a missão de aumentar a produtividade agrícola nos países da periferia e, graças às fundações, contavam com recursos técnicos norte-americanos de ponta sem sobrecarregar a política externa dos EUA (Kapur *et al.*, 1997, p. 399).

No início da década de 1960, grandes empresas de fertilizantes começaram a pressionar a Usaid e organismos internacionais como o Banco Mundial para que financiassem a difusão do pacote tecnológico da Revolução Verde em todos os países da periferia (Burbach & Flynn, 1982, p. 122). A produção das novas variedades dependia de um sofisticado sistema de irrigação e da utilização de insumos industriais cuja eficiência máxima se dava a partir de certa escala, o que beneficiava os produtores mais ricos, mais instruídos e detentores das melhores terras (George, 1978, p. 111; Lappé & Collins, 1982, p. 115-122). O acesso ao crédito agrícola e a serviços de assistência técnica tornou-se indispensável para os produtores. Para viabilizá-lo, fundos públicos nacionais e estrangeiros cada vez mais vultosos passaram a ser canalizados diretamente para a produção das novas variedades de alto grau de resposta.

Outro fator importante para a virada do Banco Mundial para a agricultura foi a crescente aceitação da tese — logo convertida em doutrina do desenvolvimento agrícola — segundo a qual os agricultores "tradicionais" seriam receptivos a incentivos econômicos e predispostos à otimização da produção conforme o estilo ocidental. Ou seja, dentro das condições disponíveis eles já seriam produtores eficientes. O trabalho de Schultz, publicado em 1964, foi um marco dessa nova visão, que deu racionalidade econômica à elaboração de projetos voltados para a modernização técnica da produção de pequenos agricultores (Kapur *et al.*, 1997, p. 386; Oliver, 1995, p. 165).

Ao longo dos anos 1960, o Banco Mundial não apenas cresceu e diversificou a alocação setorial de seus empréstimos, mas também ampliou sua gravitação na rede da assistência internacional ao desenvolvimento. A concertação entre o Banco e doadores bilaterais e multilaterais teve início um pouco antes, com a decisão da gestão Black — patrocinada pelos EUA — de presidir uma resposta coletiva à crise do balanço de pagamentos da Índia em 1958, da qual resultou o primeiro consórcio internacional de ajuda externa (Kapur *et al.*, 1997, p. 188-189). A atuação do Banco numa área politicamente tão sensível seguiu a orientação dos EUA e somente foi possível devido ao seu apoio. Em troca do socorro, a Índia passou a importar alimentos dos EUA via PL 480 em escala considerável até o final dos anos 1960. Além disso, também foi obrigada a promover medidas de liberalização comercial e industrial (Oliver, 1995, p. 125-51; Gwin, 1997, p. 207). Em meados de 1965, o relatório da Missão Bell — liderada pelo Banco com o apoio ostensivo da Usaid e das fundações Ford e Rockefeller — recomendou ao governo indiano a desvalorização da moeda, a eliminação de diversos mecanismos regulatórios na indústria e na agricultura e o foco no aumento da produtividade agrícola, segundo os moldes da Revolução Verde. Em conjunto, o FMI, o Banco Mundial e os EUA prometeram assistência externa para induzir o governo a aplicar tais recomendações. Havia pouco apoio dentro do governo indiano à desvalorização. A imprensa local fez uma campanha contra o relatório e Woods, chamando-o, pejorativamente, de "magnata de Wall Street". Quando a desvalorização ocorreu em 1966, ela foi tomada pelo governo de Indira Gandhi não apenas como uma der-

CRESCIMENTO ACELERADO, DIVERSIFICAÇÃO DE AÇÕES

rota, mas como resultado da pressão do Banco Mundial (Stern & Ferreira, 1997, p. 599-600; Woods, 2006, p. 73). Seja como for, o fato é que, com a criação da AID, o Banco desempenhou cada vez mais um papel modelador e articulador da assistência econômica multilateral, inclusive porque assumiu o ônus que antes cabia às potências coloniais. Da maior inserção no circuito institucional emergente de assistência ao desenvolvimento, o Banco gradativamente sacou a perícia (*expertise*) de outras organizações (como Unesco e FAO, por exemplo) mediante convênios e, em seguida, pela expansão do seu próprio corpo técnico e da sua capacidade operacional. Em outras palavras, ao longo dos anos 1960, o Banco aumentou seu potencial de influência no campo internacional do desenvolvimento destilando o trabalho e a área de atuação de outras organizações (Ayres, 1983, p. 9; Kapur *et al.*, 1997, p. 190-91). Essa tendência se ampliaria velozmente na década seguinte.

A diversificação setorial e a extensão da sua atuação para países pobres, no entanto, não alteraram a visão convencional do Banco sobre os benefícios gerais decorrentes do crescimento econômico. Nos início dos anos 1960, o credo do desenvolvimento estava em alta, alimentado pela onda expansiva do pós-guerra que incluía não apenas a Europa e o Japão, mas também alguns países da periferia (Kapur *et al.*, 1997, p. 146-147). A crença no poder da tecnologia e da ciência era forte e sua aplicação agora não focalizava apenas a indústria, mas também, e cada vez mais, a agricultura, na esteira dos resultados iniciais da Revolução Verde no México. Mais do que nunca, o desenvolvimento era visto como uma função direta do investimento físico. Nesse sentido, como argumentaram Kapur *et al.* (1997, p. 148), os modelos de crescimento e os conceitos em voga (*big push, take-off*, entre outros) harmonizavam a doutrina econômica produzida no *mainstream* acadêmico com a necessidade da política externa norte-americana de dar respostas rápidas e de larga escala às exigências de segurança (inter)nacional. A doutrina reforçava a ideia exportada pelo *hegemon* e seus principais aliados de que os países da periferia eram capazes de absorver mais e mais ajuda econômica e capital estrangeiro. Parte do *establishment* acadêmico estadunidense produzia diretamente análises, teorias e, claro, quadros competentes para servir a esse objetivo. O Centro de Estudos Internacionais do

MIT, por exemplo, foi criado em 1950 com fundos da CIA por iniciativa de Walt W. Rostow. Pesquisadores de Harvard faziam pesquisas para a CIA, recebendo fundos por intermédio do CEI-MIT (Wise & Ross, 1965, p. 255-56). Com apoio do governo federal, cientistas sociais de Harvard estavam largamente envolvidos no Paquistão. Ambas as universidades forneceram os quadros de primeira linha para a equipe de política externa do governo Kennedy (Kapur *et al.*, 1997, p. 148, nota 24).

Apesar da obsessão com o crescimento econômico, a escalada da guerra fria cobrava seu preço e forçava o Banco Mundial a fazer certos ajustes conceituais. Assim, com a emergência do (sub)desenvolvimento como questão política e a constituição da cadeia internacional da ajuda, ao longo da década o desenvolvimento deixou de ser sinônimo de aumento da capacidade produtiva, independentemente da localização, para se tornar algo cujo significado se aproximava da redução da desigualdade entre os países (Kapur *et al.*, 1997, p. 140). O mapa global era redesenhado agora em dois eixos: à divisão leste-oeste superpunha-se, agora, a divisão norte-sul, entre nações ricas e pobres. Dentro do Banco Mundial, a diferença relativa de renda entre os países rapidamente se tornou um critério aceito para alocação ou racionamento de empréstimos *soft*. A ideia de pobreza relativa ganhou certa adesão e a versão mais elementar desse conceito, a renda *per capita*, tornou-se a referência padrão da AID, sancionada pelo Conselho de Governadores do Banco em agosto de 1964 (*ibidem*, p. 191-94).

Ainda que a ideia, cogitada em 1963, de que a AID financiasse não apenas os mais pobres no plano internacional, mas também no plano nacional, fosse desconsiderada (Kapur *et al.*, 1997, p. 197), na prática a evocação à "pobreza" começou a ser usada tenuemente como critério interno para justificar a autorização de empréstimos "sociais". Dado que a visão convencional do Banco se mantinha inabalada, os projetos para agropecuária, educação e abastecimento de água, ainda que modestos e incipientes, acabavam carregando, de modo diferenciado, a tensão entre a sua natureza não estritamente produtiva e a regra de que todos os empréstimos e aconselhamentos do Banco deviam ser orientados para a maximização do crescimento econômico, a geração de ganhos para o Banco e a demanda por importações (*ibidem*, p. 173 e 381).

CRESCIMENTO ACELERADO, DIVERSIFICAÇÃO DE AÇÕES

A agricultura tornou-se o terreno operacional em que o Banco mais explicitamente explorava as ligações entre o aumento da produtividade e a redução da pobreza, embora o pêndulo se inclinasse para a primeira e nenhuma ação tenha sido tomada efetivamente em prol da reforma agrária. No caso da educação, em larga medida o Banco permaneceu infenso, durante a década de 1960, à ascensão da teoria do capital humano, encarando a atividade basicamente como gasto social, e não como investimento econômico (Kapur *et al.*, 1997, p. 206-07). Mesmo assim, o Banco buscou financiar modalidades consideradas mais produtivas de educação, em particular os ensinos superior e, sobretudo, técnico, com destaque para o ensino agrícola e extensionista de tipo formal ou informal. A educação fundamental de massa era explicitamente rejeitada (*ibid*, p. 201-02). Como os sistemas de ensino eram predominantemente públicos, não engendravam a cobrança de taxas e, portanto, não eram considerados pelo Banco como autofinanciáveis. Não por acaso, 78% dos empréstimos para a educação efetuados até 1968 procederam da AID. Quanto aos projetos de abastecimento de água, apesar de figurarem como itens "sociais" no rol de projetos produtivos, o fato é que a maior parte dos empréstimos para essa finalidade veio do Bird. Com efeito, as exigências de geração de receita e cobrança de taxas que assegurassem a máxima recuperação de custo (*cost recovery*) transformaram tais projetos em produtos bancáveis. Aliás, abriu-se um campo enorme para a assistência do Banco nesse setor nos países mais urbanizados de renda média, não elegíveis aos créditos da AID. Não surpreende, assim, que o Banco evitasse financiar projetos que levassem água às camadas urbanas mais pobres e ao meio rural, priorizando a geração de receita, e não a saúde pública (*ibidem*, p. 201).

De qualquer modo, a pressão dos EUA sobre o Banco Mundial para que aumentasse o financiamento à agricultura e à área social diminuiu paulatinamente ao longo da década de 1960, em virtude da atuação de novas instituições financeiras e do crescimento da ajuda bilateral. Na América Latina e no Caribe, por exemplo, 51% dos empréstimos realizados pelo BID entre 1960 e 1969 foram para agricultura e setores "sociais", enquanto o Banco Mundial destinou, para as mesmas finalidades, apenas 16,4% (Kapur *et al.*, 1997, p. 138, nota 192). Entre 1961 e 1970, o BID emprestou US$ 987 milhões para a construção de infraestrutura social na América Latina, mais do que o dobro dos empréstimos autorizados pelo BIRD para projetos similares em todas as regiões no mesmo período. Quanto à assistência bilateral, as potências coloniais, em especial a França e o Reino Unido, aumentaram os desembolsos para a África no mesmo período (*ibidem*, p. 174).

Ao final dos cinco anos da gestão Woods, o Banco havia concedido mais empréstimos e créditos do que nos seus primeiros 16 de atividade. Os critérios mais conservadores para concessão de empréstimos, herdados da gestão Black, seguiram incólumes como referência intelectual e institucional, razão pela qual o Banco preservou a sua imagem de emprestador duro solidamente baseado no mercado. Todavia, houve uma suavização operacional em sua orientação creditícia, em virtude da necessidade de dar respostas às mudanças geopolíticas ocorridas no cenário internacional. Além de aumentar os desembolsos para a agricultura, na esteira da Revolução Verde, o Banco iniciou operações nas áreas educacional e urbana. Em especial, aumentou bastante o componente de assistência técnica, ampliando e aprofundando a qualidade da sua gravitação na vida econômica e política dos países-membros. Como um todo, esse foi o período em que o Banco Mundial mais cresceu.

Concomitantemente, prosseguiu o declínio da importância relativa do mercado norte-americano como fonte de empréstimos para o Banco. Em meados da década, pela primeira vez o Tesouro brevemente negou ao Banco o acesso ao mercado financeiro doméstico, com o objetivo de enfrentar o déficit no balanço de pagamentos. Isso forçou o Banco a captar a maior parte dos seus fundos em outras praças. No final da década, mais da metade dos empréstimos em dólar tomados pelo Banco veio de títulos comprados por investidores de fora dos EUA (Gwin, 1997, p. 203). O crescimento das economias alemã e japonesa e a força das suas moedas desempenharam um papel particularmente importante nessa mudança. Ainda que o dólar permanecesse como a moeda principal das suas operações, cada vez mais o financiamento do Banco Mundial deixou de depender exclusivamente de Wall Street.

Como se viu, durante a gestão Woods a expansão do Banco Mundial foi impulsionada, sobretudo, pela atuação da AID. Graças a essa janela de créditos brandos, o Banco não apenas ampliou o número de países clientes e setores financiáveis como também aprofundou a sua relação com clientes

CRESCIMENTO ACELERADO, DIVERSIFICAÇÃO DE AÇÕES

tradicionais na Ásia, como Índia e Paquistão. A primeira reposição de fundos da AID ocorreu ainda no governo Kennedy, no contexto de expansão da política de assistência externa. Os EUA defenderam que as contribuições quintuplicassem, chegando à soma de US$ 1,5 bilhão ao ano durante um triênio, ao mesmo tempo em que procuraram reduzir a cota norte-americana de 42,3% para 33,3% (Gwin, 1997, p. 208). Ou seja, enquanto dava prioridade ao seu programa bilateral, o governo tentava aumentar também os instrumentos multilaterais de ajuda externa, porém aliviando a sua própria carga financeira. Diante da resistência de outros países doadores, os EUA decidiram por uma reposição bem menor, de US$ 750 milhões, e uma pequena redução da sua cota, que caiu para 41,8% (*ibidem*, p. 208).

As negociações para a segunda reposição, iniciadas em 1966, foram bem mais difíceis (Kapur *et al.*, 1997, p. 211). O governo norte-americano, então, tomava medidas para controlar a inflação, reduzir a evasão de dólares e impedir ou minimizar a desvalorização da moeda (Oliver, 1995, p. 228-29). Ademais, para financiar a guerra do Vietnã e a corrida armamentista, o governo era obrigado a cortar programas domésticos e aumentar impostos. Para alavancar o movimento expansivo do Banco Mundial, Woods propôs uma reposição de US$ 1 bilhão, com a qual o Executivo concordou a princípio (Oliver, 1995, p. 230). As negociações com os demais doadores foram encerradas e a proposta foi enviada ao Congresso dos EUA para aprovação. Woods deixou a presidência do Banco nesse momento, passando ao seu sucessor a tarefa de concluir o processo. A proposta enfrentou resistência no Congresso e as disputas se arrastaram, provocando o atraso na aprovação dos recursos e obrigando outros doadores a aportarem fundos para evitar uma suspensão temporária dos créditos da AID. Como assinalou Gwin (1997, p. 209), a partir da segunda reposição, emergiu um padrão oriundo de pressões ora do Legislativo — cada vez mais atuante — ora do Executivo, pelo qual a cada rodada de negociação os EUA exigem concessões para autorizar a sua contribuição à AID e/ou atrasam a liberação dos fundos. Assim, enquanto o Bird cada vez mais captava recursos em praças financeiras fora dos EUA, tornando-se financeiramente menos dependente de Wall Street, a AID abria-se às vicissitudes do jogo político em Washington (Executivo e Congresso) e entre os EUA e os demais doadores.

173

CAPÍTULO 4 Desenvolvimento como segurança, assalto à pobreza e início do ajustamento estrutural: os anos McNamara — 1968-1981

A parábola dos talentos é uma parábola sobre o poder — o poder financeiro — e ilumina a grande verdade de que todo poder nos é dado para que o usemos, e não para que o embrulhemos num guardanapo, evitando arriscá-lo.

Robert McNamara (1974a, p. 7)

A chegada de Robert McNamara em abril de 1968 à presidência marcou profundamente a história do Banco Mundial. Se, por um lado, sua gestão deu continuidade a iniciativas e mudanças importantes promovidas por Woods, por outro ela dinamizou, inovou e expandiu as operações do Banco numa escala inédita, ampliando sua gravitação financeira, política e intelectual e consolidando-o, definitivamente, como uma agência fulcral no âmbito das políticas de desenvolvimento.

EXPANSÃO OPERACIONAL: SETORES E REGIÕES

McNamara estudou e lecionou na Harvard Business School, presidiu a Ford Motor Company e integrou o conselho consultivo da Fundação Ford. Indicado para o cargo de secretário de Defesa dos EUA por Kennedy em 1961 e mantido por Johnson, ele foi o primeiro presidente do Banco Mundial não oriundo diretamente das hostes de Wall Street, embora tivesse trânsito junto à burguesia estadunidense. Se, antes da sua chegada, o Banco era "quase um apêndice do Tesouro dos EUA" (Ayres,

1983, p. 7), com ele a instituição se aproximou mais da área política do que da área econômica do Estado norte-americano.

Não por acaso, a marca mais forte de sua gestão era a conexão estreita e explícita entre segurança e desenvolvimento. Formulada ainda quando era secretário de Defesa, tal relação remetia, de maneira direta, à irrupção de guerrilhas urbanas e, sobretudo, rurais, na periferia do capitalismo. Eis o cerne da questão, apresentada num livro publicado no mesmo ano em que assumiu a presidência do Banco:

> Nestes últimos oito anos, até fins de 1966, houve nada menos do que 164 conflitos violentos, internacionalmente importantes, especificamente planejados como sério desafio à autoridade ou à própria existência de governos (...). Somente 15 desses 164 significativos recursos à violência foram conflitos militares entre dois Estados; e nenhum dos 164 conflitos foi uma guerra formalmente declarada (...). Não resta a menor dúvida de que existe relação direta entre a violência e o atraso econômico; e a tendência dos conflitos é no sentido de aumentarem (McNamara, 1968, p. 169-70).

A abordagem de McNamara tinha como premissa o reconhecimento do fracasso da via predominantemente militar seguida pelos EUA no Vietnã (Kapur *et al.*, 1997: 220). A rigor, porém, tal abordagem já compunha o *mix* variável de enfoques regionais postos em prática pela política externa norte-americana desde o governo Truman. Uma de suas traduções operacionais era, por exemplo, a Aliança para o Progresso.

Tanto quanto a superioridade no campo militar, a segurança dos EUA dependia, agora, também da preservação da ordem política, o que implicava crescimento econômico, melhoria dos indicadores sociais básicos e redução da desigualdade socioeconômica. Segundo McNamara (1968, p. 143), "a pobreza e a injustiça social podem pôr em perigo a segurança do país tanto quanto qualquer ameaça militar". A relação direta estabelecida entre pobreza e instabilidade era válida, para McNamara, para qualquer sociedade marcada por desigualdades profundas. Literalmente:

DESENVOLVIMENTO COMO SEGURANÇA, ASSALTO À POBREZA

As convulsões internas em quase toda a metade sul de nosso planeta, nesta última década, têm estado ligadas diretamente às tensões explosivas engendradas pela pobreza (...). A pobreza no exterior conduz à intranquilidade, a convulsões internas, a violências e à expansão do extremismo e provoca o mesmo dentro de nossas fronteiras (McNamara, 1968, p. 150-51).

McNamara tinha em mente não apenas a situação sociopolítica dos países da periferia, mas também dos EUA. Seu livro relata, por exemplo, que, em 1966, um terço dos alistados para o serviço militar tinha sido rejeitado por "problemas de ordem física e, sobretudo, educacional", e que, em algumas áreas, o "índice de rejeição de negros" havia passado de 80% (McNamara, 1968, p. 149). Sua conclusão mais geral era taxativa: "A pobreza nos EUA é um câncer social (...). Em seis americanos, um se encontra colhido em suas malhas (...). Esses americanos — 32 milhões — vivem em todos os estados" (*ibidem*, p. 150-51). Em resposta à degradação dos indicadores sociais e à escalada das lutas por direitos civis, emprego e melhores condições de vida em mais de cem cidades norte-americanas, os governos Kennedy e Johnson lançaram uma gama de programas sociais, entre os quais o Grande Sociedade, o Guerra à Pobreza e o apoio federal aos ensinos secundário e superior.

Quanto ao *front* externo, o então secretário de Defesa estadunidense considerou, dentro do marco mais amplo de alargamento da distância entre nações ricas e pobres (*ibidem*, p. 170), o "atraso" econômico de alguns países e regiões e o processo de modernização capitalista em outros como elementos geradores de tensões sociais suscetíveis à influência comunista. Segundo ele:

> Dada a relação existente entre a estagnação econômica e a incidência da violência, os anos que aguardam as nações situadas na parte meridional do globo afiguram-se lúgubres. Isso seria verdadeiro mesmo que não existisse qualquer ameaça de subversão de ordem comunista, como, evidentemente, existe. Tanto Moscou como Pequim (...) consideram o processo de modernização um ambiente ideal para a expansão do comunismo (McNamara, 1968, p. 171).

A partir desse diagnóstico, McNamara sintetizou o que, no entender do Pentágono, consistiria na condição básica da manutenção da hegemonia norte-americana no mundo:

> A segurança dos Estados Unidos deve continuar a apoiar-se numa observância da política de segurança coletiva e não recuar (...) para a fútil ilusão do isolacionismo (...). Permanece o fato incontestável de nossa segurança estar diretamente ligada à segurança desse novo mundo em desenvolvimento (...). Numa sociedade que está se modernizando, segurança significa desenvolvimento (...). Sem desenvolvimento interno, pelo menos em grau mínimo, ordem e estabilidade são impossíveis (McNamara, 1968, p. 12 e 173).

Os impactos da guerra do Vietnã sobre a política externa estadunidense influenciaram fortemente a gestão McNamara desde o seu início. À medida que crescia o dissenso doméstico em relação à política externa, a política de contenção que havia moldado as ações norte-americanas desde 1947 foi progressivamente abandonada no final dos anos 1960 e início da década seguinte. As convenções que orientavam a política externa foram abaladas de tal maneira que o consenso bipartidário sobre o qual ela se apoiava se esboroou (Gwin, 1997, p. 210). A mesma onda erodiu as bases de apoio da assistência externa ao desenvolvimento no âmbito doméstico e encerrou a aquiescência congressual sobre assuntos externos. O corolário disso foi a ingerência cada vez maior do Legislativo sobre decisões relativas à política externa bilateral e multilateral, o que incluía uma fiscalização mais detalhada acerca da participação dos EUA no Banco Mundial (*ibidem*, p. 211).

A gestão McNamara operou nesse contexto e, em larga medida, o objetivo de consolidar o Banco como uma "agência de desenvolvimento" foi, em grande parte, uma resposta àquela situação. Os EUA apoiaram ativamente esse movimento. No final da década de 1960 e início da seguinte, cresceu a convicção em Washington de que era necessário aumentar a assistência multilateral frente à ajuda bilateral. Afinal, ainda que a assistência multilateral tivesse aumentado quatro vezes durante o governo Kennedy, ela totalizava menos de 10% da ajuda externa norte-americana no final da

DESENVOLVIMENTO COMO SEGURANÇA, ASSALTO À POBREZA

década de 1960 (Gwin, 1997, p. 212). Para Washington, os bancos multilaterais de desenvolvimento (BMDs) poderiam alavancar fundos para os países da periferia importantes do ponto de vista geopolítico, sem desgastar ainda mais o apoio doméstico à assistência internacional. Ademais, a roupagem multilateral permitiria aos EUA despolitizar a assistência externa e evitar tensões diretas com governos, como poderia ocorrer pela via bilateral. Outrossim, os BMDs poderiam ser úteis na coordenação da ajuda econômica internacional e, assim, minimizar sobreposições entre os países doadores. A ênfase na assistência multilateral também aliviaria os custos da política externa norte-americana, num contexto de declínio relativo da posição dos EUA na economia internacional, deterioração da situação macroeconômica do país — recorde-se que, em 1968, houve o primeiro déficit na balança comercial estadunidense em quase 90 anos — aumento da pobreza, do desemprego e das desigualdades raciais (Gwin, 1997, p. 210). Por fim, a roupagem multilateral dos BMDs permitiria a Washington contornar as críticas internas à Guerra do Vietnã e ao apoio dos EUA a golpes militares e regimes ditatoriais que se espalhavam por toda a periferia (Burbach & Flynn, 1982, p. 72-73). Assim, numa mensagem enviada ao Congresso em setembro de 1970, o governo Nixon propôs uma reorganização ampla do programa de ajuda bilateral e um reforço à ajuda multilateral (Gwin, 1997, p. 213).

Em seu primeiro discurso como presidente, McNamara fez um balanço socioeconômico dos anos 1960 — a "década do desenvolvimento", segundo a ONU. A imagem final, a seu ver, era "nitidamente desapontadora" (McNamara, 1974a, p. 5). Por duas razões: primeira, a desigualdade de renda no plano internacional, ao contrário de diminuir, havia aumentado; segunda, apesar do aumento das taxas de crescimento econômico de grande parte dos países da periferia, a maior parte da população permanecia presa a uma "pobreza imemoriável" (*ibidem*, p. 4). Tudo isso implicava o reconhecimento de que o modelo econômico então dominante havia falhado; que o famigerado "efeito derrame" não tinha ocorrido. Com efeito, para McNamara, já não era mais válido tomar o crescimento econômico como sinônimo de redução da pobreza, como se o primeiro necessariamente levasse, de modo indireto, à segunda. Era preciso distingui-los analiticamente, o que abria espaço para a conclusão de que ambos podiam ser abordados de maneira individualizada e direta. Tal distinção constituir-se-ia no princípio orientador das operações do Banco Mundial durante os anos 1970. Por outro lado, McNamara se recusou a admitir que a redução da pobreza pudesse vir a expensas da promoção do crescimento, como afirmava a imensa maioria dos economistas do Banco naquela época, e durante toda a sua gestão insistiu na centralidade do crescimento econômico (Kapur *et al.*, 1997, p. 217). Isto ficou bem claro logo em 1968, quando laconicamente afirmou que não havia sentido em redistribuir o mesmo pedaço de bolo a todos (Kapur *et al.*, 1997, p. 248).

A proposta de redução "direta" da pobreza, lançada para o quinquênio 1968-1973, dava sequência a mudanças na composição setorial da carteira do Banco introduzidas por Woods, porém numa escala bastante maior. McNamara anunciou a agricultura — na verdade, a agropecuária — como o setor que teria a maior expansão dentro do programa creditício, com a justificativa de que constituía "o fator-chave para o crescimento econômico na maioria dos países em desenvolvimento" (Banco Mundial, 1968, p. 11), da qual viveriam dois terços da população daqueles países (McNamara, 1974a, p. 11). Também passariam a ter mais importância na carteira do Banco os projetos da área "social", como educação (tanto no meio urbano como no rural), fornecimento de água potável, saneamento básico, nutrição, saúde primária, habitação urbana e planejamento familiar.

Além de mudanças na alocação setorial, McNamara determinou também alterações na destinação geográfica dos empréstimos. Embora ressaltasse que os desembolsos para a Ásia seriam intensificados — em particular, para dar conta do retorno da Indonésia como cliente do Banco após o golpe militar, apoiado pelos EUA, que levou Suharto ao poder (Toussaint, 2006, p. 110-11) — indicou que os "alvos" prioritários seriam a África e a América Latina e o Caribe, onde as operações deveriam duplicar e triplicar, respectivamente (McNamara, 1974a, p. 8-9).

Para realizar o anunciado "assalto à pobreza", McNamara estabeleceu como meta dobrar os empréstimos e créditos em cinco anos para chegar a pouco mais de US$ 11 bilhões, mais do que havia sido desembolsado nos primeiros 20 anos de operações do Banco. Todavia, se antes, como secretário de Defesa, McNamara contara com um orçamento anual de mais de US$ 70 bilhões, como presidente do Banco Mundial ele se viu, repentinamente, diante de uma carteira que totalizava pouco mais de US$ 1 bilhão ao ano (Caufield, 1996, p. 97-98; Goldman, 2005, p. 74).

Para aumentar o caixa do Banco, McNamara estendeu a diversificação das fontes de financiamento já impulsionada por Woods, mediante a expansão, em escala inédita, da venda de bônus em praças financeiras da Europa, cada vez mais capitalizadas pelo mercado de eurodólares e pelo crescimento econômico de alguns países, em particular a Alemanha e o Japão (Banco Mundial, 1969, p. 28-29; Kapur *et al.*, 1997, p. 953-54). O êxito da empreitada mostrou que a banca privada internacional "estava menos interessada na qualidade ou quantidade de empréstimos do Banco do que no fato de que seus bônus eram garantidos pelas nações mais ricas da Terra" (Caufield, 1996, p. 98). A partir de então, a capacidade do Banco de emprestar passou a estar baseada cada vez mais na de tomar empréstimos, necessitando cada vez menos de novos aportes de capital dos cinco maiores acionistas (Goldman, 2005, p. 63-64). Por sua vez, a reposição de fundos da AID para o período 1969-71 aumentou 40,7% em relação ao triênio 1965-68 (Kapur *et al.*, 1997, p. 1.137). Tudo somado, estava o Banco em condições extraordinárias para alavancar empréstimos.

A expansão das operações na escala e na velocidade anunciadas requeria a modificação dos critérios de elegibilidade vigentes, baseados na rentabilidade de cada projeto e na solvência dos prestatários. Longe de pôr em risco a credibilidade do Banco, tal mudança permitiu a explosão dos compromissos financeiros, que aumentaram 131% entre 1969 e 1973. A Tabela 4.1 compara o crescimento da atividade financeira da instituição por região durante o primeiro quinquênio da gestão McNamara com o desempenho nos anos anteriores.

O BANCO MUNDIAL COMO ATOR POLÍTICO, INTELECTUAL E FINANCEIRO

Tabela 4.1
Compromissos financeiros do Grupo Banco Mundial por região
— anos fiscais 1946-1973

Região	Número de projetos				Compromissos financeiros (a)			
	1946-1968	%	1969-1973	%	1946-1968	%	1969-1973	%
África Oriental	78	11	104	13,7	834	7,8	1.099	8,2
África Ocidental	35	5	102	13,4	522	4,9	891	6,6
Europa, Oriente Médio e Norte da África	113	16	168	22,1	1.785	16,8	3.198	23,8
América Latina e Caribe	281	39,7	176	23,2	3.554	33,4	3.734	27,8
Ásia	201	28,3	210	27,6	3.927	37	4.496	33,5
TOTAL	708	100	760	100	10.622	100	13.418	100

Fonte: McNamara (1973).
(a) Em milhões de dólares de 1973.

A Tabela 4.2, a seguir, compila os dados referentes a esse movimento de expansão e diversificação setorial ao longo de toda a gestão McNamara, desagregando-os por grupos de países, setores e períodos. A Tabela 4.3, na sequência, reproduz em termos percentuais os mesmos dados da tabela anterior.

Tabela 4.2
Empréstimos do Banco Mundial durante a gestão McNamara — 1969-1982 (a)
Milhões de dólares

	Países	1969-1973	1974-1982	Total
Total		11.215	79.207	90.421
Renda alta (11)	Bahamas, Chipre, Finlândia, Grécia, Islândia, Irlanda, Israel, Nova Zelândia, Cingapura, Espanha e Taiwan	811	770	1.581
Renda média (55)	Argélia, Argentina, Barbados, Bolívia, via, Bósnia-Herzegovina, Botsuana, Brasil, Camarões, Chile, Colômbia, Congo, Costa Rica, Croácia, Djibuti, Dominica, República Dominicana,	6.499	48.248	54.747

(cont.)

DESENVOLVIMENTO COMO SEGURANÇA, ASSALTO À POBREZA

Países	1969-1973	1974-1982	Total
	Equador, El Salvador, Fiji, Gabão, Guatemala, Indonésia, Irã, Iraque, Jamaica, Jordânia, Coreia do Sul, Líbano, Macedônia, Malásia, Maldivas, Maurício, México, Marrocos, Omã, Panamá, Papua Nova Guiné, Paraguai, Peru, Filipinas, Portugal, Romênia, Senegal, Eslovênia, Ilhas Salomão, Suazilândia, Síria, Tailândia, Trinidad e Tobago, Tunísia, Turquia, Uruguai, Venezuela, Samoa Oeste e Iugoslávia.		
Renda baixa (48)	Afeganistão, Bangladesh, Benin, Burkina Faso, Burundi, República Centro-Africana, Chade, China, Comores, Costa do Marfim, Egito, Guiné Equatorial, Etiópia, Gâmbia, Gana, Guiné, Guiné-Bissau, Guiana, Haiti, Honduras, Índia, Quênia, Laos, Lesoto, Libéria, Madagascar, Maláui, Mali, Mauritânia, Mianmar, Nepal, Nicarágua, Níger, Nigéria, Paquistão, Ruanda, Serra Leoa, Somália, Sri Lanka, Sudão, Tanzânia, Togo, Uganda, Vietnã, Iêmen, Zaire, Zâmbia e Zimbábue	3.905 30.188	34.093
Rendas média e baixa por setor		10.404 78.437	88.840
Transporte, energia e telecomunicações		4.922 27.153	32.075
Agricultura e setores sociais		3.267 31.694	34.961
Agricultura		2.101 22.623	24.724
Educação		531 3.380	3.911
População, saúde e nutrição		71 489	559
Desenvolvimento		25 1.374	1.399

(*cont.*)

O BANCO MUNDIAL COMO ATOR POLÍTICO, INTELECTUAL E FINANCEIRO

Países	1969-1973	1974-1982 Total		
urbano (b)				
Água e		540	3.828	4.367
saneamento				

Fonte: Kapur *et al.* (1997, p. 234).

(a) O período McNamara inclui os compromissos de 1º de julho de 1968 a 30 de junho de 1982, com base no pressuposto de que os compromissos de empréstimo feitos durante o ano fiscal de 1982 refletem decisões e preparação realizadas sob McNamara.

(b) Representa 70% do total dos empréstimos sob a rubrica "desenvolvimento urbano".

Para viabilizar a expansão da atividade financeira do Banco com tal envergadura, McNamara estabeleceu metas anuais de empréstimos para cada país e decidiu que a eficiência profissional de cada funcionário seria avaliada segundo o volume de recursos envolvido nos projetos sob sua responsabilidade. O que importava não era propriamente a qualidade técnica, muito menos a utilidade socioeconômica e o impacto potencial dos projetos nos países receptores, mas sim que o objetivo de "mover o dinheiro" ocorresse da maneira mais rápida possível.

Tabela 4.3

Empréstimos do Banco Mundial durante a gestão McNamara — 1969-1982 (a)
Percentual

Prestatários	1969-73	1974-82	Total
Total	100	100	100
Renda alta	7	1	2
Renda média e baixa	93	99	98
Renda média	58	61	61
Renda baixa	35	38	38
Rendas média e baixa por setor	100	100	100
Transporte, energia e telecomunicações	47	35	36
Agricultura e social	31	40	39
Agricultura	20	29	28
Educação	5	4	4
População, saúde e nutrição	1	1	1

(*cont.*)

DESENVOLVIMENTO COMO SEGURANÇA, ASSALTO À POBREZA

Prestatários	1969-73	1974-82	Total
Desenvolvimento urbano (b)	menos de 0,5	2	2
Água e saneamento	5	5	5

Fonte: Kapur *et al.* (1997, p. 235).
(a) O período McNamara inclui os compromissos de 1º de julho de 1968 a 30 de junho de 1982, com base no pressuposto de que os compromissos de empréstimo feitos durante o ano fiscal de 1982 refletem decisões e preparação realizadas sob McNamara.
(b) Representa 70% do total dos empréstimos sob a rubrica "desenvolvimento urbano".

O desembolso do crédito dependia da criação de projetos financiáveis. O Banco já tinha experiência nisso, mas num patamar inferior ao que precisava alcançar então. Era preciso mais, muito mais. O discurso, porém, continuava a ser — como é até hoje — o de que suas operações tão somente atendiam à demanda dos clientes. O que ocorria, de fato, era que "o Banco enviava suas próprias esquadrilhas de voo em busca de projetos financiáveis. O governo — informado da possibilidade de um projeto identificado e desenhado pelo Banco — solicitava, então, que tivesse a amabilidade de estudar seu financiamento" (George & Sabelli, 1996, p. 57-58). Por outro lado, do ponto de vista governamental, o acesso ao dinheiro do Banco Mundial funcionava como um catalisador de empréstimos e créditos externos. Assim, para os governos, fechar acordos com o Banco propiciava ou facilitava o acesso a outras fontes de recursos, privadas e públicas, fomentando ainda mais a espiral de endividamento.

O imperativo de "mover o dinheiro" a qualquer custo tornou-se, desse modo, um dos traços mais marcantes da cultura organizativa do Banco Mundial. Embora seu elemento detonador fosse de ordem política, tal imperativo encontrava lastro e condições de fácil disseminação na própria formação intelectual requerida para se ingressar no Banco e nos procedimentos administrativos enraizados no dia a dia de trabalho. Em outras palavras, o terreno era fértil ao seu cumprimento. Quais traços eram mais característicos da mentalidade coletiva do *staff*, antes de McNamara e sob o seu comando? A crença na primazia do quantitativo sobre o qualitativo, o etnocentrismo subjacente aos modelos de crescimento adotados e, cada vez mais, a crença no poder da "engenharia social", i.e., na existência de métodos científicos válidos universalmente que permitissem um tratamento de tipo administrativo a qualquer fenômeno social. Segundo essa visão, os resultados da intervenção científica — sob a forma de projetos, por exemplo — sempre seriam passíveis de matematização e de verificação estatística (Rich, 1994, p. 82-83; George & Sabelli, 1996, p. 52-62; Kapur *et al.*, 1997, p. 220).

As mudanças na estrutura de incentivos do *staff*, com o objetivo de "mover o dinheiro" — sempre, evidentemente, numa certa direção política — requereram a realização de uma reforma administrativa, que foi feita entre 1968 e 1972. Uma das suas inovações foi a criação, ainda em 1968, do Country Program Paper (CPP). O documento orientava a carteira de empréstimos para cada cliente, fixando metas para um período de cinco anos. Altamente confidencial, não era acessível aos prestatários nem à diretoria executiva do Banco (Rich, 1994, p. 85; Kapur *et al.*, 1997, p. 244).

Outra sequência de câmbios organizacionais procurava, de um lado, reforçar o controle da presidência sobre o conjunto da máquina burocrática e, de outro lado, aumentar a autoridade de unidades regionais e de países (Kapur *et al.*, 1997, p. 246). Na primeira direção, por meio da criação, em 1968, dos departamentos de Programação e Orçamento, Programação Econômica, Política e Planejamento e, dois anos depois, da Unidade de Avaliação de Operações (depois renomeada de Departamento de Avaliação de Operações). Além disso, criaram-se dois departamentos de projetos que desempenhariam um papel importante durante a gestão de McNamara: o de Desenvolvimento Rural em 1972 e o de Projetos Urbanos no ano seguinte. Na segunda direção, a criação, em 1972, de cinco vice-presidências regionais responsáveis por realizar empréstimos e elaborar projetos, o que aumentou a importância da focalização de desembolsos por país, em detrimento do foco em setores e projetos. Ao final dos cinco anos de reforma administrativa, o Banco havia se transformado numa organização muito mais centralizada e mais bem aparelhada, tanto para monitorar o conjunto da atividade econômica dos seus principais clientes como para elaborar projetos "orientados à pobreza" replicáveis — segundo a ótica da instituição — no meio rural e nas grandes cidades da periferia mundial.

Seguindo a mesma lógica expansiva e de diversificação, o Banco Mundial passou a autorizar, a partir de 1968, empréstimos para empresas públicas e bancos nacionais e regionais de desenvolvimento (Mason & Asher, 1973, p. 744). Até então o Banco havia se negado a efetuar esse tipo de operação, alegando que eram ineptas para serem administradas com eficiência (*ibidem*, p. 27). Esse giro, embora suscitasse resistências internas, respondia a uma série de fatores. Em primeiro lugar, ao crescimento real do setor público nos países da periferia, alguns dos quais com grau considerável de industrialização e todos, sem exceção, clientes do Banco. Em segundo lugar, à capacidade do setor público de absorver e contrair empréstimos em grande escala, bastante superior ao que seria possível fazê-lo por meio de empresas privadas. Em terceiro lugar, à própria dinâmica política internacional, que impunha certa tolerância das grandes potências, em especial dos EUA, em relação a alguns governos que implementavam políticas econômicas ou estratégias nacional-desenvolvimentistas, desde que o seu alinhamento político mais amplo fosse inequívoco e não ameaçasse ativos e investimentos estrangeiros, ou com os quais fosse indispensável manter ou ampliar relações políticas, devido à sua posição estratégica no tabuleiro geopolítico da guerra fria. Em quarto lugar, à possibilidade de utilizar recursos do Bird e da AID para ampliar o financiamento a empresas privadas utilizando os bancos nacionais e regionais de desenvolvimento como intermediários (Payer, 1982, p. 128-29). Tal giro, contudo, jamais implicou qualquer apoio do Banco a estratégias soberanas de desenvolvimento nacional, nem pretendeu remediar o caráter dependente das economias periféricas (Lichtensztejn & Baer, 1987, p. 178-180).

Em seu movimento expansivo, uma das ações mais importantes do Banco durante o primeiro quinquênio de McNamara foi a criação do Grupo Consultivo para a Pesquisa Agrícola Internacional (CGIAR) em maio de 1971. A iniciativa começou quando, no início de 1969, as fundações Ford e Rockefeller promoveram uma série de conferências bilaterais e multilaterais de agências de assistência com o objetivo de criar uma rede internacional de centros de pesquisa agrícola para impulsionar a difusão da Revolução Verde pelo mundo (Mason & Asher, 1973, p. 574; Kapur *et al.*, 1997, p. 399). Os quatro centros internacionais de pesquisa agrícola criados pelas duas fundações durante os anos 1960 — o Instituto Internacional de Investigação sobre o Arroz (IRRI) nas Filipinas, o Centro Internacional de Melhoramento de Milho e Trigo (CIMMYT) no México, o Instituto Internacional de Agricultura Tropical (IITA) na Nigéria e o Centro Latino-Americano para Agricultura Tropical (CIAT) na Colômbia — formaram os pilares iniciais do CGIAR, que rapidamente se expandiu com a criação de mais centros. O Banco se apressou para encabeçar a iniciativa, desempenhando um papel de liderança política e intelectual desde então. De imediato, o novo sistema ganhou forte apoio público e privado e nos seus primeiros dez anos o número de doadores (governos, agências multilaterais e fundações) saltou de 16 para 33. Dois lideraram a lista: a Usaid, responsável por um quarto do total dos fundos, e o Banco Mundial, responsável por 10% dos recursos. As contribuições nominais cresceram a uma taxa anual de 22%, o dobro da taxa de crescimento da Ajuda Oficial ao Desenvolvimento (Kapur *et al.*, 1997, p. 401).

As pesquisas sobre a primeira geração das variedades de trigo e arroz de alto grau de resposta produzidas pelo CIMMYT e pelo IRRI saíram no início dos anos 1970 e serviram para estimular a difusão do plantio. Os resultados excepcionais de algumas colheitas reforçaram a ideia de que investir no CGIAR era um negócio altamente lucrativo (Kapur *et al.*, 1997, p. 401). Articulado com seus parceiros bilaterais, o Banco estimulou os Estados clientes a criarem centros de investigação agropecuária em toda a periferia. Como mostrou Goldman (2005, p. 86-87), a malha de instituições vinculadas ao CGIAR rapidamente se ampliou e se ramificou pelos âmbitos da ciência, das agências de assistência bilateral e multilateral e das corporações agroindustriais, dando origem a um complexo de poder baseado em um tipo específico de produção de conhecimento. Milhares de técnicos e cientistas passaram a ser educados pelo sistema CGIAR e muitos deles depois ocuparam posições de destaque como ministros de Estado e membros de diretorias de centros de pesquisa e empresa multinacionais. O intercâmbio promovido pelo CGIAR começou a carrear dólares para os institutos nacionais de pesquisa por meio de parcerias com universidades norte-americanas (como Illinois, Iowa e Chicago), impulsionando a norte-americanização dos sistemas agroalimentares nacionais, de leis de propriedade e leis de comércio e investimento nos países clientes. Formada pela tríade ciência-empresas-Estados, essa rede ajudou a expandir os ramos industriais ligados à Revolução Verde (energia, fertilizantes, pesticidas químicos, sementes sintéticas, maquinário agrícola etc.), retroalimentando a capacidade do Banco de atrair o interesse dos mercados de capital para o investimento na produção agropecuária.

A ênfase no setor rural, por sua vez, foi usada pelo Banco para diversificar a sua carteira de empréstimos em diversas direções: crédito agrícola (repassado aos produtores por intermédio de bancos nacionais de desenvolvimento), construção de grandes barragens para eletricidade e irrigação, mineração, transporte, empresas de maquinário agrícola, desenvolvimento urbano e educação e saúde básicas no interior. De longe, irrigação, drenagem e administração de água foi o principal subsetor dentro da agropecuária financiado pelo Banco nos anos 1950 e 1960, e continuou assim nos 1970, principalmente na Ásia, no Oriente Médio e na América Latina. A maior parte do aumento da produção agrícola dos países da periferia vinha de áreas irrigadas novas ou reabilitadas. Os insumos da Revolução Verde, sobretudo fertilizantes químicos, requeriam uma hidrologia altamente favorável e o Banco cumpriu um papel de pivô nesse processo (Kapur *et al.*, 1997, p. 405). Na maioria dos países, porém, a irrigação apresentou sérios problemas de equidade. Os grandes proprietários frequentemente obtiveram acesso preferencial à água e tenderam a se beneficiar desproporcionalmente das redes públicas (*ibidem*, p. 406-407). Em matéria de eletrificação rural, o financiamento veio junto com a exigência de recuperação de custos. Nos empréstimos para transporte, o Banco encorajou os Estados a priorizarem o rodoviário e a delegarem maior capacidade de financiamento e responsabilidade às esferas subnacionais de governo (*ibidem*, p. 404-405). Quanto ao crédito agrícola, a maior parte foi canalizada para grandes produtores comerciais (Banco Mundial, 1975, p. 59). A Tabela 4.4 mostra o percentual dos empréstimos do Banco para o setor agropecuário por região de 1959 a 1995.

Tabela 4.4
Empréstimos para o setor agropecuário por região — anos fiscais 1959-1995
Percentual

Região	1959	1960-69	1970-79	1980-89	1990-95
África	0	13,7	14,5	15,2	14,9
Leste e Sul da Ásia	42,2	42,9	40,6	43,7	48,1
Europa e Ásia Central	0	3,3	11,3	9,5	8,9
América Latina e Caribe	41.5	28,1	17,9	24,2	19,5
Oriente Médio e Norte da África	0	7,7	7,5	7,4	8,5
Outros	16,3	4,4	8,2	0	0

Fonte: Kapur et al. (1997, p. 393).

Apesar da diversificação setorial e geográfica relativa e do aumento notável da atividade financeira do Banco no quinquênio 1968-1973, quase dois terços dos empréstimos para projetos foram para o mesmo de sempre: energia, transportes e telecomunicações. Por outro lado, avaliações feitas na época pelo próprio Banco identificaram que os projetos para agricultura e educação não chegavam aos segmentos considerados mais pobres da população (Kapur et al., 1997, p. 246). Por isso, para grande parte do staff naquele período havia um contraste considerável entre a retórica missionária pro-poor de McNamara e o dia a dia dos negócios do Banco (Mason & Asher, 1973, p. 732; Kapur et al., 1997, p. 233).

A expansão da atividade financeira do Banco Mundial durante o primeiro quinquênio da gestão McNamara teve de enfrentar a queda do apoio público nos EUA à assistência ao desenvolvimento, seja pela deterioração dos indicadores macroeconômicos domésticos, seja pela destruição do consenso bipartidário em matéria de política externa. Por um lado, as relações com o Tesouro estadunidense sofreram alguns atritos devido a diversas questões, entre as quais os pedidos crescentes de fundos, em particular à AID, e os efeitos da captação de dólares pelo Bird no mercado financeiro norte-americano sobre o balanço de pagamentos.[35] Por outro lado, o Con-

---

[35] Como se viu no capítulo anterior, o Tesouro chegou a negar ao Banco brevemente acesso ao mercado financeiro estadunidense em meados da década de 1960. O tema foi discutido por Gwin (1997, p. 203).

gresso se tornou cada vez mais vigilante e crítico em relação à atuação bilateral e multilateral do país. Esse ponto merece maior consideração.

Antes do início dos anos 1960, a rigor, o Congresso — que dera forte apoio à criação do Bird, da CFI e da AID — havia se limitado, na maior parte do tempo, à aprovação de requerimentos administrativos para o diretor norte-americano no Banco Mundial e à provisão de fundos para ele. Ou seja, um papel passivo (Gwin, 1997, p. 211). Porém, com o fim do consenso bipartidário e num período em que a economia enfrentava problemas sérios, a atenção congressual à ajuda bilateral e à atuação dos BMDs aumentou à proporção que os pedidos de fundos cresciam aceleradamente. No caso do Banco Mundial, a expansão do seu programa de empréstimos sob McNamara passou a atrair aos poucos a atenção de parlamentares e grupos de interesse diversos, pluralizando a relação do Banco com os poderes norte-americanos. Assim, além do Tesouro e do Departamento de Estado, cada vez mais o Banco teve de responder ao Congresso. Segundo Gwin (1997, p. 212), muitos parlamentares passaram a se opor à escalada bélica dos EUA no Vietnã e às tentativas dos governos Johnson e Nixon de usar a assistência bilateral e multilateral ao desenvolvimento para apoiar a ofensiva militar. A presença de McNamara à frente do Banco Mundial associava a instituição diretamente à guerra e à política externa norte-americana. A dificuldade, por exemplo, para aprovar a contribuição dos EUA à 2ª Reposição da AID em 1968 — cuja negociação havia sido iniciada por Woods — obrigou McNamara a encarregar um membro do *staff* sênior de construir e manter relações com o parlamento. Mesmo assim, ao longo do quinquênio, tornou-se mais difícil conseguir apoio legislativo para aprovar as solicitações de fundos crescentes.

Para driblar o aumento da ingerência do Congresso sobre o programa de ajuda bilateral, o Executivo passou a dar mais peso, em termos relativos, à assistência multilateral, modalidade mais difícil de ser supervisionada (Burbach & Flynn, 1982, p. 72-73). Tanto assim que, em 1972, um documento da Câmara afirmou que o Congresso não tinha controle sobre quando, onde e como os recursos solicitados eram gastos pelos BMDs, uma vez que eles não justificavam seus pedidos por projetos específicos. Nos anos

O BANCO MUNDIAL COMO ATOR POLÍTICO, INTELECTUAL E FINANCEIRO

seguintes, o Legislativo repetiu essa reclamação insistentemente. Diversos pronunciamentos e expedientes destacaram a inadequação da consulta do Executivo ao Congresso, a urgência de mais informações sobre o Banco Mundial e a necessidade de procedimentos de avaliação e auditoria independentes e transparentes (Gwin, 1997, p. 220-221).

Com a deterioração da disciplina e da liderança partidárias no Congresso durante o governo Nixon, tornou-se cada vez mais difícil para o Executivo manobrar pedidos de verbas para ajuda externa dentro do Legislativo. Nada menos do que cinco comitês congressuais vieram a ter jurisdição sobre a política dos EUA para o Banco Mundial, o que possibilitou a grupos com agendas políticas específicas e parlamentares estrategicamente situados ganharem peso desproporcional e influenciarem o processo decisório (Gwin, 1997, p. 212). Na ausência de uma base parlamentar forte e coesa que pudesse ser mobilizada para obstacular a proliferação de emendas particularistas, o Executivo assistiu não apenas ao aumento do controle do Congresso sobre a ajuda bilateral como também ao surgimento gradual de um extenso corpo legislativo sobre a relação dos EUA com o Banco (*ibidem*, p. 220). Esse processo, que teve início no primeiro quinquênio da gestão McNamara, avançou ininterruptamente dali em diante.

Em 1972, saiu uma das primeiras ações legislativas específicas sobre o Banco. A chamada Emenda Gonzalez determinou que os EUA se opusessem a empréstimos do Banco para países que tivessem confiscado investimentos privados norte-americanos sem a compensação devida. A lei, na verdade, estendeu para todos os BMDs uma restrição já imposta aos programas bilaterais e à representação do país no BID pela Emenda Hickenlooper, editada em 1962 (Gwin, 1997, p. 220).

Um ano depois, durante as negociações para a 4ª Reposição de fundos da AID em 1973, os EUA se posicionaram, pela primeira vez, como o principal doador favorável à limitação do aumento nas contribuições. Para que isso não ocorresse, o Banco e os demais doadores foram obrigados a aceitar inúmeras concessões (Gwin, 1997, p. 215). Uma delas era a de que o Banco reduzisse os empréstimos ao Peru, como sanção à nacionalização da International Petroleum Company em 1969 realizada pelo governo Velasco Alvarado. Outra exigência norte-americana era a de que a sua cota na AID

DESENVOLVIMENTO COMO SEGURANÇA, ASSALTO À POBREZA

fosse reduzida e as reposições ocorressem a cada quatro anos, em vez de três. Essa mudança no calendário permitiu aos EUA manterem o seu pagamento anual em dólares correntes no mesmo patamar da 3ª Reposição, enquanto os demais doadores tiveram de reajustar as suas contribuições.

Em outras palavras, durante o primeiro quinquênio da gestão McNamara, a expansão da atividade financeira do Banco Mundial se deu num quadro político de queda do apoio à ajuda ao desenvolvimento nos EUA, provocado pelo fim do consenso bipartidário sobre a política externa e pelo agravamento das condições macroeconômicas do país (estagflação, déficits contínuos no balanço de pagamentos e enfraquecimento internacional do dólar). Resultado: dificuldades crescentes do seu principal acionista para obter recursos. O ativismo cada vez maior do Congresso em matéria de política externa criou oportunidades e meios para críticas à participação dos EUA nos BMDs e à atuação dessas instituições. A falta de transparência do Banco Mundial e de suas ações começou a ser objeto de interpelação legislativa frequente. Cada rodada de negociação para a reposição de fundos à AID ensejou toda sorte de pressões e barganhas cruzadas entre os EUA e os demais doadores, no plano internacional, e entre o Tesouro, o Departamento de Estado e o Legislativo, no plano doméstico.

CONSTRUÇÃO POLÍTICO-INTELECTUAL DO "ASSALTO À POBREZA": TEORIA E RESULTADOS

Até o início dos anos 1970, o Departamento de Economia do Banco Mundial, responsável pela atividade de pesquisa, era "pequeno e subfinanciado", com pouca ou nenhuma influência no âmbito operacional (Mason & Asher, 1973, p. 467). A nomeação de Hollis Chenery para o novo cargo de economista-chefe em maio de 1970 foi o início de uma mudança importante nessa área. Chenery havia trabalhado como economista na Europa durante o Plano Marshall, tinha sido funcionário da Usaid e também professor de economia nas universidades de Stanford e Harvard. Em 1972, tornou-se vice-presidente de Política de Desenvolvimento do Banco Mundial, à frente de um departamento de pesquisa agora bastante bem equipado e finan-

O BANCO MUNDIAL COMO ATOR POLÍTICO, INTELECTUAL E FINANCEIRO

ciado. Além de estabelecer uma base sólida de dados e conceitos para a formulação mais abrangente de políticas e, assim, proporcionar apoio geral à expansão das operações financeiras, o departamento tinha como uma de suas principais tarefas coordenar esforços para encontrar os meios replicáveis necessários à operacionalização de projetos "sociais".

Durante o primeiro quinquênio da gestão McNamara, o Banco oscilou entre diversos estandartes e instrumentos preferenciais para levar adiante a chamada "cruzada contra a pobreza" (Finnemore, 1997, p. 214-216). Primeiro, insistiu no planejamento familiar e no controle populacional. Com um viés agudamente neomalthusiano, McNamara desde cedo afirmou que o crescimento demográfico nos países do Terceiro Mundo condenaria a maior parte da população a perpetuar-se na miséria (McNamara, 1974 e 1974a). Com o apoio de parte da cúpula da ajuda externa norte-americana e da Fundação Ford, o enfoque demográfico parecia oferecer, tal como a Revolução Verde, uma solução simples, técnica e muito eficaz, com a qual se evitava ou se adiava a discussão sobre as causas estruturais da pobreza. Demorou pouco para que a ênfase no controle populacional minguasse frente às dificuldades — incluindo a relutância dos prestatários e a rivalidade com outras agências internacionais — de traduzi-lo em iniciativas concretas e replicáveis em larga escala. O tema permaneceu na lista de projetos financiáveis do Banco Mundial, mas deixou de figurar no centro do discurso e da estratégia depois de 1970 e gradualmente perdeu espaço na carteira de empréstimos (Kapur *et al.*, 1997, p. 235-236).

Outros temas despontaram na retórica de McNamara durante aquele quinquênio (Finnemore, 1997, p. 214-216). Nenhum deles, porém, desdobrou-se em projetos financiáveis ou operacionalizáveis em maior escala, nem deu origem a um enfoque coerente e funcional à estratégia do Banco Mundial. Foi assim com o "desemprego", não por acaso surgido ao mesmo tempo em que iniciativas (a seguir comentadas) de certo destaque nessa direção começaram a ser feitas pela OIT. "Nutrição" foi outro tema cogitado, mencionado em 1971 como uma área atrativa ao "investimento produtivo" e, portanto, passível de financiamento pelo Banco Mundial (Kapur *et al.*, 1997, p. 237-238). "Saúde" também figurou nas opções aventadas pelo *staff*, embora McNamara temesse que a ampliação de serviços de saúde preventiva levasse ao aumento da taxa de natalidade e, por conseguinte, à explosão populacional (Kapur *et al.*, 1997, p. 250). Na esteira do debate sobre urbanização acelerada, a questão habitacional também apareceu na agenda "social" da gestão McNamara. Em 1972, autorizaram-se os primeiros empréstimos para projetos urbanos de "terrenos e serviços" (*sites and services*) no Senegal (Dakar e Thies) e na Nicarágua (Manágua) (Banco Mundial, 1972, p. 24). Logo depois, o enfoque preferencial passou a ser o da "urbanização de favelas" (*slum upgrading*). Enquanto isso, projetos para fornecimento de água e esgoto consumiam, na prática, a maior parte dos empréstimos etiquetados como urbanos (Kapur *et al.*, 1997, p. 257). Na área educacional, os empréstimos tiveram expansão notável, passando de US$ 62 milhões em 1968-1970 para US$ 194 milhões em 1971-1973, e diversificaram seu campo de atuação com projetos para educação primária e alfabetização não formal para adultos, sobretudo no meio rural. A justificativa oficial para os desembolsos em educação continuava a ser, irredutivelmente, a sua contribuição ao aumento da produtividade da economia, embora um componente político lhes desse motivação (Kapur *et al.*, 1997, p. 258-259). Em suma, ao lado dos projetos agrícolas, diversos outros projetos em áreas distintas pareceram constituir, em algum momento, os carros chefes do Banco Mundial no âmbito do "combate à pobreza", sem se firmarem de fato como tais.

Ao mesmo tempo, o *grosso* da atividade política e financeira do Banco continuava orientado para questões macroeconômicas e para a promoção do "crescimento". Cada vez mais, essa atuação se dava também pela via da "assistência técnica", mediante formação e treinamento de quadros, aconselhamento e provisão de *expertise*, ligados ou não a projetos específicos. Dava-se, também, por meio da "construção institucional", organizada, fundamentalmente, sob quatro modalidades: a) criação de instituições nacionais, predominante até meados dos anos 1960 e cada vez menos usual; b) criação de unidades de projeto (enclaves) dentro de ministérios já existentes; c) reorganização de instituições; d) fortalecimento de instituições (administração e organização gerais, finanças e treinamento) (Ayres, 1983, p. 46-47). Em grande parte, a ênfase no "diálogo político" e na "assistência técnica" buscava potencializar os efeitos dos empréstimos, cuja importância financeira era, na média, quase insignificante diante da magnitude dos gastos governamentais com "desenvolvimento" e do crescimento acelerado dos fluxos de capital privado. Com efeito, McNamara logo descobriu que a atuação do Banco só poderia provocar impacto considerável no âmbito da formação de ideias e da assistência técnica. O financiamento, na prática, funcionava mais como um sinal, veículo ou alavanca para a remodelagem das políticas estatais do que propriamente como a sua força-motriz (Kapur *et al.*, 1997, p. 271).

A "luta contra a pobreza", assim como a criação da AID, tinha raízes diretas nas injunções da guerra fria. Ambas foram enxertadas no Banco a partir do governo norte-americano, não sendo, portanto, resultantes de uma evolução institucional endógena. Mas havia uma diferença importante: a AID veio como uma mudança definitiva e peremptória, de uma só vez; o programa de McNamara não (Kapur *et al.*, 1997, p. 222). Enunciada em 1968, a consigna da "luta contra a pobreza" careceu, durante o primeiro quinquênio da gestão McNamara, de dois elementos importantes: um enfoque que lhe desse suporte e racionalidade e um instrumento operacional que permitisse a sua reprodução em larga escala. O Banco não tinha uma abordagem que conferisse coerência, para fora e para dentro, aos projetos que a instituição já vinha executando em agricultura, educação e desenvolvimento urbano. Também não tinha um instrumento preferencial que nucleasse a sua "cruzada contra a pobreza" e permitisse a aferição estatística dos seus resultados. Ou seja, não havia uma teoria nem um meio passível de replicação e avaliação "econômica" de resultados. Ambos surgiram somente no biênio 1973-1974 com a definição da "pobreza rural absoluta" como alvo principal da intervenção do Banco, por meio dos novos projetos de "desenvolvimento rural integrado" (DRI), e com a publicação do livro coordenado por Hollis Chenery *Redistribuição com crescimento*. Daí nasceu o enfoque "orientado à pobreza" (*poverty-oriented approach*) a partir do qual o Banco firmou-se como patrocinador da bandeira da "luta contra a pobreza" no plano internacional. Cabe analisar esse processo mais detidamente, tendo em vista três ordens de fatores.

Em primeiro lugar, não é demais insistir que a construção de tal enfoque esteve diretamente ligada à macropolítica da guerra fria. Somados à der-

DESENVOLVIMENTO COMO SEGURANÇA, ASSALTO À POBREZA

rocada dos EUA no Vietnã, outros acontecimentos ocorridos durante o quinquênio 1968-1973 empurraram o governo estadunidense e seus aliados mais próximos na busca de novas estratégias de atuação, pressionando as organizações que integram a sua rede de poder externo, como o Banco Mundial, a fazerem o mesmo. A lista é longa: eleição, governo e derrubada de Allende no Chile, eleição de Indira Gandhi, guerra entre Índia e Paquistão e fundação de Bangladesh, nacionalização do petróleo e reforma agrária no Peru, entre outros (Kapur *et al.*, 1997, p. 251-252). Em todos os casos, políticas de cunho distributivo e redistributivo eram objeto de forte apelo popular, com frequência embaladas pelo nacionalismo. E o fiel da balança era, na leitura do *establishment* norte-americano, o campesinato. Por essa razão, ganhar o apoio desse segmento, ou pelo menos desativar o seu protesto social, era prioritário (Goldman, 2005, p. 68-69). As palavras de Samuel Huntington, em seu clássico da teoria da modernização publicado originalmente em 1968, resumiram bastante bem o tom das preocupações daquela época:

> Para o sistema político, a oposição dentro da cidade pode ser perturbadora, mas não é letal. A oposição no interior é, porém, fatal. Quem controla o interior controla o país. (...) Se os camponeses aceitam e se identificam com o sistema existente, isso proporciona uma base estável ao sistema. Se os camponeses se opõem ativamente ao sistema, passam a ser os portadores da revolução (...). O camponês pode, assim, desempenhar um papel altamente conservador ou altamente revolucionário (Huntington, 1975, p. 302).

Em segundo lugar, a construção do enfoque "orientado à pobreza" seria inconcebível sem o adensamento da crítica ao "efeito derrame" que nunca veio por dentro do próprio paradigma dominante (Finnemore, 1997, p. 208-209). Era o que estava ocorrendo no final dos anos 1960. As iniciativas que visivelmente mais impactaram o Banco Mundial nesse sentido vieram da OCDE e da OIT. Segundo Kapur *et al.* (1997, p. 227-228), naquele momento uma grande pesquisa sobre as políticas industriais e comerciais praticadas em países em desenvolvimento começou a tratar a "pobreza" como "desemprego", segundo uma abordagem aparentemente asséptica do ponto de vista ideológico ancorada na teoria neoclássica. Patrocinada pela OCDE, a pesquisa identificou o baixo nível de criação de empregos como óbice principal à redução da pobreza e das desigualdades, o que, por sua vez, teria como causa o rol de políticas protecionistas. A solução proposta consistia na eliminação das "distorções de preço" mediante políticas liberalizantes, as quais, supostamente, provocariam o aumento da geração de empregos. Nada de medidas redistributivas e nenhuma palavra sobre questões politicamente sensíveis, como o exercício do poder político e a concentração de riqueza e renda. Tal como colocada, a "questão do emprego" admitia soluções palatáveis, na medida em que, em tese, a criação de emprego aumentaria a produção e beneficiaria os segmentos "mais pobres". Todos, portanto, ganhariam. O máximo da concessão consistia em admitir que um pouco do crescimento econômico poderia ser sacrificado em nome da geração de emprego. A pesquisa foi publicada em 1970.

Mas o enfoque emergente do "problema do emprego", como ficou conhecido, foi mesmo plenamente desenvolvido, liderado e difundido pela OIT, em parceria com o Institute for Development Studies da Universidade de Sussex. Seu marco constitutivo foi o lançamento do Programa Mundial de Emprego em 1969, a partir do qual a OIT e o IDS conduziram sete estudos de caso (Colômbia, Sri Lanka, Quênia, Irã, Filipinas, Sudão e República Dominicana) durante o período de 1970 a 1975. Tendo à frente economistas de renome como Dudley Seers (então diretor do IDS) e H.W. Singer, os relatórios mostraram, entre outras coisas, que mesmo com taxas maiores ou menores de crescimento econômico a desigualdade não estava diminuindo naqueles países, o que trazia para o primeiro plano a questão da "equidade" e da "distribuição". O programa constituiu-se na influência externa mais visível sobre o Banco Mundial (Kapur *et al.*, 1997, p. 251). À medida que os estudos de caso eram publicados, a tão pretendida liderança intelectual e moral do Banco no âmbito do desenvolvimento parecia, no mínimo, algo bastante contestável.

As críticas, de fato, avolumavam-se. Em 1970, por exemplo, durante a VII Conferência sobre Desenvolvimento de Cambridge, David Morse, diretor-geral da OIT entre 1958 e 1970, denominou a perda de confiança no crescimento econômico nacional como meio suficiente para reduzir a po-

DESENVOLVIMENTO COMO SEGURANÇA, ASSALTO À POBREZA

breza como a "derrocada do PIB", expressão que rapidamente fez fortuna (Bustelo, 1999, p. 144). A pesquisa de Albert Fishlow sobre crescimento e distribuição de renda no Brasil, publicada em 1972 — e contestada aberta e duramente pelo então ministro Delfim Netto — também teve grande destaque (Kapur *et al.*, 1997, p. 277). Por outro lado, em clave ambiental, surgiram críticas adicionais. Os relatórios do Clube de Roma *The limits to growth* (1972) e *Making at a turning point* (1974), em particular, destacavam-se pelo tom interessadamente catastrofista.

No mesmo período, como mostraram Kapur *et al.* (1997, p. 228-29), sugiram diversas obras que questionavam as políticas de desenvolvimento em curso. Uma das mais badaladas foi a de Edgar Owens e Robert Shaw, *Development reconsidered: bridging the gap between government and the people*, publicada em 1972, que criticava não apenas o modelo centrado no investimento em capital intensivo em grandes cidades e grandes fazendas, mas também a ausência da "participação dos pobres". Seguindo uma linha parecida, mais dois livros influentes foram publicados no ano seguinte: o *best seller* de Ernst Schumacher *Small is beautiful: economics as if people mattered* e a obra de James Grant *Growth from below: a people-oriented development strategy*. O diferencial desses livros estava menos no seu conteúdo e mais no fato de que seus autores eram envolvidos, direta ou indiretamente, com o topo da cadeia de comando da assistência internacional. Tais obras, por isso, falavam diretamente às hostes de políticos e *policy-makers* dedicados ao negócio do desenvolvimento a partir do seu próprio espaço institucional.

Em terceiro lugar, a construção do enfoque "orientado à pobreza" do Banco Mundial esteve diretamente ligada a mudanças na política norte-americana de ajuda externa. Naquele contexto, as críticas acadêmicas e de dentro do *mainstream* da assistência internacional engrossaram, direta e indiretamente, a pressão sobre o governo dos EUA, cuja implicação na guerra do Vietnã alcançava a cada dia níveis mais altos de desgaste político e ônus econômico. Assim, em 1973, o Congresso aprovou uma nova legislação (Foreign Assistance Act, PL 93-189), mais conhecida como "Novas Direções", que reorientou a ajuda externa bilateral. Pautando-se pela ideia de atendimento direto às "necessidades humanas básicas", a nova diretriz ti-

O BANCO MUNDIAL COMO ATOR POLÍTICO, INTELECTUAL E FINANCEIRO

nha como foco a redução da "pobreza extrema" mediante o apoio à "participação dos pobres" no desenvolvimento e ao incremento da produtividade de "pequenos agricultores" (Ayres, 1983, p. 9). A rigor, não se tratava de uma novidade, mas sim da retomada de iniciativas postas em prática pelo governo estadunidense desde os anos 1950 e 1960, como o Desenvolvimento de Comunidade e a Aliança para o Progresso, sob nova roupagem. Com efeito, a ajuda norte-americana bilateral no pós-guerra se caracterizava pela ênfase estratégica em atividades ligadas à pequena e média agricultura, autoconstrução habitacional, saúde primária, educação, infraestrutura viária e eletrificação. Até então, a principal e, em termos financeiros, pequena exceção àquele padrão de assistência era mesmo o Banco Mundial, uma exceção corrigida em parte e tardiamente pela criação da AID (Kapur *et al.*, 1997, p. 220).[36] A nova legislação foi um dos resultados da participação crescente do Congresso em decisões relativas à assistência ao desenvolvimento, impulsionada pelo fim da quebra do consenso bipartidário sobre a política externa e pelo aumento de pedidos de fundos, especialmente para a AID, necessário para viabilizar a expansão do programa de empréstimos empreendida por McNamara. A nova legislação não foi bem-sucedida em deter a queda do apoio público à ajuda externa. Tanto que, nos anos seguintes, o Congresso não apenas atrasou as destinações de fundos, como também, de tempos em tempos, destinou menos do que as quantias solicitadas pelo Executivo e menos do que era prometido pelos EUA em negociações internacionais (Gwin, 1997, p. 219-220). Ainda assim, a legislação impôs diretrizes gerais ao Executivo quanto ao uso dos dólares destinados à assistência ao desenvolvimento autorizados pelo Congresso. De todo modo, as "Novas Direções" repercutiram diretamente na busca, pela gestão McNamara, de uma maior coerência entre a sua retórica

---

[36]Para se ter uma ideia da desproporção financeira entre a assistência bilateral norte-americana e o Banco Mundial, basta citar que, entre 1954 e 1961, apenas a Coreia do Sul recebeu a título de "doação" dos Estados Unidos mais de US$ 2,5 bilhões, uma soma superior a todos os empréstimos outorgados pelo Banco Mundial aos países independentes do Terceiro Mundo, incluídos Índia, Paquistão, México, Brasil e Nigéria. O país tinha menos de 20 milhões de habitantes. Taiwan — outra peça importante para os EUA no tabuleiro da guerra fria — recebeu, sob os mesmos termos, cerca de US$ 800 milhões (Toussaint, 2006, p. 61-62).

"orientada à pobreza" e a qualidade da carteira de projetos do Banco Mundial voltados para esse fim.

Internamente, um passo decisivo para a construção do enfoque "orientado à pobreza" foi o abandono da discussão sobre "equidade" em prol da definição da "pobreza absoluta" como unidade de análise e critério operacional (Kapur *et al.*, 1997, p. 239-40). Acompanhando os discursos de McNamara, percebe-se que esse movimento se consolidou no biênio 1972-73, culminando em 1974 com a publicação do livro coordenado por Chenery. O discurso anual de McNamara em 1972, cujo substrato político era despudoradamente explícito, pode ser tomado como um marco dessa guinada:

> Quando os privilegiados são poucos e os desesperadamente pobres são muitos, e quando a brecha entre ambos os grupos se aprofunda em vez de diminuir, é apenas uma questão de tempo até que seja preciso escolher entre os custos políticos de uma reforma e os riscos políticos de uma rebelião. Por esse motivo, a aplicação de políticas especificamente encaminhadas para reduzir a miséria dos 40% mais pobres da população dos países em desenvolvimento é aconselhável não somente como questão de princípio, mas também de prudência. A justiça social não é simplesmente uma obrigação moral, é também um imperativo político (...). Mostrar indiferença ante a frustração social equivale a fomentar seu crescimento (McNamara, 1972, p. 31).

A menção aos 40% mais pobres foi reiterada por McNamara em Nairóbi um ano depois, embalada pela advertência programática de que os governos dos países em desenvolvimento deveriam "pesar os riscos da reforma com os da revolução" (McNamara, 1973, p. 27). Dessa vez, porém, sua mensagem apareceu codificada numa estratificação da pobreza em duas categorias: relativa e absoluta. A novidade dava suporte operacional à identificação de "focos de pobreza" (absoluta) no meio rural, que deveriam, então, ser "atacados" mediante projetos de "desenvolvimento rural" voltados para o aumento da produtividade da terra — e não do trabalho — de "pequenos agricultores", mediante a aplicação de técnicas de ponta e insumos industriais. Associados a um pacote de medidas de apoio à atividade agrícola e guiados pelo princípio da recuperação de custos (*cost-recovery*), os projetos deveriam aumentar a produção dos pequenos agricultores até alcançarem a taxa anual de 5% em 1985. Ou seja, propunha-se nada mais do que uma "pequena Revolução Verde" em parcelas do subsetor camponês, a fim de integrá-lo à atividade agrícola comercial (Feder, 1976, p. 793-794; George, 1978, p. 238-239). Adicionalmente, McNamara propôs a realização de programas de obras rurais de pequeno e médio porte (como sistemas de irrigação e drenagem, estradas vicinais, instalações de armazenamento e comercialização, escolas e centros comunitários etc.) para gerar emprego temporário não agrícola no campo a baixo custo para o contingente cada vez maior de trabalhadores rurais sem-terra. Propôs, também, a reorientação dos serviços públicos (saúde e educação primárias, energia elétrica e água potável) para as zonas rurais. A combinação de tudo isso conformava, segundo McNamara, uma estratégia compacta de desenvolvimento rural. Essas eram as linhas gerais do programa "orientado à pobreza" lançado em 1973.

Os projetos tinham como pressuposto a aceitação das condições existentes em matéria de estrutura agrária. A concentração da propriedade da terra — fator elementar de determinação da pobreza e desigualdade social no meio rural — foi tomada como um dado ao qual os projetos deveriam se acomodar (Ayres, 1983, p. 104). Por isso, o itinerário proposto por McNamara constituía uma alternativa conservadora à reforma agrária, apesar das proclamações rápidas e evasivas a seu favor.

Publicado no ano seguinte, *Redistribuição com crescimento* não fez mais do que academizar o discurso proferido por McNamara em Nairóbi. Realizada em conjunto com o Institute for Development Studies, a pesquisa coordenada por Chenery deu à gestão McNamara um núcleo teórico que lhe permitiu vender com mais eficácia seu novo produto — o "desenvolvimento rural integrado" — no mercado internacional de ideias (Ayres, 1983, p. 9), instituindo a "pobreza absoluta" e os "grupos-alvos" como categorias operacionais legítimas para as políticas públicas.

O livro partia da distinção entre pobreza absoluta e relativa, deixando de lado a questão da desigualdade na distribuição de renda e da pobreza relativa e trazendo para o primeiro plano o aumento da renda e a redução da pobreza absoluta. A tese fundamental era a de que a redução da pobreza absoluta não era incompatível com o crescimento da economia, i.e., que crescimento e equidade não necessariamente estavam em conflito. Como, então, aumentar a renda dos "pobres"? Chenery e seus colaboradores relacionaram quatro estratégias distintas: a) a maximização do crescimento do PIB por meio do aumento das poupanças e de uma melhor alocação dos recursos, o que beneficiaria, acreditavam os autores, todos os grupos da sociedade; b) a reorientação do investimento para os grupos-alvo em "pobreza absoluta" sob a forma de educação, acesso ao crédito, obras públicas etc.; c) a redistribuição de renda ou consumo para os grupos-alvo por meio do sistema fiscal ou da transferência direta de bens de consumo; d) a redistribuição de ativos existentes para os segmentos mais pobres, por meio de políticas como a reforma agrária (Chenery *et al.*, 1976, p. 76). A proposta central do livro consistia em "concentrar o investimento público no aumento da capacidade produtiva e dos rendimentos dos pobres" (*ibidem*, p. 78), ou seja, a segunda estratégia. As demais foram descartadas no todo ou em parte: a primeira por reforçar ainda mais a concentração de renda; a terceira por consumir em excesso recursos de maneira "não produtiva"; a quarta pelo seu "alto custo de desorganização social e política" e a sua não replicabilidade em larga escala (*ibidem*, p. 78).

A rigor, tratava-se de uma estratégia distributiva de tipo incremental, na medida em que se limitava a distribuir parte do crescimento econômico (rendas e ativos novos) mediante projetos e programas financiados por meio de captação de impostos e endividamento externo. Em tese, tais ações fomentariam o aumento da "produtividade dos mais pobres", de tal forma que, por meio da sua inserção mercantil, a renda deles se elevasse. Repartir um pedaço do crescimento do bolo, e não o bolo: era isso o que propunha o Banco Mundial, em consonância com o Clube de Roma e a primeira fase da Comissão Trilateral (Assmann, 1980, p. 11).

O título do livro evocava o que, precisamente, era negado pelo seu conteúdo: a ideia de redistribuição, tanto no plano governamental como no plano social. No primeiro caso, por condicionar o "investimento público nos mais pobres" à elevação da receita pública proporcionada pelo aumento da produtividade média da economia e dos índices de crescimento; ou seja, à acumulação de capital. Ora, um esquema dessa natureza permitia aumentar, em termos absolutos, o gasto em "combate à pobreza", mas não alterava a sua cota no orçamento público. No segundo caso, mais grave ainda, a proposta deixava incólume o estoque de riqueza existente (rendas e ativos acumulados) e todo o arcabouço jurídico-institucional — as regras do jogo, por assim dizer — que garante a sua preservação. Em outras palavras, permaneciam intocados nada menos do que o regime de propriedade e a estrutura de produção.

Apesar da crítica ao "efeito derrame" e dos apelos aparentemente humanitários, McNamara e sua equipe jamais pretenderam superar o paradigma dominante, mas sim encontrar uma maneira de revisá-lo lateralmente, a fim de preservar as condições gerais de reprodução da ordem política e da acumulação capitalista. Era essa a natureza do enfoque "orientado à pobreza" vociferado por McNamara e academizado em *Redistribuição com crescimento*: uma mera acomodação ao modelo econômico convencional e à ideologia liberal do Banco Mundial (Ayres, 1983, p. 90). Sua premissa consistia na assimilação subordinada da pobreza ao esquema político-financeiro posto em prática desde sempre pelo Banco (Lichtensztejn & Baer, 1987, p. 184). Não por acaso, o aumento da produtividade econômica nunca deixou de figurar, formalmente, como o primeiro objetivo dos projetos, depois do qual vinha o aliviamento da pobreza (Kapur *et al.*, 1997, p. 248).

Por outro lado, como argumentou Ayres (1983, p. 80), o enfoque proposto por *Redistribuição com crescimento* carecia de uma teoria política consistente, uma vez que até mesmo a sua estratégia de distribuição incremental pressupunha alguma concessão por parte dos setores dominantes. O livro de Chenery e seus colaboradores distinguia duas razões pelas quais isso se daria ("autointeresse" ou "competição intraelite") e descartava ambas. Resultado: a coalizão capaz de impulsionar o enfoque proposto surgia, no texto, como um dado, um *deus ex machina*. Daí as exortações vazias por "vontade política", "coragem" e, como sempre, os apelos à preservação da "comunidade", cuja pedra angular seria a "obrigação moral (...) que os mais ricos têm (...) de ajudar os pobres e os fracos" (McNamara, 1973, p. 6). Revestidas da exaltação à ética de um homem abstrato-universal, tais invocações serviam, convenientemente, para invisibilizar as estruturas terrenas de dominação e exploração (Assmann, 1980, p. 36-37).

Vale notar que, enquanto questão teórica, a pobreza era, até então, um assunto praticamente desconsiderado pela doutrina econômica. Na literatura acadêmica, o tema figurava de modo vago e pejorativo, frequentemente associado à beneficência e ao assistencialismo (Finnemore, 1997, p. 207; Kapur *et al.*, 1997, p. 247). Antes de McNamara, aliás, a agenda extraeconômica do Banco Mundial falava em "necessidades sociais", não em "pobreza". A própria palavra não fazia parte do vocabulário corrente do *staff* da instituição. O assunto nunca foi objeto de declaração alguma nos anos 1950 e apareceu apenas timidamente durante a maior parte dos anos 1960 (Kapur *et al.*, 1997, p. 130). Talvez por isso *Redistribuição com crescimento* evocasse, em seu subtítulo, o tema da distribuição de renda, malgrado seu núcleo teórico tivesse a "pobreza absoluta" como categoria central. De todo modo, o livro serviu, entre outras coisas, para dar suporte à construção, pilotada pelo Banco Mundial, de uma espécie de "pobretologia" (Kay, 2006, p. 457), i.e., da imposição da pobreza como unidade de análise, parâmetro legítimo e foco obrigatório para toda e qualquer iniciativa no âmbito da ajuda internacional.

A institucionalização da redução da pobreza como parte da agenda internacional de desenvolvimento esteve diretamente ligada ao envolvimento cada vez maior do Banco em pesquisa (em particular, modelização econômica e análises de *inputs-outputs* e custo-benefício), disseminação de informação e produção e compilação de dados. O Banco também passou a financiar a pesquisa local e a educar técnicos para fins de produção de dados e desenho de projetos ligados ao tema (Goldman, 2005, p. 77-81; Finnemore, 1997, p. 208). Tudo isso demandou a constituição de todo um campo de estudos dedicado a essa temática, cujo alargamento alimentou a (e resultou da) gradativa imposição e legitimação de um novo vocabulário (centrado em termos como eficiência, mercado, renda, ativos, vulnerabilidade, pobre etc.), em detrimento de outro (como igualdade, exploração, dominação, classe, luta de classe, trabalhador etc.), forjado nas lutas sociais e caro à tradição socialista. Enfim, não apenas se estabeleceu um modo de interpretar e categorizar a realidade social, como também se desenhou uma nova agenda político-intelectual com coordenadas muito precisas. Foi nesse momento que o Banco se tornou uma agência capaz de articular e veicular um projeto mais abrangente de desenvolvimento capitalista para a periferia, ancorado a um só tempo na "ciência da pobreza" e na "ciência da gestão política da pobreza" pela via do crédito (e não da filantropia).

A ideia de que a superação da pobreza dar-se-ia, fundamentalmente, pelo aumento da "produtividade dos pobres", no campo e na cidade, tinha como premissa a tese de que vivia em condições de pobreza apenas quem não estivesse inserido em atividades consideradas produtivas. Tal proposição operava um triplo movimento: primeiro, apagava o caráter desigual e combinado das formas de exploração e, portanto, a "funcionalidade dos pobres" (desempregados, subempregados, pequenos agricultores etc.) para a acumulação capitalista; segundo, isolava a pobreza do conjunto das relações sociais, como se fosse um fenômeno em si mesmo; terceiro, reificava as modalidades mais predatórias de desenvolvimento capitalista, na medida em que explicava a pobreza como exclusão do progresso, e não como um dos seus resultados (Assmann, 1980, p. 47; Payer, 1980, p. 140). Esse triplo movimento permitiu ao Banco fortalecer politicamente a consigna da luta contra a pobreza, ao fazê-la parecer autoexplicativa e legítima por si própria. Permitiu, também, eludir a questão dos baixos salários e da necessidade de criação de empregos, na medida em que deslocava o foco de análise para a qualidade da inserção atomizada dos indivíduos no mercado.

Depois de Nairóbi, então, a gestão McNamara impulsionou os projetos "orientados à pobreza". Após a promoção da atividade agropecuária e agroindustrial para os mercados externo e interno, o aliviamento da pobreza foi o segundo objetivo da política do Banco para o campo nos anos 1970 (Kapur *et al.*, 1997, p. 412). Os projetos com essa finalidade foram, então, etiquetados como "desenvolvimento rural". Com ênfase no crescimento da produtividade da terra e em cultivos de maior valor agregado, tais projetos ambicionavam financiar parcelas de pequenos agricultores (proprietários) que tivessem potencial produtivo e capacidade de endividamento, embora fossem considerados pobres do ponto de vista da renda monetária auferida. Nenhum deles foi desenhado para alcançar trabalhadores sem-terra, nem orientados para posseiros, parceiros, meeiros e ar-

DESENVOLVIMENTO COMO SEGURANÇA, ASSALTO À POBREZA

rendatários, e sim para a camada superior do seu grupo-alvo (van de Laar, 1976, p. 840; Lipton & Shakow, 1982, p. 17). Ou seja, não foram pensados ou direcionados para chegar aos "mais pobres dentre os pobres" (Ayres, 1983, p. 102), muito menos para redistribuir renda e riqueza (Banco Mundial, 1975a, p. 20). A Tabela 4.5 informa a distribuição dos empréstimos aprovados para agricultura e desenvolvimento rural entre 1965 e 1982. Na sequência, a Tabela 4.6 ilustra a distribuição de tais empréstimos por região entre 1965 e 1986.

No documento-guia sobre o tema publicado em 1975, o desenvolvimento rural foi concebido como um conjunto de atividades que extrapolavam um setor específico e tinham o objetivo de aumentar a produtividade agrícola, as oportunidades de emprego e o nível de renda da população-alvo (em condições de pobreza absoluta) e também melhorar alimentação, moradia e saúde e educação básicas até padrões considerados minimamente aceitáveis (Banco Mundial, 1975a, p. 4). Porém, segundo a auditoria interna publicada pelo Departamento de Avaliação de Operações em 1988, os técnicos do Banco na prática definiram os projetos de desenvolvimento rural como aqueles em que ao menos 50% dos futuros "beneficiários" diretos estivessem abaixo da linha de pobreza (Banco Mundial, 1988a, p. xiv). Ou seja, em vez de um conceito que combinasse ações diversificadas e metas setoriais e subsetoriais dentro de uma área definida geograficamente, os operadores adotaram uma definição de desenvolvimento rural baseada no cálculo estrito da pobreza. A implementação em uma via única e simples foi a forma mais eficaz de responder à pressão institucional para "mover o dinheiro" com rapidez e, assim, aumentar o número de empréstimos e a cota de desenvolvimento rural na rubrica total da agricultura (Kapur *et al.*, 1997, p. 414). Isso alimentou um procedimento de fachada, pelo qual inúmeros projetos tradicionais de infraestrutura eram reetiquetados para que coubessem na definição prática de "desenvolvimento rural" (Banco Mundial, 1988a, p. xiv). Dessa maneira, segundo a auditoria citada, a avaliação sobre o alcance real dos objetivos definidos em 1975 tendeu a sofrer distorção considerável.

Tabela 4.5
Distribuição dos projetos para agropecuária e desenvolvimento rural — anos fiscais 1965-1982
Milhões de dólares

	1965	1966	1967	1968	1969	1970	1971	1972	1973	1974	1975	1976	1977	1978	1979	1980	1981	1982	TOTAL
Desenvolvimento rural																			
Número de projetos	3	0	3	7	7	10	14	15	17	25	41	38	53	49	45	47	45	40	459
Empréstimos do Banco Mundial	31.3	0	22.6	57.2	63.6	128.6	92.8	187.4	156.2	464.3	1,012.7	771.6	1,235.1	1,722.1	1,272.1	1,742.6	2,202.0	2,173.4	13.335,6
Custo total dos projetos	124.1	0	40.2	126.4	135.8	252.5	180.5	384.6	268.9	929.7	2,342.0	1,716.1	3,198.0	3,695.3	2,951.8	4,175.3	5,204.4	6,573.6	32.299,2
Agropecuária (não orientada à pobreza)																			
Número de projetos	4	9	6	6	20	21	22	19	36	31	29	27	31	39	38	38	38	27	441
Empréstimos do Banco Mundial	130.9	154.0	116.4	117.4	234.0	281.9	260.7	230.2	898.6	491.6	844.9	856.0	1,072.8	1,547.7	1,249.7	1,715.8	1,561.0	905.0	12.668,6
Custo total dos projetos	413.2	294.8	248.7	286.0	560.5	625.8	476.3	416.5	2,126.9	1,071.9	1,955.5	2,225.6	2,942.8	4,898.0	3,940.4	4,304.2	4,673.0	2,412.4	33.872,5
Desenvolvimento rural e agropecuária																			
Número de projetos	7	9	9	13	27	31	36	34	53	56	70	65	84	88	83	85	83	67	900
Empréstimos do Banco Mundial	162.2	154.0	139.0	174.6	297.6	410.5	353.5	417.6	1,054.8	955.9	1,857.6	1,627.6	2,307.9	3,269.7	2,521.8	3,458.4	3,763.0	3,078.4	26.004,2
Custo total dos projetos	537.3	294.8	288.9	412.4	696.3	878.3	656.8	801.1	2,395.8	2,001.6	4,297.5	3,941.7	6,140.8	8,593.3	6,892.2	8,479.5	9,877.3	8,986.0	66.171,7
Desenvolvimento rural																			
Empréstimos como percentual do total para o setor agropecuário	19	0	16	33	21	31	26	45	15	49	55	47	54	53	50	50	59	71	51

Fonte: Banco Mundial (1988a, p. 104 e 108-109).

DESENVOLVIMENTO COMO SEGURANÇA, ASSALTO À POBREZA

Tabela 4.6
Distribuição dos projetos para agropecuária e desenvolvimento rural por região — anos fiscais 1965-1986
Milhões de dólares

Anos fiscais 1965-1973					
	África	Leste da Ásia e Pacífico	Sul da Ásia	Europa, Oriente Médio e Norte da África	América Latina e Caribe	Total

Desenvolvimento rural						
Número de projetos	36	19	9	4	6	76
Empréstimos do Banco Mundial	218.1	272.5	154.5	49.8	44.8	739.7
Custo total dos projetos	345.2	533.6	369.0	112.3	153.0	1,513.1
Agropecuária (não orientada à pobreza)						
Número de projetos	30	18	27	30	38	143
Empréstimos do Banco Mundial	251.6	284.2	590.0	640.2	658.1	2,424.1
Custo total dos projetos	452.8	494.4	1,296.1	1,782.1	1,423.1	5,448.5
Desenvolvimento rural e agropecuária						
Número de projetos	68	37	36	34	44	219
Empréstimos do Banco Mundial	469.7	556.7	744.5	690.0	702.9	3,163.8
Custo total dos projetos	798	1,028.0	1,665.1	1,894.4	1,576.1	6,961.6
Desenvolvimento rural						
Empréstimos como percentual do total para o setor agropecuário	46	49	21	7	6	23

Anos fiscais 1974-1986					
	África Oriental	Leste da Ásia e Pacífico	Sul da Ásia	Europa, Oriente Médio e Norte da África	América Latina e Caribe	Total

Desenvolvimento rural						
Número de projetos	171	97	105	56	69	498
Empréstimos do Banco Mundial	2,976.6	4,910.2	5,450.9	2,348.4	3,392.7	19,078.8

(cont.)

África	Leste da Oriental	Sul da Ásia e Pacífico	Europa, Ásia	América Oriente Médio e Norte da África	Total Latina e Caribe	
Custo total dos projetos	6,750.1	10,401.6	17,603.9	6,662.2	8,572.9	49,990.7
Agropecuária (não orientada à pobreza)						
Número de projetos	124	64	94	95	68	445
Empréstimos do Banco Mundial	2,476.1	2,510.1	4,498.2	4,620.5	5,354.5	19,459.4
Custo total dos projetos	5,906.8	5,857.9	12,498.4	17,040.1	12,671.3	53,974.5
Desenvolvimento rural e agropecuária						
Número de projetos	295	161	199	151	137	943
Empréstimos do Banco Mundial	5,452.7	7,420.3	9,949.1	6,968.9	8,747.2	38,538.2
Custo total dos projetos	12,656.9	16,259.5	30,102.3	23,702.3	21,244.2	103,965.2
Desenvolvimento rural						
Empréstimos como percentual do total para o setor rural	54	66	55	34	39	50

Fonte: Banco Mundial (1988a, p. 105).

Atuando como um atacadista de crédito, o Banco constituiu-se no principal financiador externo para a agricultura, posição que manteve ao longo de toda a década de 1970. Com frequência, a velocidade com que autorizava empréstimos era superior (às vezes bastante superior) à capacidade de implementação dos Estados. Isso alimentou a prática neocolonial de criação de autoridades especiais segregadas do restante da administração pública e dominadas por financiadores estrangeiros. A montagem desses nichos burocráticos para levar adiante os projetos contribuiu sobremaneira para fragmentar e dualizar a máquina pública, alimentando distorções gerais do sistema público (van de Laar, 1976, p. 845-46). Em poucos anos, entre outras razões devido à incapacidade de estabelecer ligações com o restante da administração regular, tais enclaves tornaram-se contraprodutivos, em particular na África (Lacroix, 1985, p. 14; Kapur *et al.*, 1997, p. 414). É difícil imaginar a dimensão da corrupção e das práticas clientelísticas envolvidas em esquemas dessa natureza.

DESENVOLVIMENTO COMO SEGURANÇA, ASSALTO À POBREZA

De acordo com o documento setorial de 1975, desenvolvimento rural significava perseguir um conjunto articulado de metas setoriais e subsetoriais dentro de uma jurisdição geográfica específica. Nesse sentido, os projetos de desenvolvimento de área (*area development*) representariam o núcleo por excelência dessa proposta (Banco Mundial, 1988a, p. xiv). Em larga medida, eram tais projetos que o Banco começou a chamar de "desenvolvimento rural integrado" ou simplesmente de projetos de "novo estilo". A rigor, porém, a originalidade de tais iniciativas é questionável, quando se tem em vista a história do Desenvolvimento de Comunidade (Lacroix, 1985, p. 8-11). Seja como for, a partir de Nairóbi, o Banco impulsionou a aprovação de projetos de área a uma velocidade sem paralelo, como mostram as Tabelas 4.7 e 4.8.

Tabela 4.7

Distribuição dos projetos para agropecuária e desenvolvimento rural aprovados por subsetor — anos fiscais 1965-1973

Milhões de dólares

	Desenvolvimento de área	Pecuária	Silvicultura	Irrigação	Crédito	Outros	Total
Desenvolvimento rural							
Número de projetos	19	6	9	26	5	11	76
Empréstimos do Banco Mundial	135.0	22.7	45.8	409.6	26.7	99.9	739.7
Custo total dos projetos	206.8	39.3	80.5	861.1	58.4	267.0	1,513.1
Agropecuária (não orientada à pobreza)							
Número de projetos	3	38	16	20	32	34	143
Empréstimos do Banco Mundial	21.8	377.8	168.2	641.0	751.7	463.6	2,424.0
Custo total dos projetos	37.5	645.1	307.8	1,955.2	1,487.3	1,015.6	5,448.5
Desenvolvimento rural e agropecuária							
Número de projetos	22	44	25	46	37	45	219
Empréstimos do Banco Mundial	156.8	400.5	214.0	1,050.6	778.4	563.5	3,163.7

(*cont.*)

O BANCO MUNDIAL COMO ATOR POLÍTICO, INTELECTUAL E FINANCEIRO

	Desenvolvimento de área	Pecuária	Silvicultura	Irrigação	Crédito	Outros	Total
Custo total dos projetos	244.3	684.4	388.3	2,816.3	1,545.7	1,282.6	6,961.6
Desenvolvimento rural Empréstimos como percentual do total para o setor agropecuário	86	6	21	39	3	18	23

Fonte: Banco Mundial (1988a, p. 106).

Tabela 4.8
Distribuição dos projetos aprovados para agricultura e desenvolvimento rural por subsetor — anos fiscais 1974-1986
Milhões de dólares

Subsetor	Número de projetos	Percentual	Empréstimos	Percentual	Custo total dos projetos	Percentual relativo ao Banco Mundial
Desenvolvimento rural Empréstimo para o setor agrícola	11	2,2	259,8	1,4	610,1	42,6
Crédito agrícola	22	4,4	1.726,8	9,1	10.971,9	15,7
Desenvolvimento de área	208	41,8	6.189,2	32,4	14.446,7	42,8
Piscicultura	8	1,6	162,9	0,9	405,6	40,2
Irrigação e drenagem	140	28,1	7.545,0	39,5	16.701,7	45,2
Pecuária	28	5,6	442,6	2,3	936,3	47,3
Agroindústria	9	1,8	261,0	1,4	574,8	45,4
Culturas perenes	37	7,4	1.444,1	7,6	3.029,0	47,7
Pesquisa e extensão	21	4,2	553,1	2,9	1.306,0	42,4
Silvicultura	6	1,2	142,1	0,7	254.1	55,9
Não identificado	1	0,2	30,4	0,2	47.3	64,3
Outros	7	1,4	321,8	1,7	707.2	45,5
TOTAL	498	100	19.078,8	100	49.990,7	100

(cont.)

DESENVOLVIMENTO COMO SEGURANÇA, ASSALTO À POBREZA

Subsetor	Número de projetos	Percentual	Empréstimos	Percentual	Custo total dos projetos	Percentual relativo ao Banco Mundial
Agricultura (não orientada à pobreza)						
Empréstimo para o setor agrícola	26	5,8	1.983,6	10,2	5.341,7	37,1
Crédito agrícola	66	14,8	4.090,9	21,0	13.378,1	30,6
Desenvolvimento de área	41	9,2	1.653,7	8,5	4.342,6	38,1
Piscicultura	16	3,6	179,4	0,9	328,0	54,7
Irrigação e drenagem	79	17,8	3.836,7	19,7	9.928,7	38,6
Pecuária	33	7,4	818,5	4,2	2.308,4	35,0
Agroindústria	44	9,9	2.244,6	11,5	5.808,7	38,6
Culturas perenes	38	8,5	997,1	5,1	2.603,5	38,3
Pesquisa e extensão	44	9,9	1.191,3	6,1	2.794,8	42,6
Silvicultura	49	11,0	1.095,3	5,6	3.100,5	35,3
Outros	9	2,0	1.368,3	7,0	4.039,5	33,9
TOTAL	445	100	19.459,4	100	53.974,4	100
Desenvolvimento rural e agricultura						
Empréstimo para o setor agrícola	37	3,9	2.243,4	5,8	5.951,8	37,7
Crédito agrícola	88	9,3	5.817,7	15,1	24.350,0	23,9
Desenvolvimento de área	249	26,4	7.842,9	20,4	18.789,3	41,7
Piscicultura	24	2,5	342,3	0,9	733.6	46,7
Irrigação e drenagem	219	23,2	11.381,7	29,5	26.630,4	42,7
Pecuária	61	6,5	1.261,1	3,3	3.244,7	38,9
Agroindústria	53	5,6	2,505,6	6,5	6.383,4	39,3
Culturas perenes	75	8,0	2.441,2	6,3	5.632,5	43,3
Pesquisa e extensão	65	6,9	1.744,4	4,5	4.100,8	42,5
Silvicultura	55	5,8	1.237,4	3,2	3.354,6	36,9
Não identificado	1	0,1	30,4	0,1	47,3	64,3
Outros	16	1,7	1.690,1	4,4	4.746,8	35,6
TOTAL	943	100	38.538,2	100	103.965,2	100

Fonte: Banco Mundial (1988a, p. 111) [cálculos do autor].

O BANCO MUNDIAL COMO ATOR POLÍTICO, INTELECTUAL E FINANCEIRO

Em regra, os projetos DRI eram guiados por uma visão burocrática e homogeneizadora do mundo social, sem flexibilidade para adaptar seus componentes à diversidade local e sem a participação da população supostamente beneficiária nas fases e decisões fundamentais (Lacroix, 1985, p. 17-18).

A rigor, pouco se sabe sobre os resultados efetivos dos projetos DRI. A missão de avaliá-los cabia ao Banco e aos governos, que pouco tinham essa prática, até porque, entre outras razões, a pressão social para que o fizessem era inexistente ou insignificante. Devido ao imperativo de "mover o dinheiro", os técnicos do Banco atuavam como vendedores de projetos, de modo que a maior parte dos recursos operacionais era gasta em atividades necessárias à concessão de empréstimos, pouco restando para supervisão e avaliação (Lacroix, 1985, p. 14-15). Além disso, em função de suas implicações políticas, a avaliação era tomada — quando o era — muito mais como uma atividade de relações públicas do que um trabalho de investigação sistemática (*ibidem*, p. 25). Contudo, mesmo que assim fosse feito, seus procedimentos e resultados seriam passíveis de questionamento metodológico, posto que a independência necessária à atividade de pesquisa e avaliação estaria comprometida. Mesmo nos casos em que a avaliação fosse conduzida por quadros externos ao Banco e ao Estado, por meio de consultoria a terceiros, sempre caberia questionar a sua "independência", haja vista o interesse eventual dos pesquisadores em manter um fluxo permanente de contratos de consultorias pagos em dólar ou mesmo em fazer uma carreira promissora em Washington. De acordo com uma avaliação do próprio Banco, os projetos tiveram um "impacto muito limitado" e um viés marcante em favor de "agricultores com maior potencial de produção" (*ibidem*, p. 23-24). Além disso, considerando as próprias diretrizes do Banco em matéria de desenvolvimento rural "orientado à pobreza" prescritas em 1975, pode-se estimar como significativa, no mínimo, a apropriação de recursos e benefícios auferidos por grupos sociais distintos dos "grupos-alvo". Literalmente:

> Em muitos países é essencial evitar a oposição dos grupos poderosos e influentes da comunidade rural para que os programas [de desenvolvimento rural] não se vejam subvertidos a partir de dentro. Ao preparar os programas deve-se tomar em conta o sistema social prevalecente, se se quer lograr

benefícios perduráveis para os pobres. Portanto, nos casos em que há um elevado grau de desigualdade econômica e social, pode ser otimista esperar que mais de 50% dos benefícios dos projetos possam ser canalizados para os grupos objetos do desenvolvimento e com frequência a proporção será muito menor (Banco Mundial, 1975a, p. 49).

Após Nairóbi, ao mesmo tempo em que deslanchava os projetos de desenvolvimento rural, o Banco Mundial se engajou, até 1981, na procura por um instrumento análogo para o meio urbano, i.e., um tipo de projeto que pudesse ser reproduzido de forma rápida e em larga escala, que tivesse uma população-alvo mais ou menos bem definida e que servisse de veículo para investimentos considerados produtivos, e não apenas para transferências sociais (Ayres, 1983, p. 154; Kapur *et al.*, 1997, p. 263). O tema foi objeto do discurso de McNamara em 1975, mais uma vez numa perspectiva política explícita:

> Historicamente, a violência e os distúrbios civis são mais comuns nas cidades do que no âmbito rural. Entre os grupos urbanos de baixa renda as frustrações se inflamam e são facilmente aproveitadas pelos extremistas políticos. Se as cidades não começarem a tratar de maneira mais construtiva o problema da pobreza, essa pode muito bem começar a tratar de maneira mais destrutiva as cidades. Esse não é um problema que admita demora por razões políticas (McNamara, 1975, p. 36).

Em virtude, sobretudo, da baixa capacidade do setor urbano moderno (intensivo em capital) de absorver força de trabalho, um "quadro patológico" — nas palavras de McNamara — de pobreza urbana já teria se consolidado de tal maneira que seria "extremamente difícil proporcionar emprego e condições de vida dignas, ainda que mínimas, às centenas de milhões de seres que formarão parte das economias urbanas" (McNamara, 1975, p. 35).

Diversos documentos setoriais foram publicados entre 1974 e 1976 e se criou um grupo de trabalho para assegurar a implementação do novo objetivo: minorar a pobreza urbana — "absoluta", sempre. Focalização e produtividade eram as palavras-chave. Os primeiros projetos do Banco, autorizados ainda em 1972, seguiam o enfoque de "terrenos e serviços" (*sites and services*), cujo objetivo era o de prover uma abordagem replicável que conciliasse recuperação de custos (*cost-recovery*) máxima e subsídio público mínimo. Em outras palavras, seu objetivo central era demonstrar a viabilidade financeira e política de um modelo da habitação urbana de baixo padrão que pudesse substituir os esquemas tradicionais de fornecimento público de moradia. O procedimento básico consistia em limitar ao mínimo possível a provisão pública para a compra da terra e a construção de infraestrutura básica, deixando aos novos proprietários a responsabilidade e grande parte dos custos da autoconstrução das casas. Posto em prática pelo BID e pela Usaid desde o início dos anos 1960, tal enfoque fornecia um meio para se explorar o trabalho não pago, rebaixar o custo de reprodução da força de trabalho e, como blindagem contra o "assédio comunista", alimentar o conformismo social por meio do acesso à propriedade (Arantes, 2004, p. 33-34). Além de problemas de ordem legal relacionados à compra dos terrenos, o enfoque *sites and services* mostrou-se não replicável. Por quê? Para que houvesse a máxima recuperação de custos — i.e., para que os "consumidores" pudessem pagar — o padrão dos terrenos e da provisão de serviços era rebaixado a níveis tão aviltantes que requeria subsídios adicionais (Kapur *et al.*, 1997, p. 317-318).

Na tentativa de ampliar o grau de cobertura, acelerar a implementação e baixar custos, o Banco Mundial passou a priorizar, então, a "urbanização de favelas" (*slum upgrading*). O novo enfoque exigia o mínimo de demolição física e reassentamento de pessoas, com a vantagem de servir plenamente à canonização da habitação favelada, ao discurso do "ajudar os pobres a ajudarem a si próprios" e à ilusão incremental do "construa-você-mesmo" (Davis, 2006, p. 80-81).

A abordagem da "urbanização de favelas", no entanto, logo mostrou não ter resolvido o problema da focalização nos segmentos mais pobres, em parte porque o próprio Banco não abria mão da recuperação de custos (*cost-recovery*). Para rebater a pressão pelo aliviamento da cobrança aos supostos beneficiários, o Banco insistia na possibilidade de desenvolver projetos que fossem, ao mesmo tempo, economicamente viáveis e focalizados, desde que tivessem desenho "apropriado" e gestão "competente e eficaz" (Kapur *et al.*,

DESENVOLVIMENTO COMO SEGURANÇA, ASSALTO À POBREZA

1997, p. 319). Apesar disso, o Banco também reabilitou a ideia de benefícios indiretos por meio do aumento de ocupações urbanas, sobretudo no setor informal, o que remetia novamente ao "efeito derrame", porém numa versão ainda mais regressiva do ponto de vista social (*ibidem*, p. 264).

Como a estratégia de moradia urbana de baixos padrões corria na direção contrária à dos códigos legais de habitação existentes na grande maioria dos países prestatários (Kapur *et al.*, 1997, p. 320), o Banco Mundial reforçou ainda mais o investimento na "construção institucional", impulsionando a criação de agências autônomas ou autoridades nacionais ou estaduais responsáveis pela política habitacional (Ribeiro Filho, 2006, p. 137-138). Não raro, tais organismos ajudaram a blindar as decisões-chave em matéria de política urbana contra o voto popular (Davis, 2006, p. 76).

Malgrado o Banco Mundial ter exercido um papel cada vez mais proeminente na determinação dos parâmetros para política habitacional urbana, Kim Jaycox, então responsável pelo Departamento de Projetos Urbanos, afirmou, em 1977, que a implementação dos projetos era "desapontadora". McNamara, no mesmo ano, disse que o Banco Mundial não havia encontrado uma maneira eficaz de reduzir a pobreza urbana, razão pela qual a questão permanecia "não resolvida" (Kapur *et al.*, 1997, p. 264). As avaliações quantitativas e qualitativas sobre os resultados dos projetos habitacionais financiados pelo Banco Mundial, inclusive as realizadas pelo seu Departamento de Avaliação de Operações (OED), eram bastante negativas (Ayres, 1983; Kapur *et al.*, 1997). Por outro lado, isso não impediu que o Banco exercesse, desde o início da década de 1970, um papel cada vez mais proeminente na parametrização da política habitacional urbana praticada nos países clientes, sempre na direção da minimização do papel do Estado na resolução do déficit habitacional (Davis, 2006, p. 79-81).

Depois de Nairóbi, o Banco Mundial também se envolveu no debate sobre o enfoque das necessidades básicas. A discussão apareceu em 1976 como uma suposta redefinição do enfoque orientado à pobreza academizado por Chenery, dando peso à "necessidade" como critério de decisão para a delimitação dos projetos e a alocação de recursos. A OIT havia lançado o enfoque na conferência "Emprego, crescimento e necessidades básicas" no mesmo ano, com o discurso de que a luta contra a pobreza devia ser concebida e travada sob aquela abordagem. De novo, o Banco Mundial reagia à OIT (Kapur *et al.*, 1997, p. 265-267). Todavia, não só a ela: a ideia de necessidades sociais, mais do que a de pobreza, figurava no vocabulário do Banco desde a gestão Woods; ademais, a ideia de necessidades básicas orientava formalmente a política de assistência bilateral norte-americana, revisada em 1973. Além disso, a nova bandeira servia bem como cortina de fumaça e evasiva tática contra a tentativa do governo Carter de impor ao Banco o "respeito aos direitos humanos" como regra para a concessão de empréstimos (*ibidem*, p. 324).

O novo enfoque rivalizava com o de Chenery, sem, no entanto, suplantá-lo. Internamente, a gestão McNamara debateu durante os cinco ou seis anos seguintes quais seriam as necessidades básicas desejáveis ou possíveis e como justificá-las em termos de custo/benefício e assumir a responsabilidade de que o crescimento não seria prejudicado (Ayres, 1983, p. 85-89). Afinal, uma das vigas do discurso de McNamara era a negação de *trade-offs* entre crescimento econômico e redução da pobreza (ou, no caso, satisfação de necessidades básicas). O debate não chegou a lugar algum e pouco se traduziu em projetos ou componentes de projetos (Kapur *et al.*, 1997, p. 265-267).

O objetivo do novo enfoque não era negar a teoria do derrame (Streeten *et al.*, 1986, p. 95-105). Como explicou McNamara: "Se as pessoas que vivem na pobreza absoluta tivessem de esperar que os benefícios do crescimento econômico global fossem filtrados até elas, o ritmo em que melhorariam seus rendimentos e nível de bem-estar seria intoleravelmente pequeno" (1980, p. 34). Ou seja, tratava-se tão somente de complementar, por meio de ações variadas, o gotejamento que, em tese, ocorreria numa velocidade então politicamente inaceitável. Eis o ponto.

Tal como acontecia com a redução da pobreza, a satisfação das necessidades básicas também era tomada como um objeto isolado do conjunto das relações sociais e da política econômica, desconsiderando-se o desemprego e o rebaixamento da remuneração da força de trabalho (Assmann, 1980, p. 49-50). Com efeito, a nova proposta se acomodava bem à abordagem de aliviamento da pobreza absoluta pela via do aumento da produtividade do trabalho e da inserção mercantil, em detrimento do enfoque da redução das desigualdades sociais por meio da redistribuição de ativos e rendimen-

DESENVOLVIMENTO COMO SEGURANÇA, ASSALTO À POBREZA

tos acumulados. Seu objetivo não era, evidentemente, mudar o mundo no qual os "pobres" viviam, mas sim melhorar, circunstancial e marginalmente, os termos pelos quais eles se inseriam nele (Ayres, 1983, p. 89).

Todavia, a movimentação em torno das necessidades básicas acabou por consagrar saúde e educação primárias como áreas abertas ao investimento produtivo nos países da periferia. O Banco Mundial seguiu essa linha, destacando-se, desde o primeiro momento, por subordiná-la aos imperativos políticos do aliviamento da pobreza absoluta e da reformulação e redução dos gastos com políticas sociais. No final de 1979, McNamara criou o Departamento de População, Saúde e Nutrição, o que permitiu a autorização de empréstimos exclusivamente para a saúde — antes, o setor figurava apenas como um componente em projetos de desenvolvimento rural e urbano e planejamento familiar — abrindo um campo novo e amplíssimo de atuação. Enquanto isso, a entrega do Prêmio Nobel de economia para Schultz e Lewis, no mesmo ano, serviu para entronizar tardiamente na agenda do Banco Mundial o conceito de capital humano aplicado à educação básica. Os governos dos EUA e do Reino Unido, em especial, apoiaram entusiasticamente, no Conselho de Governadores do Banco, a ênfase na educação básica. Em 1980, o Relatório sobre Desenvolvimento Mundial chancelou as duas novas prioridades na área social. Gestavam-se, naquele momento, as coordenadas principais de um modelo de política social que se tornaria hegemônico uma década depois, centrado não mais no acesso a ativos produtivos físicos, mas sim na formação de capital humano.

Apesar de todas as exortações de McNamara em prol da "luta contra a pobreza extrema", o fato é que, ao longo dos 12 anos da sua gestão, os empréstimos do Banco para projetos com algum componente (não necessariamente majoritário) "orientado à pobreza" não ultrapassaram um terço do total. Entretanto, esse índice está, com certeza, superestimado, pois, como reconheceram Kapur *et al.* (1997, p. 339), o *staff* exagerava o grau de cobertura dos projetos, aumentando o número de beneficiários considerados pobres. A estrutura interna de incentivos fomentava esse procedimento, na medida em que a ascensão na carreira profissional dependia do volume de empréstimos sob supervisão de cada funcionário. A certeza de impunidade também contava. Afinal, os governos dificilmente realizavam qualquer fiscalização, seja porque eram parceiros nos projetos, seja porque praticamente não existiam condições políticas para um monitoramento independente por parte de organizações sociais e da imprensa, dada a natureza ditatorial do regime político vigente na ampla maioria dos clientes do Banco naquele período.

Segundo Kapur *et al.* (1997, p. 328), o total dos empréstimos do Banco Mundial para projetos de todo tipo representou menos de 2% do investimento global feito pelos governos dos países da periferia em desenvolvimento ao longo dos anos 1970. Ora, se os empréstimos para projetos orientados à pobreza representaram apenas um terço do total — o que, como se viu, também é altamente controverso, na medida em que infla o número de beneficiários — não seria exagerado afirmar que o impacto direto de tais projetos financiados pelo Banco foi, realmente, insignificante. A rigor, não passaram de gotas no oceano: iniciativas pontuais ante a magnitude da desigualdade e da pauperização nos países periféricos. Ademais, mesmo a história oficiosa do Banco Mundial teve dificuldade para reconhecer algum resultado positivo nessa direção, mínimo que fosse (*ibidem*, p. 328-329). Além disso, convém ressaltar que, salvo no caso do desenvolvimento rural, e mesmo assim com muitas ressalvas e durante um curto período, a categoria de projeto "orientado à pobreza" nunca foi definida de maneira exata e oficial, o que representa uma dificuldade adicional para a análise dos seus resultados diretos e indiretos (*ibidem*, p. 311).

Todavia, restringir a influência relativa do Banco ao impacto direto dos seus empréstimos serve para esconder não apenas a sua magnitude econômica real, mas também a extensão da sua atuação político-ideológica. Tanto no meio rural como no meio urbano, os projetos do Banco induziram mudanças na composição e na destinação do gasto público, na medida em que, para cada empréstimo contratado com o Banco, os governos tinham de desembolsar uma contrapartida financeira, em geral muito maior; depois, precisavam mobilizar recursos para pagar o Banco, tido sempre como credor preferencial, e em moeda forte. Além disso, como o Grupo Banco Mundial atuava em múltiplas operações de cofinanciamento e garantias em negócios privados, a extensão da sua presença econômica se amplificou extraordinariamente. Da mesma maneira, ao longo dos anos 1970, uma quantidade crescente de empréstimos e créditos do Bird e da AID des-

DESENVOLVIMENTO COMO SEGURANÇA, ASSALTO À POBREZA

vinculada de projetos passou a ser direcionada para bancos públicos de desenvolvimento, os quais, por sua vez, utilizavam-na para financiar empresas privadas estrangeiras e nacionais, com destaque para agroindústrias e indústrias extrativas (minérios, petróleo, gás etc.) (Payer, 1982, p. 128-141). Por essa via, não apenas recursos da CFI, mas também do Bird e da AID, beneficiavam, quase que diretamente, a acumulação privada de capital.

Além de induzir a reorientação do gasto público nacional, os projetos financiados pelo Banco Mundial forneceram parâmetros e condições para a redefinição de políticas setoriais e sociais em dezenas de países. Em muitos casos, agências e órgãos da administração pública responsáveis pela regulação de setores inteiros da economia foram erguidos a partir de empréstimos e/ou assessoria do Banco. Nas áreas do desenvolvimento rural e urbano, por exemplo, não raro a replicabilidade dos projetos era garantida pela internalização dos modelos, procedimentos e *expertise* produzidos e difundidos pelo Banco, o que, na prática, acabava por dispensar a contratação de empréstimos. Com frequência, esse processo teve conotações políticas reativas e assumiu uma direção socialmente regressiva, na medida em que serviu para que governos — na época, majoritariamente sob regimes ditatoriais — eludissem a pressão popular por reformas sociais democratizantes, algumas das quais com grande potencial redistributivo, como a reforma agrária. Por outro lado, é imensa a lista de projetos financiados ou apoiados pelo Banco que provocaram impactos altamente negativos do ponto de vista socioambiental.[37]

Os picos das mensagens políticas do Banco sobre "pobreza" e "necessidades básicas" ocorreram nos biênios 1973-1974 e 1977-1978, na esteira, primeiro, da reorientação da política de assistência externa estadunidense e, depois, das iniciativas da OIT e do governo Carter. Naqueles dois momentos, as exortações messiânicas costumeiras de McNamara sobre a necessidade de se aumentar a ajuda externa subiram de tom e os desembolsos para projetos sociais ganharam um empurrão adicional. Também em ambos os momentos o Banco empreendeu iniciativas com o objetivo de intro-

---

[37]Sobre o tema consulte-se, em especial, Rich (1994), Brown (1995), George & Sabelli (1996), Caufield (1996) e Sanahuja (2001).

duzir o tema da "redução da pobreza" na relação com alguns governos de países clientes com histórico de concentração de renda muito elevada. Contudo, como mostraram Kapur *et al.* (1997, p; 321-339), tais iniciativas foram pontuais e, sem exceção, preteridas em nome de emergências políticas e/ou financeiras, as quais demandariam, na visão do Banco, a manutenção do foco do diálogo político em problemas macroeconômicos e a continuidade da escalada de empréstimos.

Do ponto de vista político, o arrefecimento da guerra fria jogou um papel importante na queda dos empréstimos para fins "sociais" (Kapur *et al.*, 1997, p. 321). A preocupação com a segurança, que levara à criação da AID e puxara a expansão inicial dos empréstimos para educação e desenvolvimento rural e urbano, tornou-se menos compelidora, à medida que a política de distensão ganhava espaço. Iniciada pelo primeiro governo Nixon (1969-1972), a *détente* relaxou as tensões entre as superpotências, abriu os países do bloco socialista ao capital privado europeu e norte-americano e normalizou progressivamente as relações diplomáticas dos EUA com a China (Velasco e Cruz, 2007, p. 377).

Contudo, as contradições decorrentes dos significados distintos que EUA e URSS atribuíam à *détente* acabaram engolindo-a à medida que uma série de eventos se sucediam no cenário político internacional entre 1973-1974 e 1977-1978: a eclosão de golpes militares e massacres no Chile, na Argentina e em Uganda, o escândalo do Watergate e a renúncia de Nixon, a guerra de secessão do Paquistão, a guerra do Yom Kipur entre Israel e as forças de Egito e Síria, o regime ditatorial do Khmer Vermelho no Camboja, a Revolução dos Cravos em Portugal, a derrocada da ditadura na Grécia, a crise do ditadura franquista na Espanha e as guerras civis no Líbano, em Angola, no Zaire, na Etiópia e em muitos outros países africanos (em alguns casos, com a presença militar ativa da URSS) (Kapur *et al.*, 1997, p. 273; Velasco e Cruz, 2007, p. 378-380).

À instabilidade no plano político internacional se somava a instabilidade econômica. De um lado, desde o final dos anos 1960, as tensões no sistema monetário internacional tornavam a manutenção da convertibilidade do dólar em ouro cada vez mais difícil para os EUA. Assim, os EUA romperam unilateralmente com o regime monetário de Bretton Woods, mediante uma sequência de medidas adotadas pelo governo Nixon: em 1971, o corte da ligação entre o dólar e o ouro; em 1973, o abandono do sistema de paridades fixas, mas ajustáveis, em favor de taxas de câmbio flutuantes; em 1974, o fim das restrições ao fluxo de capitais nos EUA (Tabb, 2001, p. 82-83; Brenner, 2003, p. 67-73; Velasco e Cruz, 2007, p. 364-365). Essa movimentação fez parte da estratégia de destruição das regras que limitavam o domínio dos EUA sobre a política monetária internacional, por meio da transformação do regime monetário baseado no padrão ouro-dólar num regime baseado exclusivamente no padrão dólar (Gowan, 2003, p. 45-50). De outro lado, os países centrais sofriam a combinação de inflação, baixo crescimento e aumento do desemprego — em particular, após o primeiro choque do preço do petróleo, impulsionado no final de 1973 pela Opep — e respondiam, cada vez mais, com políticas defensivas do ponto de vista comercial e monetário (Velasco e Cruz, 2007, p. 371). Por sua vez, alguns poucos países da periferia (como Brasil, México, Coreia do Sul e Taiwan) seguiam com altas taxas de crescimento econômico ao longo de toda a década, à custa de um endividamento externo contraído em ritmo galopante, oriundo do acesso ao crédito farto e barato oferecido por bancos privados internacionais encarregados de reciclar a renda petrolífera. Enquanto isso, a grande maioria dos países da periferia não exportadores de petróleo empobrecia ou apresentava taxas de crescimento baixas (Kapur *et al.*, 1997, p. 321).

Por tudo isso, dentro do seu campo de ação, onde a estabilidade política e econômica estivesse sob ameaça, o Banco Mundial se concentrou no apoio a governos afinados e na concessão de mais e mais empréstimos que viabilizassem sucessivas fugas para frente (Kapur *et al.*, 1997, p. 323-324).

Por outro lado, o Banco impôs sanções a governos que promoviam políticas redistributivas. Os pedidos de empréstimo feitos pelo Chile, por exemplo, foram negados enquanto Allende esteve no poder e imediatamente autorizados após o golpe de setembro de 1973 (Brown, 1992, p. 157-159; Kapur *et al.*, 1997, p. 300-301). Da mesma maneira, governos que adotaram medidas confiscatórias contra a propriedade privada — em particular, contra ativos de empresas norte-americanas e/ou europeias — sofreram retaliações, como os de Argélia, Peru, Guiné e, depois da revolução sandinista, Nicarágua. Quando ativos de empresas não ocidentais foram objeto de expropriação (como em Uganda, por exemplo), o Banco Mundial não fez objeção (Kapur *et al.*, 1997, p. 326).

Depois do segundo choque do preço do petróleo em 1979, o Banco Mundial passou a concentrar ainda mais a sua carteira de empréstimos em modalidades que permitissem desembolsos elevados, apoiassem diretamente o balanço de pagamentos e servissem à obtenção de divisas que possibilitassem a rolagem dos débitos e a manutenção da espiral de endividamento. Por essa razão, o foco se estreitou em empréstimos para "programas", projetos tradicionais de infraestrutura e projetos considerados estritamente produtivos, em particular a agroexportação (Kapur *et al.*, 1997, p. 324). Nessa direção, as somas emprestadas pelo Bird e pela AID dobraram entre os anos fiscais de 1978 e 1981, concentrando-se em alguns clientes preferenciais, todos altamente endividados (McNamara, 1980, p. 33). Os projetos "sociais", que até então haviam representado uma fração minoritária da carteira do Banco, passaram a representar menos ainda, e a consigna do "assalto à pobreza" gradualmente deixou de figurar no centro do discurso de McNamara.

ENDIVIDAMENTO ACELERADO, FUGAS PARA FRENTE E INÍCIO DO AJUSTAMENTO ESTRUTURAL

McNamara foi indicado pelos EUA para um segundo mandato, que começou em 1974. Todavia, de acordo com Gwin (1997, p. 213), ele não era a primeira opção do presidente Nixon, devido à resistência do Tesouro. O apoio do governo norte-americano, segundo a autora, veio de maneira recalcitrante e tardia, em resposta à pressão do *mainstream* internacional da ajuda ao desenvolvimento e de Estados europeus, que chegaram a ameaçar com uma indicação própria ao cargo, caso McNamara não fosse mantido. De todo modo, o dado importante a reter é que a relação entre McNamara e o Tesouro continuou a sofrer tensões nos anos seguintes.

Quando as negociações para a 4ª Reposição da AID se iniciaram em 1973, a movimentação no Congresso norte-americano ganhou algum fôlego, tendo como pano de fundo o quadro macroeconômico doméstico de estagflação

DESENVOLVIMENTO COMO SEGURANÇA, ASSALTO À POBREZA

e a derrota no Vietnã. Contudo, naquele momento o foco da política norte-americana para a instituição era o Bird, e não a AID, e quem estava à frente dela era o Executivo, e não o Congresso. Segundo Gwin (1997, p. 216), no começo do primeiro choque do petróleo (1973-1974), McNamara tentou angariar parte da renda dos países exportadores de petróleo propondo a criação de um "fundo para o desenvolvimento", que seria financiado pela Opep, operado pelo Banco e regido por votos distribuídos igualmente entre os patrocinadores, os países desenvolvidos e os países em desenvolvimento. O governo dos EUA, porém, não apoiou a iniciativa, que ruiu de modo fulminante. Ao mesmo tempo, como explicou Gowan (2003, p. 48), os EUA impuseram que o aumento das receitas em dólar dos países da Opep, impossível de ser absorvido pelos seus próprios sistemas produtivos, seria reciclado pelos grandes bancos privados do Atlântico, liderados, na época, pelos norte-americanos. A proposta dos governos europeus e do Japão para que a reciclagem dos petrodólares ficasse a cargo do FMI foi rejeitada pelos EUA.

O Departamento de Estado apoiava o aumento continuado dos empréstimos do Banco Mundial, o que o colocava, nesse ponto, em contradição com o Tesouro. De acordo com Gwin (1997, p. 216), em setembro de 1975, por exemplo, Henry Kissinger — então secretário de Estado — propôs, numa sessão especial da Assembleia Geral da ONU, diversas medidas que resultariam na expansão da atividade financeira da CFI e do Bird. Naquele momento, alguns países da periferia intensificavam as exigências por uma nova "ordem econômica internacional". Como parte de um processo mais amplo de afirmação política que vinha desde meados dos anos 1960, tais países exigiam uma distribuição mais equilibrada dos benefícios das relações econômicas e mais poder em fóruns e organizações internacionais. Em oposição a essa plataforma, os EUA insistiam na necessidade de os países periféricos equilibrarem os seus balanços de pagamentos e confiarem na assistência financeira concedida pelas gêmeas de Bretton Woods. Em particular, o Departamento de Estado estava preocupado com a possibilidade de que os países da periferia formassem cartéis em outras *commodities* estratégicas, além do petróleo, cujo preço quadruplicara. As propostas de Kissinger não vingaram, mas os empréstimos do Banco continuaram a aumentar, apesar da oposição do Tesouro norte-americano.

O BANCO MUNDIAL COMO ATOR POLÍTICO, INTELECTUAL E FINANCEIRO

No ano seguinte, no encontro anual do Banco Mundial celebrado em Manila, McNamara bateu de frente com William Simon, secretário do Tesouro do governo Ford (agosto de 1974 a janeiro de 1977). A campanha de McNamara pelo aumento do capital geral do Bird (que demanda o aumento das subscrições dos Estados-membros) e do seu programa de empréstimos enfrentou a oposição de Simon, contrário ao ritmo de crescimento (tomada e oferta de crédito) do Bird. Segundo Gwin (1997, p. 217), enquanto McNamara defendeu a necessidade de aumentar os empréstimos na esteira do aumento dos preços do petróleo, do declínio do crescimento global e do endividamento acelerado dos países da periferia, Simon insistiu no combate à inflação (doméstica e internacional) e na tese de que o aumento do déficit forçaria tais países a desacelerarem o endividamento externo e a ajustarem as suas políticas econômicas segundo uma agenda liberalizante. O secretário do Tesouro — sempre de acordo com Gwin — enfatizou a centralidade das políticas econômicas domésticas *vis-à-vis* a ajuda externa, o papel decisivo e insubstituível do setor privado na atividade econômica, a superioridade de um sistema "orientado para o mercado" diante de qualquer outro sistema alternativo e a necessidade de melhoramentos institucionais para que os mercados financeiros privados canalizassem as poupanças para atividades econômicas mais eficientes. Segundo a crítica do secretário, o aumento dos empréstimos do Banco resultaria no endividamento de alguns países muito além da sua capacidade de pagamento, o que enfraqueceria o prestígio do Banco nos mercados de capital, razão pela qual tais empréstimos deveriam ser temporariamente congelados nos níveis correntes. O discurso do secretário não impediu que a instituição continuasse a "mover o dinheiro" agressivamente, mas explicitou os desacordos dentro do governo norte-americano acerca do papel do Banco Mundial e prenunciou vários pontos que figurariam com destaque na política do governo Reagan para o Banco.

O Congresso, por sua vez, relutava cada vez mais em destinar fundos à AID, levando a atrasos na votação dos recursos solicitados pelo Executivo e no fracasso repetido dos EUA em entregarem as contribuições de reposição negociadas com os demais países doadores. Em 1974, na esteira do Watergate, do choque de preço do petróleo e da estagflação, o Congresso

DESENVOLVIMENTO COMO SEGURANÇA, ASSALTO À POBREZA

negou pela primeira vez a quantia solicitada pelo Executivo. A ação foi depois revertida graças ao *lobby* do governo, mas revelou a vulnerabilidade dos pedidos de financiamento à AID em relação às vicissitudes do Congresso (Gwin, 1997, p. 219). Nos anos seguintes, o Congresso não apenas atrasou a liberação dos fundos como também algumas vezes destinou menos do que as quantias solicitadas pelo Executivo e menos do que havia sido acordado pelos negociadores norte-americanos com os demais doadores. Desse modo, os EUA, principais doadores da AID, tornaram-se também os únicos doadores a cair em atrasos recorrentes com o Banco (*ibidem*, p. 219-220). Não poderia haver pior exemplo para os demais países da Parte I.

Com o início do governo Carter (janeiro de 1977 a janeiro de 1981), as relações da gestão McNamara com o Executivo norte-americano melhoraram sensivelmente. A nova administração anunciou o compromisso de expandir a assistência externa ao desenvolvimento, em particular a multilateral, eliminar os atrasos nos pagamentos aos BMDs e apoiar junto ao Congresso a aprovação do aumento geral do capital do Banco e do financiamento à 5ª Reposição da AID (Gwin, 1997, p. 224). Entretanto, o contencioso entre o Executivo e o Legislativo atravessou todo o período, ancorado na deterioração do quadro econômico doméstico e em questões externas, influenciando sobremaneira as provisões dos EUA para o Banco Mundial. Na tentativa de contornar em algum grau a oposição ao Banco estabelecida no Congresso, o governo Carter passou a apelar à diplomacia dos países do G-7, expediente que acabou se rotinizando nos anos seguintes (*ibidem*, p. 248).

Os negociadores do governo conseguiram convencer o Congresso a distribuir, em 1977, um pacote único de fundos para o último pagamento da 4ª Reposição e o primeiro da 5ª, o que pôs os EUA de volta ao mesmo calendário de pagamento dos demais doadores. Isso, porém, fez com que a contribuição do país à AID ultrapassasse a marca inédita de US$ 1 bilhão. Em troca da aprovação, segundo Gwin (1997, p. 225), o governo teve de ceder ao Congresso e enfrentar a questão dos altos salários pagos pelo Banco Mundial, muito acima do patamar do serviço público nos EUA, atacada pelos críticos como uma das causas principais do orçamento operacional elevado da instituição, já superior a US$ 1 bilhão de dólares por ano. O tema foi encaminhado em 1978 e se arrastou nos anos seguintes como um ponto de fricção crescente entre o Congresso e o Banco.

A questão da falta de transparência e de prestação de contas do Banco Mundial também foi um tema por meio do qual se travou a disputa política. O Congresso acusava o Executivo de usar o apoio financeiro aos BMDs como meio para driblar as restrições legislativas à ajuda bilateral e, em particular, criticava o Banco pela sua contumácia em negar, ao longo dos últimos anos, os pedidos de informação e transparência relativos às suas operações (Gwin, 1997, p. 220-221). O Congresso impôs medidas que ampliaram um pouco o acesso a esse tipo de informação no final dos anos 1970, mas isso não foi suficiente para amenizar as críticas.

Outro conflito importante entre o Congresso e o governo Carter envolvendo o Banco Mundial ocorreu, como mostrou Gwin (1997, p. 225-226), por conta de um empréstimo da instituição para o Vietnã. O tema dos "direitos humanos" foi usado como arma pela oposição parlamentar, que reunia tanto liberais como conservadores que se opunham tradicionalmente à ajuda externa. Articulado à *détente*, o tema havia sido anunciado por Carter como o centro da sua política externa, em reação ao apoio dado a ditaduras aliadas no mundo inteiro pelos EUA desde a segunda metade dos anos 1960. No entanto, o governo procurou limitar o tratamento do tema ao mero requerimento para que os representantes dos EUA propusessem, no interior do Banco, a preocupação com direitos humanos em países clientes. A oposição, porém, conseguiu passar uma provisão que determinava ao diretor-executivo norte-americano no Banco votar contra qualquer empréstimo para países definidos pelos EUA como violadores de direitos humanos e, após diversas manobras parlamentares que poderiam implicar um rebaixamento dos fundos, o governo prometeu que os diretores norte-americanos votariam contra todos os empréstimos dos BMDs destinados a países socialistas. O embate em torno da ajuda financeira ao Vietnã ocorreu no biênio 1978-1979 e reduziu o apoio do Congresso ao Banco Mundial a um patamar próximo a zero.

Por outro lado, ao mesmo tempo em que esse embate ocorria, McNamara empenhava-se em viabilizar a entrada da China no Banco Mundial, consumada finalmente em 1980. As indicações sobre o tema são esparsas e pouco significativas na literatura especializada, mas parece certo afirmar que a movimentação de McNamara contou com o respaldo efetivo da área diplomática dos EUA, por três razões: a) não há registro na literatura de que o diretor-executivo norte-americano tenha feito qualquer objeção formal ou informal nas instâncias superiores do Banco, como também não consta qualquer objeção por parte do Congresso; b) um dos eixos da *détente* consistia, precisamente, na normalização das relações entre EUA e China; c) a facção mais dura da área de política externa do governo Carter — encabeçada pelo conselheiro de Segurança Nacional, Zbignew Brzezinski —, que passou a dar as cartas no final do mandato, defendia o estreitamento das relações com a China como mais um recurso contra a URSS, prefigurando o que viria a ser a "segunda guerra fria" nos anos seguintes.[38]

Seja como for, em 1980, último ano da administração Carter, começou a negociação para a 6ª Reposição da AID e também para um aumento do capital geral do Bird. O objetivo do governo era alavancar significativamente a capacidade de empréstimo do Bird, em particular para os países de renda média importadores de petróleo. Como em 1977, o Executivo foi obrigado a fazer concessões ao Congresso. Mesmo assim, o mandato de Carter chegou ao fim sem conseguir aprovar o pacote de contribuição financeira aos BMDs, contra o qual se opunham encarniçadamente os republicanos. A campanha eleitoral já estava nas ruas e o Partido Republicano atacava os apoiadores democratas do Banco Mundial e do FMI por "ajudarem" o Vietnã. Por contraste, a plataforma republicana à presidência enfatizava fortemente a ajuda bilateral, em detrimento da multilateral (Gwin, 1997, p. 227). As divisões partidárias nas deliberações congressuais sobre a política norte-americana em relação ao Banco haviam se tornado publicamente agudas. Depois da derrota eleitoral, os democratas chegaram a um acordo com os recém-eleitos republicanos sobre um nome aceitável, mas não forte, para suceder McNamara (*ibidem*, p. 228).

Àquela altura, sob os efeitos do segundo choque do preço do petróleo e do aumento brusco da taxa de juro norte-americana, ambos em 1979, o

---

[38]Sobre esse último ponto, vide as indicações de Velasco e Cruz (2007, p. 386-87).

Banco concentrava a sua atuação político-intelectual em um objetivo bem definido: firmar a proposta de "ajustamento estrutural" como meio necessário para adaptar e enquadrar os países endividados às novas condições da economia internacional. No biênio 1980-1981, o tema esteve no centro da movimentação do Banco, seguindo de perto a evolução do quadro político e econômico internacional e a mudança mais geral na correlação de forças entre capital e trabalho. Cabe recuperar as linhas centrais desse processo.

Em 1978 saiu o primeiro Relatório sobre o Desenvolvimento Mundial (RDM), desde então a publicação anual mais importante do Banco. Centrado na ideia de "interdependência", o relatório dava destaque ao processo de endividamento externo por meio do qual grande parte dos países da periferia vinha financiando seu crescimento econômico, limitando-se a recomendar mudanças no perfil das dívidas (prazos maiores de vencimento) e nas estruturas de crédito (acesso a mercados de títulos de longo prazo e maior equilíbrio entre o financiamento de fontes privadas e públicas) (Banco Mundial, 1978, p. 27). Por outro lado, embora ressaltasse a necessidade de políticas industrial e comercial ativas, o relatório distinguia duas estratégias de desenvolvimento: a "orientada para dentro" (*inward-oriented*), baseada na industrialização por substituição de importações, e a "orientada para fora" (*outward-oriented*), baseada na promoção das exportações. Enquanto a primeira era vista como sinônimo de fracasso, a segunda despontava como altamente promissora. Esse tipo de crítica já prefigurava a virada político-intelectual de fundo na agenda do Banco, consubstanciada no ataque neoclássico às estratégias econômicas de estilo nacional-desenvolvimentista.

No RDM 1979, que veio a público em agosto, o Banco reproduziu a mesma mensagem fundamental do ano anterior, qual seja, a de que o endividamento externo da periferia era parte do processo de ajustamento global necessário para responder aos desequilíbrios crescentes nos balanços de pagamentos, em particular dos países importadores de petróleo.

Estava-se no início do segundo choque internacional do petróleo de 1979-1980. Em janeiro de 1979, a revolução islâmica liderada pelo aiatolá Khomeini derrubara o regime monárquico do xá Reza Pahlevi, apoiado ostensivamente pelos EUA, e obrigara as companhias petrolíferas estrangeiras estabelecidas no país a aceitarem uma renegociação ampla dos contratos (Hobsbawm, 1995, p. 440-441). No ano seguinte, o Iraque, sob o comando de Saddam Hussein e com suporte político-militar dos EUA, atacou o novo regime xiita iraniano, iniciando uma guerra sangrenta que duraria oito anos. A produção de petróleo do Irã, então segundo maior exportador, ficou paralisada, elevando o preço do barril a um patamar sem precedentes.

Ao mesmo tempo, em outubro de 1979, o Federal Reserve, sob o comando de Paul Volcker, aumentou bruscamente a taxa de juro dos EUA, com o fim de conter a inflação doméstica e impulsionar a retomada da supremacia do dólar no sistema monetário internacional. Combinada à liberalização do fluxo de capitais, o "golpe de 1979" (Duménil & Lévy, 2007) forçou a sobrevalorização do dólar e redirecionou a liquidez internacional para os EUA, submetendo a política econômica de todos os demais países capitalistas, concorrentes e aliados, a um ajuste recessivo sincronizado com a política estadunidense. Em pouco tempo, a flutuação das taxas de juro e câmbio voltou a estar atrelada ao dólar e, por meio dela, o movimento da liquidez internacional foi subordinado à política fiscal norte-americana. Os títulos da dívida pública dos EUA se tornaram o ativo líquido por excelência da economia internacional, obrigando os detentores de excedentes financeiros a adquiri-los. Alemanha e Japão — os dois países que, depois dos Estados Unidos, tinham importância estratégica na ordem capitalista — tiveram as suas políticas econômicas enquadradas. Estava em marcha a "diplomacia do dólar forte" (Tavares, 1997).

Em maio de 1979, McNamara anunciou a criação de mais um instrumento financeiro, o empréstimo de ajustamento estrutural (Kapur *et al.*, 1997, p. 1.227). De desembolso rápido e orientado para políticas, e não para projetos, tinha o objetivo de financiar o déficit no balanço de pagamentos, sobretudo de países importadores de petróleo. A autorização desse tipo de empréstimo estava condicionada à realização, pelo prestatário, de um programa de estabilização acordado previamente com o FMI e de um pacote de reformas na política macroeconômica, ambos voltados para adequar a economia doméstica ao novo ambiente externo e manter o pagamento do serviço da dívida.

A confluência do segundo choque do petróleo e da reviravolta da política monetária norte-americana com a queda dos preços das matérias-primas aumentou sensivelmente o custo da dívida externa dos países da periferia que vinham financiando o seu crescimento econômico mediante poupança externa. Em setembro de 1980, no seu último discurso anual perante o Conselho de Governadores do Banco Mundial, McNamara (1980, p. 9-10) insistiu que as mudanças em curso na economia mundial eram "permanentes", razão pela qual o ajustamento dos países endividados às novas condições deveria ser de "larga duração". O financiamento externo, a seu ver, deveria ser utilizado, a partir de então, como instrumento de apoio ao ajuste, e não como seu substituto — ou seja, como financiador de novas fugas para frente. Nesse sentido, caberia ao Banco concentrar sua atuação mais no ambiente de políticas econômicas e menos em projetos.

O primeiro empréstimo de ajustamento estrutural, de US$ 200 milhões, foi aprovado pelo Banco em março de 1980 para a Turquia e representou, na visão do Banco, um "protótipo" para os seguintes (Kapur *et al.*, 1997, p. 548). O Banco mantinha relações estreitas com políticos e altos quadros do Estado turco, em particular após o início da gestão McNamara, e viu no golpe militar de janeiro de 1980 a oportunidade para a execução de um programa duro de ajustamento (Toussaint, 2006, p. 103-104). O novo governo pôs em prática uma agenda afinada com as prescrições do Banco, orientada, entre outros objetivos, para a redução do déficit fiscal, a redução do investimento público, o aumento de incentivos às exportações e a gestão da dívida externa, segundo as prescrições do Banco Mundial. A Turquia já ocupava um lugar especial no tabuleiro geopolítico internacional pela sua localização estratégica. Diante da invasão soviética no Afeganistão e da revolução iraniana, tornou-se ainda mais importante para os EUA assegurar a estabilidade do país dentro do seu campo de influência, mediante o apoio ostensivo ao golpe e ao novo regime.[39] O Banco Mundial integrou-se a essa estratégia, fornecendo uma sequência de empréstimos para ajustamento estrutural nos anos seguintes.[40] De uma tacada, pois, a ação do Banco

---

[39]Posteriormente, com o início do governo Reagan, a assistência militar à Turquia foi bastante incrementada.

[40]De 1980 a 1984, o Banco autorizou 32 empréstimos de ajustamento estrutural que totalizaram US$ 4,390 bilhões, dos quais US$ 1,555 bilhão, nada menos que 35%, foram para a Turquia (Mosley, 1991, p. 39).

serviu aos objetivos geopolíticos do *hegemon* e ao início do enquadramento dos países da periferia.

No ano seguinte, o ajustamento estrutural foi o tema principal do RDM 1981. O relatório identificou diversos fatores responsáveis pelo estrangulamento dos países endividados, como a alta das taxas de juros reais, a queda da receita comercial dos países exportadores de *commodities* agrícolas, a recessão mundial, o aumento da proporção de empréstimos contratados a taxas de juros variáveis e o aumento do débito pendente com bancos comerciais (de 49,6% em 1975 para 61,5% em 1978). Apesar disso, o Banco afirmou que não havia um problema de endividamento generalizado e continuou a dar previsões otimistas — e erradas — sobre o fluxo de capital privado para a periferia nos anos seguintes.[41] A instituição voltou a encorajar o uso da poupança externa para que os países endividados se ajustassem interna e externamente às novas condições da economia mundial, descritas como "permanentes".

Entre 1980 e 1981, pois, o Banco assumiu um papel de liderança político-intelectual ao introduzir, com sucesso, o tema do ajustamento estrutural no topo da agenda política internacional e no centro do debate econômico (Stern & Ferreira, 1997, p. 541).

O programa de ajustamento estrutural do Banco Mundial consistia, em linhas gerais, na mesma agenda monetarista aplicada pelo FMI desde os anos 1960 (Lichtensztejn & Baer 1987, p. 196-199; Brown, 1995, p. 68-69). As medidas de ajuste macroeconômico, em particular, tradicionalmente faziam parte das condições de recebimento de fundos do FMI. Pelos acordos de Bretton Woods, cabia ao FMI atuar na estabilização de curto prazo do balanço de pagamentos, enquanto ao Banco Mundial cabia financiar projetos de longo prazo na área do desenvolvimento. Embora em alguns casos começasse a se esboroar, tal distinção era relativamente clara durante os anos 1960 e

---

[41]Com acerto, Stern & Ferreira (1997, p. 541-542) notaram que o RDM 1981 previu que as transferências líquidas agregadas para todos os países em desenvolvimento em 1985 estariam entre US$ 36,3 bilhões e US$ 54,3 bilhões, quando na verdade foram de US$ 700 milhões no sentido inverso. Para 1990, o mesmo relatório estimava transferências entre US$ 56,7 bilhões e US$ 96 bilhões, quando de fato foram de US$ 9,8 bilhões no sentido inverso em 1988.

1970: de um lado, os planos de estabilização do FMI em países como Filipinas, Indonésia, Índia, Iugoslávia, Chile e Brasil; de outro lado, os empréstimos e créditos para projetos do Banco Mundial numa gama muito maior de países (Payer, 1974, p. 215-216). Apesar dos créditos para estabilização monetária concedidos pelo Banco à Índia a partir de 1958 e de diversos empréstimos para programas em outros países — que serviram, na prática, para o mesmo fim — os contornos da divisão de trabalho entre FMI e Banco Mundial ainda eram mais ou menos nítidos (Polak, 1997, p. 480-484).

A linha divisória ficou bastante embaçada no início dos anos 1980 (Brown 1995, p. 69). Inicialmente, a similaridade do programa de ajuste estrutural com os planos de estabilização do FMI foi vista como um problema pela diretoria executiva do Banco, por confundir os papéis de ambas as organizações. Decidiu-se, então, que os empréstimos para ajustamento não ultrapassariam 10% dos compromissos financeiros anuais do Banco e que seriam autorizados somente para países que já houvessem adotado o programa de estabilização do FMI (Mosley, 1991, p. 37; Caufield, 1996, p. 142).

No âmbito das políticas macroeconômicas, as medidas de ajustamento do Banco consistiam em: liberalizar o comércio, alinhar os preços ao mercado internacional e baixar tarifas de proteção; desvalorizar a moeda; fomentar a atração de investimento externo e a livre circulação de capitais; promover a especialização produtiva e expandir as exportações, sobretudo agrícolas. No âmbito das políticas sociais e da administração estatal, o ajuste tinha como meta central a redução do déficit público, especialmente por meio de medidas como: a) o corte de gastos com pessoal e custeio da máquina administrativa; b) a redução drástica ou mesmo a eliminação de subsídios ao consumo; c) a redução do custo *per capita* dos programas, a fim de ampliar o grau de cobertura; d) a reorientação da política social para saúde e educação primárias, mediante a focalização do gasto na parcela da população em condições de "pobreza absoluta". Todo esse conjunto de medidas figurou, de um modo ou de outro, nos RDMs de 1978 a 1982 como recomendações de políticas econômicas e setoriais consideradas responsáveis.

Contudo, desde o início, a perspectiva do Banco sinalizava um movimento político-ideológico mais amplo que ultrapassava os pacotes de estabilização monetária do FMI e se ligava à nova divisão de trabalho entre

DESENVOLVIMENTO COMO SEGURANÇA, ASSALTO À POBREZA

"Estado" e "mercado" que emergia como expressão institucional de um duplo movimento: de um lado, a pressão liberalizadora encabeçada por EUA e Inglaterra; de outro, a mudança mais geral na correlação de forças entre capital e trabalho. Não por acaso, o RDM de 1978 já esboçava os contornos gerais da crítica neoclássica ao estilo de desenvolvimento baseado na substituição de importações. Além disso, todas as políticas prescritas para reduzir o déficit público atacavam, primeiro e preferencialmente, direitos sociais e trabalhistas que, até então, configuravam certo balanço de poder entre capital e trabalho.

Entende-se, assim, que a ênfase de McNamara (1980, p. 24) no "investimento na realização do potencial humano dos pobres" por meio das novas prioridades em matéria de política social (saúde e educação primárias) viesse embalada pela preocupação renovada com a manutenção da ordem política, vista como condição para a sustentabilidade do ajustamento estrutural. Em suas palavras:

> A busca do crescimento sem uma preocupação razoável pela equidade é socialmente desestabilizadora, com frequência sob forma violenta, e a busca da equidade sem um interesse razoável pelo crescimento tende simplesmente à redistribuição do estancamento econômico (...). Nessas circunstâncias, a tentação de deixar de lado e adiar os programas de luta contra a pobreza será forte. Esgrimir-se-á o argumento de que a pobreza é um problema de longo prazo, enquanto que os déficits em conta corrente constituem uma emergência de curto prazo (...). Esse é um argumento muito enganoso (...). O que é muito pouco prudente do ponto de vista da economia é permitir que no seio de uma nação chegue a se criar uma cultura de pobreza que comece a infectar e solapar todo o tecido social e político (McNamara, 1980, p. 19, 21, 24-25).

Os empréstimos do Banco e, sobretudo, a sua anuência ao estilo de crescimento financiado pela oferta indiscriminada de crédito externo (público e privado) contribuíram, direta e indiretamente, para o endividamento da grande maioria das economias da América Latina e do Caribe, da África e, em menor grau, da Ásia (Payer, 1991, p. 64-67). Após 1973, com o aumento do

O BANCO MUNDIAL COMO ATOR POLÍTICO, INTELECTUAL E FINANCEIRO

preço do petróleo e de outras matérias-primas, a política de "mover o dinheiro" como meio de influência viabilizou fugas para frente sucessivas que sustentaram a reprodução de um padrão de acumulação calcado no aumento da dependência externa e na concentração de renda e riqueza. Durante os anos fiscais de 1978-1981, as somas emprestadas pelo Banco Mundial dobraram, concentrando-se em alguns poucos clientes preferenciais (McNamara, 1980, p. 33). A Tabela 4.9 identifica quais eram os países mais endividados com o Banco quando McNamara deixou a presidência da instituição.

Tabela 4.9
Dez principais mutuários do Bird e da AID — 30 de junho de 1981
Percentual

Mutuários do Bird	Empréstimos em mora	Mutuários da AID	Créditos em mora
1. Brasil	9,73	1. Índia	40,33
2. México	7,92	2. Bangladesh	7,41
3. Indonésia	6,59	3. Paquistão	5,93
4. Coreia do Sul	5,63	4. Egito	4,01
5. Turquia	5,11	5. Indonésia	3,94
6. Colômbia	5,02	6. Tanzânia	2,63
7. Filipinas	4,90	7. Sudão	2,42
8. Iugoslávia	4,65	8. Quênia	1,90
9. Tailândia	3,60	9. Burma	1,73
10. Romênia	3,24	10. Etiópia	1,72
TOTAL	56,39	TOTAL	72,02

Fonte: Banco Mundial (1981, p. 156-157; 174-175).

CAPÍTULO 5 Ajustamento estrutural, consolidação do programa político neoliberal e embates socioambientais — 1981-1995

Uma reforma intelectual e moral não pode deixar de estar ligada a um programa de reforma econômica. E mais, o programa de reforma econômica é exatamente o modo concreto através do qual se apresenta toda reforma intelectual e moral.

Antonio Gramsci (1978, p. 9)

O liberalismo é uma "regulamentação" de caráter estatal, introduzida e mantida por caminhos legislativos e coercitivos: é um fato de vontade consciente dos próprios fins, e não a expressão espontânea, automática, do fato econômico. Portanto, o liberalismo é um programa político, destinado a modificar, quando triunfa, os dirigentes de um Estado e o programa econômico do próprio Estado, isto é, a modificar a distribuição da renda nacional.

Antonio Gramsci (1978, p. 32)

No passado, os credores extracontinentais recorreram ao envio de canhoneiras, ao desembarque de marines e à intervenção nas aduanas para efetivar, de maneira compulsória, os seus reclamos. Hoje recorrem aos organismos financeiros multilaterais, ao desembarque de tecnocratas e à intervenção de facto nos âmbitos institucionais de onde se executam as decisões estratégicas.

Carlos M. Vilas (1996, p. 23)

O BANCO MUNDIAL COMO ATOR POLÍTICO, INTELECTUAL E FINANCEIRO

A POLÍTICA DO AJUSTAMENTO ESTRUTURAL: DIMENSÕES E TENSIONAMENTOS

O final do mandato de McNamara coincidiu com uma mudança radical na economia política internacional. Com o início dos governos de Margaret Thatcher, Ronald Reagan e Helmut Kohl no Reino Unido (1979), nos Estados Unidos (1981) e na Alemanha (1982), respectivamente, a atmosfera política mundial sofreu uma guinada liberal-conservadora brusca e consistente.[42] Desde a primeira hora e da forma mais agressiva, o governo Thatcher traduziu a ofensiva do capital como programa político, atacando o movimento sindical, os direitos sociais e todo tipo de política econômica de inspiração keynesiana ou social-democrata (Leys, 2004). Na mesma linha seguiu o governo Reagan, com o objetivo de restaurar e reconfigurar o poder de classe dos capitalistas no âmbito doméstico (Duménil & Lévy, 2007; Harvey, 2007). Para essa nova direita, a política social do capitalismo nos anos 1950 e 1960 havia criado uma espécie de socialismo; não mais apoiado, desde 1973, pelo crescimento econômico, finalmente chegara a hora de aniquilá-lo (Hobsbawm, 1995, p. 245). Ao mesmo tempo, no plano internacional, o eixo anglo-americano passou a impulsionar políticas desregulacionistas, em detrimento de modalidades de política monetária, cambial e fiscal associadas ao protecionismo, à expansão do mercado interno e à regulação estatal sobre a atividade econômica (Gowan, 2003; Tabb, 2004; Pollin, 2005). Paralelamente, a "diplomacia do dólar forte" iniciada em 1979 combinada agora à ofensiva político-militar liderada pelo governo Reagan contra a URSS — a "segunda guerra fria" — consubstanciaram um movimento mais amplo de recomposição da hegemonia estadunidense no sistema internacional (Tavares, 1997; Tavares & Melin, 1997).

A relação entre o Banco Mundial e o seu maior acionista azedou. Iniciado em janeiro de 1981, o governo Reagan logo passou a atacar o Banco e outras instituições multilaterais por razões políticas e ideológicas, pregando

---

[42]Àquela altura, as pressões sobre o governo de François Mitterrand na França, eleito em 1981, bem como os óbices ao governo Allende na década anterior, já mostravam cabalmente que o problema real da esquerda no governo em capitalismos democráticos não era "tanto a ascensão ao poder por meios constitucionais, mas sim aquilo que acontece depois de chegar lá" (Miliband, 2000, p. 218).

AJUSTAMENTO ESTRUTURAL, CONSOLIDAÇÃO DO PROGRAMA POLÍTICO

a redução unilateral do apoio dos EUA a elas. O dissenso bipartidário no Congresso sobre a política norte-americana para o Banco já havia chegado ao extremo e, pela primeira vez desde 1944, o próprio governo alimentava o coro dos oponentes a toda e qualquer modalidade de assistência multilateral. Até então, os objetivos da política estadunidense para o Banco haviam sido, fundamentalmente, de natureza bipartidária e, apesar de disputas sobre questões específicas, todos os governos anteriores haviam apoiado o Banco como um instrumento importante da hegemonia norte-americana (Gwin, 1997, p. 228).

Desde a campanha eleitoral Reagan prometia mudar radicalmente a política externa do país. A plataforma eleitoral do Partido Republicano afirmava que os EUA se encontravam numa posição de fragilidade num mundo cada vez mais ameaçador para a sua segurança nacional. Nos seus próprios termos:

> Nosso país se move de maneira agonizante, sem rumo, quase desamparadamente, em um dos mais perigosos e desordenados períodos da história (...). Em casa, nossa economia aderna de um extremo a outro. No exterior, condições já perigosas se deterioram. A União Soviética, pela primeira vez, está adquirindo os meios para eliminar ou alijar nosso sistema terrestre de mísseis e nos chantagear até a submissão. Tiranias marxistas se difundem mais rapidamente pelo Terceiro Mundo e pela América Latina. Nossas alianças estão esfiapadas na Europa e em outros lugares. Nosso abastecimento de energia se torna cada vez mais dependente de fornecedores estrangeiros incertos. Em uma humilhação máxima, terroristas militantes no Irã continuam a brincar com as vidas de americanos (*apud* Gwin, 1997, p. 229).

A plataforma fustigava o governo Carter por haver diminuído a assistência militar e a venda externa de armas e se comprometia a retomar com vigor os programas de ajuda militar. Além disso, prometia dar ênfase à assistência bilateral, em detrimento da multilateral, alegando que "programas bilaterais provêm a melhor garantia de que programas de ajuda serão completamente responsáveis para com o contribuinte americano e inteiramente consistentes com os nossos interesses de política externa" (*apud* Gwin,

1997, p. 229). Por fim, exaltava o capital privado como locomotiva do crescimento econômico, em detrimento do papel desempenhado pelo setor público e pela ajuda externa ao desenvolvimento.

Iniciada a nova administração, uma das primeiras providências do novo subsecretário do Tesouro — além de reter a reposição de fundos da AID e o aumento do capital geral do Bird — foi encomendar um estudo para determinar se o Banco Mundial tinha ou não "tendências socialistas" por realizar empréstimos ao setor público (Kapur *et al.*, 1997, p. 338). O discurso era o de que o Estado e as instituições internacionais não deviam substituir o que o setor privado faria com mais eficiência.

O governo planejava aumentar os fundos para a assistência militar e cortar quase metade da ajuda bilateral e multilateral norte-americana para 1982-1986. Um memorando do diretor de Administração e Orçamento do Departamento do Tesouro, datado de 27 de janeiro de 1981, assinalou que tal redução se baseava no princípio ideológico de que organismos internacionais de ajuda internacional e de desenvolvimento estariam "infestados pelo erro socialista" (*apud* Gwin, 1997, p. 229). A proposta, se vingasse, golpearia fortemente a AID e todas as agências da ONU. Como mostrou Gwin (1997, p. 230), a pressão do Departamento de Estado conseguiu bloquear a inclinação do Departamento do Tesouro de não cumprir os compromissos com o Bird e a AID que haviam sido negociados pelo governo Carter. O governo, porém, impôs os contornos gerais do processo. Em primeiro lugar, o apoio dos republicanos à 6ª Reposição da AID e ao aumento do capital geral do Bird — questões que se arrastavam desde o governo anterior — foi negociado em troca do apoio democrata ao incremento da assistência militar bilateral. Em segundo lugar, no seu pedido de fundos ao Congresso para a 6ª Reposição, o Executivo propôs um calendário progressivo de dotações (US$ 500 milhões no primeiro ano, US$ 800 milhões no segundo e US$ 1,8 bilhão no terceiro), obrigando o Congresso a aceitar a extensão do pagamento para quatro anos. Em terceiro lugar, o governo deixou claro que o seu apoio ao Banco era circunstancial e anunciou que realizaria uma reavaliação ampla da política dos EUA para os BMDs, com o objetivo de estabelecer novas diretrizes e revisar as contribuições para os anos seguintes.

AJUSTAMENTO ESTRUTURAL, CONSOLIDAÇÃO DO PROGRAMA POLÍTICO

A nomeação de Clausen para o comando do Banco Mundial, em junho de 1981, melhorou as relações com a Casa Branca e o Tesouro. A chegada do ex-presidente do Bank of America, um dos maiores credores privados dos países da periferia, representou naquele momento uma espécie de ligação direta entre a banca norte-americana e a presidência do Banco Mundial. A mensagem para o "mercado" era clara. Como sinal de que agora o jogo era outro, logo vieram a substituição e saída de alguns dos expoentes da gestão anterior por nomes estreitamente associados à economia neoclássica e à plataforma política neoliberal. Assim, Hollis Chenery, economista-chefe, deu lugar a Anne Krueger; Mahbud ul Haq, defensor ardoroso do derrame posteriormente convertido à "cruzada contra a pobreza" e ao enfoque das necessidades básicas, foi para o Pnud, no qual lançaria, em 1990, o conceito de "desenvolvimento humano"; já Ernest Stern (ex-quadro da Usaid, chefe da Divisão de Operações desde 1978 e inventor do empréstimo de ajustamento estrutural) foi promovido ao cargo de vice-presidente, no qual ficaria por anos (Kapur *et al.*, 1997, p. 338-339; Sanahuja, 2001, p. 116-119). Essa dança das cadeiras foi um dos primeiros capítulos do genocídio político da velha geração da economia do desenvolvimento dentro do Banco (George & Sabelli, 1996, p. 163-175; Dezalay & Garth, 2005, p. 147; Goldman, 2005, p. 91-92).

De imediato, a gestão Clausen (1981-86) abandonou a bandeira da redução da pobreza, já desgastada politicamente dentro e fora do Banco.[43] As declarações públicas e os documentos internos praticamente deixaram de fazer referência ao tema. Nos RDMs 1983, 1984 e 1986 não houve, sequer, a tradicional seção dedicada ao assunto. No RDM de 1985, apenas uma breve sentença (Kapur *et al.*, 1997, p. 349). Mesmo assim, projetos com algum componente de aliviamento direto identificados e parcialmente negociados durante a gestão McNamara continuaram o seu trâmite burocrático e muitos foram autorizados, totalizando um quinto do total dos empréstimos concedidos entre 1982 e 1987; abaixo, portanto, do um ter-

---

[43]Como sinal dos novos tempos, o *The Wall Street Journal*, em editorial, criticou Albert Fishlow, outro candidato à presidência do Banco Mundial, por ser um "clone ideológico" de McNamara e focalizar a sua pesquisa "sobre coisas como distribuição de renda no Brasil" (*apud* Kapur *et al.*, 1997, p. 339).

ço de McNamara (*ibidem*, p. 332). O centro doutrinário e operacional do Banco passou a ser, decididamente, a promoção do enfoque neoliberal.

Em agosto de 1981, publicou-se um informe que condensava o cerne da nova linha política. O relatório Berg (Banco Mundial, 1981) — como se tornou conhecido — foi a resposta oficial do Banco à deterioração dos indicadores econômicos e sociais da África Subsaariana ao longo da década de 1970. Desprovido de qualquer (auto)crítica à atuação precedente do Banco (ou do FMI) na região, sua mensagem central era a de que o Estado pós-colonial tornara-se excessivamente grande, ineficiente e intervencionista. O corolário implícito desse discurso era o de que a estratégia de substituição de importações — comumente denominada de desenvolvimento "conduzido pelo Estado" (*state-led development*) — havia fracassado. Sem indicar em nome de quais interesses tal trajetória havia sido seguida, o informe indicava como alternativa uma redução significativa do tamanho do Estado, a adoção da recuperação de custos em serviços públicos antes gratuitos e o aumento do controle privado sobre a economia. Em especial, prescrevia-se a realização de uma agenda coerente de reformas nas políticas comercial, cambial e agrícola voltada para a promoção da liberalização comercial e da especialização produtiva voltada para a exportação de bens primários. Devia-se, enfim, deixar que operassem o "livre mercado" e as "vantagens comparativas". Recomendava-se o aumento da assistência externa à região como forma de alavancar as reformas e catalisar fluxos de capital externo, desde que os governos individualmente preparassem os ajustes preconizados pelo Banco e pelo FMI.

No início de 1982 saiu a avaliação do governo Reagan que deveria guiar a política dos EUA para os BMDs. Assumida e liderada pelo Tesouro, a avaliação aprovou o desempenho global dos BMDs e destacou os benefícios auferidos pelos EUA da participação naquelas instituições. Alguns pontos foram alvos de críticas, como os altos salários pagos pelo Banco Mundial — muito acima do patamar do serviço público nos EUA — e a ênfase na quantidade (e não na qualidade) dos empréstimos. Apesar disso, o tom geral foi positivo (Gwin, 1997, p. 230).

Para o Tesouro, o desempenho do Banco e dos demais BMDs comprovava que eles eram instrumentos eficazes a serviço dos interesses norte-

AJUSTAMENTO ESTRUTURAL, CONSOLIDAÇÃO DO PROGRAMA POLÍTICO

americanos. Como um todo, o relatório afirmou que os BMDs haviam sido "efetivos na contribuição para a realização de nossos objetivos econômicos e financeiros globais e, desse modo, também nos ajudaram em nossos interesses políticos estratégicos de longo prazo" (US Department of Treasury, 1982, p. 4 *apud* Gwin, 1997, p. 270). Especificamente sobre o Banco, o relatório destacou o seguinte:

> Em geral, as políticas e programas do Grupo Banco Mundial têm sido consistentes com os interesses norte-americanos. Isso é particularmente verdadeiro em questões de alocação geral ao país e temas políticos sensíveis. O caráter internacional do Banco Mundial, sua estrutura corporativa, a solidez da sua equipe administrativa e a pesada estrutura de voto do Banco asseguram a consistência ampla entre suas políticas e práticas e os objetivos econômicos e políticos de longo prazo dos Estados Unidos (US Department of Treasury, 1982, p. 59 *apud* Gwin, 1997, p. 270).

De acordo com o Tesouro, os empréstimos do Banco para países de importância estratégica para os EUA (como Filipinas, Egito, Paquistão, Turquia, Marrocos, Tunísia, México, Argentina, Indonésia e Brasil) foram um dos meios pelos quais os interesses norte-americanos foram atendidos pelo Banco, na medida em que tais empréstimos totalizaram uma quantia muito superior à que os EUA estavam dispostos a fornecer bilateralmente. Além disso, os empréstimos do Banco também serviram aos interesses econômicos norte-americanos de longo prazo vinculados à construção de um sistema capitalista internacional desregulado. Nas palavras do Tesouro:

> Ao promover o desenvolvimento econômico e social no Terceiro Mundo, acelerar políticas econômicas orientadas para o mercado e preservar uma reputação de imparcialidade e competência, os BMDs encorajam os países em desenvolvimento a participarem mais plenamente em um sistema internacional baseado em fluxos de comércio e capital liberalizados (...). Isso significa expansão de oportunidades para exportações, investimento e finanças norte-americanos (*apud* Gwin, 1997, p. 271).

O relatório fez três recomendações centrais, todas consistentes com a ofensiva neoliberal. Primeira, o apoio dos EUA aos BMDs deveria ser desenhado para acelerar a abertura dos mercados nacionais e a superioridade do capital privado no financiamento da atividade econômica em relação ao setor público. Segunda, os EUA deveriam trabalhar para assegurar que a alocação de empréstimos fosse condicionada à realização de reformas políticas nos países receptores. Terceira, os EUA deveriam reduzir paulatinamente seus gastos com os BMDs (Gwin, 1997, p. 230-31). Tratava-se, pois, de mover a política de empréstimos dos BMDs do apoio ao crescimento "dirigido pelo Estado" para o apoio ao crescimento "conduzido pela empresa privada". A mudança no balanço entre "Estado" e "mercado" expressava, como sempre, uma virada mais profunda na correlação de forças entre capital e trabalho e entre os Estados nacionais.

Poucos meses depois, em agosto de 1982, o governo mexicano declarou moratória e a crise da dívida externa dos países latino-americanos estourou. Era a culminação de um processo de endividamento praticado exaustivamente durante duas décadas (Strange, 1999, p. 121-122; Woods, 2006, p. 84-94). Entre 1973 e 1981, o México tinha se endividado pesadamente: os empréstimos do Banco Mundial haviam quadruplicado e os da banca privada se multiplicado por seis. Em 1982, o país tinha cerca de 550 bancos como credores. Os estadunidenses eram, de longe, os mais comprometidos, seguidos por britânicos, japoneses, alemães, franceses, canadenses e suíços (Toussaint, 2006, p. 185). A banca norte-americana, em particular, havia emprestado muito mais do que seus ativos líquidos a autorizavam, sem qualquer tipo de supervisão do Tesouro e com a conivência integral das gêmeas de Bretton Woods. Três meses antes da eclosão da crise, o informe conjunto do FMI e do Banco Mundial sobre a economia do país prognosticava altos índices de crescimento econômico e condições favoráveis de gestão da dívida.

Quando a crise estourou, as autoridades monetárias do G7, lideradas pelos EUA, passaram da noite para o dia da tolerância extrema com o *laissez-faire* para a cobrança inflexível de respeito às normas de regulação bancária (Batista, 1999, p. 25). Para evitar a articulação política dos devedores e uma eventual moratória em série, como ocorrera nos anos 1930, os credores dessa vez implementaram uma estratégia de negociação dura organizada caso a caso.

As autoridades monetárias dos EUA e da Inglaterra, o FMI e o Banco de Pagamentos Internacionais (BIS) se reuniram para traçar a estratégia de gestão da dívida (Toussaint, 2006, p. 193-194). Em uníssono, diagnosticaram a crise como um problema de liquidez, e não de solvência. A solução da crise, portanto, deveria estar baseada na "restauração da solvência", e o caminho para isso era manter o serviço da dívida em dia, não reduzir a carga da dívida e baixar a diferença entre a dívida e o serviço. Como? Promovendo ajustes internos voltados para a reorientação da produção para bens exportáveis, por meio da redução e do redirecionamento do gasto público (Stern & Ferreira, 1997, p. 560). Ao FMI caberia outorgar pacotes de socorro em troca da execução de programas de estabilização de curto prazo e da estatização das dívidas privadas. A expectativa era a de que, num intervalo de três a cinco anos, as medidas implementadas reativassem o crescimento e sustentassem o pagamento do serviço da dívida. O Banco Mundial logo se juntou àquela estratégia como força auxiliar do FMI. Os programas de ajustamento estrutural, já em curso, foram instrumentalizados para servir ao enquadramento da política econômica dos devedores às exigências dos credores internacionais. Mecanismos de proteção ou compensação parcial a grupos sociais mais vulneráveis ao ajuste não foram cogitados.

O discurso do Banco Mundial sobre o endividamento da periferia mudou completamente após a moratória mexicana. Publicado pouco antes do estouro da crise, o RDM 1982 afirmou que os países em desenvolvimento haviam sido mais bem-sucedidos do que os países industrializados a se adequarem ao novo ambiente econômico internacional, apesar do aumento dos déficits em conta corrente de US$ 40 bilhões em 1979 para US$ 115 bilhões em 1981. Depois de agosto de 1982 o discurso era outro: as causas externas foram secundarizadas e a responsabilidade pela crise foi atribuída, predominantemente, aos supostos erros da política econômica doméstica (Stern & Ferreira, 1997, p. 560). Uma guinada radical da noite para o dia.

Como se não bastasse, os países latino-americanos sofreram mais um choque externo: a interrupção da concessão de novos empréstimos por parte dos bancos privados estrangeiros, exatamente o contrário do que tinham afirmado todos os prognósticos do Banco Mundial até a irrupção da crise. A decisão dos bancos perdurou durante quase uma década e bloqueou, na prática, o acesso dos devedores ao sistema financeiro internacional. Como o financiamento da atividade econômica e, cada vez mais, do próprio Estado tornara-se altamente dependente de recursos externos, a interrupção dos fluxos de capital condenou à estagnação e à bancarrota os países da periferia. Os mais afetados eram, precisamente, os mais industrializados e endividados: Brasil e México.

O desenho dos programas de ajustamento estrutural não se deu de forma completa e acabada assim que a crise da dívida se instalou. Na verdade, o escopo e a abrangência das condicionalidades exigidas pelas gêmeas de Bretton Woods acompanharam a implementação dos programas adotados e se subordinaram à dinâmica conflitiva e às decisões dos principais atores envolvidos na gestão da crise. O FMI estabelecia metas e critérios de desempenho fiscal e financeiro bem-definidos, cujo cumprimento podia ser avaliado de modo estritamente quantitativo. Já as condicionalidades fixadas pelo Banco Mundial tendiam a ser mais gerais e, por isso mesmo, seu cumprimento podia ser aferido de maneira mais flexível. Todavia, ao longo dos anos 1980, mais do que uma complementariedade, houve uma superposição de papéis entre o Banco Mundial e o FMI — processo que já vinha ocorrendo gradualmente desde os anos 1960 —, diluindo ou mesmo fazendo desaparecer, na prática, a divisão de trabalho entre ambos definida em Bretton Woods. Não por acaso, em algumas situações, certas medidas de política econômica exigidas por ambas as organizações se contradiziam. Tal indistinção — e até certa confusão, em alguns casos — tinha raiz no fato de que ambas respondiam à mesma matriz neoliberal e contavam com instrumentos financeiros muito parecidos. De todo modo, entre 1982 e 1986, o objetivo central dos programas de ajuste consistia, invariavelmente, na estabilização macroeconômica de curto prazo, deixando em segundo plano as reformas políticas de médio e longo prazo (Sanahuja, 2001, p. 121-25). Em comum, todos os programas se baseavam na contenção do consumo interno, no arrocho salarial, no corte de gastos sociais e na redução do investimento público, tudo para assegurar o pagamento do serviço da dívi-

AJUSTAMENTO ESTRUTURAL, CONSOLIDAÇÃO DO PROGRAMA POLÍTICO

da. A Tabela 5.1 informa o montante de compromissos financeiros para fins de ajustamento entre 1980 e 1993 por região.

Tabela 5.1
Compromissos financeiros do Banco Mundial para fins de ajustamento por região
Anos fiscais 1980-1993, médias anuais — Milhões de dólares de 1990

Empréstimos	1980-82	1983-86	1987-90	1991-93
Ajustamento	1.412	3.553	5.597	4.744
Ajustamento/total de empréstimos (percentual)	7	18	26	23
Estrutural/total de ajustamento (percentual)	87	40	45	51
Setorial/total de ajustamento (percentual)	13	60	55	49
Prestatários				
África	320	916	1.305	1.049
Percentual do total de empréstimos para ajustamento	23	26	23	22
Número de empréstimos	3	10	18	14
Leste da Ásia	301	389	687	147
Percentual do total de empréstimos para ajustamento	21	11	12	3
Número de empréstimos	1	1	3	1
Europa e Ásia Central	440	572	498	924
Percentual do total de empréstimos para ajustamento	31	16	9	19
Número de empréstimos	1	2	2	4
América Latina e Caribe	95	1.257	2.284	1.527
Percentual do total de empréstimos para ajustamento	7	35	41	32
Número de empréstimos	2	5	9	10
Oriente Médio e Norte da África	0	229	437	474
Percentual do total de empréstimos para ajustamento	0	6	8	10
Número de empréstimos	0	1	2	2
Sul da Ásia	256	189	386	621
Percentual do total de empréstimos para ajustamento	18	5	7	13
Número de empréstimos	2	1	3	4
Países altamente endividados (a)	165	2.020	3.015	1.743
Percentual do total de empréstimos para ajustamento	12	57	54	37
Número de empréstimos	1	7	11	13

Fonte: Kapur *et al.* (1997, p. 520).

(a) Argentina, Bolívia, Brasil, Chile, Colômbia, Costa Rica, Costa do Marfim, Equador, Jamaica, México, Marrocos, Nigéria, Peru, Filipinas, Uruguai, Venezuela e Iugoslávia (até abril de 1993).

Atuando por detrás do FMI, o Banco financiou naquele período (1982-1986) 37 empréstimos de ajuste estrutural (Mosley *et al.*, 1991, p. 39). Além disso, empréstimos cada vez maiores direcionados à educação básica, carimbados para "formação de capital humano", passaram a ser utilizados como meio "mais amigável" para levar adiante o ajustamento, embutindo condicionalidades de ordem fiscal (Kapur *et al.*, 1997, p. 348). Desse período em diante, aliás, a influência do Banco Mundial sobre o desenho de políticas educacionais aumentou sensivelmente *vis-à-vis* o esvaziamento progressivo da Unesco, puxado pela saída dos EUA e do Reino Unido em 1984 (Dreifuss, 1987, p. 96; Leher, 1998, p. 13).

A partir de 1983, com a criação do empréstimo de ajuste setorial, o programa do Banco ganhou aprofundamento, extensão e mais poder de pressão. O novo instrumento logo passou a ser mais utilizado do que o seu antecessor, em parte porque as condicionalidades exigidas já eram tantas que havia a necessidade operacional de desagregar os grandes empréstimos de ajuste estrutural em operações menores e focalizadas. Também era uma forma de contornar as críticas crescentes acerca da violação da soberania nacional dos devedores (Kapur *et al.*, 1997, p. 427). Daí a estratégia de fatiar o ajuste setor por setor, o que tinha a vantagem adicional de responder, de maneira mais direta e imediata, a interesses empresariais e financeiros específicos. A Tabela 5.2 apresenta a fatia dos compromissos financeiros do Banco por setor entre 1982 e 1989. Na sequência, a Tabela 5.3 mostra para onde foi o dinheiro do Banco em termos regionais entre 1982 e 1991.

Seguindo a definição da banca privada e do governo estadunidense, as gêmeas adotaram o enfoque chamado de *big bang* ou "tratamento de choque" (Kapur *et al.*, 1997, p. 354-355). De acordo com tal enfoque, o governo que implementasse medidas macroeconômicas duras de maneira rápida e imediata enfrentaria menos desgaste político do que aquele que não o fizesse, por duas razões básicas: primeira, a oposição não teria condições de ser mobilizada; segunda, o retorno da confiança dos investidores garantiria a retomada do crescimento econômico e, por tabela, conferiria capital político aos operadores do ajuste. Em outras palavras, quanto mais

Tabela 5.2
Empréstimos do Bird e da AID por setor — anos fiscais 1982-1989
Percentual

Setor	1982			1983			1984			1985			1986			1987			1988			1989		
	Bird	AID	Total	Bird	AID	Total	Bird	AID	Total	Bird	AID	Total	BIRD	AID	Total	BIRD	AID	Total	BIRD	AID	Total	Bird	AID	Total
Agricultura e desenvolvimento rural	21,1	33,4	23,7	21,4	39,3	25,5	17,3	39,2	22,4	21	44,9	26	28,5	32,3	29,3	13,7	28,2	16,6	19,9	35	23,4	12,6	28,9	16,3
Setor financeiro (a)	9,3	5	8,4	10,6	1,8	8,6	6,4	5,6	6,2	4,5	2	3,9	10,1	4	8,9	15,5	2,7	13	10,1	5	8,9	13,5	2,9	11,1
Educação	4,1	3,6	4	2,7	7,5	3,8	4,1	5,7	4,5	4,5	13,6	6,4	4,4	8	5,1	1,2	7,6	2,5	4,4	4,7	4,5	2,7	9,1	4,2
Petróleo, gás e carvão	7,0	1,7	5,9	8,8	2,1	7,3	6,3	3,2	5,6	10,5	4,5	9,3	1,6	0,6	1,4	4,3	2,4	3,9	2,2	1,4	2	3,3	0,6	2,7
Energia elétrica	13,9	26	16,4	13,7	7,2	12,2	19	10,8	17,1	19,1	2,6	15,6	18,4	11,6	17,1	20,1	4,6	17,1	12,9	2,2	10,4	17,4	8,6	15,4
Indústria	8,8	1,8	7,4	5,6	2	4,8	4,1	1,4	3,5	5,6	0,3	4,5	5,7	2	5	2,9	0,2	2,4	14	3,6	11,6	11,3	2,5	9,3
Não projeto (a)	9,6	9,3	9,5	10,5	7,8	9,9	8,6	9,8	8,9	3,8	6,4	4,4	6,8	13,4	8,1	12,6	18,6	13,8	6,9	15	8,8	16,4	14,7	16
População, saúde e nutrição	0,1	0,9	0,3	0,5	1,7	0,8	0,6	4,9	1,6	1,4	1	1,3	1,3	8,1	2,6	0,2	0,6	0,3	0,7	4,4	1,6	2,4	4,5	2,9
Pequenas empresas	2,2	2,1	2,2	4,6	0,4	3,7	5	2,1	4,3	4,9	0,2	3,9	2	0,3	1,7	2,9	0,5	2,4	3,3	0,4	2,7	3,6	0	2,7
Assistência técnica	0,2	1,8	0,6	0,2	0,8	0,4	0,1	3,4	0,9	0,4	2,2	0,8	0,5	2,5	0,8	0,1	2,6	0,6	0,1	1,8	0,5	0,2	2,7	0,8
Telecomunicações	3,3	2,1	3	n.i.	1,7	0,4	1,4	n.i.	1,1	0,5	2	0,8	0,2	0,8	0,3	4,6	0,8	3,9	0,2	n.i.	0,2	0,3	2,2	0,8
Transporte	13,4	8,7	12,4	12,6	15,5	13,3	18,8	9,9	16,7	16,4	9	14,9	9,5	7,8	9,2	8,1	17,2	9,9	14,3	11,8	13,7	6,9	14	8,6
Desenvolvimento urbano	3,1	1,9	2,9	2,9	6,8	3,8	3,7	1,5	3,2	1,8	5,9	2,7	7,2	5,5	6,8	8,7	6,7	8,3	7,5	13,6	8,9	5,8	4,7	56
Abastecimento de água e saneamento	3,9	1,5	3,4	5,7	5,4	5,6	4,6	2,5	4,1	5,5	5,2	5,4	3,8	3,1	3,7	5	7,4	5,5	3,3	1	2,8	3,5	4,5	3,7
TOTAL	100	100	100	100	100	100	100	100	100	100	100	100	100	100	100	100	100	100	100	100	100	100	100	100

Fonte: relatórios anuais do Banco Mundial (1982 a 1989).

n.i.: não informado.

(a) Abrange empréstimos para ajustamento estrutural.

cedo, rápido e forte fosse o "choque de austeridade", melhor. Tal enfoque era coerente com a visão de que se tratava de um ajuste de curto prazo. No cálculo político do Banco, realizar uma campanha ampla de convencimento e persuasão pró-ajuste seria um risco desnecessário, na medida em que abriria margens de debate e negociação com diversos setores sobre uma questão — imaginava-se — resolvível rapidamente de cima para baixo pelo manejo "insulado" da política macroeconômica. Ademais, em troca da proteção contra protestos e ameaças de corte de financiamento vindas da oposição parlamentar e do exterior, o Tesouro estadunidense exigia que o Banco seguisse em sintonia fina com as suas orientações.

Tabela 5.3
Distribuição regional dos empréstimos do Banco Mundial — anos fiscais 1982-1991
Percentual

Regiões	1982	1983	1984	1985	1986	1987	1988	1989	1990	1991
América Latina e Caribe	23	23.9	19.5	25.7	29.2	29.2	27.4	27.3	28.8	23.1
Dos quais Bird	99.2	98.2	99.2	98.8	98.5	96.9	97.9	97.6	96	96.8
Dos quais AID	0.8	1.8	0.8	1.2	1.5	3.1	2.1	2.4	4	3.2
África	13.8	12.4	15.3	11.1	12.5	11.9	15.2	18.4	19	15
Dos quais Bird	53.4	31.4	48.8	30.9	44	27	24.8	39.8	29.2	19.5
Dos quais AID	46.6	68.6	51.2	69.1	56	58	75.2	60.2	70.8	80.5
Europa, Oriente Médio e Norte da África	18.3	17.5	22.1	21.6	18.1	20.9	17.5	17.6	21.3	28.9
Dos quais Bird	97.4	97.2	92.8	90.8	92.4	93.2	93.3	93.2	93.7	92.6
Dos quais AID	2.6	2.8	7.2	9.2	7.6	6.8	6.7	6.8	6.3	7.4
Ásia	44.9	46.2	43.1	41.6	40.1	38.1	39.9	36.7	30.9	33
Dos quais Bird	69.9	70.5	68.8	73.4	74	72.6	75	72.2	65.3	61.2
Dos quais AID	30.1	29.5	31.2	26.6	26	27.4	25	27.8	34.7	38.8

Fonte: relatórios anuais do Banco Mundial (1982 a 1991) [cálculos do autor].

Além da dimensão política dos empréstimos para ajustamento, havia também a dimensão econômica. Durante os anos 1980, o governo Reagan

AJUSTAMENTO ESTRUTURAL, CONSOLIDAÇÃO DO PROGRAMA POLÍTICO

pressionou o Banco para que aumentasse o *spread* dos seus empréstimos. A pressão foi reforçada pela insistência dos países europeus, que então enfrentavam problemas monetários, para que o Banco ficasse fora dos seus mercados de capital. O Banco foi obrigado, por isso, a se voltar para o mercado norte-americano, muito mais caro e com prazos mais curtos de maturidade. Resultado: o percentual de subsídio nos empréstimos caiu de 14% em 1974-1978 para menos de 2% em 1980-1984. O aumento dos custos dos empréstimos foi repassado para os clientes, muitos dos quais já altamente endividados (Woods, 2006, p. 197; Kapur *et al.*, 1997, p. 1.025-28).

A partir de 1982, parte importante dos recursos da assistência bilateral ao desenvolvimento e da AID passou a ser utilizada para o pagamento do serviço da dívida dos países africanos com o FMI e o Banco Mundial (Sanahuja, 2001, p. 159). Em meados da década, dois de cada três dólares facilitados pela AID retornavam aos cofres do Banco Mundial sob a forma de pagamento de créditos anteriores, ao passo que a maior parte do dólar restante se destinava ao FMI para a mesma finalidade. E, a partir de 1983, uma das faces mais perversas da "armadilha da dívida" (Payer, 1974) começou a operar de maneira contínua, em particular na América Latina: a transferência líquida negativa, por meio da qual se bombeou para o exterior bilhões de dólares anualmente, seja como pagamento aos credores públicos e privados, seja como evasão de divisas, como mostra a Tabela 5.4. Na sequência, a Tabela 5.5 apresenta a evolução da dívida total dos países da periferia entre 1970 e 2004 com o Bird, mostrando que a transferência líquida negativa começou em 1987 e prosseguiu ininterruptamente nos anos seguintes. O debate sobre o tema emergiu em 1984 no Banco Mundial e rapidamente foi silenciado. Desde então, o Banco omite do cálculo das transferências líquidas quanto os devedores pagam em juros (Toussaint, 2006, p. 197-198).

Tabela 5.4
Dívida externa total (pública e privada) dos países em desenvolvimento — 1970-2004
Bilhões de dólares

	Dívida externa total		Dívida externa pública	
Ano	Estoque total da dívida	Transferência líquida sobre a dívida	Estoque total da dívida	Transferência líquida sobre a dívida
1970	70	4	45	4
1971	81	7	53	5
1972	95	10	61	6
1973	113	10	74	8
1974	141	20	92	12
1975	171	27	113	20
1976	209	29	139	20
1977	283	51	177	24
1978	358	39	231	28
1979	427	44	278	31
1980	541	51	339	29
1981	629	41	383	26
1982	716	21	442	30
1983	782	−14	517	17
1984	826	−21	571	9
1985	929	−27	672	−5
1986	1.020	−25	782	−5
1987	1.166	−13	920	−2
1988	1.172	−24	932	−10
1989	1.238	−22	982	−16
1990	1.337	−8	1.039	−14
1991	1.414	−3	1.080	−14
1992	1480	31	1.099	−6
1993	1.632	45	1.193	9
1994	1.792	0	1.290	−16
1995	1.972	61	1.346	−16
1996	2.045	27	1.332	−24
1997	2.110	4	1.309	−24
1998	2.323	−54	1.395	−7
1999	2.347	−98	1.405	−30
2000	2.283	−127	1.363	−52
2001	2.261	−114	1.326	−65
2002	2.336	−87	1.375	−67
2003	2.554	−41	1.450	−81
2004	2.597	−19	1.459	−26

Fonte: Toussaint (2006, p. 161), com base em dados do Banco Mundial (*Global Development Finance* 2005).

AJUSTAMENTO ESTRUTURAL, CONSOLIDAÇÃO DO PROGRAMA POLÍTICO

Tabela 5.5
Dívida dos países em desenvolvimento com o Bird — 1970-2004
Milhões de dólares

Ano	Estoque total da dívida	Quantidade emprestada pelo Banco	Quantidade desembolsada pelos mutuários	Transferência líquida
1970	4.377	672	491	181
1971	4.892	796	559	237
1972	5.517	928	630	298
1973	6.146	969	757	213
1974	7.136	1.338	883	456
1975	8.500	1.817	987	830
1976	9.984	1.937	1.151	786
1977	11.784	2.373	1.434	939
1978	13.812	2.661	1.780	881
1979	16.520	3.452	2.161	1.291
1980	20.432	4.224	2.666	1.558
1981	24.356	5.201	2.963	2.239
1982	28.570	5.828	3.611	2.217
1983	33.706	7.104	4.376	2.728
1984	33.426	7.917	5.217	2.700
1985	46.612	7.915	6.077	1.838
1986	63.411	9.768	8.881	887
1987	83.372	10.680	11.447	–767
1988	79.871	11.591	14.393	–2.801
1989	80.981	10.564	13.302	–2.738
1990	92.314	13.438	14.807	–1.369
1991	97.136	11.924	16.686	–4.762
1992	95.283	10.218	17.455	–7.237
1993	100.156	12.884	17.724	–4.840
1994	107.713	11.299	19.113	–7.814
1995	111.691	13.094	19.641	–6.548
1996	105.308	13.148	19.276	–6.128
1997	101.522	14.499	17.334	–2.835
1998	108.455	14.376	17.099	–2.723
1999	111.329	14.082	17.101	–3.019
2000	112.145	13.430	17.510	–4.079
2001	112.530	12.305	17.275	–4.970
2002	111.303	10.288	22.414	–12.126
2003	109.036	11.411	22.761	–11.350
2004	104.526	8.298	18.381	–10.084

Fonte: Toussaint (2006, p. 245), com base em dados do Banco Mundial (*Global Development Finance* 2005).

O BANCO MUNDIAL COMO ATOR POLÍTICO, INTELECTUAL E FINANCEIRO

Temas como o perdão da dívida e os custos sociais do ajuste viraram verdadeiros tabus dentro do Banco durante a gestão Clausen (Kapur *et al.*, 1997, p. 350). Sob a vice-presidência de Anne Krueger, a área de pesquisa econômica do Banco foi remodelada, a fim de que fosse cumprida a "linha oficial do partido", segundo depoimentos internos (Stern & Ferreira, 1997, p. 598). O conteúdo das publicações da instituição também passou a ser objeto de uma vigilância mais rigorosa (Kapur *et al.*, 1997, p. 355). Em sintonia com os desígnios do *hegemon*, o discurso do Banco se tornou monocórdico, girando em torno do mesmo ponto: a promoção do livre mercado como panaceia universal. A mensagem de Ronald Reagan à reunião anual do FMI e do Banco Mundial em 1983 ilustra o tom daquela guinada:

> As sociedades que alcançaram o progresso econômico mais amplo e espetacular em menos tempo não foram as maiores nem as mais ricas em recursos; tampouco, por certo, as controladas com mais rigidez. O que essas sociedades têm em comum é a confiança na magia do mercado. Milhões de indivíduos que tomam suas próprias decisões no mercado alocarão sempre os recursos da melhor maneira do que qualquer processo de planejamento governamental centralizado (Reagan, 1983, p. 2 *apud* Gwin, 1997, p. 231).

Para atender mais prontamente às exigências dos credores, o componente institucional embutido nos acordos de empréstimo do Banco foi modificado. Até então, de maneira geral, a ingerência do Banco nesse âmbito havia se concentrado na criação de enclaves dentro do aparelho de Estado voltados para a gestão e disseminação de projetos de desenvolvimento ou para a criação de instituições responsáveis pela elaboração e execução de políticas setoriais. Com a política de ajustamento, as condicionalidades institucionais passaram a envolver, simultaneamente, órgãos públicos de vários setores em diversos níveis de governo, com o objetivo de redesenhar por completo a ossatura material do Estado. A gestão pública deveria se adequar ao ajuste macropolítico.

A ênfase na política macroeconômica e na remodelagem institucional também fez parte das atividades de formação de quadros nacionais desen-

AJUSTAMENTO ESTRUTURAL, CONSOLIDAÇÃO DO PROGRAMA POLÍTICO

volvidas pelo Instituto de Desenvolvimento Econômico. A partir de 1983, o número de cursos, oficinas e encontros voltados para tais finalidades ganhou fôlego, enquanto as atividades voltadas para a administração de projetos declinaram, como mostra a Tabela 5.6.

Tabela 5.6
Atividades de ensino e assistência institucional realizadas pelo
Instituto de Desenvolvimento Econômico
Anos fiscais 1983-1990

Atividades	1983	1984	1985	1986	1987	1988	1989	1990
Cursos e seminários								
Política sênior	5	8	15	15	15	20	20	19
Administração econômica e setorial	15	17	25	37	40	41	51	54
Análise e administração de projetos	43	36	24	32	26	9	7	6
Treinamento de multiplicadores	4	11	18	21	20	18	23	20
Subtotal	67	72	82	105	101	88	101	99
Assistência institucional								
Pedagógica	24	14	24	17	22	50	44	37
Outras	—	—	18	29	43	55	55	66
Subtotal	24	14	42	46	65	105	99	103
Total	91	86	124	151	166	193	200	202
Número de participantes dos seminários	—	—	—	—	3.442	3.675	3.760	3.656
De países pequenos e pobres	—	—	—	—	1.653	1.591	1.630	2.070

Fontes: Banco Mundial (1990a, 1989b, 1988, 1987a).

Não por acaso, o tema da gestão pública foi objeto do RDM 1983, o primeiro produzido após a irrupção da crise de endividamento. O informe reiterou o diagnóstico de que se tratava de uma crise de liquidez, e não de solvência (Banco Mundial, 1983, p. 4), dando continuidade às prescrições voltadas para o ajuste fiscal e a eliminação das "distorções" dos preços internos em relação àqueles cobrados no mercado internacional. A novidade consistiu mesmo nas diretrizes para a reorganização do Estado. Para cumprir o ajuste fiscal, o informe recomendou: a) a criação de uma autoridade central responsável pela coordenação e pelo enquadramento das políticas setoriais à pauta macroeconômica (*ibidem*, p. 83); b) a criação ou aperfeiçoamento de um sistema unificado de informações sobre o gasto público nos três níveis de governo (*ibidem*, p. 84); c) maior seletividade do Estado na prestação direta de infraestrutura e de serviços básicos, aumentando o volume de subcontratação a empresas privadas (*ibidem*, p. 67); d) a utilização da força de trabalho das comunidades locais para manutenção ou recuperação de programas de infraestrutura básica (*ibidem*, p. 120); e) a descentralização da prestação de serviços básicos e da gestão de projetos e programas de desenvolvimento, inclusive com o uso de recursos oriundos de fontes privadas (empresários, ONGs e dos próprios usuários) (*ibidem*, p. 120); f) a reforma do setor produtivo estatal, orientada para uma maior supervisão central sobre a eficiência das empresas públicas, a reformulação das modalidades de contratação de trabalhadores, a responsabilização de gerentes e trabalhadores em geral pela baixa eficiência empresarial e a liquidação das empresas inviáveis (*ibidem*, p. 103-104). A venda pontual de empresas públicas tidas como ineficientes foi cogitada, mas a privatização em massa (ainda) não.

Apesar do discurso oficial do Tesouro norte-americano durante o biênio 1983-1984 de que a recuperação da liquidez estava em marcha, os países mais endividados apresentavam dificuldades cada vez maiores para arcar com o serviço da dívida e não mostravam sinal de crescimento econômico. A crise financeira se aprofundou no ano seguinte e o governo estadunidense, apesar de manter a visão de que se tratava de um problema de liquidez de curto prazo, aceitou que uma ação mais coordenada era necessária, assim como o acesso a dinheiro novo por parte por devedores. Em setembro de 1985, o secretário do Tesouro, James Baker, anunciou uma revisão da estratégia de gestão da dívida. Em linhas gerais, o Plano Baker (como ficou conhecido) propunha que os bancos privados financiassem projetos de desenvolvimento, enquanto os débitos seriam convertidos em ações de empresas dos países devedores. Esse mecanismo deveria operar atrelado aos empréstimos de ajustamento estrutural do Banco Mundial, vistos por Washington como um instrumento que poderia ser usado para responder à crise da dívida e, ao mesmo tempo, fazer avançar a liberalização econômica (Gwin, 1997, p. 234). O plano não vingou, em função, sobretudo, do veto dos bancos comerciais à concessão de empréstimos novos. Porém, a iniciativa fortaleceu imensamente o papel do Banco como cogestor da dívida, ao lado do FMI (Batista, 1999, p. 29).

Junto com o Plano Baker, o Tesouro também definiu as prioridades que os BMDs deveriam seguir para a promoção do ajustamento. Além do pacote tradicional de medidas na área macroeconômica e financeira, ganharam relevo a remodelagem do gasto público pela via da descentralização e, sobretudo, a privatização de empresas públicas, especialmente aquelas que conformavam o setor produtivo estatal (Kapur *et al.*, 1997, p. 356). As condicionalidades exigidas pelo Banco Mundial, então, estenderam-se às novas áreas.

A doutrina do "desengajamento" (*disengagement*) bateu forte na composição setorial da carteira do Banco. A partir de 1986-1987 os empréstimos para agricultura e desenvolvimento rural se reduziram sensivelmente, como mostrou a Tabela 5.2. Amplificando críticas que vinham desde o final dos anos 1970, o RDM 1986 afirmou que, no geral, os instrumentos tradicionais de política agrícola (como preços de garantia e subsídio a insumos) ligados ao modelo de substituição de importações comprometiam a eficiência econômica. Mais grave do que isso, as intervenções indiretas sobre o setor agropecuário (como barreiras tarifárias e não tarifárias de importação e sobrevalorização cambial) configurariam uma "taxação indireta" que punia pesadamente o setor (Kapur *et al.*, 1997, p. 424). Para acabar com a "discriminação contra a agricultura", os governos deveriam reduzir as "distorções" nos preços cobrados no mercado interno em relação ao mercado internacional. Para isso, a reorientação da ação firme do Estado para a promoção de políticas neoliberais de "armação de mercado" (*market-framing policies*) seria indispensável (*ibidem*, p. 427). Nesse sentido, para o Banco o diálogo com a área econômica dos governos passou a ser tão ou mais importante do que o diálogo com os respectivos ministérios.

O Plano Baker veio junto com a pressão do Tesouro — com o apoio do presidente Reagan e contra as recomendações do Departamento de Estado e do Conselho de Segurança Nacional — pela redução da contribuição estadunidense à AID, malgrado a disposição de outros doadores para discutir uma grande reposição de US$ 12 bilhões a 16 bilhões, se os EUA cumprissem a sua cota (Gwin, 1997, p. 231). A contribuição dos EUA acabou caindo de US$ 3,240 bilhões (6ª Reposição, 1981-1984) para US$ 2,250 bilhões (7ª Reposição, 1985-1987). Pela primeira vez, os recursos se reduziram de uma reposição para a outra (Kapur *et al.*, 1997, p. 341). A ação dos EUA empurrou para baixo a reposição total, que ficou em US$ 9 bilhões, 25% a menos do que a 6ª. Uma das razões do Banco para solicitar uma grande reposição era para acomodar a entrada do seu mais novo cliente, a China. Um elemento-chave da posição norte-americana, entretanto, era que Índia e China deveriam recorrer mais aos empréstimos de bancos comerciais (Gwin, 1997, p. 232).

Junto com a redução da contribuição à AID, o governo Reagan se negou a participar de uma nova janela de créditos da AID para a África Subsaariana. O Banco e outros doadores desenharam esse instrumento como um mecanismo temporário para canalizar fundos adicionais aos governos africanos comprometidos com a implementação de reformas neoliberais, depois que a redução no financiamento norte-americano resultou na queda geral da 7ª Reposição. Àquela altura, o Partido Democrata conquistara a maioria nas duas casas legislativas e o Congresso acabou por autorizar a liberação de US$ 225 milhões, quantia muito aquém do rombo provocado pela redução da contribuição dos EUA (Gwin, 1997, p. 232).

Naquele período (meados dos anos 1980), a coalizão de forças liberalizadoras ganhava mais consistência organizativa e nitidez programática na América Latina. Em 1986, duas obras seminais foram publicadas na região: *El otro sendero*, do peruano Hernando De Soto, e *Toward renewed economic growth in Latin America*, de Bela Balassa, Pedro-Pablo Kuczynski, Mario Henrique Simonsen e Gerardo Bueno. A partir de uma perspectiva aparentemente técnica e despolitizada, ancorada na economia neoclássica, ambas abordavam temas e questões centrais para o *establishment* capitalista, seja em relação ao *modus operandi* do ajuste estrutural, seja em relação

AJUSTAMENTO ESTRUTURAL, CONSOLIDAÇÃO DO PROGRAMA POLÍTICO

à explicação das razões do próprio ajuste. Para De Soto (1986) era necessário implementar um programa radical de liberalização econômica e reforma do Estado. O primeiro passo consistiria na formação e blindagem de uma "elite tecnocrática" contra pressões políticas distributivas ou "populistas", a fim de garantir o manejo "responsável" — i.e., previsível para os credores — da política macroeconômica. O segundo passo radicaria na criação de novas "regras de jogo" por meio de uma reforma institucional que alterasse o papel do Estado na economia, por meio da desregulação e da chamada "desburocratização", i.e., privatização de empresas públicas e internalização de mecanismos de mercado na administração estatal. Já Bela Balassa *et al.* (1986) propunham uma estratégia baseada em três eixos: a) abertura comercial e reorientação da economia para o exterior, desmantelando os mecanismos protecionistas e apoiando os setores primário-exportadores, segundo o enfoque das "vantagens comparativas"; b) aumento do nível de poupança interna mediante cortes no gasto público e políticas fiscais que desalentassem o consumo, combinadas com a atração de capital estrangeiro por meio da elevação da taxa de juro e a liberalização financeira; c) redução da presença "sufocante" do Estado na economia por meio da desregulação econômica, da privatização de empresas do setor produtivo estatal e da prestação focalizada de serviços públicos à população em condições de pobreza. A implementação de tal estratégia dependeria, segundo os autores, da entrada maciça de capital externo, que, no curto prazo, deveria ser provida pelo Banco Mundial e pelo BID.

No fundamental, as duas obras partilhavam o mesmo diagnóstico sobre a causa principal da crise, qual seja, a falência da estratégia de desenvolvimento voltada "para dentro", baseada num Estado de tipo "regulador, produtor e fornecedor de serviços" que teria debilitado o crescimento do "setor privado". De acordo com essa leitura, a raiz da crise de endividamento externo era endógena, decorrente da bancarrota fiscal do Estado provocada por um estilo ineficiente e anacrônico de desenvolvimento econômico. O duplo choque do petróleo, embora importante, não teria feito mais do que exaurir as condições de reprodução do referido estilo, já em agonia crônica.

No geral, tratava-se da mesma visão impulsionada pelos principais instrumentos de persuasão e coerção a serviço dos credores, como o Banco

O BANCO MUNDIAL COMO ATOR POLÍTICO, INTELECTUAL E FINANCEIRO

Mundial. O RDM 1987 encarregou-se de estabelecer o marco conceitual para políticas de livre mercado. Argumentava-se ali que o problema dos países em desenvolvimento era a debilidade do "ambiente" necessário ao crescimento econômico, protagonizado pelo setor privado. Rechaçando qualquer tipo de política industrial ativa, atribuía-se à liberalização comercial o papel de dínamo da industrialização e das exportações, por quebrar o protecionismo e facilitar a entrada de insumos necessários à diversificação da base exportadora. Somente assim seria estabelecido o "campo de jogo nivelado" (*level playing field*) necessário ao livre comércio.

O início — e, logo, o fiasco — do Plano Baker bem como os efeitos recessivos dos planos de estabilização postos em prática em alguns países (Brasil e Argentina, por exemplo), deixaram claro para os credores (públicos e privados) que não se estava diante de uma mera crise de liquidez de rápida resolução. Emergiu, assim, a preocupação com a sustentabilidade política do ajuste. Até então, o discurso oficial tinha sido de que o ajuste simplesmente era "bom para os pobres", pois os beneficiaria *diretamente* — e não apenas indiretamente, pela via do "derrame" (Kapur *et al.*, 1997, p. 353). Esse discurso mudou em meados dos anos 80, quando o Banco começou a admitir a ocorrência de certos "custos sociais".

Essa tomada de posição coincidiu com a chegada de Barber Conable à presidência do Banco, em julho de 1986, e a substituição de Anne Krueger por Stanley Fischer na vice-presidência de Economia e Pesquisa. A partir de então, o *modus operandi* do ajuste passou a requerer a criação de programas paliativos de compensação social para aliviar, de maneira seletiva e no curto prazo, o impacto do ajustamento sobre as parcelas da população mais golpeadas e mais suscetíveis a apoiarem a oposição.

A Tabela 5.7 mostra o crescimento de empréstimos para essa finalidade em termos absolutos a partir de 1987, após a queda considerável durante a primeira metade dos anos 1980. Como se pode perceber, ao longo do período 1981-1993 houve uma mudança importante na composição setorial desse tipo de operação: enquanto a fatia da agricultura e desenvolvimento rural declinou — apesar dos impactos do ajustamento pesarem fortemente sobre pequenos agricultores e assalariados rurais — a fatia da educação e da saúde primárias aumentou extraordinariamente.

AJUSTAMENTO ESTRUTURAL, CONSOLIDAÇÃO DO PROGRAMA POLÍTICO

Tabela 5.7
Empréstimos do Banco Mundial para setores com foco no aliviamento da
pobreza — anos fiscais 1981-1993
Médias anuais

Setores	1981-1983	1987-1989	1991-1993
Desenvolvimento de recursos humanos	659	1.059	3.494
Educação	603	756	2.047
População, saúde e nutrição	56	303	1.447
Agricultura e desenvolvimento rural	3.513	3.638	3.623
Abastecimento de água e saneamento básico	596	765	1.097
Total de empréstimos (milhões de dólares)	13.261	19.421	22.696
Como parte do total de empréstimos (percentual)	35	28	36
Desenvolvimento de recursos humanos	5	5	15
Agricultura e desenvolvimento rural	26	19	16
Abastecimento de água e saneamento básico	4	4	5

Fonte: Banco Mundial (1993a, p. 39).

Com frequência, tais operações passaram a ser organizadas por meio de fundos sociais de emergência voltados para a conformação de redes de segurança (*safety nets*), uma espécie de colchão amortecedor de tensões sociais direcionado à população em condições de pobreza ou a segmentos mais "vulneráveis" ao ajuste. A primeira operação desse tipo ocorreu na Bolívia, em dezembro de 1986. Segundo o cálculo político do Banco Mundial (Kapur *et al.*, 1997, p. 365), era preciso dar uma resposta governamental "altamente visível" que desarticulasse o protesto social, a fim de garantir a sustentação de uma coalizão de governo comprometida com a implementação de um programa enérgico de ajustamento.

Desde então, criaram-se fundos sociais em mais de 70 países na África, na Ásia, no Leste da Europa e, sobretudo, na América Latina e no Caribe, região em que todos os países contam, hoje, com um ou mais fundos financiados ou apoiados pelo Banco Mundial.[44] Seu formato apresenta plasticidade considerável, o que permite a esse instrumento operar em contextos jurídico-institucionais dos mais diversos e, mesmo assim, servir como veículo de inovação em matéria de política social (Stahl, 1996, p. 54-58; Sanahuja, 2001, p. 131-133). Os fundos surgiram como mecanismos de caráter multissetorial, capazes de financiar programas e projetos num arco amplo de atividades, desde a criação de empregos temporários e o fornecimento subsidiado de alimentos até a organização local de populações pauperizadas para fins imediatos — o que o Banco chama de "fortalecimento das comunidades". Criados para operar como instrumentos de ação transitória e de curto prazo, rapidamente se tornaram veículos permanentes para a conformação de um novo modelo de política social de tipo neoliberal. Seu princípio básico é a substituição da oferta universal de bens e serviços públicos pelo atendimento a demandas (*demand-driven approach*). Por isso, orientam-se, desde o início, pela focalização dos recursos em grupos-alvo, selecionados de acordo com a sua vulnerabilidade potencial ao impacto socialmente regressivo do ajuste. A identificação e execução de projetos e programas fica a cargo de ONGs, grupos de base, prefeituras e até empresas privadas ou de consórcios envolvendo todos esses atores. Em geral, as agências criadas para gerir tais fundos operam com ampla autonomia em relação à área social do governo, mesmo que estejam ligadas ou formalmente subordinadas a ministérios específicos. Utilizados como vitrines (*showcases*), costumam alcançar alta visibilidade pública e normalmente contam com um forte apoio político, vinculando-se diretamente a altas instâncias do Estado ou a áreas centrais do governo. Além dos recursos do orçamento nacional, em geral contam com fontes extraordinárias de financiamento ligadas a agências bilaterais de ajuda externa e bancos multilaterais.

Pouco depois da experiência-piloto na Bolívia, surgiram críticas de dentro do sistema ONU em relação à austeridade monetária e fiscal exigida pelos programas de ajustamento do Banco Mundial e do FMI. "Ajuste com rosto humano" era o título de um relatório do Unicef que alcançou rapidamente grande repercussão (Cornia *et al*; 1987). Não se tratava, propriamente, de

---

[44]Uma apresentação do assunto pode ser encontrada em <www.worldbank.org/socialfunds>

AJUSTAMENTO ESTRUTURAL, CONSOLIDAÇÃO DO PROGRAMA POLÍTICO

uma crítica ao mérito do ajuste, mas à sua forma de implementação e a alguns termos do seu conteúdo, como, por exemplo, o fato de que a política social tivesse sido relegada *a posteriori* e rebaixada a um conjunto de medidas paliativas. Economistas do Banco Mundial refutaram o relatório, alegando a necessidade de se distinguir, de um lado, os custos sociais decorrentes das medidas "corretivas" e, de outro, os custos gerados pelo desequilíbrio macroeconômico. Porém, a partir daquele momento, os altos expoentes do Banco deixaram de dizer em público que o ajuste simplesmente era "bom para os pobres" (Kapur *et al.*, 1997, p. 353). Não demorou até que também se apropriassem da consigna evocada pelo título do relatório.

Além da experiência-piloto na Bolívia, outros fatores impulsionaram o Banco Mundial a apostar na constituição de fundos sociais como instrumento preferencial de aliviamento da pobreza e legitimação do ajuste. O primeiro era o envolvimento crescente de ONGs na identificação, implementação e gestão de projetos do Banco Mundial, um processo que vinha se desenvolvendo lenta e irregularmente desde 1982, quando foi criado um comitê para desenvolver a cooperação entre o Banco e as ONGs ambientalistas norte-americanas (Kapur *et al.*, 1997, p. 367; Barros, 2005, p. 144). O segundo era a maior publicização e vulnerabilidade das atividades do Banco à opinião pública no hemisfério norte, em especial no que dizia respeito aos impactos ambientais dos projetos financiados, mas também quanto aos impactos sociais dos programas de ajuste (Kapur *et al.*, 1997, p. 365). De ambos os lados, o Banco via-se obrigado a se relacionar com grupos ambientalistas e outros grupos de interesse capazes de pressioná-lo por meio de campanhas públicas e *lobbies* no Congresso estadunidense e em alguns parlamentos europeus.

Não foi por acaso que Conable foi escolhido para a presidência do Banco. Advogado especializado em finanças, ex-deputado federal republicano e ex-presidente da Comissão de Finanças do Congresso, próximo de George Bush e James Baker, Conable tinha traquejo político para lidar com os congressistas que questionavam a relevância do Banco Mundial para a política externa norte-americana e, ao mesmo tempo, com uma opinião pública cada vez mais intrusiva nos negócios do Banco (Rich, 1994, p. 145). A necessidade de não repetir o fiasco da 7ª Reposição da AID impôs ao novo presi-

O BANCO MUNDIAL COMO ATOR POLÍTICO, INTELECTUAL E FINANCEIRO

dente uma luta por financiamento que durou de 1986 até o início de 1988. Estavam em jogo os recursos para a 8ª Reposição (1988-1990) da AID e o aumento geral do capital do Bird. Como o Plano Baker já havia "sintonizado" o Banco com as posições do Tesouro, o foco do esforço de convencimento por mais recursos se deslocou para o Congresso (Kapur *et al.*, 1997, p. 366-367).

A pressão sobre o Banco ganhou força naqueles anos, vinda de várias direções. Alguns dos grandes projetos financiados pelo Banco — como o projeto de colonização Polonoroeste no Brasil, as represas do projeto Sardar Sarovar no Rio Narmada, na Índia, o desenvolvimento da pecuária em Botsuana, a represa de Kedung Ombo e o Programa de Transmigração na Indonésia — toparam com novas formas de luta social e uma maior articulação entre populações atingidas, mediadores locais e ONGs internacionais ambientalistas e ligadas à defesa dos direitos humanos (Rich, 1994, p. 148-169). Por outro lado, a bandeira social também ganhou força, ainda que com menos destaque de que a luta ambiental. Em setembro de 1987, por exemplo, ONGs internacionais reuniram a assinatura de quase duas centenas de congressistas num documento que exigia o compromisso do Banco Mundial com a minimização dos impactos sociais negativos dos programas de ajustamento estrutural e a redução da pobreza (Kapur *et al.*, 1997, p. 367-368). Essa confluência de pressões forçou a presidência do Banco a incluir, em primeiro lugar, a questão ambiental e, em segundo lugar, o ataque direto à pobreza absoluta como temas centrais da sua campanha por fundos junto ao Congresso norte-americano e aos parlamentos de países doadores importantes. A mesma onda trouxe outros temas, como a participação social e os direitos da mulher. O Banco absorveu todos com certa facilidade, até porque, em larga medida, muitas daquelas inovações podiam ser acomodadas, segundo Kapur *et al.* (1997, p. 369), pela "retórica", pela mera "reetiquetagem administrativa" (*administrative relabeling*) ou, simplesmente, por novas regras do jogo de "anuência futura incerta".

A questão ambiental era considerada, de longe, o problema de "relações públicas" mais grave para o Banco naquele momento, pois ameaçava dois pontos vitais ao andamento das suas operações: o aumento do capital geral do Bird e a 8ª Reposição da AID (Rich, 1994, p. 145; Wade, 1997, p. 672).

AJUSTAMENTO ESTRUTURAL, CONSOLIDAÇÃO DO PROGRAMA POLÍTICO

Com efeito, no início dos anos 1980, a inobservância prática de qualquer critério ambiental nas operações do Banco começou a ser fortemente criticada por ONGs ambientalistas e o primeiro projeto a ser objeto dessa interpelação foi o Polonoroeste. O projeto previa a pavimentação de 1.500 quilômetros de rodovia, ligando o sul ao norte do Brasil, a construção de estradas na fronteira amazônica da rodovia, a reabilitação de assentamentos agrícolas e a criação de outros, pela via da colonização, o fornecimento de saúde básica à população e a criação de reservas ecológicas e indígenas. A área afetada era equivalente à da Califórnia ou da Grã-Bretanha. O Banco era a única fonte não brasileira de financiamento (Wade, 1997, p. 637). Mais de dez mil indígenas viviam na área, organizados em mais de 40 grupos ou nações (Rich, 1994, p. 27). Na visão do Banco, o projeto serviria como modelo de planejamento regional a ser reproduzido pelo mundo afora, nos moldes do desenvolvimento rural integrado. Ademais, propiciaria à instituição "conquistar" a Amazônia, descrita pelos economistas do Banco como a "última fronteira agrária do mundo" (Wade, 1997, p. 638). Anunciado como a maior reforma agrária da história do Brasil (Barros, 2005, p. 98), o projeto possibilitaria, de acordo com o discurso oficial, modernizar a economia da Região Norte, reduzir a pobreza no campo e preservar o meio ambiente e os modos de vida das populações indígenas.

Seguindo o imperativo de "mover o dinheiro", o Banco desejava aumentar os empréstimos para o Brasil, um dos seus maiores clientes. A construção da rodovia era algo especialmente atrativo, porque prometia o desembolso imediato de US$ 250 milhões, num momento em que outras vias de desembolso para o Brasil estavam limitadas. Entre 1981-1983, o Banco aprovou cinco empréstimos para o projeto, no total de US$ 457 milhões (Wade, 1997, p. 637-640).

A construção da BR-364 seguiu rapidamente, enquanto todos os demais componentes ficaram para trás, provocando um dilúvio de migrantes — mais de 500 mil — sem a infraestrutura necessária para absorvê-los. A população atingida subiu dos estimados 620 mil em 1982 para 1,6 milhão em 1988. A rodovia e as demais estradas abriram a região para madeireiros, garimpeiros e pecuaristas, que recebiam fartos subsídios fiscais da União. A devastação da floresta explodiu, enquanto os assentamentos de colonização padeciam da falta de infraestrutura básica, crédito agrícola e apoio técnico. A combinação de solos pobres e ausência de serviços de apoio forçou muitos pequenos agricultores a se lançarem na economia extrativa ou, simplesmente, a abandonar as terras. A implementação do projeto era um desastre, não havia coordenação e supervisão. Milhares de pessoas morreram de malária, devido à ausência dos serviços de saúde previstos no projeto. A demarcação de terras indígenas não saiu do papel e, quando saiu, sofreu contestação judicial. A especulação fundiária disparou, dinamizando o mercado de terras (legal e ilegal) e aumentando o nível de concentração da propriedade. Os índices de violência subiram de maneira alarmante. Todo tipo de corrupção teve lugar, retroalimentando a predação dos recursos naturais. Em poucos anos, o projeto transformou Rondônia no estado brasileiro com a maior área relativa de desmatamento florestal do país (Rich, 1994, p. 26-29; Wade, 1997, p. 646-653).

Entre 1983-1987, a campanha das ONGs denunciou o Polonoroeste como o caso mais extremo de devastação social e ambiental patrocinado pelo Banco. Houve uma profusão de artigos publicados em revistas de prestígio internacional e grandes jornais dos EUA. Documentários de televisão foram transmitidos nos EUA e em outros países, com a participação de ambientalistas brasileiros e norte-americanos. Ocorreram naquele período mais de 20 audiências sobre os impactos sociais e ambientais dos projetos financiados pelos BMDs em seis subcomissões do Congresso estadunidense, mas o centro da atenção era o Banco Mundial. Ao focalizar o ataque em alguns poucos projetos de grande impacto, as ONGs tentavam pressionar os Estados-membros a forçarem o Banco a reformar seus procedimentos e a estabelecer políticas de salvaguarda ambiental. Finalmente, em maio de 1987, Conable anunciou planos para uma grande expansão da área ambiental do Banco, precisamente o que o Banco vinha afirmando por anos que não era necessário (Wade, 1997, p. 653; Gwin, 1997, p. 239).

A campanha cresceu não apenas devido aos acertos táticos dos seus organizadores, mas porque o "meio ambiente" despontava como objeto de preocupação crescente nos âmbitos científico, político e internacional. Aos poucos, o paradigma da "proteção ambiental" dava lugar ao da "administração ambiental". Assim, em vez de se internalizar *a posteriori* o critério ambiental na atividade econômica, com o propósito de reduzir danos tidos como inevitáveis, dever-se-ia internalizá-lo *a priori*, com o objetivo de eliminar ou reduzir a própria necessidade de promover danos (Wade, 1997, p. 654-655). Como parte daquela onda mais geral, em meados dos anos 1980 a ONU constituiu a Comissão Mundial de Meio Ambiente e Desenvolvimento, encarregada de investigar os efeitos do desenvolvimento econômico sobre o meio ambiente. A Comissão Bruntland — como ficou conhecida — promoveu uma série de audiências pelo mundo em 1986-1987 que atraíram grande atenção e contribuíram para legitimar a ideia de que valores ambientais deveriam ser internalizados nas políticas de desenvolvimento. O relatório final, publicado em 1987, elevou o *status* da questão e introduziu o termo "desenvolvimento sustentável" no vocabulário internacional, ajudando a popularizá-lo (Wade, 1997, p. 656; Stern & Ferreira, 1997, p. 565).

Além disso, em 1985 as ONGs conseguiram um aliado importante, o senador Robert Kasten. Crítico contumaz da ajuda externa, o republicano ocupava então a mais alta posição de poder no Senado em matéria de Banco Mundial. Usando o caso como mais um pretexto para se opor às contribuições norte-americanas à AID, o senador pressionou o presidente do Banco e o secretário do Tesouro por mudanças na instituição, ameaçando não autorizar as dotações do país. Em maio do mesmo ano, pela primeira vez um presidente do Banco se reuniu com ambientalistas, num encontro patrocinado por Kasten (Rich, 1994, p. 123-125). Até então, a instituição tratava com legislaturas nacionais e parlamentares individuais somente por intermédio de representantes designados pelos governos na diretoria executiva do Banco (em geral, os ministros da economia) e, no caso dos EUA, por meio do Tesouro. Complementarmente, o Banco sustentava que, devido à natureza confidencial das suas relações com os Estados-membros, a responsabilidade pela liberação de informações pertencia a ambos (Wade, 1997, p. 657 e 665; Gwin, 1997, p. 240).

Em janeiro de 1985, pela primeira vez por razões ambientais um diretor estadunidense vetou a aprovação de empréstimos do BID para um projeto do governo brasileiro complementar ao Projeto Polonoroeste. Nunca antes o BID negara financiamento ao Brasil, seu principal país acionista após os

EUA. Logo depois, em março do mesmo ano, o Banco Mundial suspendeu os desembolsos para o Polonoroeste. Outros projetos do Banco também tiveram desembolsos suspensos no período, como o da Barragem Chico nas Filipinas (Barros, 2005, p. 111). Em junho de 1986, o secretário James Baker mandou o diretor-executivo norte-americano do Banco votar contra um empréstimo para o setor elétrico ao Brasil que previa a construção de 136 barragens até 2010. O empréstimo foi aprovado, mas a negativa dos EUA representou a primeira vez que um membro do Banco votava contra a aprovação de um empréstimo por razões ambientais[45] (Wade, 1997, p. 669-670; Gwin, 1997, p. 241).

A partir de 1986, o Tesouro norte-americano começou a pressionar o Banco por mudanças ambientais (Wade, 1997, p. 667). Isto porque, para levar adiante a estratégia de gestão da crise da dívida definida pelo Plano Baker e assegurar o pagamento dos débitos com os bancos privados americanos, era preciso ampliar os empréstimos para ajustamento estrutural do Banco. Àquela altura, tornara-se evidente que o Bird necessitava de um aumento geral do seu capital para dar conta da missão que o Tesouro lhe atribuía. Tal aumento, porém, dependia da aprovação do Congresso. Essa situação obrigou o Tesouro a endossar as propostas ambientalistas, para que o Congresso não tivesse motivos para reter um aumento geral do capital do Bird (*ibidem*, p. 668).

Durante o biênio 1986-87, a campanha se ampliou e intensificou, com o envolvimento de mais ONGs (algumas delas mais radicais) e a articulação de redes mais densas entre ONGs norte-americanas, europeias e de países da periferia. Em 1987, o Congresso estava programado para aprovar um aumento na contribuição para o capital do Bird e a 8ª Reposição de fundos da AID. Como uma resposta tática à ameaça de corte dos recursos do Banco, a gestão Conable promoveu um conjunto de medidas administrativas em 1987 para sinalizar mudanças (Wade, 1997, p. 673). Também como medida tática, a administração do Banco começou a aceitar as ONGs ambientalistas como interlocutoras legítimas.

---

[45]No caso anterior do Polonoroeste, o desembolso foi apenas suspenso, sem envolver a diretoria executiva (Wade, 1997, p. 670).

AJUSTAMENTO ESTRUTURAL, CONSOLIDAÇÃO DO PROGRAMA POLÍTICO

Como parte das negociações para um aumento do capital geral do Bird e a 8ª Reposição da AID, o governo Reagan concordou em abrir mão de parte da sua subscrição em favor de outros países, depois que conseguiu o aceite sobre uma mudança nos estatutos do Banco que manteve o poder de veto norte-americano. O caso foi relatado por Gwin (1997, p. 238). Em troca da provisão de mais recursos à AID, o Japão exigia um aumento da sua subscrição no Bird, o que o transformaria no segundo acionista, bem acima da Alemanha. Essa mudança só ocorreria se os EUA concordassem em baixar a sua cota para menos de 20%, percentual que assegurava o poder de veto. Durante as negociações da 8ª Reposição, os EUA conseguiram baixar o percentual necessário ao exercício do poder de veto para 15%. Assim, com 16,5% dos votos, os EUA acomodaram o aumento da subscrição japonesa sem sacrificar o seu monopólio sobre o poder de veto. Desse modo, qualquer decisão que exigisse mais do que maioria simples, como mudanças de ordem estatutária, seguiria dependente da anuência dos EUA.

O governo se empenhou de todas as formas para ganhar o apoio do Congresso, a começar pelas suas próprias bases. Uma carta do presidente Reagan a Robert Michel, líder republicano na Câmara, exortando-o a apoiar o aumento geral do capital do Banco em 1988 afirmava o seguinte:

> O Banco destina a vasta maioria dos seus fundos ao apoio de projetos de investimento específicos em nações em desenvolvimento de renda média. Essas são, geralmente, nações (tais como Filipinas, Egito, Paquistão, Turquia, Marrocos, Tunísia, México, Argentina, Indonésia e Brasil) que são estratégica e economicamente importantes para os Estados Unidos (*apud* Gwin, 1997, p. 271).

Na apresentação do pedido de autorização ao Congresso para a duplicação do capital geral em 1988, o governo Reagan enfatizou três pontos: a) que o Banco, ao participar da gestão da crise da dívida externa, havia aumentado seus desembolsos em mais de 40% desde 1985 e precisava de capital adicional; b) que o Banco estava agindo como um importante catalisador, na periferia, de reformas econômicas que eram do interesse estratégico dos EUA; c) que o novo presidente, Barber Conable, havia realizado uma refor-

O BANCO MUNDIAL COMO ATOR POLÍTICO, INTELECTUAL E FINANCEIRO

ma administrativa com o objetivo de baixar os custos operacionais do Banco. A aprovação do Congresso se deu de maneira sólida e resultou, em grande parte, do *lobby* poderoso do Executivo para respaldar a atuação do Banco Mundial (Gwin, 1997, p. 238-39).

No mesmo ano, do outro lado do Atlântico, deu-se a primeira manifestação de massa contra as organizações de Bretton Woods: 80 mil pessoas foram às ruas de Berlim Ocidental para protestar durante a reunião anual conjunta do Banco Mundial e do FMI (Toussaint, 2006, p. 214).

FIM DA GUERRA FRIA, CONSENSO DE WASHINGTON E IMPULSO À NEOLIBERALIZAÇÃO

Durante os anos 1980, o Banco assumiu um papel de liderança como modelador da agenda política e econômica para o enquadramento dos países da periferia. Esse papel veio mais do lado político-operacional, devido à capacidade de ação legada da gestão McNamara e aos empréstimos para ajustamento estrutural, do que da área de pesquisa econômica do Banco (Stern & Ferreira, 1997, p. 609). Ambos, porém, alimentaram-se mutuamente.

A coordenação das atividades de vigilância, persuasão e coerção das IFIs se intensificou com a criação, em 1988, do Serviço de Ajuste Estrutural. Em apenas dois anos, foram administrados 187 empréstimos para ajustamento (Cheru, 1999, p. 9). Ainda nesse movimento de sintonia e indistinção crescente, a partir de 1989 as gêmeas de Bretton Woods começaram a exigir formalmente condicionalidades cruzadas, retroalimentando a pressão pelo ajustamento.

A intervenção do FMI e do Banco Mundial transferiu para ambas as instituições o risco da banca. Paulatinamente, elas substituíram os bancos privados como credores principais. Sua atuação, porém, não trouxe qualquer alívio para os devedores, cujo endividamento aumentou continuamente ao longo dos anos 1980. Com efeito, os empréstimos do FMI e do Banco Mundial eram insuficientes para cobrir as dívidas gigantescas contraídas com os bancos privados, até porque a taxa de juro real paga pelos países da periferia era exorbitante: cerca de 17% ao longo da década de 1980, contra apenas 4% pagos pelos países mais industrializados (Toussaint, 2006, p. 196).

Com o início do governo George Bush em janeiro de 1989, o novo secretário do Tesouro, Nicholas Brady, foi encarregado de propor uma segunda revisão da estratégia de gestão da dívida externa. O chamado Plano Brady reconheceu, pela primeira vez, a necessidade de redução da dívida como condição para a retomada do crescimento econômico dos países altamente endividados. O esquema propôs que os Estados endividados comprassem títulos do Tesouro norte-americano como garantia para a emissão de novos títulos, que remuneravam generosamente os credores, os quais, em troca, aceitariam prazos mais longos e um pequeno desconto das dívidas (Strange, 1999, p. 122; Batista, 1999, p. 31; Peet *et al.*, 2004, p. 104-105). O Banco Mundial e o FMI seguiram a determinação do Tesouro e do Federal Reserve, autorizando novos empréstimos condicionados à abertura comercial prévia. No RDM de 1989, pela primeira vez o Banco defendeu categoricamente a ampla desregulação financeira dos países da periferia, insistindo na eliminação de todos os instrumentos de controle sobre taxas de juros e todos os programas de crédito dirigidos à atividade industrial. Na implementação dos planos Baker e Brady, o Tesouro norte-americano e o Federal Reserve participaram ativamente das negociações entre os países devedores, os bancos comerciais estadunidenses e as instituições de Bretton Woods. De acordo com Paul Volcker, então presidente do *Federal Reserve*, ambos "dirigiram" os empréstimos do Banco Mundial ao longo de toda a década de 1980 (*apud* Gwin, 1997, p. 235-236).

No final de 1989, algumas das principais forças que impulsionavam a reestruturação capitalista neoliberal realizaram na capital norte-americana uma reunião para avaliar os resultados alcançados e pensar os próximos passos. Os participantes integravam a cúpula da rede de poder político, financeiro e intelectual do complexo Washington-Wall Street: o Departamento do Tesouro, o Banco Mundial, o FMI, o Banco Interamericano de Desenvolvimento (BID), a Usaid e os principais *think tanks* estadunidenses. Registrou-se entre eles algo até então relativamente incomum: o acordo amplo sobre o pacote de reformas de política econômica em curso em praticamente todos os países da América Latina e do Caribe, bem como a necessidade de acelerar a sua execução dentro e fora da região. O receituário, publicado em 1990, foi compilado por John Williamson — consultor econômico do Tesouro do Reino Unido (1968-1970), conselheiro do FMI (1972-1974), professor de economia na PUC-RJ e em diversas universidades anglo-americanas e, posteriormente, economista-chefe do Banco Mundial na Ásia Meridional entre 1996-1999. O decálogo logo ficou conhecido como "consenso de Washington". A Tabela 5.8 resume suas prescrições.

Tabela 5.8
O consenso de Washington original

Tópico	Prescrição
Disciplina fiscal	Para que o manejo da política fiscal sirva à manutenção da estabilidade macroeconômica (entendida, basicamente, como controle inflacionário), deve haver um elevado e persistente superávit primário, aceitando-se um déficit operacional de, no máximo, 2% do PIB.
Reorientação dos gastos públicos	Ligado à política fiscal rígida está o redirecionamento do gasto público para áreas de alto retorno econômico e formação/melhoria de "capital humano" (saúde, educação e infraestrutura), com algum potencial para distribuição de renda.
Reforma tributária	Aumento da base tributária e corte de impostos marginais.
Taxa de juros	O ideal é que seja determinada pelo mercado. Porém, deve ser fixada num patamar moderado, a fim de estimular a poupança e desestimular a fuga de capitais.
Taxa de câmbio	Unificada e fixada num patamar suficientemente competitivo para induzir o aumento rápido das exportações, especialmente de produtos não tradicionais.
Liberalização comercial	Redução acentuada das tarifas de importação, a fim de acelerar a integração à economia mundial e facilitar a entrada dos insumos necessários ao fortalecimento do setor produtivo doméstico.
Abertura para o capital estrangeiro	Abolição imediata das barreiras ao investimento externo direto, de modo que empresas estrangeiras e nacionais compitam em pé de igualdade.
Privatização	Privatização em massa das empresas estatais, a fim de gerar recursos a curto prazo, reduzir o gasto público e elevar a eficiência global da economia.

(cont.)

AJUSTAMENTO ESTRUTURAL, CONSOLIDAÇÃO DO PROGRAMA POLÍTICO

Tópico	Prescrição
Desregulamentação da economia	Desregulamentação ampla da economia, a fim de estimular a entrada de novas empresas e elevar a concorrência. Controle de preços, tarifas de importação e legislação trabalhista, dentre outros, oneram o capital privado, razão pela qual devem ser suprimidos ou radicalmente revistos.
Direitos de propriedade	Devem ser assegurados, sem custos excessivos, e estendidos ao setor "informal" da economia, a fim de ampliar a formalização da iniciativa privada.

Fonte: Williamson (1992).

Elaborado sobre os escombros do muro de Berlim, o decálogo compilado por Williamson rapidamente ganhou o *status* de paradigma único do capitalismo triunfante, servindo para enquadrar os governos dos países da periferia a um programa político cujos pilares eram a liberalização da economia mundial ao fluxo de bens, serviços e capitais e a reorientação e remodelagem do Estado como provedor de um marco normativo que garantisse a segurança e a rentabilidade dos negócios privados (Wade, 1997a, p. 353).

A rigor, porém, a novidade no consenso identificado por Williamson consistia menos no elenco de medidas econômicas e mais no acordo amplo entre o governo estadunidense e os principais atores do complexo Washington-Wall Street (Toussaint, 2006, p. 205). Isso porque o consenso de Washington deu continuidade às prescrições feitas pelo FMI desde os anos 1960, cujos programas de estabilização e acordos *stand-by* envolviam, invariavelmente, medidas de liberalização comercial, desvalorização cambial, isenções e subsídios ao capital estrangeiro e controle inflacionário (por meio do controle do crédito bancário, altas taxas de juros, redução do déficit fiscal, aumento em taxas e preços cobrados por empresas públicas, abolição de subsídios ao consumo e do controle de preços) (Payer, 1974, p. 33). Nesse sentido, a novidade, no final dos anos 1980, consistia mesmo na incorporação das privatizações em massa, na política de "recuperação de custos" aplicável ao conjunto dos serviços sociais, na blindagem jurídica à propriedade privada e na política de legalização do setor informal da economia.

No conjunto, o consenso expressava, ao mesmo tempo, o fim da tolerância de Washington com um mundo de capitalismos nacionais e o assalto do capital contra o conjunto de direitos sociais e trabalhistas forjados no pós-guerra. O fato de que o decálogo não tivesse coerência do ponto de vista lógico (Gore, 2000) em nada diminuiu a sua força normativa.

Para além do seu aspecto formal, o consenso sintetizou uma mudança mais profunda na correlação de forças interna e externa que alterou a matriz de poder nas sociedades, em particular na América Latina. Como afirmou Vilas (2000 e 1997), os processos de privatização, abertura comercial e desregulamentação da economia modificaram a configuração da propriedade e da riqueza, redefinindo o peso econômico e político dos atores sociais e impulsionando novas articulações entre as burguesias locais e as forças mais dinâmicas da globalização financeira. Em nome da racionalidade técnica e da observância dos cânones macroeconômicos, esse processo levou, gradativamente, à consolidação de um bloco de poder distinto daquele que havia comandado o estilo de desenvolvimento anterior, ao privilegiar os setores econômicos exportadores, aumentar o grau de mercantilização da vida social e atacar os direitos sociais e o mundo do trabalho. Os programas de ajustamento estrutural e setorial impulsionados pelas gêmeas de Bretton Woods e implementados por governos afinados com a nova agenda alimentaram essa reconfiguração, ao funcionarem, segundo Cheru (1999, p. 9), como "correias de transmissão" da liberalização econômica e da reforma do Estado em quase toda a periferia.

Na América Latina, mais do que em qualquer outra região, o fim da guerra fria e o início da avalanche neoliberal coincidiram com o processo de abertura política. Naquele momento, Washington mudou a sua política em relação às ditaduras, a fim de evitar a simbiose da oposição democrática mais geral com um movimento social contrário ao neoliberalismo (Toussaint, 2006, p. 153). Rapidamente, a nova plataforma política se internalizou, na medida em que grande parte das principais forças políticas latino-americanas, de praticamente todos os matizes ideológicos e partidos, alinhou-se à ideia de que só havia, então, um único objetivo a perseguir: a construção de uma "economia de mercado vibrante". E tal objetivo, por sua vez, só poderia ser alcançado por um único caminho: a destruição da soberania nacional em matéria de política econômica e o aniquilamento de todo e qualquer "custo" social e trabalhista que onerasse a rentabilidade do capital. Nos principais países da região, novas coalizões de poder comprometidas com a plataforma neoliberal passaram a ganhar, em série, eleições presidenciais: em 1988, Salinas de Gortari no México; em 1989, Carlos Menem na Argentina, Alberto Fujimori no Peru, Carlos Andrés Pérez na Venezuela e Fernando Collor no Brasil; em 1990, César Gaviria na Colômbia. No mesmo período, a negociação com os credores internacionais chegou ao fim e as portas do sistema financeiro internacional se abriram novamente, agora pela via da globalização financeira. Não demorou para que a costura de novas alianças e o acesso à grande onda de liquidez internacional viabilizassem as condições políticas para a geração de planos de estabilização monetária de novo tipo (Batista Jr., 1996), estreitamente ligados ao processo de reestruturação econômica neoliberal e, cada vez mais, independentes do governo de plantão.

No momento em que o impulso liberalizador ganhava fôlego com o fim da guerra fria, o Banco Mundial desenvolveu três coordenadas estratégicas que orientariam a sua ação política, intelectual e financeira nos anos seguintes. A primeira delas consistia na consolidação e difusão de um modelo de aliviamento compensatório da pobreza, umbilicalmente ligado ao processo mais amplo de remodelagem da política social. A segunda consistia na mudança do papel do Estado na economia. A terceira consistia na redefinição da forma pela qual as reformas estruturais deveriam ser governadas.

Primeiro, a questão do aliviamento da pobreza. Como um filme reprisado com qualidade piorada, o Banco voltava a enfatizar, dez anos depois do RDM 1980, a relação entre desigualdade internacional, pauperização e instabilidade política. Os tempos, porém, eram outros e o propósito central do RDM 1990 consistia em conciliar e subordinar, analítica e programaticamente, o aliviamento da pobreza à liberalização econômica radical, num mundo cujas fronteiras, agora, pareciam não oferecer limites a tal expansão. A premissa básica do relatório era a separação entre política "social" e política "econômica". Ancorado na categoria da "pobreza absoluta", o RDM 1990 deixava de lado a questão da concentração de renda e riqueza e propunha uma estratégia dual, que combinava programas focalizados com uma ênfase renovada nas virtudes redentoras do crescimento econômico e do subsequente efeito derrame. O relatório concedia que o ajuste poderia gerar certos "custos sociais", tais como as dores do parto necessárias à boa nova. Daí a necessidade de intervenções focalizadas de caráter (supostamente) compensatório, que promovessem o acesso a serviços sociais básicos (sobretudo saúde e educação primárias e planejamento familiar), sob a forma de redes de segurança (*safety nets*) e programas para a formação de "recursos humanos". Entretanto, segundo o RDM 1990, a criação de oportunidades de elevação da renda dos mais pobres dependeria do crescimento econômico, o qual, por sua vez, dependeria da implementação das políticas de ajuste estrutural, tidas como as únicas capazes de, nas palavras de Conable, fazer um uso "mais produtivo do bem mais abundante entre os pobres, o trabalho" (Banco Mundial, 1990, p. iii). Em outras palavras, o que o RDM 1990 prescrevia era um conjunto de políticas direcionadas à liberalização das economias nacionais e à intensificação da exploração da força de trabalho (Burkett, 1990; Cammack, 2002). Não por acaso, a questão do conflito em torno da produção e apropriação da riqueza simplesmente não aparecia no texto, o que permitia ao Banco Mundial propor que o alívio da pobreza dependia tão somente da distribuição de novos investimentos, e não da redistribuição do estoque de ativos. A rigor, a única inovação significativa em relação aos postulados veiculados pelo Banco nos anos 1970 era mesmo o programa radical de liberalização e privatização. De resto, seguia-se basicamente o mesmo discurso, acrescido da confiança renovada nos efeitos distributivos do gotejamento (efeito derrame).

O binômio ajuste/compensação focalizada compôs a neoliberalização da política social. Como argumentou Vilas (1997 e 1997a), com a desregulamentação ampla da economia, a abertura comercial assimétrica, a desregulação financeira e o desmantelamento de grande parte do setor público, a ação política do Estado abandonou, na prática, qualquer compromisso com a promoção da integração e da mobilidade social do conjunto da população. Para institucionalizar as relações de poder que comandavam o ajustamento interno e externo, a ação do Estado foi direcionada para a definição de novos ganhadores e perdedores. Assim, a institucionalização de novas regras do jogo respondeu às pressões do bloco de poder emergente, desenhando a sua configuração e contribuindo para a sua amalgamação. Por meio do manejo do câmbio, dos juros e da política tributária, a ação estatal passou a bombear cada vez mais renda para o capital e, em particular, a sua fração financeira. Subordinada ao ajustamento macroeconômico, iniciou-se então a remodelagem da política social, centrada em três mudanças principais. Em primeiro lugar, a política social deixava de ser pensada como um insumo necessário ao investimento privado, como uma dimensão estrutural da acumulação capitalista, e passava a ser vista estritamente como gasto. Como consequência, os conceitos de "desenvolvimento" e de "integração social" cediam lugar ao de "compensação social". Em vez de incorporar os estratos mais pauperizados da população em condições satisfatórias de emprego e renda, a nova política social visava impedir uma deterioração ainda maior de suas condições de vida, assumindo um caráter eminentemente assistencial. Em terceiro lugar, a política social assumia um caráter transitório, seja porque se supõe que o ajuste macroeconômico produz crescimento sem inflação e gera o gotejamento dos ganhos a partir do setor moderno da economia — tornando desnecessária a manutenção de certos programas sociais —, seja porque os próprios programas sociais passam a ter "portas de saída", renovando sua clientela. Ao cabo, a política social passava a assumir cada vez mais uma função "bombeira" (Vilas, 1997a, p. 935), atuando em situações que poderiam se converter em focos de tensão política e alimentar a instabilidade social ou criar fatores de insegurança para o livre fluxo de capital e mercadorias. Para funcionar como "bombeira", a política social deveria estar subordinada à evolução da conjuntura política e aos requerimentos de curto e médio prazo necessários para a manutenção da governabilidade do ajuste.

A segunda coordenada estratégica estabelecida na virada dos anos 1980 para os 1990 consistiu na remodelagem do papel do Estado na economia, com o objetivo de acelerar a desregulação financeira e o ajustamento estrutural. Pouco antes do seu término, a gestão Conable finalizou o RDM 1991, nele apresentando, com ares de novidade, o que chamou de enfoque "amistoso com o mercado" (*market-friendly approach*) — uma invenção, segundo Wade (1997a, p. 358), do então economista-chefe do Banco Mundial, Lawrence Summers, para moderar o tom neoliberal do relatório sob sua supervisão. Ao que tudo indica, tal matização era muito mais uma tentativa de resposta ao exemplo japonês do que à frágil oposição política ao ajuste vinda da esquerda. Como mostrou Wade (1997a, p. 356-361), a contradição entre as propostas capitalistas de "livre mercado" e "mercado dirigido" havia se tornado explícita na virada dos anos 1980 para os 1990, incidindo diretamente sobre os embates em torno da (des)regulação dos mercados financeiros. Enquanto os japoneses defendiam que as políticas financeiras deviam estar subordinadas a uma estratégia industrial ampla e vigorosa, o Banco Mundial pregava que o crédito público devia ser concedido, em qualquer circunstância, a taxas de mercado, sem subsídio. Por trás desse embate estava a disputa entre Japão e EUA. No contraponto à pressão globalizadora liderada pelos EUA, o Japão aumentava sua gravitação política e econômica na Ásia e lutava para que o seu enfoque servisse de "modelo" para a Rússia no pós-guerra fria. Ao longo dos anos 1980, o governo japonês defendeu que o Estado devia cumprir o papel de "orientador do mercado", afirmando que esse papel era o responsável pelo desenvolvimento capitalista do Japão, de Taiwan e da Coreia do Sul. Para o Banco Mundial, as receitas japonesas estavam em contradição com a sua doutrina do Estado "amigável com o mercado", sustentada pelos EUA.

De acordo com o Banco, o papel do Estado se resumia a apoiar, fortalecer e complementar o mercado em regime de livre concorrência. Ou seja, já não se tratava mais de condenar a "intervenção estatal" na economia como algo indesejável em si, mas sim de reconhecer o âmbito de ação legítimo do Estado. Qual? O que se "harmoniza" com o mercado e permite a maximização da concorrência entre os agentes econômicos. Nesse sentido, a ação estatal deveria estar inteiramente a serviço dos "mercados" — i.e., do capital em geral e dos atores econômicos mais poderosos em particular —, deixando que os mesmos "funcionem por si mesmos, a não ser que se possa demonstrar que é melhor intervir" (Banco Mundial, 1991, p. 6). Em outros termos, "para justificar a intervenção não basta saber que o mercado não está dando bons resultados; é preciso, além disso, ter a convicção de que o governo fará melhor" (*ibidem*, p. 153).

A economia neoclássica que escorava o enfoque do Banco alimentava a crença numa espécie de "metapolítica" (Wade, 1997a, p. 165), segundo a qual liberalizar, desregular e privatizar teriam validade universal. Um dos exemplos mais contundentes desse tipo de pensamento de que se tem notícia foi dado por Lawrence Summers, então responsável pela direção geral do RDM 1991. Segundo ele:

> As leis da economia (...) são como as leis da engenharia. Só há um conjunto de leis e funciona em todas as partes (...). As normas que são aplicadas na América Latina, no Caribe ou no Leste da Europa são aplicadas igualmente na Índia (...). Já não existe uma economia indiana à parte e diferenciada; há apenas economia (*apud* George & Sabelli, 1996, p. 138-139).

De acordo com o relatório, o problema principal dos países em desenvolvimento consistia na ausência ou debilidade do "ambiente" necessário ao crescimento econômico. A solução passaria, de acordo com o Banco, pela conjugação de cinco itens: provimento de infraestrutura adequada, educação da força de trabalho, estabilidade macroeconômica, livre comércio e marcos regulatórios que favorecessem o investimento do setor privado e a concorrência.

O relatório reconheceu que o desenvolvimento capitalista na Ásia Oriental e no Japão devia muito a certas políticas, como a proteção da indústria nascente e a concessão seletiva de subsídios. Ora, isso não invalidaria a tese segundo a qual o crescimento depende da diminuição da intervenção estatal? Não, respondeu o RDM 1991, porque tais governos: a) submeteram a sua ação à concorrência interna e externa, favorecendo-a (ao contrário dos países latino-americanos); b) tiveram o cuidado de não distorcer os preços em demasia; c) praticaram uma intervenção mais moderada do que aquela existente nos demais países em desenvolvimento (*ibidem*, p. 4-5).

Segundo o RDM 1991, o Estado deveria sempre cumprir sete funções fundamentais: garantir a estabilidade macroeconômica e o ambiente propício à competitividade capitalista; manter a ordem pública; investir em "capital humano" (educação primária e saúde básica); fornecer infraestrutura produtiva; proteger o meio ambiente; controlar a natalidade e gerir a previdência social. Como ator econômico (industrial), o Estado estaria irremediavelmente condenado ao fracasso.

O BANCO MUNDIAL COMO ATOR POLÍTICO, INTELECTUAL E FINANCEIRO

Estabelecidas as funções legítimas, o relatório desenhou então os contornos gerais de uma reforma do Estado voltada para a criação de instituições públicas mais eficazes ao cumprimento do programa neoliberal. Sete ações prioritárias foram identificadas. Eram elas: a) racionalização da burocracia estatal, entendida como modernização técnica, redução de pessoal, aumento de salários e novas formas de controle da força de trabalho; b) ajuste fiscal e redirecionamento do gasto público; c) aperfeiçoamento da estrutura administrativa e legal necessária à privatização das empresas do setor produtivo estatal; d) transferência da prestação de funções e serviços públicos diversos para organizações não governamentais (ONGs), vistas como veículos mais eficazes na promoção da participação popular e do aliviamento da pobreza; e) reforma do Judiciário, com o propósito de baratear custos judiciais, facilitar o acesso à justiça, acelerar o atendimento das demandas e otimizar as relações de mercado (falências, transferências de propriedade etc.); f) supervisão da banca privada e legislação favorável à circulação de capital financeiro; g) garantia dos direitos de propriedade. Defendeu-se uma abertura econômica radical, ao estilo "terapia de choque" (dois anos de duração), para que a concorrência interna e internacional ocorresse "sem travas" (*ibidem*, p. 10). Ao mesmo tempo, prescreveu-se um conjunto de políticas de aliviamento paliativo da pobreza, com o propósito de compensar, com precisão cirúrgica, os efeitos regressivos do ajustamento sobre certos grupos sociais. Afinal, a redução da pobreza viria com o crescimento e o posterior efeito derrame, pois "quando os mercados são eficientes, geralmente a equidade aumenta de forma espontânea" (*ibidem*, p. 161).

A terceira coordenada estratégica definida pelo Banco Mundial naquele período funcionou como elemento de ligação entre o aliviamento da pobreza e a remodelagem do papel do Estado. Impulsionada pelo *mainstream* anglo-americano e pelo Banco, a difusão da governança (*governance*) como categoria de análise no plano internacional em pouco tempo serviu para enquadrar o debate sobre a relação entre governo, organizações sociais e instituições internacionais.[46] Definido vagamente como o "exercício do

---

[46]"Governança" (*governance*) não deve ser confundida com "governabilidade" (*governability*), termo ligado ao debate suscitado pelo estudo de Crozier *et al.* (1975) encomendado pela Comissão Trilateral.

AJUSTAMENTO ESTRUTURAL, CONSOLIDAÇÃO DO PROGRAMA POLÍTICO

poder político para administrar os assuntos da nação" (Banco Mundial, 1989, p. 60), o termo foi introduzido no vocabulário do Banco em 1989 por um relatório dedicado à implementação do ajuste estrutural na África Subsaariana. A mensagem central do informe era a de que, além de políticas macroeconômicas "sólidas" e infraestrutura "eficiente", a construção de um "ambiente" favorável ao crescimento do setor privado e ao uso produtivo dos recursos dependeria da "boa" governança, entendida como instituições públicas "eficazes" e um novo "balanço entre governo e governados" (Banco Mundial, 1989, p. xiii). De acordo com o informe, o crescimento do investimento privado e os programas de ajustamento estrutural não haviam dado os resultados esperados na região, devido, precisamente, à "má" governança entre os atores que operavam no plano doméstico. Desde então, essa tem sido a resposta de praxe dada pelo Banco Mundial aos críticos do ajuste.

O tema da governança despontou ligado estreitamente à ideia de gestão, num momento em que no topo da pauta dominante estava a construção das condições políticas necessárias à extensão e à aceleração do ajustamento neoliberal. Com o fim da guerra fria e a euforia da globalização financeira, o alinhamento da política externa dos países da periferia ao campo ocidental logo deixou de figurar como critério decisivo para um país receber empréstimos ou assistência econômica bilateral ou multilateral. A busca permanente pelo equilíbrio entre a pressão pela abertura dos mercados nacionais e a contenção do comunismo já não era uma necessidade para os EUA e seus aliados. Agora, era a totalidade das políticas domésticas praticadas na periferia que deveria se adequar rapidamente à neoliberalização, a fim de constituir um ambiente plenamente "amigável ao mercado". Era preciso afetar a mudança social dentro dos Estados sem exercer o controle político direto. Governança, assim, passou a ser tomada como o slogan geral que aglutinava as políticas e técnicas necessárias à realização desse objetivo (Williams & Young, 2007, p. 216).

O Banco já tinha bastante experiência com a construção de instituições, porém de maneira ainda relativamente tópica. Por isso, ao assumir a função de paladino da boa governança a partir de 1989, deu um passo importante, que implicava atuar diretamente, de diferentes maneiras, no âmbito do exercício do poder e da autoridade nos Estados-membros. A rigor, virtualmente *todas* as questões relacionadas à organização econômica e social dos países sob ajustamento passaram a estar sob a mira das condicionalidades e do diálogo político, na medida em que a conduta do governo, o papel do Estado e o balanço entre governo e governados eram — alegava o Banco — decisivos para a construção de uma ambiência "amigável" ao livre mercado.

A Tabela 5.9 ilustra como as três coordenadas estratégicas se materializaram na carteira do Banco Mundial entre 1990 e 1994. Em primeiro lugar, observa-se a redução da fatia dos empréstimos para agricultura e desenvolvimento rural, mantendo-se, apesar disso, num patamar ainda bastante elevado. Em segundo lugar, os empréstimos para educação e saúde experimentaram um aumento sensível, em sintonia com o redesenho das políticas sociais e a agenda de aliviamento da pobreza. Em terceiro lugar, empréstimos específicos para a reforma administrativa do setor público ganharam tal dimensão que passaram a ser etiquetados em separado.

Num primeiro momento, houve certa polêmica no interior do Banco Mundial sobre as implicações da adoção da governança como referência ou critério para decisões de empréstimo. Alegou-se que, se levada adiante, o Banco violaria não apenas a "neutralidade política" prevista em seus estatutos como também a própria soberania nacional dos prestatários (George & Sabelli, 1996, p. 197-210). Não demorou, porém, para que o assunto fosse resolvido internamente, em sintonia com as exigências de seus maiores acionistas, a começar por EUA e Reino Unido. Em 1992, o Banco Mundial publicou um informe específico sobre o tema, centrado na mensagem de que a engenharia institucional e a qualidade da gestão pública eram cruciais para a execução do ajuste estrutural. As premissas do enfoque "amistoso com o mercado" foram reiteradas integralmente e a noção de governança foi definida, de forma camaleônica, como a "maneira pela qual o poder é exercido na administração de recursos sociais e econômicos de um país para o desenvolvimento" (Banco Mundial, 1992, p. 1). Para a criação de um ambiente propício à liberdade do capital, já não bastavam apenas políticas econômicas "sólidas"; era necessário — argumentava o informe — adequar os marcos legais e melhorar a qualidade da administração pública e da ação governamental como um todo. Nos seus próprios termos:

Tabela 5.9

Empréstimos do Bird e da AID por setor — 1990-1995

Percentual

Setor	1990			1991			1992			1993			1994			1995		
	Bird	AID	Total	Bird	AID	Total	Bird	AID	Total	Bird	AID	Total	Bird	AID	Total	Bird	AID	Total
Agricultura e desenvolvimento rural	13,1	30,1	17,7	11,7	28,5	16,3	16,7	20,9	17,9	11,3	20	13,8	15,7	25,4	18,8	6,8	26,4	11,8
Setor financeiro (a)	6,2	5,9	6,1	10,3	2,5	8,2	5,3	3,4	4,7	3,4	0	2,5	7,7	6,2	7,2	14,5	2,3	11,4
Educação	3,5	17,3	7,2	9,2	11,7	9,9	8,6	8,9	8,7	5,7	15,4	8,5	10,5	10	10	7,6	14,4	9,3
Petróleo, gás e carvão	0,6	0	0,4	9,6	2,5	7,6	5,7	1,8	4,5	5,5	0,7	4,1	8,4	2,8	6,7	3,1	2,5	2,9
Energia elétrica	19,8	4	15,5	7,3	2,5	5,9	18,7	3,5	14,1	12,4	7,7	11	9,6	0	6,6	10,3	7,7	9,7
Indústria	4,3	2,6	3,8	10,8	3,4	8,7	2,5	6,2	3,6	4	5,9	4,6	3	4,1	3,3	1	1	1
Não projeto (a)	17,1	8	14,7	11,8	14	12,4	13	22,3	15,8	17,6	8,9	15,1	4,3	12,4	6,8	13,6	15,4	14,1
População, saúde e nutrição	3,5	7,4	4,5	3,9	14,6	6,9	2	10	4,4	4,2	16,4	7,6	2,6	7,9	4,3	2,7	12,5	5,2
Pequenas empresas (b)	0,3	2,9	1	1	0,7	0,9	0,4	1,9	0,3	0	0	0	—	—	—	—	—	—
Assistência técnica (b)	0,6	0,8	0,7	1,7	1,3	1,6	0,5	0,8	0,9	1,3	4,5	2,2	2,8	0,3	2	—	—	—
Telecomunicações	3,9	0,4	3	1,6	1,1	1,5	2,5	—	2	1,6	1,3	1,5	—	—	—	1,9	0	1,4
Transporte	14,8	9,7	13,5	5,6	7,5	6,1	10,7	7,5	9,7	15,3	8,7	13,4	15,2	17,2	15,8	12	1,8	9,5
Desenvolvimento urbano	4,6	5,4	4,8	6,6	2,8	5,5	6,6	5,8	6,3	10	4,3	8,4	5,9	6,7	6,1	7,5	3,3	6,4
Água e esgoto	4,5	4,6	4,5	4,9	6,7	5,4	3,5	5,8	4,2	4,5	5,9	4,9	6,1	1,6	4,7	4,3	5,5	4,6
Gestão do setor público	3,2	0,8	2,5	3,9	0,1	2,8	3,5	1,2	2,8	3,4	0,5	2,6	2,6	4,9	3,3	8,4	5,2	7,6
Meio ambiente (c)	—	—	—	—	—	—	—	—	—	—	—	—	4,5	0,3	3,6	2,5	0,7	2,2
Mineração e outras indústrias extrativas (c)	—	—	—	—	—	—	—	—	—	—	—	—	0,1	0	0,1	0	0,4	0,1
Multissetorial (c)	—	—	—	—	—	—	—	—	—	—	—	—	4,3	12,4	6,8	13,6	15,4	14,1
Setor social (c)	—	—	—	—	—	—	—	—	—	—	—	—	0,9	0,3	2	3,5	0,9	2,9
Turismo (c)	—	—	—	—	—	—	—	—	—	—	—	—	0,1	0	0,1	0	0	0
TOTAL	100	100	100	100	100	100	100	100	100	100	100	100	100	100	100	100	100	100

Fonte: relatórios anuais do Banco Mundial (1990 a 1995) [cálculos do autor].

(a) Etiqueta renomeada em 1994 de "multissetorial". Abarca os empréstimos para ajustamento.

(b) Etiqueta extinta em 1994.

(c) Etiqueta criada em 1994.

n.i.: não informado.

O BANCO MUNDIAL COMO ATOR POLÍTICO, INTELECTUAL E FINANCEIRO

As reformas legais (...) podem naufragar se as novas leis não forem aplicadas consistentemente e se houver atrasos severos na implementação. Os esforços para desenvolver a produção privatizada e encorajar o crescimento conduzido pelo mercado podem não se realizar, a menos que investidores se deparem com regras claras e instituições que reduzam as incertezas sobre a ação futura do governo. Reformas vitais do gasto público podem tropeçar se os sistemas de prestação de contas forem tão fracos que políticas orçamentárias não possam ser implementadas ou monitoradas, ou se sistemas ruins de obtenção encorajarem a corrupção e distorcerem os prioridades de investimento público. As falhas que envolvem beneficiários e outros afetados no desenho e na implementação de projetos podem erodir substancialmente sua sustentabilidade (Banco Mundial, 1992, p. 1).

O informe delimitou quatro áreas estratégicas de governança: administração pública, responsabilização (*accountability*), estrutura legal e transparência e informação (Banco Mundial, 1992, p. 2). A boa governança resultaria da combinação de quatro fatores-chave: a) eficiência na administração dos recursos públicos e na provisão de serviços, b) sistemas de responsabilização eficazes, c) disponibilidade de informação adequada e confiável para os agentes privados e d) prioridades de governo "orientadas para o mercado". Em outras palavras, ajuste fiscal e delimitação de novas prioridades de gasto público, política de recuperação de custos em todos os serviços públicos essenciais e estabelecimento de um marco legal estável e previsível para os atores econômicos de maior gravitação, independentemente dos governos de plantão e dos parlamentos. Por contraste, a má governança resultaria do fracasso em assegurar: a) a separação clara entre o público e o privado, necessária para minimizar os incentivos à apropriação privada de recursos públicos por funcionários do Estado, segundo os postulados da *public choice*; b) o estabelecimento de uma estrutura legal e de prioridades de governo segura e previsível, infensa à arbitrariedade de autoridades governamentais; c) a eliminação do "excesso" de regras, regulações e requerimentos necessária ao "funcionamento eficiente dos mercados"; d) o cumprimento de prioridades de governo orientadas para o crescimento econômico, indispensável à eficiência da alocação de recursos; e) um proces-

AJUSTAMENTO ESTRUTURAL, CONSOLIDAÇÃO DO PROGRAMA POLÍTICO

so de tomada de decisão governamental transparente, consensual e de base social ampla (Banco Mundial, 1992, p. 9).

A tese de que a eficácia da gestão pública depende da articulação entre agências estatais e organizações sociais — enunciada no relatório de 1989 e reafirmada em 1991 — ganhou contornos mais precisos. A evocação à participação da "sociedade civil" como um dos componentes necessários à boa governança foi trazida para o primeiro plano (Casaburi & Tussie, 2000; Rabotnikof *et al.*, 2000; Nelson, 2000). Todavia, "sociedade civil" foi tomada como sinônimo de associações voluntárias e ONGs. De modo geral, sindicatos, movimentos populares e organizações camponesas e indígenas ficaram de fora. Por conveniência política, o Banco manteve nas sombras a "participação" discreta, mas regular, do setor privado (indústrias, agroindústrias, empreiteiras, bancos e empresas de consultoria) em suas operações. No esquema de financiamento triangular (Banco-Estado-sociedade civil) praticado pelo Banco, a participação social foi explicitamente definida, mais uma vez, como instrumento necessário para a redução do poder do Estado, cujos funcionários caracterizar-se-iam pela propensão à arbitrariedade e à corrupção. O resultado esperado seria a melhoria na alocação e no uso de recursos públicos, bem como o aumento da transparência e da responsabilização da burocracia estatal, sempre conforme a pauta política do ajuste.

Do ponto de vista programático, a modelagem de uma engenharia institucional "amistosa com o mercado" exigiria, ainda, a combinação de transformações em dois níveis fundamentais de responsabilização (*accountability*). No nível macro seria preciso constituir: a) um sistema governamental de prestação de contas que garantisse a efetividade do controle sobre o gasto público; b) um sistema de controle sobre o gasto público que identificasse e punisse a má alocação de recursos e a corrupção, com apoio de auditorias externas; c) um conjunto de mecanismos de monitoramento e avaliação da performance do governo no cumprimento da agenda de reformas neoliberais, com destaque para a reestruturação, o fechamento e a privatização de empresas estatais, a realocação de recursos para saúde e educação primárias e a redução da quantidade de emprego no setor público (Banco Mundial, 1992, p. 15-19). No nível micro seria necessário: a) submeter a provisão de serviços públicos à lógica concorrencial, tanto entre agências públicas como dessas com empresas privadas; b) desregular a provisão de serviços públicos, para que os usuários/consumidores pudessem "escolher" livremente entre diferentes prestadores; c) aumentar o envolvimento de ONGs no desenho e na implementação de políticas públicas e projetos voltados para a população em condições de pobreza; d) internalizar e ampliar a "participação popular" no monitoramento e na gestão de políticas públicas e projetos na área social, sempre em escala local e dentro de instâncias tripartites (governo, setor privado e beneficiários/consumidores) (Banco Mundial, 1992, p. 22-28). A ligação entre os níveis macro e micro dar-se-ia pela descentralização administrativa, ancorada na redução do campo de atuação do Estado, no aumento da "participação social" nos níveis mais baixos de governo e no ajuste fiscal, o qual incluiria uma política ativa de "recuperação de custos" para os serviços municipais. Ao Estado central caberia, nesse esquema, manejar firmemente a política monetária e fiscal e cambial, a fim de assegurar o "ambiente" mais favorável ao livre mercado e à acumulação capitalista (Banco Mundial, 1992, p. 21-22).

A incorporação de associações voluntárias e, principalmente, ONGs no desenho, na implementação e, acima de tudo, na gestão de projetos financiados pelo Banco cresceu de modo constante ao longo dos anos 1980. De 1980 a 1994, o percentual de projetos que contavam com a cooperação de ONGs aumentou de 6% para quase 50% (Covey, 1998, p. 83). A Tabela 5.10 indica o crescimento dos projetos do Banco em colaboração com ONGs por região e setores entre 1974 e 1995.

Em parte, esse aumento resultava da contestação feita por grandes ONGs internacionais às políticas de ajuste e aos impactos sociais e ambientais de determinados projetos financiados pelo Banco. Em larga medida, resultava também da permeabilidade crescente entre o campo das ONGs e a rede (pública e privada) de assistência internacional. Segundo cálculos do Banco, a contribuição financeira das ONGs para fins de desenvolvimento aos países da periferia em 1970 tinha sido inferior a US$ 9 milhões. Dezenove anos depois, havia alcançado US$ 6,4 bilhões, incluindo US$ 2,2 bilhões de fundos oficiais, o que correspondia a 12% de toda a ajuda ocidental, pública (bilateral e multilateral) e privada (filantrópica). Levando em conta a transferência líquida negativa de recursos para o Banco Mundial, alguns cálculos sustentam que as ONGs carrearam mais recursos para fins de desenvolvimento à periferia do que fez o Banco Mundial com seus empréstimos e créditos (Barros, 2005, p. 138).

À medida que a institucionalização e a profissionalização (Barros, 2005, p. 51-52) se impunham como formas de sobrevivência ante a concorrência cada vez mais acirrada por financiamento e espaço de atuação, inúmeras ONGs passaram a se assemelhar cada vez mais às organizações internacionais empresariais e multilaterais em sua lógica de funcionamento, sua estrutura organizacional e seu modo de operação — ainda que não necessariamente partilhassem os mesmos objetivos. Diversos fatores contribuíam para isso: a formação acadêmica similar do seu *staff*, realizada nas melhores universidades anglo-americanas; o domínio do idioma inglês como requisito prévio e universo de socialização; a experiência de trabalho de tipo cosmopolita e transnacional; a aceitação das regras do campo da ajuda externa; o domínio do saber necessário à elaboração de projetos financiáveis, i.e., eficientes em termos de custo-benefício e efetivos quanto ao cumprimento de metas e cronograma (Kruijt, 1991; Sogge, 1998 e 2002; Guilhot, 2000). Parte das grandes ONGs estadunidense, inclusive, integrava uma coalizão política liberal e recebia fundos de fundações filantrópicas (Dezalay & Garth, 2005, p. 287). Por outro lado, à medida que avançava a reestruturação capitalista neoliberal, abria-se um enorme campo de atuação para aquelas ONGs preparadas para desempenhar, de forma ultraespecializada e sob a condição de atores terceirizados, funções arrancadas do Estado nas áreas social e ambiental (Woods, 2006, p. 200-201; Davis, 2006, p. 83-84). Participar de projetos financiados por organismos internacionais passou a ser um capital altamente valorizado nesse novo mercado, facilitando o acesso a fontes adicionais de financiamento.

O significado aparentemente técnico da bandeira da governança serviu para o Banco Mundial instrumentalizar a incorporação das ONGs — grandes, médias e pequenas, nacionais e internacionais — no seu ciclo de projetos e seu cardápio de *best practices*. Se, ao longo dos anos 1980, de modo

Tabela 5.10

Projetos do Banco Mundial em colaboração com ONGs,

por regiões e setores — 1974-1995

Regiões e setores	1974-89		1990		1991		1992		1993		1994		1995	
	n°	%	n°	%	n°	%	n°	%	n°	%	n°	%	n°	%
Regiões														
África	140	55	23	48	41	47	30	46	31	41	38	63	33	57
Leste da Ásia e Pacífico	26	10	6	12	13	15	6	9	12	27	22	51	12	29
Sul da Ásia	32	13	11	23	16	18	9	14	11	42	15	79	12	67
Europa e Ásia Central	3	1	0	0	3	3	3	4	2	7	10	24	17	29
América Latina e Caribe	38	15	8	17	13	15	12	18	14	28	24	50	22	42
Oriente Médio e Norte da África	16	6	0	0	2	2	6	9	3	16	5	31	4	29
Total	255	100	48	100	88	100	66	100	73	30	114	50	100	41
Setores														
Ajustamento (incluindo fundos sociais)	7	3	6	13	14	16	7	11	5	7	12	11	9	9
Agricultura e desenvolvimento rural	110	43	19	40	21	24	21	32	14	19	36	32	29	29
Educação	25	10	6	12	10	11	6	9	6	8	10	9	14	14
Meio ambiente	4	2	3	6	5	6	10	5	13	18	5	4	6	6
Indústria e energia	24	9	1	2	10	11	6	9	8	11	13	11	8	8
Infraestrutura e desenvolvimento urbano	47	18	4	8	12	14	6	9	8	11	24	21	15	15
População, saúde e nutrição	34	13	9	19	14	16	8	12	16	22	14	13	19	19
Reabilitação e reconstrução	4	2	0	0	2	2	2	3	3	4	0	0	0	0
Total	255	100	48	100	88	100	66	100	73	100	114	100	100	100

Fonte: Banco Mundial (1992b, p. 99; 1995, p. 23).

AJUSTAMENTO ESTRUTURAL, CONSOLIDAÇÃO DO PROGRAMA POLÍTICO

geral as ONGs eram vistas pelo pessoal do Banco como um celeiro de ama-dores e ativistas, no início dos 1990 passaram a ser vistas como interlocutoras e parceiras legítimas, capazes de alcançar e, sobretudo, organizar os mais pobres. O estímulo ao trabalho voluntário e à constituição de laços locais e comunitários passou a ser considerado elemento indispensável à constru-ção de consentimento e à economia de recursos (Cernea, 1985 e 1989). A colaboração operacional entre Banco Mundial e as ONGs (sobretudo as estabelecidas em Washington e as internacionais) requereu o recrutamento crescente de sociólogos, antropólogos, cientistas políticos e demais especia-listas em "participação" e "instituições" no início dos anos 1990 — os *nessies* (*noneconomist social scientists*), segundo o jargão pejorativo do Banco (Kapur *et al.*, 1997, p. 375). A ida de John Clark para a direção da Unidade de ONG do Banco em 1993 também favoreceu imensamente as relações com o mundo das ONGs (Dezalay & Garth, 2005, p. 289-92; Barros, 2005, p. 144-145). Até 1992, Clark representara a Oxfam como membro do Comitê de ONGs criado em 1982.

A forma mais comum para uma ONG receber fundos do Banco Mun-dial era por meio da prestação de consultorias ou de serviços com o Estado ou com o próprio Banco. Todavia, com o propósito de abrir um canal dire-to de financiamento e influência junto ao universo de ONGs, a partir do início dos anos 1990 o Banco passou a criar diversos fundos de doação para ONGs em setores específicos, em particular relacionados à "sustentabilidade ambiental" e à "redução da pobreza" (Barros, 2005, p. 162-163).

Enfim, na divisão de trabalho ativamente perseguida pelo Banco desde o final dos anos 1980 e reafirmada em 1992, dois pavimentos foram esta-belecidos: embaixo, no âmbito de projetos e políticas públicas nas áreas social e ambiental, colaboração triangular (Banco-governos-ONGs); em cima, insulamento das suas agências e quadros responsáveis pelo manejo estraté-gico da política macroeconômica e das reformas estruturais contra o deba-te e o controle democráticos. Embaixo, organização político-ideológica da base social para as novas panaceias do "desenvolvimento local" e do protagonismo da "comunidade" e da "sociedade civil"; em cima, ajustamento estrutural e naturalização dos seus princípios e premissas.

Junto com a imposição da governança como categoria política veio outra, a da "democracia de mercado". Ao que parece, o primeiro a esgrimi-la publicamente foi Anthony Lake, então assessor de segurança nacional dos EUA, em 21 de setembro de 1993. Tomando como ponto de partida o ano de 1991, ele afirmou, em tom imperativo, que:

> A sucessora de uma doutrina de contenção deve ser uma *estratégia de ampliação*, ampliação da comunidade livre das democracias de mercado no mundo. Durante a guerra fria, até as crianças compreendiam a missão de segurança encomendada aos Estados Unidos: quando olhavam os mapas colados nas paredes dos colégios, sabiam que estávamos tentando conter a sigilosa expansão dessa grande mancha vermelha. Hoje (...) devemos considerar que nossa missão de segurança é promover a ampliação das "áreas azuis" das democracias de mercado (*apud* Wade, 2001, p. 114, grifo no original).

Dois dias depois, em discurso na Assembleia Geral da ONU, a exortação do presidente Clinton não deixou dúvida quanto à orientação da política externa americana:

> Em uma nova era de perigos e oportunidades, nosso objetivo predominante deve ser o de expandir e fortalecer a comunidade mundial das democracias baseadas no mercado. Durante a guerra fria, tentamos conter a ameaça à sobrevivência das instituições livres. Agora buscamos alargar o círculo de nações que vivem sob essas instituições livres (*apud* Kissinger, 1997, p. 960).

Rapidamente, aquela categoria política foi tomada pela "comunidade internacional" como condição de reconhecimento e parâmetro de avaliação da qualidade do regime político e da engenharia institucional dos países da periferia (Vilas, 2000, p. 23). Para o *hegemon*, já não era mais necessário sustentar regimes ditatoriais impopulares, nem tolerar desvios quanto ao cumprimento do programa de liberalização econômica. Não por acaso, durante o governo Clinton os EUA se envolveram em 48 intervenções militares, muito mais do que as 16 havidas durante toda a guerra fria (Fiori, 2004a, p. 97).

A retórica do democrata Clinton fazia sentido. Afinal, embora a implementação das políticas neoliberais estivesse em curso em mais de uma centena de países, parte significativa do mundo ainda estava fora da sua órbita. Mesmo na América Latina — zona de influência por excelência dos EUA — a maioria dos governos só começou a aplicar de maneira *sistemática* a nova agenda a partir dos anos 1990. Sebastián Edwards, economista-chefe do Banco Mundial para a região naquele período, cunhou uma periodização da implementação das reformas que ajuda a ilustrar a maneira pela qual as forças de ponta da neoliberalização encaravam a questão. É o que mostra a Tabela 5.11.

Tabela 5.11

Periodização da implementação das reformas neoliberais na América Latina, segundo o *mainstream*

Classificação	Período	Países
Pioneiros	Final dos anos 1970 e início dos 1980	Chile, México e Bolívia
Reformadores de segunda geração	Final dos anos 1980	Costa Rica, Equador, Jamaica, Uruguai e Trinidad-Tobago
Reformadores tardios	A partir dos anos 1990	Argentina, Brasil, Colômbia, El Salvador, Guatemala, Guiana, Honduras, Nicarágua, Panamá, Paraguai, Peru e Venezuela
Não reformistas		Haiti e República Dominicana

Fonte: Edwards (1997, p. 18).

Não deixa de ser irônico o fato de que, enquanto grande parte da literatura sobre a transição democrática na América Latina e no Caribe exaltava a restrição das atribuições do Executivo em favor do Legislativo e do Judiciário, demarcando-a como uma ruptura necessária e bem-vinda em relação ao passado autoritário, a prosaica construção das "democracias de mercado" exigia um alto grau de concentração do poder (*insulation*) na cúpula governamental e em órgãos estratégicos do Estado (Vilas, 2000,

p. 23). De um lado, o manejo da política macroeconômica deveria permanecer sob controle estrito de bancos centrais formal ou informalmente independentes; de outro lado, a promoção da desregulamentação da economia, da liberalização comercial e financeira, do ajuste fiscal e das privatizações deveria estar sob responsabilidade de uma equipe técnica impermeabilizada contra pressões político-partidárias, reivindicações democráticas e demandas "populistas" de frações dominadas das classes dominantes (ligadas, por exemplo, à produção para o mercado interno).

Não por acaso, àquela altura Williamson (1993) sentia-se plenamente à vontade para preconizar a adoção do consenso de Washington para todo o espectro político, em particular os partidos de esquerda. Segundo ele, a viabilidade da bandeira mais proeminente da esquerda partidária, a defesa da equidade, dependia da adoção da agenda dominante, posto que essa seria a única maneira viável de se fazer política econômica. Para o compilador do consenso de Washington, as prescrições do *mainstream* deveriam estar fora do contencioso político-partidário, uma vez que existiria uma "convergência universal" sobre a condução da política econômica entre "todos os economistas sérios" (*ibidem*, p. 1.334). Em tal cenário, restaria ao debate democrático tão somente perseguir a melhor maneira de equilibrar eficiência econômica e equidade social.

Enquanto isso, do outro lado do mundo, a bandeira da governança mostrava a sua imensa utilidade ao prover uma referência aparentemente técnica para a atuação conjunta das gêmeas de Bretton Woods na transformação dos países do Leste da Europa e da ex-URSS em "economias de mercado". De acordo com a divisão de trabalho estabelecida pelo G7, coube ao FMI assumir a liderança do processo de estabilização monetária, enquanto o apoio às reformas estruturais e à aproximação com a União Europeia ficou a cargo do Banco Mundial, do Banco Europeu de Reconstrução e Desenvolvimento (Berd) — criado em 1990 para financiar as privatizações e as demais reformas — e da própria União Europeia, com destaque para a Alemanha, que proveu 43% da assistência econômica para a conversão daqueles países ao capitalismo desregulado entre 1990 e 1996 (Sanahuja, 2001, p. 151). Em particular, coube ao Banco Mundial e ao FMI

AJUSTAMENTO ESTRUTURAL, CONSOLIDAÇÃO DO PROGRAMA POLÍTICO

desempenharem, desde a primeira hora, um papel central na definição do conteúdo e do ritmo das reformas neoliberais naquela região.

Além de empréstimos, o Banco também reforçou o seu papel intelectual como educador. O IDE, em particular, intensificou o treinamento de burocratas e assessores responsáveis pela gestão de setores e instâncias estratégicos do Estado para executar a liberalização. A Tabela 5.14 (p. 299-300) apresenta informações sobre a pauta do IDE e a regionalização do seu trabalho entre 1991 e 1993.

A reorientação do fluxo do dinheiro também é ilustrativa. A Tabela 5.12 apresenta o crescimento acentuado da fatia de empréstimos direcionados à região da Europa e Ásia Central a partir do final dos anos 1980. Complementada pela Tabela 5.13, evidencia-se que o grosso do financiamento teve origem no Bird, embora, no final do período, os empréstimos negociados desde 1991-92 fizessem saltar a fatia da AID para a região.

Tabela 5.12
Distribuição regional dos empréstimos do Bird — anos fiscais 1983-1995
Percentual

Regiões	1983-87	1986-90	1988	1989	1990	1991	1992	1993	1994	1995
América Latina e Caribe	31,9	35,6	34,9	34,7	37,7	30,9	34,7	34,5	31,1	33,9
África	6,4	7,1	4,9	9,5	7,6	4	4,9	0,3	0,9	0,5
Oriente Médio e Norte da África	9,1	8,4	7,6	8,7	8,7	10,9	8,7	10,4	7,4	5,5
Europa e Ásia Central	12,2	11,1	11,7	8,2	14,4	23,6	13,9	22,1	24,8	23,5
Sul da Ásia	16,1	16,1	17,2	17,6	11,4	9,4	8,9	6,8	3,3	9,4
Leste da Ásia e Pacífico	24,2	21,6	23,7	21,4	20,2	21,2	28,9	26	32,5	27,3

Fonte: relatórios anuais do Banco Mundial de 1992 a 1995 (cálculos do autor).

Tabela 5.13
Distribuição regional dos créditos da AID — anos fiscais 1983-1995
Percentual

Regiões	1983-87	1988	1989	1990	1991	1992	1993	1994	1995
América Latina e Caribe	2,2	2,5	2,8	4,3	2,7	6,2	4,7	4,7	6,1
África	35,8	49,4	47,9	50,5	43,4	49,4	41	40,7	38,9
Oriente Médio e Norte da África	1,7	0,8	1,1	1,2	3,7	2,4	1,8	1,5	0,9
Europa e Ásia Central	0	0	0	0	0	0,6	1,5	2,9	9,6
Sul da Ásia	46,4	34,5	36,2	32,1	32.8	25.2	33.6	28.8	25.1
Leste da Ásia e Pacífico	14	16,1	11,9	11,9	17,4	16,2	17,3	21,4	19,4

Fonte: relatórios anuais do Banco Mundial de 1992 a 1995 (cálculos do autor).

O engajamento do Banco na "marcha para o leste" (Sanahuja, 2001, p. 151) ganhou contornos novos a partir de 1991-1992, com o fim da URSS e a criação, pouco depois, da Comunidade dos Estados Independentes. Foi quando Lewis Preston deixou a presidência do J. P. Morgan — um dos bancos de Nova York que mais lucraram com a gestão da crise da dívida externa da América Latina — para assumir, a convite do governo Bush, a presidência do Banco Mundial (1991-1995). O aumento rápido do número de países-membros (mais de 20) começou a absorver muito do orçamento e da atenção do Banco, como queriam os EUA.[47] Porém, mais do que recursos, a entrada daquele conjunto de países de renda média ensejou a criação de uma nova categoria dentro do Banco Mundial: países "em transição", que precisariam, em tese, de reconstrução, e não de desenvolvimen-

---

[47]No mesmo período, como sempre fizeram, os EUA influenciaram o Banco para aumentar ou acelerar empréstimos para determinados países, conforme seus interesses geopolíticos. De acordo com Gwin (1997, p. 258-259), durante a Guerra do Golfo o secretário de Estado, James Baker, ofereceu à Turquia apoio para aumento dos empréstimos do Banco, como recompensa ao seu apoio contra o Iraque. Depois da visita de Baker a Ancara, o Banco liberou a segunda parcela de um empréstimo de ajustamento estrutural, malgrado a mesma ter sido atrasada porque o governo não havia cumprido as condições exigidas. O fato de o FMI considerar a performance macroeconômica do país "insatisfatória" também não pesou na decisão do Banco (ao contrário do que ocorrera em outras ocasiões, quando era conveniente). Segundo a autora, houve muitos casos similares: ainda que a aliança com os EUA não resultasse em condições mais suaves de empréstimos, servia para rebaixar o nível das condições exigidas para o recebimento dos empréstimos.

Tabela 5.14

Atividades de ensino e assistência institucional realizadas pelo Instituto de Desenvolvimento Econômico, por setor e região — anos fiscais 1991-1993

Ano	Setor	Região					Total
		Mundial	África	Ásia	Europa, Oriente Médio e Norte da África	América Latina e Caribe	
1991	Agricultura	1	5	3	3	1	13
	Administração do desenvolvimento	3	10	8	4	2	27
	Finanças e indústria	6	5	5	4	0	20
	Recursos humanos	1	4	4	1	2	12
	Infraestrutura	1	3	4	5	2	15
	Macroeconomia	2	4	3	2	4	15
	Total	14	31	27	19	11	102
	Participantes diretos	n.i.	n.i.	n.i.	n.i.	n.i.	n.i.
1992	Agricultura	1	5	4	1	3	14
	Administração do desenvolvimento	5	8	11	3	2	29
	Finanças e indústria	5	4	4	12	1	26
	Recursos humanos	1	7	5	2	2	17
	Infraestrutura	1	6	3	5	4	19
	Macroeconomia	1	4	4	1	2	12
	Total	14	34	31	24	14	117
	Participantes diretos	350	910	806	566	312	2.944

(cont.)

Ano	Setor	Região						Total
		Mundial	África	Ásia	Europa e Ásia Central	América Latina e Caribe	Oriente Médio e Norte da África	
1993	Agricultura e meio ambiente	2	6	4	1	1	3	17
	Administração do desenvolvimento	3	10	2	9	3	4	31
	Finanças e desenvolvimento do setor privado	6	4	3	20	1	3	37
	Recursos humanos	—	7	7	3	5	2	24
	Infraestrutura e desenvolvimento urbano	—	4	2	3	6	2	17
	Administração da economia nacional	1	7	7	7	3	1	26
	Total	12	38	25	43	19	15	152
	Participantes diretos	n.i.	n.i.	n.i.	n.i.	n.i.	n.i.	n.i.

Fonte: relatórios anuais do Banco Mundial (1991a, p. 90; 1992b, p. 91; 1993a, p. 87).
n.i.: não informado.

AJUSTAMENTO ESTRUTURAL, CONSOLIDAÇÃO DO PROGRAMA POLÍTICO

to. Internamente, a questão do aliviamento da pobreza absoluta, assinalada como prioridade no RDM 1990, logo se diluiu no objetivo mais geral de expandir o espaço geográfico de valorização do capital. Não por acaso, em 1996 os empréstimos do banco para os países "em transição" — a maioria dos quais ligados a empréstimos do FMI — já representavam 18,8% do total, enquanto os empréstimos para a África Subsaariana representavam apenas 12,8% (Kapur *et al.*, 1997, p. 373).

De modo geral, o receituário implementado seguiu as linhas sistematizadas no consenso de Washington, embora a realidade e os problemas daquela região fossem muito distintos dos que existiam na América Latina e na África. No que tange à reforma do Estado, as prescrições seguiam o mesmo enfoque desenhado no RDM 1991: "A presença do Estado deve deixar de ser a norma para ser a exceção. Sua intervenção somente se justifica quando os mercados não bastam (...) e ainda em tal caso somente na medida em que melhore o funcionamento do mercado" (Banco Mundial, 1996, p. 133). Entre o gradualismo e o tratamento de choque, adotou-se avidamente o segundo como estratégia de liberalização econômica, segundo o qual o Estado deveria: a) reduzir drasticamente a sua presença na atividade industrial e na distribuição de bens e serviços, mediante um programa agressivo de privatizações; b) deixar de restringir e controlar diretamente a atividade comercial privada; c) abster-se de intervir no setor financeiro; d) concentrar-se em fomentar a estabilidade macroeconômica e oferecer um marco jurídico e institucional que incentivasse o desenvolvimento do setor privado e a concorrência capitalista; e) deixar de ser o provedor universal das condições de vida da população, f) fomentar a ideologia de que renda e bem-estar dependem da ação do indivíduo no mercado; g) focalizar a assistência social nos segmentos mais pobres da população. A poupança externa serviria como fonte principal de financiamento da economia durante o ajuste. Em linhas gerais, esse era o conjunto de prescrições do Banco Mundial para aquela região posto em prática a partir de 1989 e reiterado no RDM 1996.

Como se sabe, o que ocorreu naqueles países ficou longe de qualquer "reconstrução". Na verdade, houve uma pilhagem efetiva da riqueza nacional, proporcionada pela combinação de privatização agressiva com li-

O BANCO MUNDIAL COMO ATOR POLÍTICO, INTELECTUAL E FINANCEIRO

beralização comercial e financeira unilateral. Ademais, as condições de vida da população se deterioraram de maneira acentuada, em função da contração dos salários, do corte drástico no financiamento de serviços públicos essenciais, do aumento do desemprego e da queda geral da atividade econômica (Stiglitz, 2003, p. 173-207). No caso específico da Rússia, a queda do PIB chegou a 40%, enquanto o número de pessoas em condições de pobreza aumentou dez vezes em menos de uma década (Stiglitz, 2003a, p. 49). Repetindo o padrão ocorrido na América Latina e na África, o tratamento de choque macroeconômico e as reformas de mercado foram impostos por meio de decretos presidenciais e outros instrumentos discricionários, conforme o modelo de insulamento recomendado pelo Banco. Em vez da imagem idealizada de uma "economia de mercado vibrante", o que os reformadores estrangeiros e locais mostraram ao mundo foi a periferização econômica daquela região, o despontar de novas formas mafiosas de capitalismo — viabilizadas pela cumplicidade da cúpula do Estado — e níveis inéditos de desigualdade social e pauperização em massa (Chossudovsky, 1999, p. 214-230; Gray, 1999, p. 175-216; Amin, 2005, p. 80-81).

DETERIORAÇÃO DA IMAGEM PÚBLICA E CONTRAOFENSIVA INSTITUCIONAL

No final dos anos 1980, enquanto o Banco se ocupava com o ajustamento estrutural da periferia, despontou uma nova onda de ataques ao seu histórico ambiental. Dessa vez, o epicentro era o projeto Sardar Sarovar, o maior projeto do gênero até então em curso no mundo. Localizado no rio Narmada, no noroeste da Índia — um dos últimos recursos "não explorados" para energia elétrica e irrigação na visão do Banco e do governo indiano (Wade, 1997, p. 687) — o projeto previa a construção de 30 represas grandes (incluindo a megarrepresa principal Sardar Sarovar, com 200 quilômetros de largura e 140 metros de altura), 135 médias e três mil pequenas, além de um canal de 460 quilômetros e 75 mil quilômetros de canais auxiliares de irrigação. A obra provocaria a inundação de mais de 350 mil hectares de bosques e 200 mil hectares de terras de trabalho, submergindo em torno de 250 vilas. Desalojaria diretamente cerca de 240 mil pessoas (e não 100 mil, como estava previsto) e, indiretamente, afetaria pelo menos outras um milhão em quatro estados do país (Rich, 1994, p. 250; Caufield, 1996, p. 8-13; George & Sabelli, 1996, p. 228-229). O Banco preparou o primeiro estágio do projeto (a barragem e os canais Sardar Sarovar) em 1979-83 e o aprovou em 1983-84; empréstimo e crédito de US$ 450 milhões foram aprovados em março de 1985 (Wade, 1997, p. 688). Tecnicamente, o projeto tinha erros sérios, como planejamento para reassentamento ou avaliações ambientais malfeitos. Ademais, como era de praxe, toda a preparação havia sido feita sem qualquer consulta à população atingida (Wade, 1997, p. 707).

A oposição local ao projeto começou a crescer em 1986 e durante o triênio 1989-1991 eclodiram protestos intensos na Índia, protagonizados pelo movimento Narmada Bachao Andolan (NBA).[48] Por sua vez, uma grande campanha internacional decolou em 1987, precisamente quando a luta contra o projeto Polonoroeste estava perdendo centralidade para as ONGs (Wade, 1997, p. 706). Em outubro de 1989, realizou-se uma audiência pública no Congresso norte-americano exclusivamente sobre o projeto. Seu apelo foi tão expressivo que mais de uma dúzia de parlamentares escreveu ao Banco instando-o que reconsiderasse o seu apoio ao projeto. Parlamentares japoneses, finlandeses e suecos fizeram o mesmo (Rich, 1994, p. 250). Pouco depois, uma campanha de ONGs japonesas organizada junto com o NBA convenceu o governo japonês a retirar o compromisso de outorgar empréstimos bilaterais ao projeto Sardar Sarovar (Clark, 2005, p. 44, nota 8).

No início dos anos 1990, a fragilidade do flanco ambiental preocupava o Banco Mundial. Tornara-se politicamente insustentável desdenhar, na prática, os impactos ambientais e a tragédia social do reassentamento forçado de populações provocados por inúmeros projetos. Como resposta, o Banco começou a falar em "administração ambiental", sinalizando que a

---

[48]A página eletrônica dos Amigos do Rio Narmada, que apoia o movimento Narmada Bachao Andolan (Salvemos o Narmada), oferece documentação farta sobre o assunto [http://www.narmada.org]. Um testemunho rico sobre a luta do NBA é dado por Palit (2003).

matéria seria incorporada na elaboração de todas as políticas do Banco e em todas as fases do ciclo de projeto. O discurso foi acompanhado por mudanças no *staff* e na organização administrativa. Em 1991, a direção do Departamento Ambiental foi oferecida a Mohamed El-Ashry, que trabalhara no Environmental Defense Fund e no World Resources Institute e, por isso, levou uma vasta rede de contatos no campo ambientalista. Por sua vez, a criação do Fundo Global para o Meio Ambiente (Global Environmental Facility) ajudou a consolidar a ideia de que o "esverdeamento" do Banco lhe possibilitaria administrar, de cima para baixo, recursos adicionais robustos para projetos ambientais internacionais, transformando a gestão do meio ambiente num instrumento adicional para a expansão da sua influência. De 1989 até o final de 1990, o Banco envolveu-se na negociação de uma fase-piloto, aprovada para um período de três anos, com fundos de US$ 1,3 bilhão prometidos pelos países participantes (Wade, 1997, p. 709-710; Rich, 1994, p. 175-181). Devido ao sistema de votação do Banco, os principais doadores determinariam como e onde os fundos seriam usados.

A proximidade da Conferência das Nações Unidas para o Meio Ambiente e o Desenvolvimento (a Eco-92), marcada para junho de 1992, também reforçou a necessidade de o Banco demarcar uma posição firme no campo ambiental. Era a oportunidade para reverter o desgaste da sua imagem e, ao mesmo tempo, constituir-se como liderança intelectual em matéria de meio ambiente e desenvolvimento.

O RDM 1992 serviu a esse duplo propósito. Publicado um mês antes da Eco-92, tinha como objetivo central compatibilizar a consigna do "desenvolvimento sustentável" com os requerimentos políticos e econômicos do programa neoliberal. O relatório afirmava que havia reciprocidade entre crescimento econômico e preservação ambiental, na medida em que somente com o crescimento da economia seria possível não apenas arcar com os custos da proteção ambiental como também diminuir a pressão social sobre a natureza, uma vez que a renda dos mais pobres — obrigados, por sua condição, a exaurirem ou depredarem os recursos naturais — aumentaria. Argumentava também que a escassez de recursos naturais criaria uma demanda por pesquisas direcionadas a superar os obstáculos ao progresso econômico, levando as sociedades a substituir, de maneira mais racional, recursos abun-

AJUSTAMENTO ESTRUTURAL, CONSOLIDAÇÃO DO PROGRAMA POLÍTICO

dantes por escassos. A idealização do poder da tecnologia que dava suporte a essa visão projetava um cenário irreal em que todos ganhariam com o crescimento econômico e a redução da pobreza, desde que os governos adotassem políticas liberalizantes, uma vez que somente o livre mercado poderia fazer a atividade econômica crescer com eficiência máxima no uso dos recursos. A exaltação de estratégias *win-win* e a negação de *trade-offs* foi utilizada convenientemente para escamotear a profunda "injustiça ambiental" (RBJA, 2001) que marca as sociedades contemporâneas, em particular na periferia, caracterizada pela concentração de poder na apropriação dos recursos socioambientais e na imposição da maior carga dos danos ambientais a populações de baixa renda e grupos étnicos subalternizados. O roteiro de reformas políticas preconizado nessa direção pelo RDM 1992 era rigorosamente o mesmo sistematizado nos RDMs 1987, 1989, 1990 e 1991.

No entanto, a movimentação do Banco até a Eco-92 encontrou alguns sobressaltos. O primeiro deles foi a divulgação do célebre "memorando tóxico" de Lawrence Summers (Rich, 1994, p. 246-249; George & Sabelli, 1996, p. 129-132; Caufield, 1996, p. 258-259). Então economista-chefe do Banco, Summers fez um comentário interno a uma das versões preliminares do RDM 1992, sob sua supervisão geral. Segundo ele, do ponto de vista "econômico", era "lógico" estimular a exportação de indústrias contaminadoras dos países mais industrializados para os mais pobres e com baixos salários, especialmente na África, uma vez que eles estariam "subcontaminados". O memorando vazou e foi publicado na íntegra pela revista *The Economist* no final de dezembro de 1991, precisamente quando Preston começava seu primeiro giro pelos países africanos. Dois meses depois, o jornal *Financial Times* voltou ao assunto, com uma reportagem cujo título era nada menos do que "Salvem o planeta Terra dos economistas".

O segundo sobressalto foi a conclusão de uma avaliação independente — a primeira da história do Banco — sobre o projeto Sardar Sarovar, conhecida como Relatório Morse.[49] O trabalho havia sido encomendado por

---

[49]Uma análise dos embates e um sumário do relatório Morse são feitos por Rich (1994, p. 249-254), George & Sabelli (1996, p. 228-234), Caufield (1996, p. 24-29) e Sanahuja (2001, p. 93). Para uma leitura externa ao universo das ONGs sobre esse ponto, vide Wade (1997, p. 689-707).

Conable, no final da sua gestão, a duas personalidades com credenciais impecáveis: Bradford Morse, ex-senador norte-americano, ex-secretário geral adjunto da ONU e diretor do Pnud, e Thomas Berger, eminente jurista canadense e ex-magistrado do Tribunal Supremo da Columbia Britânica. A pesquisa consumiu nove meses de trabalho na Índia e em Washington e seus resultados ajudaram a desnudar parte da atuação do Banco naquele país. De acordo com o relatório, a realidade do projeto era muito pior do que diziam os seus críticos mais acerbos. Foram detectados problemas gravíssimos desde o planejamento até a execução. O comportamento dos funcionários do Banco foi qualificado como "negligente" e "intelectualmente corrupto". Afirmou-se que as diretrizes de impacto ambiental e reassentamento do próprio Banco tinham sido violadas de maneira "consciente e sistemática"; que era impossível reassentar todo aquele contingente nos estados afetados e que o projeto era inviável financeira e tecnicamente. Segundo o relatório, o governo indiano e o Banco Mundial eram culpados de "delinquência flagrante" no que concerne à implementação do projeto, particularmente com relação ao reassentamento forçado de mais de 200 mil agricultores pobres. Segundo os avaliadores, os problemas encontrados indicavam um padrão recorrente nos demais projetos de reassentamento financiados pelo Banco na Índia. Sete anos depois da aprovação dos empréstimos e 11 depois de iniciadas as obras, ainda não havia sequer avaliações de impacto ambiental. O relatório concluiu que o Banco estava mais preocupado em acomodar as pressões emanadas dos seus principais prestatários do que garantir a implementação das suas próprias regras e políticas de salvaguarda. Os avaliadores recomendaram que o Banco se retirasse do projeto.

O relatório foi para a gráfica no final de maio de 1992, poucos dias antes da Eco-92. Com toda a razão, o departamento do Banco na Índia estava em pânico (Rich, 1994, p. 249). Mas a publicação ocorreu poucos dias depois da conferência, embora os atores mais bem informados já tivessem conhecimento dele. Os resultados foram devastadores para a imagem da instituição. No mesmo dia da sua divulgação, um conjunto de ONGs emitiu um comunicado de imprensa exigindo a criação de uma comissão de apelação

AJUSTAMENTO ESTRUTURAL, CONSOLIDAÇÃO DO PROGRAMA POLÍTICO

independente de caráter permanente. Era o ponto de partida de uma campanha pela "responsabilização" do Banco, mediante a criação de um mecanismo regular de prestação de contas (Clark, 2005, p. 46).

Em resposta, o Banco insistiu em financiar o projeto, declarando que o governo indiano promoveria ajustes operacionais dentro de seis meses. Os protestos na Índia se intensificaram e o repúdio público internacional cresceu. No dia 22 de setembro de 1992, o jornal *Financial Times* publicou uma carta aberta ao presidente do Banco, Lewis Preston, assinada por mais de 250 organizações (entre movimentos de base e ONGs ambientalistas e de defesa dos direitos humanos), que exigia a retirada da instituição; do contrário, uma campanha seria orquestrada para cortar o financiamento à AID. No mês seguinte, parte dos diretores-executivos do Banco (notadamente os de EUA, Canadá, Japão, Alemanha, Austrália e dos países escandinavos) pediu a suspensão dos desembolsos. Mesmo assim, os demais diretores-executivos e a administração do Banco continuaram a apoiar o projeto. Somente em março de 1993 o Banco cancelou os desembolsos para o projeto Sardar Sarovar (Caufield, 1996, p. 27-28). Essa foi a primeira vez que a instituição tomou tal decisão por razões ambientais ou sociais, fato que, de imediato, desarmou alguns dos seus críticos mais radicais. Contudo, na mesma ocasião, o Banco anunciou oito novos empréstimos para a Índia, no total de US$ 2,3 bilhões, parte dos quais para a construção de usinas termelétricas. O governo indiano, por sua vez, deu continuidade ao projeto Sardar Sarovar, evidenciando dois pontos importantes: primeiro, o seu comprometimento com os interesses de empreiteiras e empresas nacionais e internacionais envolvidas num negócio daquela magnitude; segundo, o fato de que o modelo energético apregoado pelo Banco desde sempre já havia sido plenamente assimilado pela classe dirigente do país (George & Sabelli, 1996, p. 233-236).

O episódio mostrou que o Banco Mundial havia se tornado mais vulnerável às críticas ambientalistas, sobretudo àquelas que demonstravam como a elaboração e a execução dos projetos financiados desrespeitavam as regras mínimas delimitadas pelo próprio Banco. Em resposta, a gestão Preston expandiu o *staff* especializado e institucionalizou procedimentos de avalia-

O BANCO MUNDIAL COMO ATOR POLÍTICO, INTELECTUAL E FINANCEIRO

ção ambiental. Tratava-se de "esverdear" o Banco, permitindo-lhe que jogasse ao mesmo tempo nos dois lados: como paladino do "desenvolvimento sustentável" e financiador de projetos social e ambientalmente nefastos.

Apesar dos sobressaltos, no geral o Banco Mundial conseguiu se sair bem dos embates daquele período. Com a presença de 118 chefes de Estado, a Eco-92 confiou a ele — justamente a organização internacional com as piores credenciais em matéria ambiental — a gestão do Fundo Global para o Meio Ambiente (Global Environment Facility), a principal fonte multilateral de financiamento para a implementação da Agenda 21 estabelecida pela conferência (Sanahuja, 2001, p. 187; Toussaint, 2006, p. 216).

Por outro lado, com a publicação do RDM 1992 e algumas mudanças administrativas realizadas por Preston, o Banco apropriou-se gradativamente da linguagem ambientalista, enquadrando-a no arcabouço conceitual da "administração ambiental", ancorado nos pressupostos da economia neoclássica e subordinado ao programa neoliberal. Não demorou muito para que essa apropriação/redefinição semântica diluísse a polarização político-ideológica, criando uma zona cinzenta na qual as principais posições e tomadas de posição perdem nitidez. O aumento extraordinário do portfólio de projetos ambientais do Banco, voltados para melhorar, reabilitar ou gerir o uso dos recursos naturais, foi decisivo para isso. De acordo com Wade (1997, p. 612-13), em 1985 o Banco desembolsou US$ 15 milhões para tal finalidade. Em 1990, as cifras pularam para US$ 180 milhões. Cinco anos depois, alcançaram o incrível patamar de US$ 990 milhões, enquanto os projetos em andamento totalizavam US$ 9,9 bilhões em empréstimos, como mostra a Tabela 5.15. Com apenas cinco especialistas em meio ambiente em 1985, o Banco empregava 300 profissionais dez anos depois, subordinados a uma vice-presidência de Desenvolvimento Ambientalmente Sustentável muitíssimo bem-equipada e financiada. Em 1985, o Banco produziu 57 relatórios dedicados parcial ou integralmente ao meio ambiente, num total de 1.238. Em 1995, os relatórios com alguma fatia verde chegaram a 408, num universo de 1.760.

AJUSTAMENTO ESTRUTURAL, CONSOLIDAÇÃO DO PROGRAMA POLÍTICO

Tabela 5.15
Financiamentos do Banco Mundial para projetos ambientais — anos fiscais 1986-1998

Anos fiscais (a)	Milhões de dólares
1986	25
1987	277
1988	613
1989	853
1990	1.890
1991	2.837
1992	4.390
1993	6.376
1994	8.933
1995	9.905
1996	11.443
1997	11.600
1998	10.930

Fonte: Banco Mundial (1998, p. 84).
(a) Projetos ambientais aprovados desde 1986 em atividade em 1998.

Em outras palavras, a partir de 1992-1993 o Banco respondeu às críticas ambientalistas lançando-se poderosamente no campo ambiental como ator político, financeiro e intelectual. O corolário dessa contraofensiva foi a cooptação e ressignificação do ambientalismo, dando origem ao que Goldman (2005) denominou de "neoliberalismo verde". Esse movimento, como mostrou o autor, deu início a um novo regime internacional de práticas ambientais marcado pela reestruturação e capitalização das relações natureza-sociedade que, até então, existiam como relações não mercantilizadas. Afirmando que o "desenvolvimento sustentável" poderia não ocorrer sem o uso econômico eficiente do meio ambiente, o Banco impulsionou a transformação das regras e instituições ambientais organizadas segundo princípios não capitalistas numa direção condizente com as políticas de livre mercado. Logo o Banco se tornou um semeador de planos nacionais de ação ambiental para virtualmente todos os seus clientes (Wade, 1997, p. 711). Assim, para se qualificar aos empréstimos do Banco, os prestatários passaram a ser impelidos a reestruturar agências estatais, reescrever legislações nacionais de água, terra e florestas e adotar novos protocolos científicos coerentes com o livre comércio de "ativos" ambientais. Como parte das políticas de ajustamento estrutural e setorial, o Banco gradativamente começou a impulsionar políticas de "ajustamento ambiental", com o propósito de tornar os padrões nacionais mais compatíveis com o conjunto de regras globais de corte neoliberal (Goldman, 2005, p. 131-21). A expressão *mainstreaming the environment* virou moda no Banco, sendo geralmente usada para se referir à necessidade de integrar "desenvolvimento" e "meio ambiente" em um único enfoque, o "desenvolvimento ambientalmente sustentável".

Todavia, outros lances logo voltaram a acossar a sua imagem pública. Ainda em 1992 ocorreu o vazamento e a posterior publicação de uma avaliação interna sobre a qualidade dos seus projetos conhecida como Relatório Wapenhans (Rich, 1994, p. 254-256; George & Sabelli, 1996, p. 291-294; Caufield, 1996, p. 259-261). Encomendada por Preston a um dos vice-presidentes do Banco, William Wapenhans, a avaliação analisou 1.300 projetos em curso em 113 países. As conclusões eram deploráveis para uma instituição que vendia, mediante farta publicidade, a estampa da "excelência técnica" — utilizada, entre outras coisas, para justificar um orçamento administrativo de mais de US$1 bilhão por ano. O relatório (Banco Mundial, 1992a) detectou uma deterioração gradual e contínua da qualidade dos projetos em todos os setores entre 1981 e 1991. Em particular, algumas cifras chamavam atenção: 37,5% dos projetos não apresentavam resultados "satisfatórios" (contra 15% em 1981), sendo que os projetos em agricultura, abastecimento de água e saúde eram os setores de desempenho pior, com fracasso acima de 40%. Mais grave ainda: somente 22% dos compromissos financeiros estavam de acordo com as normas do próprio Banco. O relatório alertava para parcela de responsabilidade dos prestatários, uma vez que em 78% dos contratos as regras não haviam sido cumpridas, em muitos casos com a conivência de funcionários do Banco. Todavia, a avaliação responsabilizou, em primeiro lugar, o que chamou de "cultura de aprovação", resultante de um sistema organizacional montado segundo o imperativo de "mover o dinheiro" independentemente da importância e dos impactos dos projetos nos países receptores. Desde a avaliação inicial dos projetos, por exemplo, estabeleciam-se taxas de retorno excessivamente elevadas, com o objetivo de garantir a sua aprovação. Quanto mais projetos aprovados, mais o dinheiro circulava, mais pontos o funcionário acumulava e mais meteórica e bem-sucedida era a sua carreira dentro da instituição. Também fazia parte da "cultura da aprovação" a pressão para que o *staff* cumprisse as metas de concessão de empréstimos dentro do exercício fiscal. Com frequência, isso levava à aprovação de projetos sem a realização de avaliações ambientais minimamente razoáveis e sem o respeito às normas de salvaguarda da instituição.

Outrossim, como lembrou Clark (2005, p. 48), o Relatório Wapenhans chamou atenção para a relação assimétrica entre o Banco e a grande maioria dos clientes no que tange à capacidade técnica e ao poder de negociação. O anexo do relatório incluiu um resumo de entrevistas confidenciais realizadas com funcionários dos governos prestatários. Os entrevistados reclamavam, por exemplo, da impossibilidade de acompanhar e entender toda a documentação produzida pelo Banco, bem como da postura de superioridade técnica dos especialistas da instituição durante as negociações.

Como se não bastasse, no ano seguinte o Banco enfrentou mais um escândalo, dessa vez de menor porte, envolvendo a construção da sua nova sede em Washington. Orçada em 1989 por US$ 186 milhões, a obra foi entregue em 1994 ao custo total de US$ 314 milhões. No ano anterior, *The Economist* já havia publicado uma reportagem sobre o tema, atacando o "desperdício de recursos" com gastos considerados supérfluos ou extravagantes, que poderiam ser empregados mais adequadamente no aliviamento da pobreza, conforme pregava o próprio Banco. Diante da repercussão do caso, Preston se viu obrigado a realizar uma investigação interna, que acabou constatando "má gestão" e "desvio de conduta". Um funcionário sênior foi demitido e mais três funcionários sofreram sanções (Caufield, 1997, p. 261). O episódio tendeu a ser tratado pela grande imprensa ora como mais uma prova do desperdício e da ineficiência do Banco na gestão de recursos, ora como evidência, entre tantas outras, da contradição entre o discurso "social" do Banco e as preocupações cotidianas dos seus diretores e do seu quadro técnico.

O BANCO MUNDIAL COMO ATOR POLÍTICO, INTELECTUAL E FINANCEIRO

Municiadas com os relatórios Morse e Wapenhans, algumas das ONGs que haviam participado da oposição ao projeto Sardar Sarovar iniciaram uma campanha internacional para que o Banco Mundial realizasse duas reformas de responsabilização. A primeira tinha o propósito de instituir uma nova política de informações, com base na qual o Banco publicizasse informações solicitadas sobre os seus projetos. A segunda visava a criação de um painel de apelação independente, que daria às populações diretamente afetadas acesso a um mecanismo com poder para investigar reclamações sobre a violação pelo Banco Mundial das suas próprias regras e políticas de salvaguarda. Algumas ONGs anunciaram que se as reformas não fossem promovidas, elas bloqueariam a contribuição dos EUA e de outros doadores à 10ª Reposição (1993-1996) da AID, cujas negociações estavam, então, entrando na sua fase final. Em testemunho perante o Congresso norte-americano no segundo trimestres de 1993, elas propuseram que o dinheiro para a AID fosse redirecionado a organizações mais "responsabilizáveis" e "democráticas" do que o Banco Mundial (Wade, 1997, p. 726). Sem sucesso, algumas ONGs internacionais se opuseram a essa tática, argumentando que qualquer redução no financiamento à AID prejudicaria os países mais pobres (Clark, 2005, p. 49, nota 28).

A campanha seguiu a todo vapor e obteve o apoio do deputado Barney Frank, presidente da subcomissão do Congresso a cargo da autorização de fundos para a AID. Frank informou a Ernest Stern, eminência parda do Banco, que não autorizaria a liberação dos fundos caso a instituição não adotasse uma política de informação aceitável e um painel de apelação independente. Segundo Wade (1997, p. 727), o Banco enviou secretamente a Frank versões preliminares da sua proposta para comentários antes de apresentá-la formalmente à diretoria executiva. Várias ONGs estadunidenses que compunham o comitê de ação contra o projeto Sardar Sarovar também comentaram diversas versões da proposta,[50] indicando o que lhes parecia inaceitável. Organizações europeias e japonesas enviaram comentários para

---

[50]Entre elas estavam Environmental Defense Fund, Friends of the Earth, Sierra Club, National Wildlife Federation, Bank Information Center e Council for International Environmental Law.

seus respectivos diretores-executivos no Banco. Por outro lado, como assinalou Clark (2005, p. 51), em fevereiro de 1993 alguns diretores-executivos (representantes de Alemanha, Holanda, Malásia e Chile) endossaram, com o apoio do diretor suíço, a proposta de criação de um mecanismo de prestação de contas sob a forma de uma instância independente de avaliação, alegando que a medida ajudaria a reverter a deterioração da imagem do Banco.

Aprovada pelo Banco em agosto de 1993, a nova política de informação ficou muito aquém do que as ONGs e Frank propuseram (Wade, 1997, p. 727). Como represália, o Congresso dos EUA autorizou os pagamentos à AID por apenas dois anos, em vez dos três anos normais, e cortou US$ 200 milhões dos US$ 3,7 bilhões destinados pelo Tesouro à 10ª Reposição. Durante 1994, o Congresso continuou a reter a autorização do terceiro desembolso e condicionou a liberação a uma nova política de informações, implementada finalmente em 1995 (*ibidem*, p. 728). A campanha sobre o assunto, então, esfriou.

Logo depois, em setembro de 1993, o Banco também aprovou a criação de um painel de inspeção independente. Segundo a avaliação de Bissel (2005, p. 86), a maioria dos diretores-executivos apoiou a proposta com o objetivo de aplacar a pressão ambientalista, e não pelo desejo genuíno de assegurar que fossem cumpridas as políticas e os procedimentos de salvaguarda ambiental do próprio Banco. Seja como for, o fato é que, de novo, o fundamental do que as ONGs reivindicavam não foi contemplado. Em vez de investigar com independência mediante a solicitação direta dos afetados, o painel limitar-se-ia a recomendar à diretoria, com base numa avaliação preliminar, que deve investigar, e a diretoria decide. Ou seja, os princípios básicos de operação do painel, tal como aprovados, deram-lhe muito menos independência do que a avaliação conduzida por Morse e Berger havia tido (Wade, 1997, p. 728). A proposta das ONGs não previa que à diretoria caberia decidir sobre a realização ou não da investigação. O Banco, porém, não estava disposto a aceitar a existência de um mecanismo fora do seu controle (Clark, 2005, p. 57). À direita, Elliot Berg e Don Sherk criticaram o Painel, afirmando que a sua existência empurraria o Banco, e não os prestatários, a ter o "sentido de propriedade" (*ownership*) dos projetos. Em vez de estabelecê-lo, o Banco deveria ajudar os prestatários relevantes a criarem os seus próprios painéis para o mesmo fim (Wade, 1997, p. 729).

PESQUISA, CONHECIMENTO E MECANISMOS DA REPRODUÇÃO DO PARADIGMA DOMINANTE

Ao mesmo tempo em que a campanha pela "reforma" do Banco se desenrolava, a instituição envolveu-se num episódio emblemático: a elaboração do relatório *The East Asian Miracle*, a versão do Banco sobre o desenvolvimento industrial acelerado e prolongado dos países do Leste da Ásia (Banco Mundial, 1993). Mais uma vez, seu compromisso com o programa neoliberal e sua vinculação à rede de poder infraestrutural externo dos EUA vieram à tona.

A preparação do estudo foi objeto de uma intensa disputa entre a ortodoxia neoliberal, comandada pelos EUA, e a proposta de desenvolvimento capitalista "orientado pelo Estado", encabeçada pelo Japão, segundo acionista do Banco e do FMI (Amsden, 1994, p. 630-631; Wade, 1997a, p. 352). De acordo com os dirigentes japoneses, o sucesso do Japão — que, no início dos anos 1990, tornou-se a maior economia industrial do mundo — e de países como Taiwan e Coreia do Sul se sustentava, em particular, na forte regulação do setor financeiro e numa política de desenvolvimento industrial cujo sistema de incentivos incluía, entre outros componentes, o direcionamento do crédito público subsidiado a indústrias estratégicas intensivas em tecnologia. Na virada da década, o Japão não apenas estava ampliando a sua gravitação política e econômica na Ásia como pretendia fazer do seu enfoque o modelo para a transição da Rússia ao capitalismo. Em termos geopolíticos, o objetivo do Japão era se tornar uma força política à altura da sua projeção econômica.

Para o Banco Mundial, as receitas japonesas eram incongruentes com a sua doutrina e sua plataforma política sobre o papel do Estado e do mercado no crescimento econômico, centradas na defesa da completa liberalização financeira e da privatização de empresas públicas dos setores industrial e de serviços. Como assinalou Wade (1997a, p. 352), "dado que as ideias do

Banco derivam em grande parte do interesse dos EUA pela liberdade de mercado, assim como das ideias vigentes a esse respeito neste país, o desafio do Japão contra o Banco era também um desafio contra os EUA". O governo japonês criticou abertamente a orientação neoliberal do RDM 1991 e instou a diretoria executiva do Banco para que considerasse a experiência do Leste e do Sudeste da Ásia, solicitando a realização de um estudo sobre o tema. A reação negativa do Banco só foi contornada por duas razões: primeira, o governo japonês se comprometeu a financiar o estudo, aportando US$ 1,2 milhão, embora o gasto total tenha chegado a US$ 2,2 milhões, quase o mesmo montante consumido na elaboração de um RDM; segunda, os japoneses retiraram a sua oposição a uma diretriz do Banco, em formulação, que preconizava a desregulação financeira em grande escala (Wade, 1997a, p. 367).

O trabalho foi supervisionado por Lawrence Summers (economista-chefe do Banco) e Nancy Birdsall (diretora norte-americana do Departamento de Investigação), que designaram o norte-americano John Page (doutor em Economia pela Universidade de Oxford) como chefe de uma equipe de seis economistas, todos com doutorado em universidades estadunidenses e britânicas. Dos citados, nenhum havia trabalhado na Ásia. Estudos de caso complementares ficaram a cargo da vice-presidência do Banco para o Leste da Ásia, cujo titular era o indiano Vinod Thomas, doutor em Economia pela Universidade de Chicago (Wade, 1997a, p. 369-370).

O trabalho começou no início de 1992 e foi divulgado em 26 de setembro de 1993, durante a reunião anual do FMI e do Banco Mundial. Entre as primeiras versões e o resultado final deu-se um processo interno de depuração e alinhamento teórico-ideológico, em grande medida protagonizado pela vice-presidência para o Leste da Ásia (Wade, 1997a, p. 368 *et seq*). Como técnica de persuasão, o informe jogou com uma dualidade falsa — *laissez-faire x* intervencionismo estatal — frente à qual o enfoque "amistoso com o mercado" aparecia como um constructo intermediário e equilibrado. O relatório reconheceu, com inúmeras ressalvas, a importância estratégica do planejamento e da ação estatal na orientação e sustentação do crescimento industrial naqueles países, mediante políticas setoriais ativas, concessão seletiva de crédito subsidiado, acordos entre agências governamentais e empresas privadas, protecionismo comercial seletivo, regulação da conta capital e poupança interna forçada. Porém, o informe sustentou que tais intervenções haviam funcionado porque não foram "excessivas". Além disso, insistiu no caráter específico daquela experiência, advertindo que não estava "demonstrado" que aquele rol de políticas poderia ser reproduzido em outras regiões. Sugeriu, também, que os êxitos econômicos seriam alcançáveis sem aquele tipo de ação estatal. Ressaltando que o "êxito" daquela trajetória se devia mais à orientação exportadora da economia do que a modalidades específicas de ação pública, o relatório acentuou o lado mais convencional da ação pública posta em prática, como o investimento na geração de "capital humano" (educação e saúde) e em infraestrutura. Ao final, aquela experiência foi apresentada como o resultado da combinação *sui generis* da teoria neoclássica com o enfoque "amistoso com o mercado". Como ironizou Amsden (1994, p. 627), ao projetar o seu próprio reflexo no "sucesso" do Sudeste da Ásia, o Banco Mundial comportava-se como Narciso diante do espelho.

Para além do debate sobre o informe e sua consistência científica para explicar a trajetória daquelas economias,[51] o episódio forneceu combustível para a discussão acerca da qualidade da pesquisa produzida pelo Banco Mundial e do papel que ela cumpre na instituição. Nesse sentido, a análise de Wade (1997a) — que trabalhou no Banco entre 1984 e 1988 — foi uma das primeiras a debater criticamente os mecanismos por meio dos quais o Banco subordinava e acomodava a atividade de pesquisa à linha político-ideológica ditada por Washington, o que comprometia a sua credibilidade como organismo de investigação.[52] O autor identificou cinco mecanismos principais. Em primeiro lugar, o tipo de fontes de informação utilizadas: na maioria, estudos do próprio Banco, de consultores externos por ele financiados ou da fatia da academia anglo-americana partidária da economia neoclássica. Em segundo lugar, a parcialidade e a manipulação no tratamento dos dados estatísticos para "comprovar" conclusões definidas *a priori*. Em terceiro lugar, a formação e seleção do seu pessoal: malgrado a pluralidade

---

[51]A revista *World Development*, por exemplo, dedicou um número especial a esse tema em 1994.

[52]Há críticas pioneiras sobre o tema em George e Sabelli (1996, p. 247-268).

AJUSTAMENTO ESTRUTURAL, CONSOLIDAÇÃO DO PROGRAMA POLÍTICO

de nacionalidades, aproximadamente 80% do *staff* eram formados por universidades norte-americanas e britânicas — informação confirmada por Stern e Ferreira (1997, p. 587) — inclinadas à economia neoclássica, cujo *ethos* universalista faz parecer que qualquer economista nela apoiado está autorizado a opinar sobre um país ou uma região a partir do domínio de alguns poucos "dados" e "variáveis". Em quarto lugar, o processo de revisão editorial hierarquicamente organizado, ao longo do qual o que foge à doutrina ou à prescrição política principal é descartado imediatamente. Em quinto lugar, a centralidade dos valores e interesses norte-americanos no funcionamento do Banco, derivada da sua dependência aos mercados financeiros internacionais e da "congruência autovalidante entre os valores dos donos e administradores do capital financeiro e os do Estado norte-americano" (Wade, 1997a, p. 386). No geral, enfim, o episódio mostrou que a agenda de pesquisa do Banco era largamente dirigida para a necessidade de dar substância às prescrições políticas afinadas com o programa neoliberal.

Àquela altura, em meados dos anos 1990, o Banco tinha uma carteira anual de empréstimos em torno de US$ 20 bilhões, já empregava cerca de 800 economistas profissionais e destinava aproximadamente US$ 25 milhões ao ano para pesquisa, quantia muito superior à de qualquer departamento universitário ou instituição de pesquisa econômica. Parte importante desse dinheiro era gasta com a contratação de consultores externos, em particular estadunidenses e ingleses. Assim, graças ao peso do seu batalhão de economistas, ao orçamento de pesquisa e à alavancagem de empréstimos, o Banco detinha uma posição única no quadro internacional, a partir da qual exercia influência considerável sobre o pensamento e as políticas nos países prestatários (Stern & Ferreira, 1997, p. 524).

A atividade intelectual era realizada de um lado a outro do Banco, envolvendo tanto a equipe de investigação como a equipe operacional, responsável pela relação com os governos. A equipe de pesquisa incumbia-se de criar ideias relativas ao desenvolvimento, estimular ideias concebidas fora do Banco, promovê-las, disseminá-las e, sobretudo, aplicá-las. Ou seja, além da elaboração de projetos e programas de investigação, cuja interface com o universo acadêmico era mais direta, a equipe de pesquisa também atuava junto à equipe de operações nos acordos de empréstimo, na mediação entre agências internacionais e governos e no diálogo sobre políticas com os clientes (Stern & Ferreira, 1997, p. 525).

A pressão permanente por "mover o dinheiro" e influenciar o marco de políticas nacionais atuava como um fator de constrangimento e enquadramento da atividade de pesquisa. Mesmo uma avaliação autorizada — para dizer o mínimo — como a de Stern e Ferreira reconheceu esse fato elementar. Nas suas próprias palavras:

> Em uma instituição orientada para operações, os pesquisadores não são livres para seguir inspiração intelectual. Eles estão sob constrangimentos de prioridades definidas e de uma necessidade clara de ser imediatamente úteis às operações. Além disso, há forte hierarquia e uma atmosfera muito mais reverencial do que nas universidades. Entre os pesquisadores existe uma preocupação considerável com o que seus superiores pensarão sobre as conclusões obtidas (Stern & Ferreira, 1997, p. 594).

Não surpreende, assim, que poucos dos 31 entrevistados pelos autores entre 1990-1992 (todos altos quadros do Banco) vissem a instituição como tendo um papel importante de liderança intelectual no âmbito da pesquisa em Economia.[53] Por outro lado, muitos deles consideravam que o Banco desempenhava um papel importante em destilar ideias e conceitos para a formulação e execução de políticas nos países prestatários (Stern & Ferreira, 1997, p. 597). Ou seja, o Banco distinguir-se-ia mais pela absorção e disseminação de ideias do que pela criação delas. Depois de mais de 20 anos envolvido intensamente na atividade de pesquisa, o seu papel como criador de conhecimento na área econômica foi considerado "modesto" (*ibidem*, p. 609). A mesma opinião foi dada por outros dois estudiosos, mais ou menos na mesma época: "É difícil localizar uma única ideia ou método importante em economia do desenvolvimento que tenha sido originada no Banco" (Gavin & Rodrik, 1995, p. 333). No âmbito intelectual, a força do Banco consistiria, assim, na difusão e na internalização de ideias, escoradas no seu poder financeiro e na sua gravitação política.

---

[53]Entre outros foram entrevistados Robert McNamara, Hollis Chenery, Anne Krueger, Stanley Fischer, Michael Lipton, Ernest Stern, Lyn Squire e Vito Tanzi.

CINQUENTA ANOS DE BRETTON WOODS: CRÍTICAS E EMBATES SOBRE O PAPEL DO BANCO MUNDIAL

Enquanto esquentava o debate sobre a qualidade dos projetos financiados pelo Banco Mundial e se desenrolavam as escaramuças em torno do "The East Asian miracle", uma discussão mais ampla ganhou projeção à medida que se aproximava a comemoração oficial dos 50 anos das gêmeas de Bretton Woods: a relevância e o papel do FMI e do Banco num mundo de capitalismo desregulado e primazia dos mercados privados de capital como fonte de financiamento. Com a criação da OMC programada para janeiro de 1995, o debate se acirrava ainda mais.

Dentro do *establishment* estadunidense, um dos pivôs dessa discussão era a Comissão Bretton Woods, presidida por Paul Volcker, ex-presidente do Federal Reserve (1979-1987). Criada em 1983, a comissão era composta por políticos dos partidos Democrata e Republicano, banqueiros de investimento e empresários envolvidos com projetos financiados pelo Banco. Firmas como Caterpillar, John Deere, Westinghouse, Chrysler, DuPont, Browning-Ferris, Phillips Petroleum, Weyerhauser, Borg-Warner, Litton Industries, entre outras, estavam lá representadas. Seu propósito era apoiar o Banco Mundial, o FMI e os bancos regionais de desenvolvimento (BID, BAD e BAfD), pressionando o Congresso e o Executivo para que desempenhassem um papel de liderança efetiva naquelas instituições, dada a importância delas para a defesa dos interesses financeiros, comerciais e industriais norte-americanos (George & Sabelli, 1996, p. 295; Caufield, 1996, p. 317). Poucos anos depois, seguindo a mesma clave, a comissão passou a advogar não apenas o fortalecimento do FMI e do Banco Mundial como também a revisão das suas funções.[54] Num informe divulgado em julho de 1994 com ampla repercussão internacional, a comissão propunha um acordo cambial entre as grandes potências — em particular, EUA, Alemanha e Japão — que as obrigasse a uma maior coordenação monetária e financeira internacio-

---

[54]Com o tempo, a comissão se ampliou e incorporou ao seu conselho internacional empresários, ministros de Estado, banqueiros e executivos da alta finança de países de todos os continentes. A sua composição atual pode ser consultada em <http://www.brettonwoods.org/council.html>

nal, cuja supervisão caberia ao FMI. De modo complementar, propunha que o Banco Mundial deixasse de financiar o setor público e passasse a atuar como mero "mobilizador de recursos" (privados e públicos, intelectuais e financeiros) para a expansão do setor privado (*The New York Times*, 21/ 07/1994; *El País*, 9/10/1994; Caufield, 1996, p. 306).

Com efeito, à medida que o volume dos fluxos financeiros privados aumentava em relação às fontes públicas bilaterais e multilaterais de financiamento, alcançando patamares inéditos em meados da década de 1990, o Banco Mundial era compelido, sobretudo pelos governos dos EUA e do Reino Unido, a redirecionar a sua atuação para o apoio estrito e direto à expansão de empresas privadas. O governo dos EUA chegou a propor, sem sucesso, uma mudança nos estatutos do Bird que permitisse o financiamento direto a empresas (um dispositivo que os próprios EUA haviam exigido quando os estatutos foram redigidos em 1944). Além disso, propôs um acordo sobre um teto de 50% do total dos empréstimos do Banco para essa finalidade, o que o transformaria num banco comercial com titularidade pública (Gwin, 1997, p. 241; Sanahuja, 2001, p. 225).

As propostas mais radicais de "privatização" do Banco não vingaram, mas também não saíram de cena, permanecendo em estado latente ao longo dos anos seguintes. Seja como for, isso não impediu que a guinada em direção ao "mercado" desse o tom da gestão Preston. Durante a primeira metade dos anos 1990, o Banco redirecionou sensivelmente suas operações para um apoio ainda mais direto ao capital privado. Segundo um informe do Tesouro dos EUA de 1995, os contratos concedidos a empresas norte-americanas por meio de financiamentos do Banco Mundial e outros bancos multilaterais haviam canalizado para elas perto de US$5 bilhões em apenas dois anos (1993-1995). Entre as principais beneficiárias estavam General Electric, Motorola, General Motors, IBM, AT&T, Cargill, Westinghouse e Caterpillar (Hildyard, 1996, p. 1; Tabb, 2004, p. 194).

A "guinada ao mercado" implicou mudanças na forma e nos meios pelos quais o Banco Mundial subsidiava grandes empresas (Hildyard, 1996: 2). Em primeiro lugar, mais do que empréstimos para projetos, o Banco se concentrou ainda mais no fornecimento de empréstimos para políticas, como a remoção de barreiras comerciais, a privatização e a reestruturação setorial,

AJUSTAMENTO ESTRUTURAL, CONSOLIDAÇÃO DO PROGRAMA POLÍTICO

com o objetivo de facilitar a entrada de empresas multinacionais nos mercados domésticos. Em segundo lugar, passou a enfatizar a concessão direta de empréstimos a empresas. Em terceiro lugar, criou ou fortaleceu internamente grupos especializados na relação direta com o empresariado.

Não por acaso, a CFI foi o ramo do GBM que mais cresceu durante a primeira metade dos anos 1990, duplicando o volume total de empréstimos, que passaram de US$ 1,5 bilhão em 1990 para US$ 2,9 bilhões em 1995, o equivalente a 14% do total dos compromissos financeiros do GBM. Por meio de operações de cofinanciamento, a CFI também mobilizou, no mesmo período, fluxos de capital privado da ordem de US$ 7,5 bilhões ao ano (Sanahuja, 2001, p. 226).

Como explicou Woods (2006, p. 203-204), diferentemente do que ocorre com as ONGs, o *lobby* de corporações privadas junto ao Banco Mundial sempre foi bastante silencioso. Em geral, é bem organizado, financiado e apoiado pelos governos do G7, o que faz com que seja extremamente bem-sucedido. Washington, por exemplo, age para assegurar que companhias norte-americanas sejam beneficiadas por contratos por intermédio de diversas agências estatais, que informam e aconselham empresas sobre contratos que podem surgir dos empréstimos do Banco e também operam como um recurso para tais companhias se engajarem em disputas por projetos.[55]

Seguindo o mesmo itinerário, o Bird ampliou, a partir de 1994, o uso de um instrumento até então pouco utilizado, as garantias de investimento. O objetivo era facilitar a participação de bancos comerciais e operadores financeiros privados em projetos rentáveis, mas que requeressem empréstimos com períodos de vencimento mais longos do que a banca comumente estava disposta a oferecer ou nos quais existisse algum risco político (mudanças no marco regulatório ou não cumprimento de contratos) que só uma instituição multilateral estaria disposta a cobrir. O programa cresceu rapidamente, concedendo garantias a oito grandes projetos de telecomunicações e energia, com um desembolso total de US$ 10 bilhões entre 1994 e

---

[55] O Banco é o segundo contratador de Washington, perdendo apenas para o governo federal. Todavia, o Grupo Banco Mundial gasta na capital norte-americana em torno de US$ 1 bilhão ao ano do seu orçamento administrativo, muito mais do que a União dá ao governo do distrito federal (Wade, 1997b, p. 3; Kapur, 2002, p. 64).

1997. Diferentemente das garantias oferecidas pela CFI, as do Bird exigem contrapartida governamental, o que supõe a transferência do risco do investidor privado para o Banco Mundial e desse para o Estado prestatário (Sanahuja, 2001, p. 226-227).

Como notou Gwin (1997, p. 242), os governos Reagan (1981-89) e Bush (1989-93), que inicialmente haviam procurado diminuir a participação dos EUA no Banco Mundial e em outras organizações financeiras multilaterais, terminaram confiando àquelas instituições o manejo de problemas que os EUA não podiam (por razões orçamentárias e políticas) tratar bilateralmente. A *realpolitik* falou mais alto do que orientações ideológicas particulares. Assim, veio dos EUA a pressão maior para que o Banco expandisse o seu papel na gestão da dívida externa, nas políticas de ajustamento estrutural, na difusão da "administração ambiental" como marco institucional, no apoio direto ao setor privado e na transição ao capitalismo desregulado nas sociedades do Leste. Como balanço geral, ainda que o apoio político dos EUA (Tesouro, Congresso e Departamento de Estado) ao Banco Mundial tenha experimentado algumas subidas e descidas a partir do final dos anos 1970, o fato é que "ele foi muito mais estável do que outros elementos da assistência econômica americana" (*ibidem*, p. 273).

Além do aspecto político-ideológico, deve-se notar que os governos republicanos de Reagan e Bush logo se deram conta de que, mediante um gasto extraordinariamente baixo para o Tesouro, a atuação do Banco gerava benefícios econômicos consideráveis para os EUA. Com base em dados do Banco e do Tesouro, Gwin (1997, p. 272) quantificou parte desses benefícios entre 1947 e meados de 1992. Os rendimentos dos cidadãos norte-americanos que detinham títulos emitidos pelo Banco, por exemplo, chegou a US$ 20,1 bilhões. Já o gasto com despesas administrativas em território estadunidense alcançou US$ 10,9 bilhões. Por outro lado, a alavancagem (*leverage*) do investimento dos EUA no Bird e na AID foi extremamente elevada. No caso do Bird, os EUA desembolsaram apenas US$ 1,857 bilhão dos mais de US$ 218,2 bilhões fornecidos em empréstimos. No caso da AID, de um total emprestado de pouco mais de US$ 71 bilhões, os EUA desembolsaram cerca de US$ 18 bilhões. Isso indica que um dos objetivos de longo prazo mais importantes da política externa norte-americana para o Banco

AJUSTAMENTO ESTRUTURAL, CONSOLIDAÇÃO DO PROGRAMA POLÍTICO

Mundial — qual seja, aumentar os recursos disponíveis para o desenvolvimento capitalista "livre e aberto", enquanto continha a carga sobre o seu próprio orçamento — foi excepcionalmente bem-sucedido. Ao longo do tempo, cada dólar desembolsado pelo Tesouro dos EUA passou a alavancar consideravelmente mais recursos. Por fim, o efeito líquido das operações do Bird e da AID no balanço de pagamentos dos EUA foi bastante positivo. Em termos reais, um ganho de US$ 42,2 bilhões, que compensou generosamente o efeito líquido negativo do apoio à AID, de pouco mais de US$ 9,5 bilhões. Todos os valores citados estão em dólares de 1990. Ainda que parciais, dão uma ideia aproximada da magnitude dos benefícios auferidos pelo principal acionista do Banco.

Seja como for, o último ano da gestão Preston coincidiu com o aniversário de 50 anos de Bretton Woods. O Banco Mundial estava sob fogo cruzado. Dentro do *establishment* capitalista norte-americano, corria a crítica ultraliberal ao Banco Mundial, ao FMI e a todas as demais instituições bilaterais e multilareais de ajuda externa. Nucleada em organizações como o Instituto Cato, a Fundação Heritage e o Instituto American Enterprise, a direita ultraliberal vociferava que as instituições de Bretton Woods e o sistema de ajuda internacional ao desenvolvimento eram, mais do que ineficazes, deletérios à criação de riqueza e à redução da pobreza, na medida em que, ao longo de 50 anos, haviam financiado o crescimento do setor público, o que teria prejudicado a livre concorrência e atrasado a realização das reformas liberalizantes.[56] A alternativa preconizada consistia na minimização do papel do Banco Mundial e do FMI, ou mesmo na sua dissolução, e o fim de todo o sistema de ajuda oficial ao desenvolvimento. Em linhas gerais, advogava-se a liberalização total dos mercados nacionais para que o livre fluxo de capitais pudesse atuar na "criação de riqueza". Ademais, dada a discrepância crescente entre o volume dos fluxos privados de capital e o caixa das fontes multilaterais de crédito, argumentava-se que instituições como o Banco Mundial tinham se tornado irrelevantes enquanto fontes de financiamento. Ao partir dos mesmos pressupostos neoclássicos e advogar

---

[56]Patrocinados pelo Instituto Cato, Bandow & Vasquez (1994) reúnem trabalhos representativos da crítica ultraliberal.

uma agenda semelhante de políticas econômicas e reformas estruturais, a crítica ultraliberal situava-se no mesmo campo ideológico e político do Banco; por isso mesmo, o atingia — e continua atingindo — duramente.

De fora do *establishment* capitalista, o Banco Mundial também era bombardeado por uma série de eventos e protestos organizados em diversos países pela campanha "50 anos bastam" (*50 years enough*).[57] Iniciada no quarto trimestre de 1993 e conduzida por Doug Hellinger do Development GAP, e Bruce Rich, do Environmental Defense Fund, tinha o propósito de organizar um contraponto à comemoração do meio século das gêmeas de Bretton Woods. Os membros iniciais da campanha vieram de sete ONGs ambientalistas e voltadas para a redução da pobreza e havia certa sobreposição de integrantes com a campanha por reformas de responsabilização. Do início ao fim houve divergências internas sobre a defesa da abolição ou da reforma do Banco, bem como sobre o apoio ou não ao corte das contribuições à AID. Apesar do slogan provocativo, parte considerável desses grupos — ao contrário dos críticos conservadores de ultradireita — não advogava a interdição imediata do Banco. Tanto assim que a campanha acabou não endossando o corte dos fundos para a AID (Wade, 1997, p. 727). O grupo alcançou visibilidade durante a comemoração oficial, ocorrida em outubro de 1994 em Madri, ao realizar um foro paralelo denominado "As outras vozes do planeta". Durante seis dias, cerca de dois mil participantes ligados a 160 organizações sociais de 40 países criticaram a atuação do Banco Mundial e do FMI, denunciando os efeitos deletérios das políticas de ajustamento estrutural e exigindo, entre outras coisas, o cancelamento imediato da dívida externa dos países do Sul (*El País*, 2-10-1994).

O final da gestão Preston coincidiu com o tensionamento político e a tormenta financeira que varreram o México: primeiro, a insurreição zapatista em janeiro de 1994, precisamente quando se iniciava o Tratado Norte-Americano de Livre Comércio (Nafta); depois, o colapso da moeda

---

[57]Danaher (1994) reúne aportes representativos das principais organizações e personalidades que estiveram à frente da campanha. Vale recordar que o prefácio do livro foi assinado pelo economista bengali Muhammad Yunus, criador do conhecido Grameen Bank em Bangladesh, pelo qual ganharia o Prêmio Nobel da Paz 12 anos depois. Eis a sua mensagem central: "Precisamos do Banco Mundial do lado dos pobres."

nacional em dezembro do mesmo ano. Ou seja, num período muito curto, aquela que era considerada a economia-estrela na América Latina conheceu, de um lado, um questionamento sério — ao menos naquele momento — à ordem política vigente e, de outro, a derrocada das promessas de crescimento econômico e prosperidade social pela via da liberalização.

A parceria estreita entre a equipe econômica mexicana e as IFIs (Woods, 2006, p. 84-103), sob a batuta do Tesouro estadunidense, não previu nem impediu o que Michel Camdessus, então diretor-gerente do FMI, caracterizou como a "primeira crise do século XXI" (FSP, 5-02-1995). A tempestade financeira levou à desvalorização acelerada do peso em 60% em apenas duas semanas, provocando uma fuga em massa de recursos do país e uma onda de desconfiança em todos os mercados financeiros, em particular nos "emergentes" (efeito tequila). Em poucos meses, o país entrou na maior recessão desde os anos 1930: milhares de empresas fecharam as portas, deixando milhões de trabalhadores desempregados.

Para não comprometer os investimentos privados norte-americanos no México e a viabilização do Nafta, Washington rapidamente arregimentou um pacote inédito de socorro ao país de cerca de US$50 bilhões, do qual tomaram parte as gêmeas de Bretton Woods.[58] Mais uma vez, o Banco Mundial foi convocado a atuar no campo da estabilização monetária como linha auxiliar do FMI, o que, do ponto de vista político, alimentou ainda mais a indistinção entre ambas as instituições e novamente explicitou a sua vinculação estreita com os interesses da banca privada e de Washington.

A crise mexicana condensou as contradições do programa neoliberal implementado na América Latina, ao combinar alta volatilidade da economia, recessão, desemprego, pauperização, queda acelerada da popularidade do governo, aumento das tensões sociais e da contestação política organizada. Pela primeira vez desde o fim da guerra fria, a euforia neoliberal sofria algum abalo. Para o complexo Washington-Wall Street, tal situação

---

[58]Os EUA entraram com US$ 20 bilhões, o FMI com US$ 17,8 bilhões, o BIS com US$ 10 bilhões, o Banco Mundial com US$ 2 bilhões (divididos em três operações) e o BID com US$ 500 milhões (Fox, 2000, p. 624).

requeria uma dose mais forte de ajustamento macroeconômico e o início de um ciclo de reformas institucionais profundas. Era essa a visão veiculada, em primeira linha, pelo Banco Mundial (Burki & Perry, 1996, p. 1; Burki & Perry, 1996a, p. 1). Não por acaso, a sustentação política das reformas neoliberais ocuparia lugar central na agenda do Banco nos anos seguintes.

CAPÍTULO 6   Reciclagem e dilatação do programa
político neoliberal — 1995-2008

Os expertos do FMI e do Banco Mundial parecem ter todos os atributos de uma autoridade internacional. Não obstante, abrigam certas dúvidas a respeito do tipo de poder com que contam. Dentro do âmbito de Washington eles ocupam uma posição paradoxal. De um lado, encontram-se perto dos lugares onde as decisões cruciais são tomadas, mas, de outro, a dita proximidade somente ressalta a sua própria falta de autonomia nos jogos de poder sobre os quais têm um controle precário.

Yves Dezalay & Bryant Garth (2005, p. 137)

Deve ser incluída como parte do sistema estadunidense a rede global de organizações especializadas, particularmente as instituições financeiras "internacionais". O Fundo Monetário Internacional (FMI) e o Banco Mundial são considerados representantes dos interesses "globais" e de circunscrição global. Na realidade, porém, são instituições fortemente dominadas pelos Estados Unidos e suas origens remontam a iniciativas estadunidenses.

Zbigniew Brzezinski (1998, p. 36-37)

A lição é clara: aconselhamento é tão importante quanto dinheiro. E um dos pontos mais fortes do Banco é que o nosso conselho é independente. Os governos confiam em nós.

James Wolfensohn (1995, p. 17)

No calor da crise financeira mexicana, o governo Clinton indicou James Wolfensohn para a presidência do Banco Mundial. Para a Casa Branca, o sucessor de Preston tinha de ter estatura política suficiente para conduzir o Banco por dois mandatos e dar conta das prioridades norte-americanas em matéria de política externa, como a liberalização econômica no Leste da Europa e na Rússia e a "reconstrução" de países e territórios marcados por conflitos armados e guerras, como a Bósnia e a Faixa de Gaza (Mallaby, 2004, p. 73). No centro da pauta estavam o alargamento geográfico e social das fronteiras da reestruturação capitalista neoliberal e o reposicionamento do Banco no contexto da globalização financeira.

Cidadão australiano com mestrado em administração de negócios pela Harvard Business School, Wolfensohn havia exercido cargos diretivos no grupo bancário J. Henry Schroder em Londres e Nova York entre 1967 e 1976, quando foi para o banco de investimento Salomon Brothers. Lá desempenhou um papel-chave na operação de socorro à empresa automobilística Chrysler Corporation executada pelo governo dos EUA em 1979, situação que o aproximou dos círculos políticos de Washington. Com os rumores de que seu nome era cotado para substituir McNamara, apressou-se em conseguir a cidadania norte-americana, a fim de tornar-se mais elegível para o cargo. Com a escolha de Clausen, Wolfensohn partiu para voo solo no mundo dos negócios e fundou em 1981 sua própria firma, a James D. Wolfensohn Inc., vindo a desempenhar um papel bastante ativo na onda de fusões e aquisições negociadas em Wall Street durante a década de 1980. No início dos anos 1990, Wolfensohn possuía uma fortuna pessoal superior a US$ 100 milhões, tinha reputação sólida nos círculos da alta finança internacional e trânsito livre junto a alguns dos grupos mais poderosos das burguesias norte-americana e europeia. Além disso, presidia o Instituto de Estudos Avançados da Universidade de Princeton e o Carnegie Hall e também era conselheiro da Escola de Governo John F. Kennedy da Universidade de Harvard (Mallaby, 2004, p. 37-56). Não por acaso, seu nome integrava círculos reservados de elaboração estratégica das classes dominantes ocidentais, como o Clube Bilderberg (Dreifuss, 1987, p. 58; Estullin, 2006, p. 29).

Na disputa pela presidência, Wolfensohn venceu outros nomes também cotados, alguns deles de peso, como Stanley Fischer e, sobretudo, Lawrence

Summers (Sanahuja, 2001, p. 231; Mallaby, 2004, p. 75-76). O primeiro tinha sido economista-chefe do Banco entre 1988 e 1990 e ocupava o cargo de subdiretor do FMI desde 1994. O segundo também havia sido economista-chefe do Banco entre 1991 e 1993.[59] Evocando o tom missionário e filantrópico ao velho estilo McNamara, Wolfensohn declarou, depois de indicado, que o novo emprego (com salário de US$ 190 mil por ano mais complemento de US$ 90 mil para diárias) exigiria dele "um enorme sacrifício financeiro" (Mallaby, 2004, p. 86), mas não seria em vão. Afinal, como afirmou em seu primeiro discurso como presidente do Banco, "a verdadeira prova do desenvolvimento" era dada pelo "sorriso no rosto de uma criança quando um projeto é bem-sucedido" (Wolfensohn, 1995, p. 6).

COOPTAÇÃO, CONSENTIMENTO E INTERNALIZAÇÃO DA DOMINAÇÃO: A POLÍTICA DE WOLFENSOHN

Iniciada em junho de 1995, a gestão Wolfensohn prometeu mudanças profundas na instituição. Deslanchando uma operação gigantesca de propaganda e construção de alianças, o novo presidente tinha a missão de reconstruir a imagem do Banco Mundial e, ao mesmo tempo, ampliar o marco de relações com governos, agências públicas e atores privados em torno do programa neoliberal. Em pouco mais de um ano, acompanhado de um aparato poderoso de relações públicas, Wolfensohn peregrinou por mais de 40 países. Quase sempre era tratado pela diplomacia local como se fosse um chefe de Estado.

Wolfensohn chegou a tempo de pôr o seu nome no RDM 1995, gestado inteiramente durante a presidência de Preston. Dedicado ao tema do trabalho na globalização, o relatório era flagrantemente contrário aos direitos dos trabalhadores e a favor do capital. Defendia um programa enérgico de

---

[59]Fischer permaneceu no cargo de subdiretor do FMI até agosto de 2001, quando assumiu o posto de vice-presidente do Citigroup. Summers, por sua vez, deixou o posto de economista-chefe do Banco Mundial para ocupar diversos cargos no Tesouro norte-americano, inclusive o de secretário entre 1999-2001. Depois, assumiu a presidência da Universidade de Harvard de 2001 a 2006.

reformas — "quanto mais agressivo e amplo for o pacote de reformas, mais confiáveis serão as intenções do governo" (Banco Mundial, 1995a, p. 116) — e a necessidade de se levar adiante um trabalho de persuasão para ganhar o apoio de sindicatos de trabalhadores (*ibidem*, p. 117). Manejando habilmente a "luta contra a pobreza" para estigmatizar os trabalhadores do setor formal como "privilegiados" e, assim, tentar legitimar o rebaixamento da remuneração do conjunto da força de trabalho — em países cujos padrões salariais são historicamente muito baixos —, o relatório propôs uma revisão ampla da legislação trabalhista, a começar pelo fim das leis de salário mínimo. Literalmente:

> As pessoas afetadas pelas leis de salário mínimo nos países de renda baixa e média raramente são as mais necessitadas. A maior parte dos que são efetivamente pobres trabalha em mercados rurais e informais e não é protegida por salários mínimos. Os trabalhadores que a legislação do salário mínimo procura proteger — trabalhadores urbanos do setor formal — já ganham muito mais do que a maioria menos favorecida. (...) E, na medida em que desestimulam o emprego formal, aumentando os salários e os custos indiretos, o salário mínimo e outras disposições prejudicam os pobres que aspiram ao emprego formal. Daí a dificuldade de citar a equidade na defesa do salário mínimo em países de renda baixa e média (Banco Mundial, 1995a, p. 86).

Foi nesse marco que o novo presidente fez o seu primeiro pronunciamento diante do Conselho de Governadores do Banco em outubro de 1995. Advogando a redução da pobreza e a equidade social como necessárias à estabilidade política e econômica internacional, a proteção ambiental e a sinergia entre desenvolvimento e paz, Wolfensohn anunciou as grandes linhas da sua gestão. Em primeiro lugar, o Banco reforçaria a relação com seus clientes para criar um clima hospitaleiro à acumulação capitalista e ao livre mercado, por meio de diálogo político e projetos de "alta qualidade", o que exigiria a "construção de capacidade" (*capacity-building*) dos Estados, a redefinição de sistemas legais e o fortalecimento de direitos de propriedade. Tudo para garantir aos investidores estrangeiros e nacionais que eles não teriam, segundo Wolfensohn (1995, p. 23), "surpresas desagradáveis" na execução dos seus negócios. Em segundo lugar, o Banco se engajaria firmemente — nos âmbitos global, nacional e local — na articulação de novas "associações" (*partnerships*) com o setor privado, instituições multilaterais, bancos regionais de desenvolvimento, governos, ONGs e outros atores sociais, bem como no aprofundamento daquelas associações já existentes. Em terceiro lugar, o Banco trabalharia com antecipação para organizar e liderar programas de desenvolvimento econômico pós-conflitos em todas as regiões do planeta, quando a guerra desse lugar à paz. Em quarto lugar, a instituição trabalharia junto com o FMI e outros credores para encontrar meios que aliviassem a dívida multilateral — cerca de um quarto da dívida total — dos países mais endividados, em troca da realização de "políticas sólidas e implementação efetiva e transparente" (*ibidem*, p. 13). Além disso, o Banco envidaria esforços para a realização de um "pacto internacional" em prol do financiamento externo aos países pobres que estivessem fora do circuito dos fluxos privados de capital estrangeiro, sob a condição de que os recursos fossem usados com "eficiência máxima" (*ibidem*, p. 22). Por fim, em nome da efetividade do Banco para impulsionar tal enfoque, a nova gestão anunciou que empreenderia uma reforma que mudaria a cultura da instituição: mais do que simplesmente mover o máximo possível de dinheiro, o novo Banco priorizaria a consecução de resultados tangíveis e coerentes com os fins estratégicos estabelecidos (*ibidem*, p. 18). Ou seja, a "cultura da aprovação" daria lugar à "cultura de resultados".

De acordo com Wolfensohn, a empreitada exigia que o Banco se convertesse em um "bom parceiro", o que só seria possível se a instituição aprendesse a "ouvir as críticas" e tivesse capacidade para respondê-las de maneira mais "construtiva" (*ibidem*, p. 20). Embalado por essa retórica, de imediato Wolfensohn abriu ou ampliou os canais de diálogo e cooperação com ONGs, em particular com as mais estridentes. Afinal, segundo ele, todos eram "interdependentes" e faziam parte do mesmo "negócio do desenvolvimento". O departamento de relações públicas do Banco aumentou ainda mais o grau de interferência no trabalho de investigação a cargo do departamento de pesquisa. A ordem era para que a pesquisa não ofendesse as ONGs nem fornecesse a elas material que pudesse ser usado contra o Banco (Deaton *et al*. 2006, p. 127). O convite para que entrassem na instituição e participassem das políticas do Banco tinha o propósito de dividir e cooptar parte dos críticos, então mais ou menos articulados em duas grandes iniciativas: a campanha "50 anos bastam", mais ideológica, em cujo cerne se debatia se o Banco poderia ser reformado ou deveria ser fechado, e a campanha por responsabilização (*accountability*), mais pragmática, centrada na demanda por mais transparência e no uso do recém-criado Painel de Inspeção como alavanca para mudanças institucionais.

Nos primeiros meses de gestão, Wolfensohn se viu diante de um estrago potencial de relações públicas, o projeto Arun III, no Nepal, e a sua intervenção direta foi decisiva para aplainar o terreno (Rich, 2002, p. 29-30). Objeto da primeira denúncia apresentada ao Painel de Inspeção, Arun III se tornou alvo dos críticos e referência para um movimento internacional mais amplo contra a construção de grandes projetos hidrelétricos que culminaria, dois anos depois, na criação da Comissão Mundial de Barragens. Àquela altura, o descrédito do projeto Sardar Sarovar e a decisão da Índia de seguir com o projeto sem o financiamento do Banco alimentaram o interesse público pelos impactos econômicos, sociais e ambientais das grandes barragens. Por ser a primeira investigação feita pelo Painel, o processo foi cercado de expectativas e atenção pública. A gerência do Banco se imiscuiu na área de competência do Painel, tentando alterar as regras do jogo e desequilibrando o processo em favor do Banco contra os denunciantes (Bissell, 2005, p. 74-85). Mesmo assim, o informe do Painel, finalizado em junho de 1995, foi amplamente crítico ao projeto. Extratos do informe vazaram e os questionamentos ao Banco subiram de tom rapidamente, acusando-o, entre outras coisas, de "crimes contra a humanidade". Dentro do próprio Banco havia divisão sobre a questão. No início de agosto, então, Wolfensohn retirou a participação do Banco no projeto, contra a posição da equipe gerencial sênior. Para os denunciantes nepaleses, o desfecho foi considerado uma "vitória histórica". Por seu turno, segundo o presidente do Painel na época, muitas ONGs norte-americanas e internacionais "expressaram sua gratidão a Wolfensohn, assim como a esperança de que, pela primeira vez, fosse possível desenvolver uma relação de trabalho firme com o Banco" (Bissell, 2005, p. 84). A concessão aos ambientalistas fez com que alguns membros da campanha "50 anos bastam" vissem na possibilidade de diálogo uma razão adicional para moderar a sua postura de confrontação. Naquele momento, mesmo os críticos mais contumazes não poderiam imaginar que se passariam quase cinco anos até que a diretoria do Banco novamente autorizasse uma investigação completa de uma denúncia apresentada ao Painel de Inspeção (Clark, 2005, p. 56-57).

A movimentação inicial de Wolfensohn foi extremamente bem-sucedida (Bond, 2003, p. 199-207; Mallaby, 2004, p. 114-15). Não por acaso, enquanto a reunião anual das instituições de Bretton Woods enfrentou protestos massivos em 1994, a do ano seguinte foi marcada por uma conferência pública na qual algumas ONGs internacionais anunciaram sua disposição de dialogar com Wolfensohn, dando-lhe a "oportunidade" para que "reformasse" a instituição (Mihevic, 2004, p. 1). Habilmente, o Banco logo passou a classificar as ONGs como "razoáveis" e "não razoáveis" conforme o seu grau de cooperação, dividindo as entidades em matéria de legitimidade, responsabilização e combatividade (Bello & Guttal, 2006, p. 69; Bond, 2007, p. 479).

Sem subestimar a habilidade política de Wolfensohn e os recursos de poder de que dispõe o Banco para persuadir e cooptar, o fato é que a eficácia da movimentação do novo presidente não teria sido possível se as relações entre o Banco Mundial e o universo vasto e diversificado das ONGs já não estivessem inseridas e estruturadas num campo de cooperação e conflito muito mais amplo que envolve Estados, academia, fundações privadas, agências bilaterais de ajuda internacional e instituições multilaterais (Dezalay & Garth, 2005; Goldman, 2005; Sogge, 2002 e 1998). Com efeito, o volume de recursos carreados pelo circuito das ONGs ilustra a sua importância dentro da rede internacional de assistência ao desenvolvimento: em 1970, menos de 0,2% da AOD foi canalizado por ONGs; em 1995, apenas o governo dos EUA canalizou 30% dos seus fundos por meio dessas entidades (Goldman, 2005, p. 37). O Banco, àquela altura, já havia aprendido a trabalhar com tais organizações e a cultivá-las, contratando-as para fins de consultoria e implementação de projetos de todo tipo, em particular nas áreas social e ambiental, em estreita articulação com o processo de neoliberalização ao sul e ao leste (Woods, 2007, p.

200-201). Uma espécie de "imperialismo brando", que consiste em manter uma vasta rede de ONGs (nacionais e internacionais) presa às planilhas de pagamento de doadores internacionais e nacionais, rede por meio da qual grupos comunitários permanecem dependentes da manutenção de projetos realizados por ONGs (Davis, 2006, p. 84-85). A Tabela 6.1 ilustra esse processo de colaboração crescente entre o Banco e ONGs.

Enquanto Wolfensohn entoava loas ao "protagonismo da sociedade civil" e à necessidade de fortalecer "parcerias" com organizações sociais, os republicanos tornaram-se maioria no Congresso e voltaram a fustigar o Banco Mundial, ameaçando reduzir em 40% o pagamento da última parcela da contribuição dos EUA à 10ª Reposição da AID (1994-1996). Em resposta, outros doadores ameaçavam reduzir suas contribuições na mesma proporção, o que, ao fim, privaria a AID da metade dos recursos programados para o ano fiscal de 1996 e inviabilizaria as suas operações (Caufield, 1996, p. 313-14). Além disso, as negociações para a 11ª Reposição (1997-1999), cuja conclusão estava programada para o final de 1995, estavam completamente paralisadas. A ultradireita argumentava que, diante da globalização financeira, o Banco deixara de ser relevante como emprestador para o setor público. Em 1995, por exemplo, o Banco bombeou em empréstimos US$ 22,5 bilhões, um número considerável se comparado a outras IFIs e agências bilaterais de ajuda, mas muito aquém do fluxo líquido de capital privado para os países da periferia no mesmo ano, em torno de US$ 206 bilhões. Mais de dois terços desses fluxos privados, porém, direcionaram-se para alguns poucos "mercados emergentes" (como Brasil, Argentina, Tailândia e, sobretudo, China), passando muito longe dos países pobres (Mallaby, 2004, p. 72-73).

Em suma, não apenas o Banco Mundial estava diante da ameaça de se tornar cada vez mais um ator financeiro marginal como também havia uma crescente perda de convicção e interesse político, entre os países ricos (doadores), na instrumentalização da ajuda ao desenvolvimento como algo capaz de resolver ou, pelo menos, minimizar os problemas sociais e econômicos das regiões e populações mais pobres do mundo (Rich, 2002, p. 28).

Tão logo assumiu a presidência, Wolfensohn se esforçou para demover a maioria republicana. Para isso, no segundo semestre de 1995, o Banco

RECICLAGEM E DILATAÇÃO DO PROGRAMA POLÍTICO NEOLIBERAL — 1995-2008

pagou a publicação de anúncios nos principais jornais dos EUA para enfatizar os benefícios que sua atuação gerava para a economia do país. A mensagem principal era a de que os empréstimos da instituição resultavam em contratos extremamente lucrativos para inúmeras empresas norte-americanas, contribuindo para a criação de milhares de empregos nos EUA e o aumento das exportações (Hildyard, 1996, p. 1). Além disso, os anúncios também afirmavam que os programas do Banco ajudavam os empresários indiretamente, ao impulsionar a liberalização comercial e financeira na periferia por meio da combinação de empréstimos e "aconselhamento político". Por fim, o Banco pôs um anúncio no jornal do Congresso, no qual relacionava todas as corporações beneficiadas por contratos com o Banco, bem como o número de empregos gerados, conforme os distritos eleitorais dos congressistas (Caufield, 1996, p. 315).

A campanha publicitária custou US$3 milhões e acabou expondo o Banco a questionamentos adicionais. Por isso, Wolfensohn e sua equipe adotaram uma estratégia mais discreta, centrada na conquista de aliados no meio empresarial, na imprensa, na academia e no mundo das ONGs. Com sucesso, Wolfensohn solicitou às principais ONGs sediadas em Washington uma trégua até o final do ano, argumentando que isso ajudaria a esvaziar a campanha republicana. Grandes corporações também fizeram *lobby* para a AID, por meio da Comissão Bretton Woods e do Conselho Nacional de Comércio Exterior, no qual também atuavam muitas das principais beneficiárias de contratos do Banco Mundial, como Dow Chemical, Motorola, Allied Signal e Caterpillar. O presidente Clinton, por sua vez, declarou que a redução dos fundos da AID prejudicaria sobremaneira os negócios e os interesses norte-americanos no exterior. Nada disso, porém, foi suficiente para impedir que o Congresso liberasse apenas US$ 700 milhões, US$ 100 milhões a menos do que os demais doadores consideravam a contribuição mínima e cerca de US$ 900 milhões a menos do que os negociadores norte-americanos haviam prometido (Caufield, 1996, p. 315-317).

A despeito da redução das contribuições dos EUA à AID como tendência histórica (cf. Tabela 1.5), os recursos do Banco Mundial haviam se tornado proporcionalmente mais importantes para a política externa

Tabela 6.1

Projetos do Banco Mundial em colaboração com ONGs, por regiões e setores — 1987-1999

Regiões e setores	1987-95		1996		1997		1998		1999	
	número	%	número	%	número	%	número	%	número	%
Regiões										
África	680	34	53	55	49	61	59	54	62	61
América Latina e Caribe	443	24	54	48	52	60	68	51	56	59
Ásia Meridional	239	33	21	76	19	84	25	73	23	76
Ásia oriental e Pacífico	378	20	46	44	37	32	45	51	54	43
Europa e Ásia Central	225	16	61	38	67	24	69	37	79	34
Oriente Médio e Norte da África	180	12	21	38	17	41	20	52	25	64
TOTAL	2.145	25	256	48	241	47	286	50	299	52
Setores										
Abastecimento de água e saneamento	101	16	9	67	13	69	13	62	11	55
Agricultura	443	41	33	88	45	82	47	74	39	72
Desenvolvimento urbano	113	37	10	70	13	46	19	55	21	66
Multissetorial	190	4	19	37	21	10	19	30	34	26
Educação	190	29	29	52	18	56	36	63	26	77
Eletricidade e outras formas de energia	165	5	19	21	17	18	15	40	6	50
Finanças	109	2	17	12	13	23	17	6	18	39
Gestão do setor público	141	7	27	15	20	5	28	24	36	19
Indústria	86	27	4	25	5	40	2	33	7	14
Meio ambiente	74	42	13	69	9	100	18	78	11	82
Mineração	16	12	8	63	2	50	4	100	2	50
Petróleo e gás	53	26	3	33	5	20	2	–	1	0
Saúde, população e nutrição	134	66	23	57	15	60	24	79	22	82
Setor social	60	92	17	82	17	65	12	80	36	74
Telecomunicações	37	–	1	–	–	–	3	–	1	100
Transporte	233	7	24	21	28	29	27	71	28	46
TOTAL	2.145	25	256	48	241	47	286	50	299	52

Fonte: Banco Mundial (1998, p. 83; 1999, p. 139).

RECICLAGEM E DILATAÇÃO DO PROGRAMA POLÍTICO NEOLIBERAL — 1995-2008

estadunidense do que no passado. É que, após o fim da guerra fria, os programas de ajuda externa bilateral declinaram sensivelmente, chegando, em meados dos anos 1990, ao seu patamar mais baixo. Para se ter uma ideia, em 1969-1971 a razão entre a ajuda externa norte-americana e os empréstimos do Banco era de 1,15, enquanto em 1997-1998 era de apenas 0,25. Por essa razão, ironicamente, a carteira do Banco acabou assumindo uma importância maior para os cálculos políticos de Washington (Kapur, 2002, p. 64). Como mostraram os anos 1990, o Banco forneceria apoio substancial a Estados "amigos" e serviria a prioridades da política externa norte-americana (como a neoliberalização da Rússia e o processo de paz e "reconstrução" no Oriente Médio e nos Bálcãs) a custo relativamente baixo para os EUA (Pincus & Winters, 2002, p. 18).

Alvo de pressões vindas de direções variadas, a gestão Wolfensohn deu início a uma reforma administrativa. Na pauta estavam: a) a melhoria da qualidade técnica dos projetos financiados, mediante um novo sistema interno de controle e avaliação; b) a criação de uma nova estrutura de incentivos para o *staff* que substituísse a "cultura da aprovação" por uma "cultura de resultados", orientada para a satisfação das necessidades dos clientes; c) a descentralização da estrutura operacional do Banco, com o propósito de aprofundar o diálogo político com os países e fomentar a associação entre as partes envolvidas pela atuação do Banco (governos, empresários, ONGs, fundações, mídia, academia) em prol de uma agenda comum de políticas, programas e projetos cujo sentido de propriedade (*ownership*) fosse assumido pelos próprios atores locais, públicos e privados; d) a melhora da prestação de contas e da responsabilização ante acionistas e clientes, mediante uma política de abertura gradual e seletiva de informações e a criação de centros de informação ao público; e) a criação de meios políticos e técnicos que assegurassem a liderança intelectual do Banco em todas as áreas relativas ao desenvolvimento, de modo a torná-lo um "banco de conhecimento" (*knowledge bank*) por excelência, capaz de criar, estimular, disseminar, promover e aplicar ideias que orientassem todo o arco de políticas públicas nos países clientes e guiassem o estabelecimento de ligações entre governos, empresários, ONGs e demais atores sociais (Wolfensohn, 1996, p. 1-5).

Esse conjunto de medidas daria substância, nos termos de Wolfensohn, a um "novo paradigma", um "enfoque mais integrado de desenvolvimento" voltado para os fundamentos sociais e institucionais necessários à valorização capitalista. Sem "instituições fortes e coesão social", o desenvolvimento econômico jamais seria viável. "Fatores sociais, culturais e institucionais são a chave para o sucesso e a sustentabilidade", dizia o novo presidente (Wolfensohn, 1996, p. 4). Tratar-se-ia, na linguagem do Banco, de impulsionar a criação de incentivos microeconômicos que complementassem os fundamentos macroeconômicos do capitalismo neoliberal, mediante iniciativas que promovessem a internalização de regras de conduta social e o consentimento dos grupos sociais subalternos a canais limitados e corporativos de participação política e ação social.

Além disso, era preciso também assegurar a gravitação do Banco como um ator financeiro relevante junto aos seus maiores clientes, os "mercados emergentes". Para tanto, a reforma previa o aumento da oferta de empréstimos e garantias, a simplificação dos procedimentos burocráticos para aprovação dos desembolsos e o fortalecimento dos braços do GBM ligados diretamente à atividade empresarial (CFI, AMGI e CICDI). Mais importante, Wolfensohn sinalizava para o "mercado" que, na relação política com os governos, o Banco enfatizaria a criação de um ambiente seguro e propício à valorização máxima do capital. Isso passava não apenas pelo avanço da liberalização econômica, como também pela criação de normas jurídicas adequadas e capacidade estatal que lhes conferisse efetividade. Nos termos de Wolfensohn:

> Nosso novo mundo de mercados abertos aumenta as apostas em países em desenvolvimento. O investimento está ligado a boas políticas e boa governança — regimes liberais de comércio e altas taxas de poupança, combinados com sistemas legal e judicial sólidos. (...) O capital vai para aqueles países que têm os fundamentos certos. E nós estamos trabalhando junto com os nossos clientes sobre aqueles fundamentos (Wolfensohn, 1996, p. 3).

O Banco deu início à reforma administrativa em 1996 e, entre as medidas realizadas, uma das mais importantes foi a criação de quatro redes técnicas setoriais que agruparam a maior parte do *staff*. Orientadas para a prestação de serviços segundo as demandas dos departamentos nacionais, o objeto de trabalho de cada uma delas coincidia com as prioridades oficiais do Banco: i) desenvolvimento humano, ii) redução da pobreza e gestão econômica, iii) finanças, desenvolvimento do setor privado e infraestrutura; e iv) desenvolvimento social e ambientalmente sustentável. Uma quinta rede dedicada à prestação de serviços públicos essenciais foi acrescentada depois. As redes subdividiam-se em unidades setoriais, grupos regionais e nacionais. Os departamentos nacionais tinham poucos funcionários, mas ficaram responsáveis pelos projetos do ponto de vista gerencial e financeiro, o que lhes permitia controlar a maior parte dos fundos. Isso debilitou as áreas técnicas e fortaleceu os departamentos nacionais. Como mostrou Rich (2002, p. 33), antes das redes os departamentos técnicos regionais tinham um orçamento independente, ainda que parcial, e eram responsáveis pela autorização de projetos. Então, o controle sobre os projetos passou para os gerentes de países (*country managers*) e todos os demais funcionários organizados em rede passaram a competir entre si, individualmente e em grupo, pela venda de serviços e obtenção de contratos com os departamentos nacionais. Os salários foram definidos em função do volume de recursos contratados e os funcionários com baixo rendimento podiam ser despedidos. A medida enfraqueceu a independência financeira e operacional dos departamentos técnicos — precisamente as instâncias que deviam zelar pelo cumprimento das políticas de salvaguarda e da agenda de desenvolvimento — e fortaleceu as instâncias tradicionalmente identificadas com a velha "cultura da aprovação". Ou seja, em termos de controle de qualidade e estrutura interna de incentivos, o conteúdo da reforma não era coerente com os objetivos anunciados por Wolfensohn.

Em meados de 1996, segundo Rich (2002, p. 35-36), dois estudos do Departamento de Avaliação de Operações (OED) do Banco revelaram o fracasso generalizado das avaliações ambientais e sociais, precisamente os instrumentos-chave das políticas do banco ambiental e de aliviamento da pobreza. Na esfera ambiental, constatou-se que as avaliações eram documentos figurativos, pouco usados no desenho dos projetos e tardios em relação à implementação deles. Por consequência, a consulta pública e a abertura de informação, cujo veículo oficial eram as avaliações, também haviam sido figurativas. Verificou-se também que a supervisão dos componentes ambientais dos projetos era, com frequência, malfeita ou simplesmente inexistente. No âmbito do aliviamento da pobreza, os resultados também não eram animadores. O Departamento analisou as 46 avaliações de países dedicadas ao tema concluídas no final de 1994. Observou-se que tais avaliações igualmente não influenciaram as prioridades de empréstimo nem o desenho dos projetos. Além disso, não cumpriram o seu objetivo principal: instrumentalizar a incorporação das políticas de redução da pobreza nas Estratégias de Assistência ao País (Country Assistance Strategies, CASs). Assim, as CASs continuaram a orientar a carteira do Banco para os países clientes com base na gestão da política macroeconômica e nas políticas de ajustamento estrutural. Os programas e projetos de aliviamento da pobreza não eram mais do que um componente periférico e, com frequência, tecnicamente mal desenhado dentro das CASs.

Em fevereiro de 1997, Wolfensohn propôs à diretoria executiva nada menos do que o maior aumento do orçamento operacional da história da instituição. A razão do pedido era a implementação do chamado Pacto Estratégico (Strategic Compact), um conjunto de iniciativas voltado para avançar e concluir o processo de reforma administrativa. Entre as medidas previstas estavam a aposentadoria e contratação de funcionários; a criação de novos produtos financeiros e serviços de assessoramento orientados para a demanda dos clientes e baseados em resultados; a eliminação de trâmites burocráticos considerados custosos e ineficientes; o aperfeiçoamento do sistema de conhecimento e informação (compilação, produção e difusão entre os clientes públicos e privados); o prosseguimento da descentralização operacional e a criação de associações mais estreitas com o setor privado e com organizações internacionais e nacionais nos âmbitos em que o Banco tivesse protagonismo (Banco Mundial, 1997a). No centro da proposta estava a ideia — sintetizada na expressão "banco de conhecimento" — de que a principal vantagem comparativa do Banco Mundial repousaria não mais no seu papel financeiro, mas na sua capacidade supostamente única de reunir, organizar, produzir e disseminar um bem público global de natureza singular, qual seja conhecimento de ponta sobre todos os aspectos do desenvolvimento. De acordo com Rich (2002, p. 42), o pedido de verbas foi mal recebido pelos acionistas. Afinal, depois de uma década e meia de pregação sobre ajuste fiscal, o Banco anunciava que precisava de um adicional de cerca de US$ 570 milhões durante o biênio 1998-1999 para realizar as mudanças institucionais prometidas por Wolfensohn desde 1995, muitas delas apontadas como urgentes pelo relatório Wapenhans quase cinco anos antes. Alguns governos se opuseram e Wolfensohn teve de jogar todo o seu capital político, ameaçando, inclusive, abandonar o cargo caso não tivesse condições de realizar as mudanças programadas. Àquela altura, ante os meios de comunicação, Wolfensohn conseguira construir a imagem de reformador audacioso que enfrentava, em condições desiguais, uma burocracia aferrada a interesses e privilégios próprios (Sanahuja, 2001, p. 245). O pacto foi aprovado, mas foram autorizados apenas US$ 250 milhões, menos da metade do solicitado.

Como parte da agenda de "reforma do Estado" e "boa governança", Wolfensohn propôs em setembro de 1996 que o Banco Mundial se engajasse na luta contra o "câncer da corrupção", seguindo de perto a pauta da política externa dos EUA pós-guerra fria. De acordo com o discurso então emergente, a corrupção prejudicaria principalmente os segmentos mais pobres da população, ao desviar recursos públicos para obras e serviços destinados aos que mais necessitam deles. Além disso, oneraria o investimento privado local e estrangeiro, minaria a confiança nas instituições e erodiria as bases social e política da ajuda bilateral e multilateral ao desenvolvimento. Em setembro de 1997, a diretoria executiva aprovou uma estratégia de combate à corrupção que abarcava as atividades do próprio Banco, as políticas nacionais e as práticas internacionais.

Naquele momento, o Banco enfrentava denúncias de cumplicidade com práticas ilícitas de alguns dos seus clientes mais importantes. Em setembro, uma reportagem publicada na revista *Business Week* noticiou que um quinto de um empréstimo de US$ 500 milhões para o setor carvoeiro da Rússia não podia ser justificado e que a operação apresentava indícios de corrupção.

O BANCO MUNDIAL COMO ATOR POLÍTICO, INTELECTUAL E FINANCEIRO

O Banco, então, estava preparando um novo empréstimo de valor idêntico para o mesmo setor. Menos de um ano depois, *Financial Times* estimou que o montante desviado poderia chegar a cerca de US$ 250 milhões (Rich, 2002, p. 47-48). Pouco antes, um estudo já revelara que a anuência do Banco havia permitido que, durante 30 anos, funcionários indonésios corruptos roubassem cerca de 30% dos empréstimos contratados com a instituição, desviando o equivalente a US$ 10 bilhões (Winters, 2002, p. 125-129). No rastro da crise financeira asiática e da queda do regime de Suharto — ostensivamente apoiado pelos EUA e pelo Banco Mundial durante 40 anos — as denúncias golpearam a propaganda do Banco sobre o suposto "milagre" da economia indonésia e desmoralizaram a sua pregação por boa governança (Bello & Guttal, 2006, p. 70). No ano seguinte, uma missão do Banco registrou que a corrupção no país era "difundida" e "institucionalizada", que havia "fuga significativa de fundos do Banco" e que os padrões e procedimentos do Banco não estavam sendo "aplicados uniformemente". Uma carta assinada por 126 organizações não governamentais de 35 países, encabeçadas pelo Environmental Defense Fund interpelou o Banco sobre o caso (Rich, 2002, p. 48). A instituição, todavia, não aceitou as denúncias nem suspendeu os empréstimos ao país. Segundo estimativas de Jeffrey Winters, o montante de recursos desviados das operações do Banco Mundial ao longo da sua história, com a participação passiva mais do que ativa dos seus quadros — o que, para o objetivo de corromper o outro, não faz diferença — ultrapassaria a marca dos US$ 100 bilhões, de um total de mais de US$ 500 bilhões desembolsados em empréstimos (Winters, 2002, p. 101-102). O Banco não reconhece tais cifras nem apresenta números alternativos. Nunca houve uma auditoria independente sobre o conjunto dos projetos financiados pela instituição em nenhum dos países em que atua.[60]

Em matéria de transparência de gastos, controle da movimentação financeira e responsabilização de seus próprios funcionários, o fato é que o Banco nunca foi um exemplo a seguir, como, aliás, mostrou o próprio re-

---

[60]Recentemente, Berkman (2008), ex-funcionário do Banco (onde trabalhou por 16 anos), publicou um livro sobre o histórico de programas e projetos financiados pela instituição. Os casos de corrupção apontados pululam a cada capítulo.

RECICLAGEM E DILATAÇÃO DO PROGRAMA POLÍTICO NEOLIBERAL — 1995-2008

latório Wapenhans. Com efeito, o imperativo de "mover o dinheiro", base da cultura da aprovação, tornou-se um fator decisivo no apoio a desvios sistemáticos de fundos e corrupção em um número considerável de prestatários do Banco, uma vez que, em muitos casos, a pressão para emprestar independe da conformidade das operações às regras de destinação e uso dos recursos financeiros definidas pela própria instituição (Rich, 2002, p. 47). O Banco sempre foi um dois maiores contratantes internacionais. No final dos anos 1990, fechava mais de 40 mil contratos anuais de obras e fornecimento de bens e serviços, que ultrapassavam a marca dos US$40 bilhões, distribuídos entre firmas locais e estrangeiras. Uma mina de dinheiro protegida por um *lobby* empresarial poderoso e discreto, por relações entre funcionários públicos e empresas nos países clientes e pelo alcance limitado das auditorias internas, voltadas, na maior parte das vezes, para questões administrativas, e não para comprovar se os fundos são efetivamente utilizados para os fins previstos (Sanahuja, 2001, p. 256-257).

O Banco tomou algumas medidas de cunho administrativo, como a proibição temporária ou permanente de algumas pessoas físicas e jurídicas firmarem contratos com a instituição e a demissão de dois funcionários em 1998 (Sanahuja, 2001, p. 257). Contudo, tais medidas convenientemente eludiam o debate sobre a revisão das políticas de liberalização econômica, desregulação financeira e privatização de empresas públicas que compõem o núcleo da agenda impulsionada pelo Banco. A opacidade das transações financeiras *offshore* — que hoje constitui uma dimensão cuidadosamente ocultada e protegida do capitalismo (Godefroy & Lascoumes, 2005) e serve para encobrir toda sorte de corrupção — foi esculpida por décadas de políticas desregulacionistas e teve como um de seus pivôs as gêmeas de Bretton Woods. Em todo o palavrório do Banco sobre "boa governança" e "reforma do Estado" não aparece uma medida sequer voltada para enfrentar seriamente essa questão. E não é para menos, pois, afinal, a corrupção há muito funciona como um recurso de poder intermediário entre a força e o consentimento (Anderson, 2002, p. 8), uma espécie de lubrificante para a expansão capitalista.[61]

---

[61]É oportuno recordar as palavras de Huntington publicadas originalmente em 1968: "Certa dose de corrupção é um lubrificante ótimo para acelerar a caminhada para a modernização" (1975, p. 83).

Além da reforma administrativa e da "luta contra a corrupção", a gestão Wolfensohn levou adiante uma série de iniciativas importantes que envolviam o diálogo entre múltiplos atores. O seu propósito era responder a pressões externas imediatas e pavimentar a atuação da instituição em áreas estratégicas, como a gestão da dívida externa dos países pobres mais endividados, a avaliação dos resultados dos programas de ajustamento estrutural, a construção de barragens e a exploração intensiva de petróleo e carvão como fontes de energia. No geral, todas foram alvo de disputas intensas e acabaram gerando certo desgaste político para o Banco.

A primeira delas consistiu num plano conjunto com o FMI para reduzir a dívida externa de países pobres até níveis considerados "sustentáveis". Tal iniciativa foi, em larga medida, uma resposta ao aumento da pressão internacional pelo cancelamento total da dívida multilateral dos países endividados (Bello & Guttal, 2006, p. 71-72), promovida inicialmente pela campanha "50 anos bastam" e levada adiante depois pela Rede Europeia de Dívida e Desenvolvimento (Eurodad) e pela campanha Jubileu, 2000. Naquele momento, algumas agências da ONU, como o Unicef e o Pnud, também se manifestavam sobre a existência do problema da dívida externa e a necessidade de se chegar a um acordo entre credores e devedores (Sanahuja, 2001, p. 279)

Em junho de 1995, o G7 determinou ao FMI e ao Banco Mundial que preparassem uma proposta global para tratar da questão. Em setembro de 1996, as gêmeas anunciaram com grande apelo midiático a iniciativa PPME (Países Pobres Muito Endividados ou Heavily Indebted Poor Countries). Levando em conta que o Banco havia se negado a reconhecer que a dívida multilateral constituía um "problema" para os endividados até 1994, a criação da PPME representou, de fato, um giro político considerável (Sanahuja, 2001, p. 235).

O campo das ONGs estava dividido. Algumas ONGs internacionais, que até pouco tempo haviam condenado o Banco Mundial por ignorar o problema da dívida, participaram da elaboração da iniciativa, respaldando-a como um passo inicial importante. Outras consideraram a PPME um mecanismo de cooptação e alertaram que ela usaria o orçamento da AOD dos países doadores para reciclar a dívida multilateral e impor medidas adicionais de ajustamento estrutural (Mihevic, 2004, p. 2).

Declarando que o cancelamento da dívida de todos os 165 países endividados era irrealista, as gêmeas de Bretton Woods elaboraram uma lista inicial de apenas 42 países considerados elegíveis. A sustentabilidade da redução do endividamento foi definida como a relação entre a receita das exportações e o montante da dívida entre 200% e 250%, ou a relação entre esse e a receita pública até o nível máximo de 280%. Ademais, o serviço da dívida não deveria superar 25% da renda oriunda das exportações. Entre os critérios adotados para determinar a elegibilidade figurava o de "histórico adequado" na aplicação de programas de ajuste estrutural e ao menos três anos seguidos de "bom desempenho econômico". Mais: exigia-se o cumprimento de um programa duro de ajustamento durante seis anos, até que os níveis de endividamento se tornassem "sustentáveis". Resultado: dos 42 países, apenas 29 tinham condições de passar na seleção (Sanahuja, 2001, p. 279-280; Bello & Guttal, 2006, p. 72).

Em abril de 1999, três anos depois do seu lançamento, tão somente dois países (Uganda e Bolívia) tinham começado a se "beneficiar" da iniciativa PPME. Todavia, no caso de Uganda, a queda dos preços do café — provocada, entre outras razões, pela abertura comercial — logo acarretou a queda na relação entre receita exportadora e saldo devedor, ultrapassando o teto entre o pagamento do serviço da dívida e a receita obtida com exportações (Sanahuja, 2001, p. 281-282).

Ante os resultados pífios alcançados e sob pressão da campanha internacional Jubileu 2000, o primeiro-ministro Tony Blair declarou, durante a reunião do G7 em Birmingham, realizada em junho de 1998, que a iniciativa PPME precisava ser revista. No ano seguinte, os líderes do G8 ratificaram a proposta e, em setembro do mesmo ano, as gêmeas de Bretton Woods apresentaram os novos termos da iniciativa (Sanahuja, 2001, p. 282). Entre as várias medidas adotadas, aumentou-se para 36 o número de países potencialmente elegíveis e, em resposta às críticas de que não havia uma preocupação com o "impacto social" dos programas de ajuste, exigiu-se de cada candidato a elaboração de um Documento Estratégico de Redução da Pobreza (Delp, ou Poverty Reduction Strategy Paper). Tal documento deveria ser o resultado de um processo amplo e transparente de participação social que demarcasse a "luta contra a pobreza" como prioridade política nacional. Mediante a "assessoria técnica" do Banco Mundial e do FMI, tal processo daria legitimidade para que cada país se assumisse como autor e responsável (*ownership*) pelo "seu" Delp. Cada documento precisava conter metas claras de médio e longo prazos, definidas a partir da delimitação de um marco macroeconômico, e um roteiro de reformas estruturais consideradas adequadas para o investimento privado. Na prática, seguia-se o modelo prescrito pelo RDM 1990: por cima, ajustamento macroeconômico, liberalização comercial e financeira e privatização de empresas públicas e recursos naturais; por baixo, criação de redes de segurança (*safety nets*) focalizadas em segmentos selecionados da população em condições de pobreza extrema ou sob risco de empobrecer rapidamente.

Novamente, a reação das ONGs foi dual. Muitas saudaram a confecção dos Delps como um meio de governo e sociedade estabelecerem, caso a caso, a sua própria agenda de desenvolvimento. Outras, porém, argumentaram — com razão — que os Delps serviriam para disfarçar a continuidade dos programas de ajustamento estrutural e o controle da política econômica pelas IFIs. Além disso, apontaram que o resultado da iniciativa, mesmo revisada, não passaria, na melhor das hipóteses, de uma redução irrisória do estoque da dívida (Mihevic, 2004, p. 2). No geral, enquanto a parte norte da campanha Jubileu 2000 fez concessões, a parte sul insistiu na tese do cancelamento total da dívida de todos os países da periferia, e não apenas dos países mais pobres (Bond, 2007, p. 482).

Àquela altura, uma crise financeira violenta varria o Sudeste da Ásia, atingindo algumas economias nacionais (Tailândia, Malásia, Indonésia e Coreia do Sul) que, em anos recentes, haviam seguido disciplinadamente as políticas de desregulação e abertura financeira preconizadas pelas IFIs, em consonância, sobretudo, com as orientações do Tesouro norte-americano e as firmas de investimento de Wall Street (Wade & Veneroso, 1998). Perto dali, na Rússia, pelas mesmas razões, a pior crise desde o colapso da União Soviética golpeava a principal economia "em transição" (Gowan, 2003, p. 175-186). Crises cambiais ou instabilidade financeira também atingiram, no biênio 1997-98, Taiwan, Hong-Kong, Estônia, Filipinas, Austrália e Nova Zelândia.

RECICLAGEM E DILATAÇÃO DO PROGRAMA POLÍTICO NEOLIBERAL — 1995-2008

Expressões mais ou menos dramáticas da crescente volatilidade da economia capitalista internacional (Wade, 2006, p. 107), as crises funcionam como mecanismos de enquadramento e oportunidades de acumulação, o que explica a ambivalência dos grandes operadores econômicos públicos e privados frente a esse tema (Chossudovsky, 1999, p. 288-297; Vilas, 2000a, p. 9). A criação, difusão, manipulação e gestão da "armadilha da dívida" como instrumento de acumulação de capital e poder é o que confere a tais fenômenos o seu sentido mais fundamental (Harvey, 2007, p. 178). Como assinalaram Wade e Veneroso:

> As crises financeiras sempre originam transferências de propriedade e de poder para aqueles que mantêm seus próprios ativos intactos e que ocupam uma posição que lhes permite criar direitos de crédito, e a crise asiática não é uma exceção. (...) Não há dúvida de que as corporações ocidentais e japonesas são as grandes ganhadoras. (...) A crise também tem sido boa para as instituições econômicas multilaterais, incluindo o FMI, o Banco Mundial e a OMC. A habilidade do FMI e do Banco de fornecer refinanciamento e ligá-lo à aceitação governamental das regras da OMC dá a todas as três organizações alavancagem para induzir os governos asiáticos a reformarem suas economias domésticas de acordo com modelos ocidentais (Wade & Veneroso, 1998, p. 21-22).

Na sequência, outras crises financeiras se abateram em países como Brasil (1998-99), África do Sul e Argentina (2001), Turquia e Ucrânia (2001-2002). O Banco respondeu à pressão dos credores canalizando, junto com o FMI e sob a orientação do Tesouro norte-americano, empréstimos grandes e rápidos para socorrer seus clientes importantes. Ou seja, atuando mais como emprestador contracíclico no curto prazo do que como "promotor do desenvolvimento" no longo prazo. No ano fiscal de 1998, 39% dos novos compromissos foram para empréstimos e créditos grandes e de rápido desembolso; em 1999, 53%; em 2002, 50%. Sem exceção, o socorro financeiro veio sob a forma de empréstimos de ajustamento com condicionalidades reforçadas, que contribuíram para amarrar ainda mais os Estados ao cumprimento do programa neoliberal e a acordos de poder cujo objetivo real era demarcar a parte que cabia a ganhadores e perdedores. O ônus mais pesado recaiu, invariavelmente, sobre as respectivas classes trabalhadoras nacionais.

Para piorar, também em 1998 o G7 liderou uma campanha para aumentar a renda líquida e as reservas do Banco Mundial, uma decisão altamente contenciosa que resultou no aumento dos custos dos empréstimos para os mutuários (Woods, 2006, p. 197). A carga recaiu, como sempre, sobre os países de renda média, os principais clientes do Bird.

Em vez de propor medidas que enfrentassem seriamente as causas sistêmicas do endividamento da periferia e da especulação financeira internacional, a Conferência das Nações Unidas sobre Financiamento do Desenvolvimento, realizada na cidade mexicana de Monterrey em março de 2002, limitou-se a reiterar os Objetivos do Desenvolvimento do Milênio da ONU e a agenda neoliberal (Bond, 2007, p. 480-481). Com a presença de Wolfensohn, a iniciativa PPME foi saudada mais uma vez como uma medida altamente promissora para aliviar a carga dos países mais endividados.

A realidade da PPME, porém, estava muito longe do prometido. Em primeiro lugar, o seu alcance potencial era mínimo: abarcava apenas 6,4% da dívida total dos países pobres. Em segundo lugar, os resultados alcançados até então, mesmo por um programa de margens tão estreitas, eram ridículos. Somente 20 (dos 42) países podiam cumprir as exigências do FMI e do Banco Mundial. Dos 20, quatro teriam pagamentos em 2003-2005 mais altos do que o serviço pago em 1998-2000, antes da iniciativa. Cinco pagariam tanto quanto e seis teriam o pagamento do serviço da dívida reduzido em apenas US$ 15 milhões. Segundo o relatório do Banco Mundial sobre o estado da implementação do programa publicado em setembro de 2002, a estratégia de pagamento de parte da dívida por meio da venda de *commodities* não havia funcionado. Os indicadores de endividamento externo tinham piorado, particularmente para aqueles países dependentes de exportações de algodão, cobre, castanha de caju e pescado. O Banco admitiu que, em alguns anos, no final da iniciativa PPME, metade dos países cobertos pela iniciativa poderia ter uma dívida insustentável (Bello & Guttal, 2006, p. 72). Frente ao prometido pelo G8 em 1998 (US$ 100 bilhões) e

RECICLAGEM E DILATAÇÃO DO PROGRAMA POLÍTICO NEOLIBERAL — 1995-2008

ao tamanho da dívida total dos países da periferia (mais de US$ 2 trilhões), os US$ 12 bilhões efetivamente cancelados até 2003 de apenas oito países escancararam o fracasso da PPME para cumprir até mesmo o seu limite exíguo (Bond, 2007, p. 481). Na reunião anual do Banco Mundial e do FMI realizada em abril de 2004, a situação dos países pobres altamente endividados foi praticamente ignorada. Em pauta, um assunto muito mais candente: a "reconstrução" do Iraque (Mihevic, 2004, p. 2).

Quanto aos Delps, o seu objetivo central nunca foi mais do que acrescentar às políticas de ajustamento estrutural uma janela de ações paliativas de aliviamento da pobreza como instrumento de cooptação política, construção de consentimento social e imposição da governança neoliberal. Entre 1999 e 2002, dez países completaram os seus primeiros Delps e três finalizaram os seus primeiros informes anuais sobre a implementação do Delp. Além disso, 42 países haviam concluído Delps provisórios. Segundo a primeira avaliação global sobre o assunto feita pelo FMI e o Banco Mundial, a definição dos termos fundamentais dos Delps permaneceu, na maioria dos casos, concentrada na relação entre governos e IFIs e as consultas priorizaram as organizações que mantinham boas relações com os respectivos governos. Os parlamentos tiveram uma participação mais restrita do que se previra (FMI & AID, 2002, p. 10-11). Apesar dessas limitações, os Delps serviram como instrumentos eficazes para impor ou reforçar uma maneira específica de delinear e tratar politicamente a questão social, centrada no combate à pobreza extrema, em detrimento de um debate público amplo e substantivo sobre as causas da pauperização e da desigualdade e sobre como enfrentá-las (Bello & Guttal, 2006, p. 72). Na pregação das IFIs em favor dos Delps, o crescimento econômico puxado pelo investimento privado (nacional e estrangeiro) permaneceu como o motor central da redução da pobreza, trazendo consigo todo o arcabouço de reformas neoliberais necessárias à criação de um ambiente atrativo ao capital. Nesse sentido, os Delps forneceram às IFIs uma ferramenta adicional de intervenção política nos países pobres mais endividados (Wilks & Lefrançois, 2002; Cammack, 2003; Engel, 2006; Harrison, 2007).

Apesar da natureza e dos resultados da iniciativa PPME e dos Delps, muitas ONGs continuaram envolvidas em ambos os processos até o final da gestão Wolfensohn, argumentando que eles ofereciam uma oportunidade para "empoderar" as ONGs nacionais e fomentar o ativismo social. Já as organizações mais críticas seguiram afirmando que a participação da "sociedade civil" servia tão somente para legitimar o ajustamento estrutural, preservar ou aumentar a gravitação política das IFIs e enfraquecer a exigência de cancelamento total e incondicional da dívida externa (Mihevic, 2004, p. 2).

Para diluir a oposição e construir coalizões de apoio às políticas de ajustamento e aos megaprojetos de infraestrutura e energia, a gestão Wolfensohn adotou como estratégia a realização de diálogos e consultas com diversas organizações sociais. As três iniciativas efetuadas nessa direção tiveram repercussão internacional ampla. Foram elas: a Revisão Participativa do Ajustamento Estrutural (Structural Adjustment Participatory Review, Sapri), a Comissão Mundial de Barragens (World Commission on Dams) e a Revisão das Indústrias Extrativas (Extractive Industries Review). Nas três, o Banco buscou não apenas reconstruir a sua imagem, com a intenção de mostrar transparência, boa governança, sensibilidade às críticas e vontade política de mudança, como também ampliar o arco de alianças sociais necessárias à viabilidade e sustentabilidade política dos seus programas e projetos. Nos três casos, ao final, o resultado foi negativo para o Banco.

Primeiro a Sapri. Em junho de 1995, pouco depois da posse de Wolfensohn, um grupo seleto de ONGs propôs a realização de uma avaliação conjunta dos impactos dos programas de ajustamento estrutural (PAEs). O novo presidente, cujas declarações públicas insistiam na importância da participação social no processo de desenvolvimento, aceitou o desafio. A iniciativa foi considerada um grande avanço pelas redes de monitoramento do Banco Mundial, porque já estava mais do que claro que as reformas vinculadas aos PAEs condicionavam o ambiente em que os projetos se davam. Além disso, em larga medida, as condicionalidades exigidas nos projetos não passavam de desdobramentos de reformas promovidas anteriormente ou em curso. Mais do que o monitoramento de projetos em escala micro, era preciso avaliar e tentar mudar as políticas em escala macro.

Das negociações entre duas dúzias de ONGs de diversos países e a Vice-Presidência de Desenvolvimento Econômico do Banco saíram a definição

RECICLAGEM E DILATAÇÃO DO PROGRAMA POLÍTICO NEOLIBERAL — 1995-2008

de 12 países representativos de todos os continentes, uma metodologia comum de pesquisa e participação social e procedimentos operacionais que permitissem a comparação internacional. A metodologia de trabalho incluía pesquisas de campo, inúmeras oficinas e a realização de dois fóruns públicos nacionais, nos quais as organizações sociais poderiam apresentar suas experiências e análises e avaliar a investigação realizada. Definiu-se a composição das equipes responsáveis pelas pesquisas de campo e acordou-se que os resultados da iniciativa serviriam de base para a discussão com a cúpula do Banco Mundial sobre mudanças concretas na pauta política fomentada pela instituição. Depois de um ano de negociação, o Banco aprovou uma política de abertura de informações relativa aos PAEs. Finalmente, a Sapri foi lançada em julho de 1997 como um exercício tripartite entre o Banco, organizações sociais e governos. Paralelamente, formou-se uma rede independente e diversificada de organizações sociais em torno da iniciativa com o nome de Saprin (Structural Adjustment Review Initiative Network).

Oito países estavam envolvidos na iniciativa: Bangladesh, Equador, El Salvador, Gana, Hungria, Mali, Uganda e Zimbábue. O Banco pouco fez para assegurar a participação dos governos de "mercados emergentes" como México, Argentina e Brasil, deixando de fora da Sapri três dos seus maiores clientes. O governo filipino também se negou a participar. Depois, quando os governos de El Salvador e Zimbábue abandonaram a iniciativa, o Banco não adotou os procedimentos previamente definidos para resolução de conflitos desse tipo. A coordenação da Saprin continuou apoiando o trabalho de investigação levado adiante pelas ONGs daqueles países; ao mesmo tempo, iniciou uma Avaliação Cidadã do Ajustamento Estrutural no México e nas Filipinas, usando a mesma metodologia utilizada na Sapri (Saprin, 2002, p. 1).

Comitês tripartites da Sapri e equipes independentes da Saprin foram organizados em todos os dez países. De seu lado, a Saprin insistiu que a mobilização e a organização sociais fossem realizadas localmente sem a interferência do Banco e do governo. Inúmeras reuniões nos âmbitos municipal, estadual e regional atraíram centenas e até milhares de participantes. Em todos os dez países, investigou-se, de forma participativa, o impacto de uma gama ampla de políticas de ajustamento estrutural, como a abertura comercial, a desregulação financeira, a privatização de serviços públicos, a liberalização do mercado de trabalho, a reforma nos setores agropecuário e minerador e os efeitos do ajuste fiscal na saúde e na educação (Saprin, 2002, p. 1-2).

O processo consultivo se deu em dez fóruns nacionais entre junho de 1998 e final de 1999, envolvendo cada um entre 100 e 350 representantes de organizações sociais, governos e Banco Mundial. Os informes das equipes de pesquisa foram revisados por equipes técnicas do Banco Mundial, da Saprin e de outras redes de organizações sociais, muitas vezes em diversas oficinas abertas pelo país. Ao final, foram submetidos à revisão pública numa segunda rodada de fóruns nacionais (Saprin, 2002, p. 2).

Inicialmente, a equipe do Banco Mundial tentou controlar o processo. Sem sucesso, começou a obstruí-lo, apontando a "inconsistência" das evidências e análises levadas pelas organizações sociais ou antepondo objeções incontáveis (Mihevic, 2004, p. 4-5; Bello & Guttal, 2006, p. 78). À medida que o trabalho de pesquisa seguia e os resultados foram aparecendo, a equipe do Banco passou a desqualificá-los, distanciando-se do processo e das conclusões. Ademais, para evitar que a pesquisa tivesse a devida repercussão, a equipe descumpriu o acordo pelo qual se comprometia a apresentar todas as conclusões da Sapri em um grande fórum público em Washington, com a presença de Wolfensohn. Depois, a equipe começou a insistir que o Banco e a Saprin redigissem informes separados e independentes. O relatório final do Banco utilizou referências próprias para amparar suas conclusões, descartando por completo todo o processo de pesquisa realizado pela Sapri, apesar da profundidade e do alcance das avaliações realizadas. Em agosto de 2001, o Banco Mundial abandonou a iniciativa por completo. Em nenhum país o Banco se comprometeu a encaminhar ações a partir dos resultados obtidos.

A rede de organizações sociais articuladas na Saprin deu sequência ao trabalho e, em abril de 2002, conseguiu publicar o informe final da Sapri (até certo momento, realizada de forma tripartite, cobrindo oito países) e da Avaliação Cidadã do Ajustamento Estrutural (realizada sem a participação do Banco Mundial e dos governos do México e das Filipinas).[62] Suas conclusões, detalhadas caso a caso, desancaram a agenda política prescrita pelo Banco havia duas décadas (Saprin, 2002). Em matéria de liberalização comercial, constatou-se que as reformas foram aplicadas indiscriminadamente, destruindo parte considerável das indústrias locais, principalmente as de pequeno e médio portes, levando à exacerbação do desemprego. Em matéria financeira, a liberalização elevou o grau de concentração no setor bancário e fortaleceu grandes grupos econômicos frente às respectivas autoridades estatais. Além disso, o crédito foi direcionado para os atores mais poderosos, enquanto os seus custos aumentaram para pequenos e médios produtores e empresas, onerando as atividades de longo prazo não relacionadas ao setor exportador. Em todos os países, as reformas promoveram a especulação financeira, o investimento em atividades não produtivas e ganhos extraordinários para os bancos. No âmbito trabalhista, os níveis de desemprego aumentaram, o emprego se tornou mais precarizado. Os salários se deterioraram, enquanto a concentração de renda nos segmentos mais ricos da população aumentou, em grande parte devido a ganhos financeiros. Como traço comum a todas as experiências, o poder do capital foi reforçado. Em matéria de privatização, o relatório revelou que em todos os casos analisados houve aumento de tarifas nos serviços essenciais, piora da qualidade dos empregos e de alguns serviços, desnacionalização da economia e continuidade da espiral de endividamento público. O processo, no geral, primou pela ausência de transparência. No âmbito agropecuário, a liberalização piorou as condições de vida da maioria da população rural, em particular dos pequenos agricultores, agravando os níveis de distribuição de renda e riqueza. Em regra, a produção de alimentos para a população local foi duramente golpeada pela concorrência externa combinada com a deterioração do sistema público de apoio técnico e financeiro aos agricultores, o que contribuiu para a perda da soberania alimentar. No geral, apenas os produtores com acesso prévio a recursos, economias de escala e orientados para a exportação conseguiram se benefi-

---

[62] A Saprin teve o apoio dos governos da Noruega, Suécia, Bélgica e Alemanha, do Pnud, das fundações African Development, Charles Stewart Mott, Rockefeller e W.K. Kellogg, além de diversas ONGs, fundações e agências nacionais. O relatório final está disponível em <http://www.saprin.org/index.htm>

ciar. As políticas de liberalização, desregulação e privatização do setor minerador, por sua vez, permitiram que as corporações estrangeiras extraíssem ainda mais recursos dos países, em geral mediante modalidades predatórias de exploração do ponto de vista ambiental, com pouca ou nenhuma geração de empregos e sem benefícios para os trabalhadores do setor e ganhos econômicos para os países. Em matéria de educação e saúde, a investigação constatou que o gasto público foi reduzido agudamente em quase todos os países, ao mesmo tempo em que foram impostos diversos mecanismos de cobrança pelo acesso e pela prestação dos serviços (*cost-recovery*). Tanto na saúde como na educação os serviços pioraram de qualidade, afetando, em particular, os segmentos mais pobres da população. Todas as conclusões do relatório foram olimpicamente ignoradas pelo Banco.

A segunda iniciativa de diálogo multissetorial empreendida pela gestão Wolfensohn foi a Comissão Mundial sobre Barragens (CMB). Em abril de 1997, um encontro convocado pelo Banco Mundial e a União Internacional para a Conservação da Natureza e dos Recursos Naturais (IUCN) para discutir questões controversas a respeito da construção de grandes barragens reuniu 39 representantes de governos, setor privado, instituições financeiras multilaterais, organizações sociais e populações afetadas. Ao final, aprovou-se a criação conjunta de uma comissão mundial que, pela primeira vez, de forma exaustiva e independente, investigasse a eficácia das grandes barragens em matéria de desenvolvimento e a viabilidade de formas alternativas de uso dos recursos hídricos e energéticos, bem como elaborasse normas aceitáveis internacionalmente para o planejamento, a avaliação, construção, operação, o monitoramento e financiamento de projetos de grandes represas.

A CMB iniciou seu trabalho em maio de 1998, sob a presidência de Kader Asmal, ministro de Assuntos Hídricos e Florestais da África do Sul, e 12 comissários ligados a construtoras, movimentos de atingidos por barragens, ONGs internacionais, fundações, setor público e universidades. Um fórum composto por 68 membros, também representativo de todas as partes interessadas, monitorou o trabalho da CMB, que contou com fundos de 53 organizações públicas e privadas.

Durante dois anos e meio, a comissão encomendou inúmeras pesquisas sobre aspectos relativos à construção e ao desempenho de grandes barragens localizadas em dezenas de países e recebeu quase mil informes de todas as partes do mundo. O informe final analisou em detalhe oito projetos, entre os quais alguns bastante polêmicos, como os de Tucuruí (Brasil), Tarbela (Paquistão), Kariba (Zimbábue) e Pak Mum (Tailândia). Preparou, também, resenhas específicas sobre China e Índia e um relatório sobre a Rússia e a Comunidade dos Estados Independentes. Realizou, ainda, um levantamento de mais 125 grandes barragens e 17 estudos temáticos que abordam aspectos relativos ao desempenho e ao impacto das represas e propõem formas alternativas para a produção de energia e o uso de recursos hídricos. O informe foi apresentado por Nelson Mandela em Londres em novembro de 2000.[63]

Embora a CMB trabalhasse de forma independente, o Banco Mundial foi consultado em todas as fases do trabalho e, durante a elaboração do informe, acabou exercendo um papel assimétrico em relação às demais instituições envolvidas (Bello & Guttal, 2006, p. 75). Mesmo assim, o relatório diagnosticou, na maioria dos casos, custos econômicos, sociais e ambientais demasiadamente elevados, bem como o fracasso sistemático na avaliação de impactos negativos potenciais e na implementação de programas adequados de reassentamento das populações atingidas. Além disso, o relatório apontou, como regra, a profunda desigualdade na distribuição de custos e benefícios gerados pelas grandes barragens: enquanto as populações rurais, indígenas e em condições de pobreza suportavam a maior parte dos custos, os benefícios historicamente ficavam com grandes empresas e setores abastados e médios da sociedade. Frente a tais conclusões, o Banco se esquivou de responsabilidade sobre o legado da sua atuação na área e não endossou os resultados da pesquisa nem as suas recomendações. Em 2002, a instituição adotou uma nova estratégia setorial de recursos hídricos voltada para a construção de grandes represas e a privatização dos serviços de água potável e saneamento, com base no critério de que quanto maior o risco, maior o retorno econômico (Mihevic, 2004, p. 3).

---

[63]O relatório final está disponível em <http://www.dams.org>.

Outra experiência de diálogo multissetorial realizada pela gestão Wolfensohn foi a Revisão das Indústrias Extrativas (RIE). Durante a reunião anual do Banco Mundial e do FMI em Praga em junho de 2000, Wolfensohn foi questionado por ONGs internacionais acerca do envolvimento do Banco com o financiamento a indústrias extrativas de petróleo, mineração e gás. Em resposta, propôs a realização de uma investigação independente, com o objetivo de analisar em que medida tais projetos eram compatíveis com as metas de desenvolvimento sustentável e redução da pobreza propostas pelo próprio Banco. A coordenação do trabalho ficou a cargo de Emil Salim, ex-ministro de Meio Ambiente da Indonésia, insuspeito de qualquer inclinação à esquerda. A secretaria da RIE realizou fóruns e oficinas regionais em cinco países (Brasil, Hungria, Moçambique, Indonésia e Marrocos), comissionou seis investigações, visitou quatro projetos e fez consultas informais com atores sociais diversos em inúmeros países.

Comparada à investigação feita pela CMB, a RIE foi muito menos exaustiva, independente e participativa. O Banco Mundial, por sua vez, desempenhou um papel bem mais vigilante sobre as consultas e o conjunto da atividade de pesquisa, apesar dos protestos de ONGs e movimentos populares (Ambrose, 2004, p. 2; Bello & Guttal, 2006, p. 77-78).

Depois de mais de dois anos de trabalho, o relatório da RIE foi publicado em dezembro de 2003.[64] Sua conclusão principal: para que os projetos financiados pelo GBM no setor industrial extrativista fossem compatíveis com o meio ambiente e a redução da pobreza, três condições precisariam existir: "governança pública e corporativa em prol dos pobres", "políticas sociais e ambientais muito mais eficazes" e "respeito aos direitos humanos". Caberia ao Banco fomentar tais condições, para o que seria indispensável a realização de mudanças organizacionais específicas e uma nova orientação à sua política extrativista (RIE, 2003).

Embora ficasse aquém dos reclames dos movimentos populares e das ONGs internacionais que acompanharam a RIE, o texto final chegou a um

---

[64] O relatório final está disponível em <http://go.worldbank.org/T1VB5JCV61>

RECICLAGEM E DILATAÇÃO DO PROGRAMA POLÍTICO NEOLIBERAL — 1995-2008

diagnóstico que corroborava, em larga medida, muitas das denúncias contra as indústrias extrativistas. Mais do que isso, fez inúmeras recomendações politicamente difíceis para o Banco Mundial. Uma delas, por exemplo, era a introdução da obrigatoriedade do respeito aos "direitos humanos" como critério para as políticas de salvaguarda e a autorização de empréstimos e garantias do GBM. Outra, ainda mais pesada e precisa, era a eliminação imediata do financiamento a projetos baseados em carvão e o fim gradual do financiamento a indústrias petroleiras até 2008. Segundo a RIE, a carteira do GBM para a área energética deveria ser integralmente reorientada para projetos baseados em fontes renováveis (RIE, 2003).

O relatório desagradou ao empresariado organizado no Conselho Internacional de Mineração e Metais (International Council on Mining & Metals, ICMM), que reúne algumas das maiores corporações do setor, como Alcoa, Anglo American, Vale do Rio Doce (atual Vale), Mitsubishi Materials e Eurometaux.[65] Para o ICMM (2004), o diagnóstico da RIE era "desequilibrado" e as prescrições eram "custosas, contraproducentes e pouco realistas", razão pela qual a iniciativa careceria de legitimidade. Saindo em defesa do Banco Mundial, o ICMM afirmou que a RIE não apenas imputava ao Banco funções que não lhe cabiam como também submetia suas operações a restrições infundadas. A conclusão foi taxativa: "O efeito líquido não intencional de muitas das recomendações específicas da RIE seria uma redução da ajuda por parte do GBM e do investimento externo direto do setor privado em mercados emergentes" (ICMM, 2004, p. 2). Na visão das grandes corporações, a participação do GBM era indispensável para a manutenção da rentabilidade econômica do setor, da "responsabilidade ambiental" e do "aliviamento da pobreza". Em lugar da RIE, outras referências serviriam melhor à elaboração de políticas e à governança do setor.[66]

---

[65] As posições do ICMM sobre o tema estão em <http://www.icmm.com/sitewide.php?kw=eir>
[66] O ICMM se referia ao informe "Abrindo brecha", publicado em maio de 2002. O trabalho foi encomendado ao International Institute for Environment and Development pelo Conselho de Negócios Mundial para o Desenvolvimento Sustentável (World Business Council for Sustainable Development, WBCSD), associação que reúne mais de 200 megacorporações e grandes empresas de mais de 30 países, cobrindo 20 dos mais importantes setores industriais. Para informações adicionais sobre o conselho, consulte-se <http://www.wbcsd.org.> O relatório encontra-se em <http://www.iied.org/mmsd/finalreport/abriendo_brecha.html>

O BANCO MUNDIAL COMO ATOR POLÍTICO, INTELECTUAL E FINANCEIRO

Além da repulsa do oligopólio que comanda o setor, o relatório da RIE também foi atacado por grupos financeiros privados ligados às indústrias extrativistas, como Citibank, ABN Amro, WestLB e Barclays (Bello & Guttal, 2006, p. 78). Em uníssono, todos defenderam o envolvimento do Banco Mundial com as indústrias de petróleo, mineração e gás como essencial para a manutenção dos negócios.

Uma versão preliminar da resposta do Banco Mundial (em nome de Wolfensohn) ao relatório da RIE vazou em fevereiro de 2004. Entre outras coisas, o documento rejeitava a recomendação de encerramento dos empréstimos à indústria petroleira, sob a alegação de que a sua continuidade poderia favorecer a redução da pobreza e fomentar, junto aos governos, "boas práticas" sociais e ambientais.

A divulgação do rascunho suscitou o repúdio de movimentos populares e ONGs e a incerteza quanto ao cumprimento das recomendações da RIE. No mesmo mês, Wolfensohn recebeu uma carta assinada por cinco ganhadores do Prêmio Nobel (arcebispo Desmond Tutu, Jody Williams, Sir Joseph Rotblat, Betty Williams e Miread Maguire) que o instava a adotar as propostas da RIE (Bello & Guttal, 2006, p. 78). Em 17 de junho, o jornal *Financial Times* publicou um artigo de Emil Salim, no qual afirmava que o Banco Mundial deveria "modificar radicalmente" a sua política de apoio às indústrias extrativas e, "em alguns casos, suspendê-la por completo", uma vez que "não somente as indústrias petroleiras, de gás ou mineradoras não ajudaram os mais pobres nos países em desenvolvimento, mas também porque, com frequência, agravaram suas condições de vida" (*apud* Toussaint, 2006, p. 223).

Em setembro, o Banco Mundial (2004) deu a sua resposta oficial. No fundamental, havia congruência com a posição do empresariado organizado no ICMM, embora o tom fosse diplomaticamente mais comedido. Algumas recomendações foram incorporadas de maneira formal, como o "respeito aos direitos humanos". Outras recomendações politicamente problemáticas foram descartadas de modo explícito, como o fim do financiamento à indústria petroleira. Inúmeras outras foram relegadas a tratamento posterior por grupos de trabalho. De modo geral, em vez de focalizar a mudança de suas próprias políticas de salvaguarda — como propôs a RIE —, o Banco deslocou a

RECICLAGEM E DILATAÇÃO DO PROGRAMA POLÍTICO NEOLIBERAL — 1995-2008

responsabilidade para os clientes, atrelando a autorização e implementação dos projetos a normas e procedimentos dos países prestatários. Assim, ao alegar que apenas segue a institucionalidade dos seus clientes, o Banco se escusa de cumprir parâmetros e normas comuns que permitiriam avaliar o seu compromisso com a sustentabilidade socioambiental.

Tanto a preservação da agenda de ajustamento estrutural como o trâmite e o desfecho das três iniciativas mencionadas (Saprin, CMB e RIE) expuseram as contradições entre o discurso em prol de boa governança, transparência, redução da pobreza e desenvolvimento sustentável e a prática do Banco. A incapacidade da instituição de cumprir compromissos acordados publicamente fez com que a mensagem de mudança esgrimida por Wolfensohn se desgastasse politicamente antes mesmo do término da sua gestão, ao menos em certas arenas internacionais e perante alguns dos atores sociais que participaram daquelas iniciativas.

Por outro lado, após uma década de sucessivos diálogos multilaterais e consultas participativas, o universo das ONGs havia crescido e se fragmentado ainda mais, devido à constituição de uma divisão de trabalho com o Banco Mundial crescentemente especializada, cuja base material era dada pelo processo de "onguização", em curso desde o final dos anos 1980, tanto da assistência internacional ao desenvolvimento como das políticas públicas nacionais. Se é verdade que a série de consultas e diálogos promovida por Wolfensohn escancarou os limites da "reforma" do Banco, é verdade também que o campo dos críticos à esquerda do Banco se diluiu imensamente ao longo do decênio 1995-2005. Por mais que neoliberais como Mallaby (2004) exaltem as virtudes da colaboração de ONGs "maduras" e condenem a influência política de ONGs "não maduras" sobre o andamento de projetos financiados pelo Banco, o fato é que, no atacado, o Banco saiu fortalecido da relação com ONGs e outras organizações sociais alavancada durante a gestão de Wolfensohn. Quando o Banco completou 60 anos de existência, em 2004, não se assistiu a nada que se comparasse às mobilizações ocorridas em 1994, mesmo depois de cinco edições do Fórum Social Mundial. A capacidade de enfrentamento político da esquerda mais radical com as IFIs havia se tornado consideravelmente menor.

Em grande parte, isso se deveu ao fato de que, ao longo da gestão Wolfensohn, o Banco tenha lidado com as injunções políticas externas como sempre fez desde os anos 1960: crescendo e fazendo mais. Com efeito, durante as últimas quatro décadas, o Banco respondeu às pressões políticas externas ampliando o seu próprio marco de atuação e especializando-se em um número cada vez maior de funções, mediante uma estratégia de estiramento institucional e mudança incremental (Pincus & Winters, 2002, p. 1-2). Em todos os seus níveis de ação — financiamento de projetos, diálogo com governos nacionais e subnacionais, pesquisa e prescrição de políticas, interação com outros organismos multilaterais e coordenação de iniciativas internacionais —, o Banco passou a abarcar virtualmente todas as áreas do desenvolvimento. Política econômica, energia, agricultura, finanças, educação, saúde, habitação, transporte, infraestrutura urbana e rural, indústria, comércio, meio ambiente, administração pública, reconstrução nacional pós-conflito e assistência internacional ao desenvolvimento: todas elas tornaram-se objetos da ação do Banco. Por sua vez, dentro de cada uma dessas áreas, o Banco Mundial atua em praticamente todos os âmbitos de especialização. É certo que essa expansão institucional foi produzida pela absorção de uma quantidade cada vez maior de demandas sociais e políticas diferenciadas, o que alargou o mandato do Banco muito além das suas funções originais. Porém, do ponto de vista político, mais do que um mero processo incremental de agregação de novas demandas externas, esse movimento expansivo promoveu a esterilização do componente crítico delas, internalizando-as no paradigma dominante. A partir de então, as respostas a tais demandas deixaram de ser meras concessões circunstanciais aos seus detratores e se converteram em componentes *ativos* da agenda impulsionada pelo Banco, dilatando o seu raio de influência. Nesse sentido, para além da intenção de reconstruir a imagem da instituição e da tentativa de cooptar e dividir a "oposição", a ampliação do mandato do Banco durante a era Wolfensohn expressou uma contraofensiva cujo objetivo era potencializar a sua influência político-ideológica e a sua agenda estratégica, num período marcado por grande turbulência na economia internacional e pelo questionamento crescente do credo neoliberal. De acordo com algumas análises correntes, a trajetória expansionista do Banco teria seguido um "padrão disfuncional" que acarreta "perda de foco" (Pincus & Winters, 2002) e "falta de uma visão coerente" (Gilbert & Vines, 2000), transformando-o numa organização "quase impossível de se administrar bem" (Wade, 2001b), marcada pela "desconexão entre discurso e prática" (Rich, 2002). Este trabalho discorda radicalmente desse tipo de análise. Na verdade, o Banco fez o que sempre fez desde, pelo menos, os anos 1980: seguiu ampliando a sua influência, absorvendo demandas externas de organizações sociais e adequando-as à sua agenda estratégica, precisamente porque é, e sempre foi, um ator político, financeiro e intelectual. As contradições desse processo não são disfuncionais a ele, mas sim dimensões constitutivas dele.

RECICLAGEM E DILATAÇÃO DO PROGRAMA POLÍTICO NEOLIBERAL

Durante a gestão Wolfensohn, o Banco Mundial respondeu às pressões externas promovendo uma reciclagem do programa neoliberal, com o propósito de ampliar, aprofundar e, sobretudo, dar sustentabilidade política à sua implementação.

Tomando-se a América Latina e o Caribe como campo principal de observação, constata-se que, embora a região fosse pioneira nessa matéria, ainda havia muito por fazer em meados da década de 1990, quando Wolfensohn assumiu. A Tabela 6.2 oferece um panorama estilizado desse processo até então.

Ainda que de maneira bastante variada, as políticas liberalizantes eram praticadas em meados dos anos 1990 em todos os países da América Latina e do Caribe, à exceção de Cuba. Em linhas gerais, até então, os programas de ajustamento estrutural tiveram como objetivos centrais o controle inflacionário e a retomada do crescimento econômico, mediante planos de estabilização monetária baseados na contração do consumo interno, ajuste fiscal drástico, arrocho salarial, abertura comercial, desregulação financeira, desregulamentação da atividade econômica, privatização de empresas públicas e introdução ou ampliação de esque-

Tabela 6.2

Políticas de estabilização monetária e liberalização econômica na América Latina e no Caribe — 1975-1995

Ano	Estabilização monetária	Liberalização comercial	Reforma fiscal	Reforma financeira	Privatização	Reforma trabalhista	Reforma da previdência
Antes	Chile (1975)	Chile (1975-79)		Chile (1975-79)	Chile (1974-78)	Chile (1979)	Chile (1981)
1985	Argentina, Chile e Bolívia	México, Chile e Bolívia	México e Bolívia	Uruguai			
1986	Brasil e Rep. Dominicana	Costa Rica		México			
1987	Guatemala e Jamaica	Jamaica			Jamaica		
1988	México	Guatemala e Guiana		Costa Rica, Brasil, Paraguai e Guiana	Chile		
1989	Venezuela	Argentina, Paraguai, El Salvador Trinidad e Tobago e Venezuela	Trinidad e Tobago	Chile, Guatemala e Venezuela			
1990	República Dominicana	Brasil, Peru, Equador, Argentina, Honduras e República Dominicana	Honduras e Brasil	Bolívia, Colômbia, El Salvador, Peru, Costa Rica, Trinidad e Tobago e Nicarágua	Argentina	Colômbia e Guatemala	

(*cont.*)

Ano	Estabilização monetária	Liberalização comercial	Reforma fiscal	Reforma financeira	Privatização	Reforma trabalhista	Reforma da previdência
1991	Argentina, Colômbia Guatemala, Nicarágua e Uruguai	Colômbia, Nicarágua, Uruguai e Venezuela	Colômbia	Honduras, Guatemala, Guiana e República Dominicana	Belize, Guiana, Jamaica, Brasil, Venezuela e Trinidad e Tobago	Argentina	
1992	Equador, Guiana, Honduras e Jamaica	Guatemala, Honduras, Nicarágua e Barbados	Equador, Guatemala, Colômbia, Peru, Jamaica e Nicarágua	Argentina, Honduras, e Jamaica	Barbados, México, Bolívia e Trinidad e Tobago		Peru
1993			Jamaica, Chile e El Salvador	Equador e Bahamas	Nicarágua	Peru	
1994	Brasil	Belize, Haiti e Suriname	Equador, Guatemala, Honduras, Jamaica, Paraguai e Venezuela	Barbados, Belize e Haiti	Chile, Peru e Trinidad e Tobago		Argentina e Colômbia
1995	Suriname	Panamá	Belize e Bolívia		Bolívia	Panamá	

Fonte: Banco Mundial (1993b, p. 36-38), Edwards (1997, p. 82-86) e Thorp (1998, p. 244-245).

mas de recuperação de custos (*cost-recovery*) na prestação de serviços públicos antes gratuitos ou largamente subsidiados.

Em meados da década de 1990, porém, tornou-se claro, do ponto de vista dominante, que a implementação do ajuste na região precisava ingressar em um novo estágio. Em primeiro lugar, o padrão de financiamento baseado na poupança externa acentuava a volatilidade das economias latino-americanas, exigindo a criação de instituições financeiras solventes. Em segundo lugar, a própria dinâmica dos processos de abertura comercial forçava a homogeneização das modalidades de gestão pública entre os países, a fim de fechar a "brecha institucional" que interfere na rentabilidade/segurança capitalista e favorece fugas em massa de capital. Em terceiro lugar, a tão prometida retomada do crescimento econômico ainda não saíra do plano da retórica, pois as taxas de crescimento dos países da região eram, de modo geral, baixas ou muito baixas. Em quarto lugar, os níveis de pauperização, desemprego, subemprego e concentração de renda e riqueza pioravam em praticamente toda a região (Vilas, 2007 e 1999; Portes & Hoffman, 2003; Portes & Roberts, 2004; Veltmeyer, 2007), ainda que fosse objeto de intensa controvérsia o quanto cabia às políticas de ajuste e o quanto cabia à sua não realização (Edwards, 1997 e 1998). Em abril de 1994, num encontro do Inter-American Dialogue — *think tank* criado em 1982 que reúne segmentos de ponta do poder econômico e político das Américas —, Moisés Naím[67] sistematizou uma avaliação que logo se tornaria lugar-comum no *establishment* capitalista neoliberal:

---

[67]As credenciais de Moisés Naím são impecáveis. Doutor em economia pelo Massachusetts Institute of Technology (MIT), foi ministro da Indústria e Comércio da Venezuela no início dos anos 1990 e um dos principais assessores do presidente Carlos Andrés Pérez na aplicação do ajustamento estrutural. Na época, atuou também como diretor-executivo do Banco Mundial. Anos depois, trabalhou como assessor sênior do presidente do Banco Mundial. É diretor dos projetos de reformas econômicas do Carnegie Endowment for International Peace, organização que financia a edição da influente revista norte-americana *Foreign Policy*, especializada em política internacional, da qual Naím é o editor-chefe. Também é presidente do Group of Fifty, organização composta por executivos de algumas das maiores empresas estadunidenses e latino-americanas voltada para a ação política empresarial na região, com ramificações na Rússia e no Leste da Europa.

RECICLAGEM E DILATAÇÃO DO PROGRAMA POLÍTICO NEOLIBERAL — 1995-2008

Em meados da década de 1990, a América Latina está ingressando em um novo estágio no seu processo de reformas. A terapia de choque está cedendo vez a um estágio de criação e reabilitação institucional mais lento, mais imprevisível e de maneira geral mais difícil. A cirurgia macroeconômica maciça e dolorosa foi indispensável para salvar o paciente. A terapia institucional, prolongada, igualmente dolorosa e muito mais complexa, é necessária para dar ao paciente a possibilidade de viver sem a ameaça desgastante de recaída nas mazelas econômicas e políticas que acarretam drásticas correções macroeconômicas (1996, p. 220).

Para enfrentar o que lhe parecia ser uma "situação social potencialmente explosiva" na região (*ibidem*, p. 220), Naím apostava na elevação das taxas de crescimento econômico, o que exigiria dos governos muito mais do que a manutenção de um equilíbrio macroeconômico considerado "ainda precário". Era preciso — prosseguia o venezuelano — reconstruir a própria "infraestrutura organizacional do Estado". Enquanto o desmantelamento completo do setor produtivo estatal permanecia incontornável, a revitalização e o aperfeiçoamento das instituições públicas voltadas para as demais áreas era considerada, então, crucial para o avanço e a consolidação das "reformas de mercado" (*ibidem*, p. 240). Esse segundo estágio teria como núcleo as chamadas reformas de segunda geração.

Shahid Javed Burki e Sebastian Edwards — respectivamente, o vice-presidente e o economista-chefe do Banco Mundial para América Latina e Caribe — seguiam na mesma direção. Num artigo publicado em março de 1995, eles argumentavam o seguinte:

> O panorama econômico na América Latina e no Caribe se transformou, mas a região ainda enfrenta uma série de importantes desafios — o mais grave é a persistência da pobreza generalizada. (...) Para reduzir a pobreza, os governos da região precisam criar estratégias para acelerar consideravelmente o crescimento; precisam também conceber programas sociais mais eficazes para os pobres, sem o que não granjearão o amplo apoio político necessário ao prosseguimento da modernização econômica. A aceleração do crescimento e a redução da pobreza vão requerer uma série de difíceis "reformas de segunda geração", as quais envolvem a consolida-

ção da estabilidade macroeconômica, a reconstrução do Estado, a melhoria do sistema de ensino e a flexibilização dos mercados de trabalho (Burki & Edwards, 1995, p. 7).

De fato, entre 1994 e 1996, o Banco passou a tratar o tema do ajustamento estrutural de uma nova maneira. No centro das suas prescrições estava, agora, a reforma "institucional". Em 1996, publicou-se o primeiro guia para a reforma do Estado na América Latina e no Caribe (Banco Mundial, 1996a). Seguindo a mesma estratégia de persuasão do RDM 1991, o Banco reafirmou que suas orientações se situavam entre o "intervencionismo" e o "Estado mínimo". Todavia, o tom havia mudado. Se, antes, o Estado era visto, em primeiro lugar, como "obstrutivo e negativo para o desenvolvimento", agora o discurso era de que o Estado cumpre "um papel especial e inovador na forma como se relaciona com os mercados" (*ibidem*, p. 11). Segundo o relatório, a reforma do Estado na região havia se tornado um imperativo em razão de cinco fatores: a) a crise fiscal dos anos 1980, vinculada à crise da dívida externa; b) a necessidade de aumentar a competitividade das economias para que grandes empresas pudessem exportar com mais eficiência; c) o aumento da pobreza, da desigualdade e da violência social; d) o aumento da "inquietação social" quanto ao meio ambiente; d) a necessidade de incorporar modalidades de gestão pública e política econômica empregadas em países "bem-sucedidos" no tocante à liberalização; e) a consolidação e o aprofundamento da "democracia" por meio da descentralização fiscal e administrativa (*ibidem*, p. 1-2).

Sob o impacto da crise financeira do México, o Banco afirmou que a consolidação da estabilidade macroeconômica demandava muito mais do que "boas políticas". Era preciso, então, que elas tivessem credibilidade, i.e., que fossem percebidas pelos investidores nacionais e internacionais como estáveis, seguras e capazes de remunerar o capital privado a taxas elevadas. Somente uma "modernização do Estado" efetiva poderia assegurar as condições à necessária "construção de confiança" (*confidence building*). Para isso, o Banco propunha uma reforma em cinco frentes: a) blindagem da política econômica, mediante a independência do banco central, ajuste fiscal rigoroso e mudanças na elaboração e no manejo do orçamento nacional, a fim de torná-lo mais previsível e atrelado ao pagamento da dívida pública — leia-se, à remuneração dos detentores de títulos da dívida; b) privatização de bancos públicos e criação de agências de supervisão do mercado financeiro, a fim de afiançar sua competitividade e transparência e favorecer sua integração ao mercado global; c) criação de uma nova estrutura de produção de "bens públicos" (saúde, educação, saneamento, água etc) por meio de arranjos público-privados, substituindo "um sistema em que o próprio Estado produz e distribui os bens públicos por outro em que é o setor privado que os produz e distribui e o Estado desenha as políticas e o marco regulatório, supervisionando seu fornecimento" (*ibidem*, p. 5); d) reforma do Judiciário, a fim de torná-lo mais "barato", "ágil" e "transparente", ou seja, capaz de atender aos interesses do capital privado, eficaz na defesa da propriedade privada e, sobretudo, comprometido com a segurança jurídica de ativos e contratos; e) por fim, a reforma da administração pública, com base na introdução de princípios mercantis já testados na burocracia estatal norte-americana em alguns países europeus.

Àquela altura, a avaliação do Banco Mundial era a de que, após a crise do México, a América Latina havia deixado de ser a região "estrela" na aplicação do programa neoliberal para tornar-se um caso exemplar de ajuste "inconcluso". O tom das mensagens daquela época é emblemático, a julgar pela avaliação de Sebastián Edwards:

> A crise mexicana foi um sinal de alerta para a região. A maioria dos líderes políticos se deu conta de que, para tornar a economia realmente pujante, terá que intensificar o processo de reformas. Todavia, não é tão claro que seja politicamente possível acelerar a transformação. (...) Cada vez mais pessoas se sentem decepcionadas e pouco a pouco se espalha o ceticismo a respeito das reformas. O apoio à plataforma eleitoral antirreformista de Abdalá Bucaram, que o levou à presidência do Equador; o descenso da popularidade do presidente Cardoso no Brasil e do presidente Fujimori no Peru; o descontentamento geral que impera na Argentina; o rechaço do programa de reformas no México por parte dos parlamentares do PRI e os protestos violentos que têm ocorrido no Paraguai revelam que o processo de

O BANCO MUNDIAL COMO ATOR POLÍTICO, INTELECTUAL E FINANCEIRO

reforma provoca crescente desengano. Esses acontecimentos demonstram que talvez a rebelião de Chiapas, no México, não tenha sido um acontecimento isolado, mas sim um primeiro sinal de que na América Latina há um profundo e crescente mal-estar (Edwards, 1997a, p. 2-3).

Em apenas três anos, a conjuntura política havia mudado consideravelmente na região, segundo a leitura do Banco Mundial. A mera execução das reformas de primeira geração já não era suficiente para recobrar a confiança da banca privada internacional e dar uma resposta ao aumento da inquietação social. Nas palavras de Edwards:

> Faz dois anos, na Cúpula das Américas celebrada em Miami, o presidente Bill Clinton se apressou em manifestar que as reformas centradas no mercado introduzidas na América Latina haviam sido exitosas. Porém, apesar dos enormes progressos obtidos em matéria de desregulação dos mercados, privatização das empresas estatais e luta contra a inflação, a situação social não melhorou grande coisa. Transcorridos quase dez anos desde o início das reformas liberalizadoras, a maioria dos países latino-americanos está colhida em uma armadilha: deve realizar grandes transformações institucionais para reduzir a percepção do risco-país e conseguir um crescimento sustentado. Contudo, muitas dessas reformas de segunda geração são impopulares e politicamente difíceis de realizar (Edwards, 1997a, p. 12).

Com efeito, após a onda neoliberal que varreu a região durante a primeira metade dos anos 1990, as contradições do modelo, os efeitos socialmente regressivos decorrentes da sua implementação e a resistência social que enfrentou aceleraram o desgaste político dos governos "reformadores". É verdade que em 1995-1996, enquanto a estrela mexicana perdia o seu brilho, a brasileira despontava no céu com a vitória eleitoral de Fernando Henrique Cardoso, abrindo um ciclo de negócios altamente lucrativo para os setores capitalistas mais dinâmicos, que não apenas redefiniu as posições dos atores dentro da economia doméstica como também deu novo alento ao processo de neoliberalização na região. Porém, o cenário já não parecia politicamente tão promissor em 1997-1998. Afinal, segundo Edwards:

RECICLAGEM E DILATAÇÃO DO PROGRAMA POLÍTICO NEOLIBERAL — 1995-2008

O zelo reformador foi detido na maior parte da região. Países que há apenas alguns anos avançavam cheios de entusiasmo, agora parecem temerosos e, inclusive, completamente paralisados. (...) Em muitos dos países as reformas pararam no meio do caminho: iniciaram-se algumas modernizações básicas, mas a meta de economias genuinamente modernas e de mercado ainda parece muito longe (...) Os atuais dissabores econômicos são, em grande medida, consequência de um programa inconcluso (Edwards, 1998, p. 79-80; 71).

De acordo com essa avaliação — produzida pela vice-presidência do Banco para América Latina e Caribe em 1996-1998 —, não apenas o primeiro estágio de reformas estruturais ainda não havia se completado como o segundo mal se iniciara. Edwards advertia que a retomada da "longa marcha" da região para uma economia de mercado livre, aberta, rentável e segura para o capital requeria, agora, a implementação conjugada de ajustes econômicos e institucionais. Nos seus próprios termos:

Postergar a modernização institucional do aparato de Estado até que estejam completamente executadas as reformas de primeira geração pode acarretar efeitos econômicos indesejados e até negativos (...). Dever-se-ia fazer um esforço para levar ao fim, o quanto antes, as reformas institucionais, preferencialmente junto com as reformas econômicas. Isso, desde logo, é mais fácil de dizer do que fazer, dado que a transformação institucional requer tempo, é difícil e muitas vezes se lança contra uma grave oposição política (...). O processo de reforma não pode cessar depois que apenas umas poucas políticas econômicas tenham sido alteradas ou apenas corrigidas. Os reformadores exitosos geralmente são aqueles que implementam — ou, pelo menos, investem muito cedo em — uma transformação maior das instituições do Estado (Edwards, 1998, p. 74; 76).

A Tabela 6.3 resume as diferenças entre o primeiro e o segundo estágios da liberalização econômica, segundo o *mainstream* neoliberal.

O BANCO MUNDIAL COMO ATOR POLÍTICO, INTELECTUAL E FINANCEIRO

Tabela 6.3
Os estágios da liberalização econômica, segundo o *mainstream* neoliberal

Pontos	1º estágio	2º estágio
Prioridades	Reduzir a inflação e reativar o crescimento econômico	Manter o controle inflacionário, acelerar o crescimento, consolidar a abertura econômica, aumentar a competitividade internacional, estimular a poupança interna e aliviar a pobreza.
Estratégia	Mudar regras macroeconômicas, reduzir o tamanho e o âmbito de ação do Estado, desmantelar o protecionismo e os instrumentos tradicionais de intervenção na economia.	Realizar uma reestruturação institucional que promova uma agenda microeconômica, condição para elevar a competitividade do setor privado.
Ações específicas	Cortes orçamentários drásticos, reforma fiscal, liberalização de preços (incluindo taxas de juros e de câmbio), liberalização comercial e financeira, desregulamentação do setor privado, privatizações e criação de fundos sociais de emergência, preferencialmente fora dos ministérios sociais.	Instituição de um processo orçamentário definido e obrigatório; reorganização da estrutura de governo, redução do funcionalismo público e descentralização administrativa; independência do Banco Central; revisão de toda a legislação trabalhista, a fim de desonerar os empregadores; manutenção do ajuste fiscal e aumento da arrecadação, sobretudo por meio da reforma da previdência; reforma educacional; finalização do ciclo de privatizações, realizando aquelas politicamente mais complexas; reforma do Judiciário; constituição de arranjos público-privados para o fornecimento de bens públicos; fixação de novos marcos legais e de supervisão da atividade econômica; redefinição do pacto federativo.

(cont.)

RECICLAGEM E DILATAÇÃO DO PROGRAMA POLÍTICO NEOLIBERAL — 1995-2008

Pontos	1º estágio	2º estágio
Modo de implementação	Relativamente simples, rápido e drástico, mediante maior insulamento da cúpula do Executivo em relação ao sistema político-partidário e o desmonte de agências públicas, em muitos casos não substituídas por outros órgãos.	Mais lento e complexo, devido à ampliação da pauta e à gestão compartilhada. A introdução de mecanismos de concertação política agrega um número maior de atores e tende a introduzir mais tensões na negociação e na execução das políticas públicas.
Principais atores	Presidência da República, Ministério da Fazenda, Banco Central, instituições financeiras multilaterais, grupos financeiros privados e investidores de carteira exterior.	Presidência da República, Congresso Nacional, burocracia pública, Judiciário, sindicatos, partidos políticos, mídia, governos estaduais e municipais, setor privado.
Natureza dos custos políticos	Diluídos amplamente entre a população.	Concentrados em grupos específicos, tendencialmente com maior capacidade de resistência e vocalização política.
Impacto público das reformas	Imediato	De médio e longo prazos
Visibilidade dos resultados	Alta visibilidade pública	Baixa visibilidade pública

Fonte: Naím (1996).

A avaliação produzida no escritório latino-americano do Banco Mundial não se restringia à América Latina. Prova disso foi a publicação do RDM 1997 em junho do mesmo ano — um mês antes da eclosão da crise financeira no Sudeste da Ásia — dedicado à importância estratégica da "reforma do Estado" para o avanço e a consolidação do ajustamento estrutural (Banco Mundial, 1997). Ao custo de US$ 3 milhões e 150 mil cópias traduzidas do inglês para ao menos oito idiomas (chinês, alemão, francês, espanhol, português, japonês, russo e vietnamita), tratou-se do primeiro RDM produzido integralmente sob a nova gestão e com a participação de Joseph Stiglitz — ex-presidente do Conselho de Assessores Econômicos do presi-

O BANCO MUNDIAL COMO ATOR POLÍTICO, INTELECTUAL E FINANCEIRO

dente Clinton — como economista-chefe do Banco. Clamando por um Estado "efetivo", o informe foi apresentado pela propaganda do Banco como um guia que, finalmente, "trazia de volta" o Estado ao proscênio do desenvolvimento. Tomado como prova das "mudanças" promovidas por Wolfensohn, sua repercussão internacional foi imensa. Parte dos críticos à esquerda o saudou como uma inflexão em relação à "ortodoxia neoliberal", como se a distinção entre esquerda e direita radicasse no grau de "intervenção" do Estado na economia. Tal ovação revelou que parte considerável dos críticos do neoliberalismo já havia internalizado plenamente o discurso de que o capitalismo financeiro e globalizado prescindia da ação do Estado. Escapava-lhes o fato de que *laissez-faire* e intervencionismo são "modos de articulação entre o poder político institucionalizado no Estado e o poder econômico-financeiro dos mercados — na realidade, de seus atores mais poderosos" (Vilas, 2008, p. 1).

Com o estouro da crise asiática veio uma nova onda de críticas às gêmeas de Bretton Woods, tanto à direita como à esquerda. Stiglitz e Wolfensohn agiram rapidamente e conseguiram desviar grande parte das críticas direcionadas ao Banco ao questionarem publicamente a pressão que o FMI havia feito em prol da liberalização da conta capital dos países golpeados pela crise. Com o mesmo objetivo, ambos atribuíram as raízes da tormenta financeira ao tipo de articulação firmado entre Estado e empresas — apelidado pejorativamente de *crony capitalism,* algo como "capitalismo de compadres". Ou seja, o que até então era visto como um dos componentes responsáveis pelo suposto "milagre" asiático passou da noite para o dia a ser tomado como o grande vilão. No conjunto, os pronunciamentos de Stiglitz e Wolfensohn procuraram diferenciar a posição do Banco Mundial do que seria o "fundamentalismo de mercado", encarnado pelo FMI. Com o apoio do nada modesto aparato de propaganda do Banco, esse discurso utilizou-se da ideia de "retorno do Estado" — mote do RDM 1997 — como sinal da suposta distinção entre os receituários prescritos pelo Banco e pelo FMI.

Todavia, em vez de representar uma mudança em relação ao programa neoliberal, o RDM 1997 constituiu-se numa peça importante da sua reciclagem (Hildyard, 1998). O rechaço à tese do "Estado mínimo" foi uma

RECICLAGEM E DILATAÇÃO DO PROGRAMA POLÍTICO NEOLIBERAL — 1995-2008

manobra política inteligente, pois fez crer, para muitos, que estava em julgamento algo que, na verdade, nunca existiu. Como mostra farta literatura,[68] a reestruturação capitalista neoliberal foi menos um desmantelamento e mais um redirecionamento da ação do Estado em favor da fração financeira mais globalizada do capital e da ofensiva capitalista contra direitos sociais e trabalhistas.

Num plano mais geral, o informe reiterou todas as premissas neoclássicas fundamentais. Seguindo a mesma linha do RDM 1991, repetiu-se a tese da complementariedade entre "Estado e mercado", definindo o Estado, agora, como um "parceiro, catalisador e facilitador" do crescimento econômico conduzido, sempre, pelo setor privado. Somente em situações excepcionais e quando fosse estritamente necessário o Estado poderia corrigir "falhas de mercado eventuais".

O RDM 1997 propôs uma estratégia de reforma baseada em duas diretrizes. A primeira consistia em ajustar a função do Estado à sua "capacidade", o que implicava definir o seu rol legítimo de ações: garantir a estabilidade macroeconômica, assegurar um ambiente econômico "não distorcido" (sem controle de preços, subsídios etc.), estabelecer um marco legal claro e adequado à livre concorrência, investir em infraestrutura e em serviços sociais básicos (educação primária e saúde), proteger a propriedade privada, conservar o meio ambiente e promover programas sociais focalizados nos segmentos mais pobres. A mensagem era clara: "Além do básico, não é preciso que o Estado seja o único provedor" (*ibidem*, p. 6). A segunda diretriz consistia em aumentar a capacidade do Estado por meio do "revigoramento" das instituições públicas, implicando: a) a criação de normas e restrições legais que controlassem a "ação arbitrária" da burocracia estatal; b) a introdução de maior pressão competitiva no interior do Estado, tanto por meio da criação de uma burocracia baseada no mérito, "en-

---

[68]Em especial, Harvey (2007), Duménil & Levy (2007), Tabb (2001 e 1997), Panitch (1997), Vilas (2007, 2001 e 1997), Saxe-Fernández (1999), Petras (2001), Cammack (2007) e Borón (2004). O tema se articula com uma discussão mais ampla sobre a fase atual do capitalismo internacional e o papel ativo dos Estados nacionais. Sobre esse ponto, cf. Hirst & Thompson (2001), Weiss (1997), Wood (2003), Vilas (2004), Harvey (2004), Tabb (2004), Fiori (2004 e 2004a) e Gill (2008).

xuta", "corporativa" e bem remunerada, como pela concorrência na provisão de bens e serviços entre o setor público, empresas e ONGs; c) a necessidade de "aproximar o Estado do povo" aumentando a "participação social", por meio da privatização ou terceirização da prestação e gestão de serviços sociais básicos; da criação de conselhos deliberativos público-privados nos mais diversos âmbitos setoriais ou territoriais, da realização de consultas regulares aos usuários de serviços; e da criação de conselhos comunitários para gerenciar escolas com mais "eficiência" e estimular o financiamento "voluntário" dos pais, entre outros expedientes. Mais uma vez, prescreveu-se o avanço da descentralização administrativa, desde que realizado de maneira escalonada e setorializada, a fim de evitar o aumento da desigualdade inter-regional, a "indisciplina fiscal" e a eventual "captura" do Estado por interesses "locais", os quais poderiam gerar problemas de governança e governabilidade.

No âmbito da política social, o RDM 1997 também deu seguimento à agenda privatizadora impulsionada pelo Banco Mundial há mais de uma década. O informe distinguiu entre "seguro social" e "assistência social": o primeiro abarcaria pensões, previdência, seguro-desemprego e outras modalidades voltadas para apoiar financeiramente pessoas que "ficam fora da economia assalariada durante uma parte da vida" (*ibidem*, p. 58); a segunda abrangeria programas destinados a "ajudar os elementos mais pobres da sociedade, aqueles que mal podem sustentar-se sozinhos" (*ibidem*, p. 58). Segundo o relatório, a extensão do Estado de bem-estar no pós-guerra teria ofuscado aquela distinção, gerando, ao longo do tempo, um sistema injusto — por beneficiar os "assalariados do setor formal" e os "funcionários públicos" (*ibidem*, p. 60) — e insustentável do ponto de vista fiscal. Como solução, o Banco propôs a separação clara entre seguro e assistência e a privatização do primeiro, uma vez que aposentadorias, pensões e seguros constituiriam uma forma de poupança, e não um direito (*ibidem*, p. 61), devendo, portanto, ser autofinanciável (*ibidem*, p. 62). Ao mesmo tempo, o Banco propôs a remodelagem completa da assistência social, rechaçando a concessão de subsídios amplos para habitação, infraestrutura e alimentos em favor de "abordagens auto-orientadas", como a focalização dos fundos em localidades onde haja concentração de pobreza, microcrédito para pe-

RECICLAGEM E DILATAÇÃO DO PROGRAMA POLÍTICO NEOLIBERAL — 1995-2008

quenos negócios em comunidades pobres e, sobretudo, programas que exigem algum tipo de contrapartida (*cost-recovery*) (*ibidem*, p. 62). Além disso, o Banco indicou a necessidade de um trabalho ideológico intenso para "dar aos pobres condições para que se tornem advogados mais efetivos dos seus próprios interesses" (*ibidem*, p. 63). Organizações não governamentais e associações voluntárias cumpririam um papel fundamental nessa direção, com o propósito de "legitimar a atenuação da democracia na política econômica pelo aumento da participação em áreas seguramente canalizadas" (Gill, 2000, p. 18).

Ao tema da política industrial foram dedicadas algumas poucas referências esparsas e minguadas, as quais, de todo modo, não trouxeram qualquer mudança em relação aos postulados anteriores. Em primeiro lugar, porque o informe condicionou a construção da "capacidade institucional" à liberalização econômica e à privatização, nos casos em que o Estado fosse "hipertrofiado" e "sobrecarregado" de funções. Como, para o Banco, virtualmente todos os Estados periféricos têm tais características — ou podem vir a tê-las, dependendo da conveniência de classificá-los de tal maneira —, não é difícil concluir que a implicação direta do Estado na esfera industrial aparecia subordinada ao cumprimento prévio das reformas de primeira geração. Em segundo lugar, das três modalidades de política industrial citadas ("coordenação de investimentos" pelo Estado, "substituição de mercados" por empresas estatais e "fortalecimento de redes privadas") (*ibidem*, p. 76-78), o relatório recomendou que as duas primeiras, que exigem níveis elevados de intervenção, deveriam ser "tomadas com cautela, se não evitadas"; apenas a terceira modalidade seria aceitável, por exigir pouca participação do Estado, ter baixo custo e não se basear no controle (*ibidem*, p. 79). Enquanto "parceiro", o Estado jamais poderia orientar ou controlar o setor privado.

Apesar de advogar um Estado "mais próximo do povo", o relatório não deixou de ressaltar, novamente, que um ambiente livre e aberto aos negócios depende da concentração e do insulamento da autoridade em determinadas agências estatais (Ministério da Fazenda, Banco Central etc.) contra "pressões particularistas" decorrentes da luta popular, do controle parlamentar ou mesmo das frações dominadas das classes dominantes. Por ou-

377

tro lado, devido ao fortalecimento da oposição política à agenda neoliberal, o informe enfatizou a necessidade de um trabalho ideológico mais consistente para conquistar a adesão de um conjunto amplo da população, a fim de fazer com que aquela agenda fosse assumida como sendo expressão da própria "vontade nacional". O recado aos "reformadores" (líderes, partidos políticos e aparelhos privados de hegemonia em geral) foi taxativo:

> O líder eficiente dá ao público o senso de que a reforma pertence ao povo e não foi imposta de fora para dentro. A reforma do Estado requer a cooperação de todos os grupos da sociedade. A compensação dos grupos por ela afetados (que podem nem sempre ser os mais pobres) pode ajudar a garantir o seu apoio. Embora possa sair caro a curto prazo, a compensação valerá a pena a longo prazo (Banco Mundial, 1997, p. 15).

Quanto ao papel dos organismos internacionais na reforma do Estado, o RDM 1997 delimitou quatro formas de atuação: a provisão de "assistência técnica sobre o que fazer e o que evitar" (*ibidem*, p. 15); a disponibilização de quadros experientes para o tratamento de temas específicos; a oferta de empréstimos e créditos para "ajudar os países a suportar o doloroso período inicial da reforma"; e, por último, o estabelecimento de um mecanismo por meio do qual os países assumissem "compromissos externos, tornando mais difícil retroceder no processo reformador" (*ibidem*, p. 16). Em outras palavras, caberia aos organismos internacionais: a definição da pauta da reforma; a indicação de quadros próprios para a formulação de políticas; a provisão de recursos (reembolsáveis) para aliviar tensões sociais e dividir a oposição política; e, por fim, a intermediação de acordos internacionais pró-liberalização, que serviriam para elevar os custos políticos dos governos que decidissem — ou fossem levados a — trilhar uma rota alternativa de desenvolvimento.

A rigor, o RDM 1997 reproduziu as linhas centrais do enfoque "amigável com o mercado" trazido pelo RDM 1991; agora, porém, com o amparo da retórica neoinstitucional e da noção de governança. Como notou Panitch (1998, p. 1), a mensagem central do relatório pode ser resumida na lição de que "a globalização começa em casa", uma vez que as relações capitalistas, em clave neoliberal, não podem se desenvolver sem um Estado efetivo que assegure os direitos de propriedade, isole a condução da política econômica do voto democrático e forneça condições razoáveis de governabilidade e legitimação social. Portanto, longe de propor a "retirada do Estado" ou o seu retorno como mero "guarda-noturno", o RDM 1997 prescreveu uma ampla transformação institucional voltada para fortalecer a capacidade do Estado nacional de acelerar, aprofundar e consolidar a reestruturação capitalista neoliberal, tanto ao sul como ao leste.

Não surpreende, pois, que um dos traços mais marcantes do RDM 1997 fosse a maneira aparentemente despolitizada e administrativista como o Estado — uma entidade política por definição — foi tratado (Kapur, 1998, p. 4-5). Ao privar o Estado da sua dimensão política e desligar os nexos histórico-estruturais entre a ação estatal e a reprodução do capitalismo, o RDM 1997 nada mais fez do que tentar camuflar ou naturalizar a configuração de poder gerada por duas décadas de reestruturação neoliberal (Vilas, 2000, p. 28). Um procedimento típico das forças que se situam no vértice da hierarquia de poder político.

O Estado moderno surgiu da separação entre o político e o econômico (Wood, 2003 e 2003a) e é sobre tal separação que se constitui a "autonomia relativa" do Estado. Entretanto, o grau de autonomia está diretamente ligado ao grau de estabilidade de um determinado bloco no poder. Como notou Vilas (1997), num período histórico de virada do capitalismo em favor da fração financeira do capital e da ofensiva contra a classe trabalhadora aquela separação diminui substancialmente, ao mesmo tempo em que aumenta o papel do Estado como "recurso de poder" de certos grupos e frações em detrimento de outros. A luta política assume a forma de um vale-tudo e o controle sobre o Estado passa a ser tão importante quanto — até mesmo condição para — o controle do mercado. Em momentos dessa natureza, explicou o autor (*ibidem*, p. 149), "o Estado deixa de funcionar como Estado formalmente de todos (o Estado em sua função política de condução) para atuar como o Estado de alguns mais do que de outros (o Estado com predomínio de sua função política de dominação)". Vale recordar, porém, que esse tipo de configuração nada tem de novidade. Como disse Adam Smith em 1776, ainda nos albores do capitalismo: "Instituído em princípio para a segurança da propriedade, o governo civil [i.e., o Estado] é, na realidade, instituído para a defesa dos ricos contra os pobres ou dos que detêm alguma propriedade contra os que não têm propriedade alguma" (Smith, 2003, p. 906).

O RDM 1997 consistiu numa peça por excelência do que Gill (2008 e 2002) denomina de "novo constitucionalismo": a promoção, em favor do capital, de reformas políticas e legais que redefinem a relação entre o político e o econômico por meio de uma série de mecanismos jurídicos vinculantes desenhados para ter *status* quase permanente, a fim de enquadrar e definir as regras dentro das quais a política "ordinária", convencional, pode se dar. Enquanto tal, o "novo constitucionalismo" volta-se para a contenção da oposição ao capitalismo neoliberal, por meio de cooptação, domesticação, neutralização e despolitização. Trata-se, pois, da forma político-jurídica do processo capitalista neoliberal de acumulação e civilização, i.e., de extensão e aprofundamento de "valores e disciplinas de mercado na vida social, sob o regime da livre empresa" (Gill, 2002, p. 47). Num mundo cada vez mais marcado pelo aumento da desigualdade econômica dentro dos países e entre eles (Portes & Hoffman, 2003; Vilas, 1999), seu objetivo é trancar dentro (*lock in*) os ganhos de poder do capital e trancar fora (*lock out*) ou incorporar/despolitizar as forças que desafiam esses ganhos (Gill, 2002, p. 48). Nesse sentido, o novo constitucionalismo retoma o papel "produtivo" da lei e da forma legal liberal na constituição da sociedade capitalista, evocando o império da lei (*rule of law*) para construir um domínio protegido (*protected domain*) contra a realização de qualquer modalidade de controle democrático e de confisco social, por meio do Estado, em nome do interesse público.

Não por acaso, a Nova Economia Institucional (NEI) ou neoinstitucionalismo passou a informar as prescrições políticas do Banco Mundial para o segundo estágio de liberalização econômica, em curso desde meados da década de 1990. Esse ramo de conhecimento ambiciona construir uma teoria sobre a formação e a evolução das instituições incorporável à economia neoclássica e com ela compatível (Medeiros, 2001, p. 78). Trata-se de uma corrente originada da análise organizacional, que abriu caminho como variante da teoria neoclássica desde os anos 1960 e ganhou enorme alento

RECICLAGEM E DILATAÇÃO DO PROGRAMA POLÍTICO NEOLIBERAL — 1995-2008

com a entrega do Prêmio Nobel a Ronald Coase, em 1991, e a Douglass North, dois anos depois (Vilas, 2002, p. 20). O Banco Mundial adotou o conceito funcionalista de "instituição" cunhado por North no início dos anos 1990, como se pode ver no RDM 1991 e no informe sobre governança, de 1992. North, aliás, foi um dos consultores externos pagos pelo Banco para a redação do RDM 1997.

Convém retomar os conceitos principais da NEI.[69] O mais importante é o de "instituições", entendidas como as regras do jogo formais e informais criadas pelo homem que dão forma à interação social, definem e limitam o conjunto de escolhas individuais, reduzindo as incertezas e estruturando incentivos ao prover estabilidade às relações (North, 1993, p. 13-14). Em seguida vem o conceito de "escolha racional". Centrado no individualismo metodológico e na premissa de que todos os indivíduos têm capacidade igual para formar instituições, parte do pressuposto de que a empresa capitalista, entendida mais como estrutura de gestão do que de produção, constitui o modelo de organização racional e eficiência não apenas para o conjunto da sociedade como também para o próprio Estado. Outro conceito fundamental é o de "direito de propriedade". A partir da naturalização da forma capitalista liberal, preconizam-se a segurança legal dos direitos de propriedade e a garantia plena do seu usufruto. Outro conceito importante é o de "custos de transação", entendidos como custos associados a transferência, captura e proteção dos direitos de propriedade. Ligado ao anterior está o conceito de "informação incompleta", associada ao custo de obtenção das informações necessárias para os atores orientarem suas ações e à assimetria com que são apropriadas pelos que participam da troca. Por fim, o conceito de "captores de renda", que designa os indivíduos e grupos de interesse orientados para a apropriação de rendas originadas da intervenção do Estado no mercado.

Costurando todo o acervo conceitual está a ideia de que as regras do jogo — as instituições, segundo North — vigentes num dado ambiente determinam as condições para o exercício da escolha racional, a definição dos

---

[69]A NEI foi analisada criticamente por Alvarez (2004), Vilas (2002), Medeiros (2001), Velasco e Cruz (2004), Carroll (2005) e Charnock (2007).

direitos de propriedade, os custos de transação, o acesso e a qualidade da informação e a apropriação distorcida de renda provocada pela ação do Estado. Os ambientes podem ser mais ou menos "eficientes", conforme a sua funcionalidade para a "economia de mercado" (diminuição dos custos de transação, livre concorrência, segurança dos contratos e da propriedade privada etc.). Conclui-se, então, que a definição e o manejo das regras do jogo e do arranjo institucional são fatores decisivos para a eficiência econômica. Ora, essa abordagem reduz o institucional a uma dimensão meramente técnica e instrumental. Além disso, por esse mesmo caminho, toma-se o político como mera engenharia institucional, o que permite ao discurso neoliberal internalizá-lo como elemento importante para a promoção da "economia de mercado". Desse modo, o institucional é instrumentalizado e subordinado à liberalização econômica, construída a partir de relações de poder aceitas como algo dado, naturalizado.

Como argumentou Medeiros (2001, p. 81-84), o neoinstitucionalismo ao estilo Douglass North parte do reconhecimento de que o mundo real não se aproxima da concorrência perfeita, razão pela qual se introduz uma sociologia institucional assentada sobre um modelo idealizado e funcional de instituição que, no limite, recria as condições favoráveis à livre concorrência. O modelo anglo-saxão de "economia de mercado" é descrito como o mais próximo desse modelo, o que evidenciaria a importância desse tipo de instituições para o desenvolvimento do capitalismo. O "não desenvolvimento", por contraste, decorreria da existência de instituições que inibem as relações mercantis e a acumulação, vista como um processo essencialmente privado, que se desenvolve a menos que seja tolhido por forças hostis. A reprodução dessas forças hostis obedece à racionalidade política de grupos não competitivos encastelados no Estado.

Ao longo dos anos 1990, o neoinstitucionalismo foi incorporado pelo programa político neoliberal, fornecendo-lhe meios poderosos de reciclagem, num período especialmente delicado, marcado pela sucessão de crises financeiras mais ou menos violentas nos principais "mercados emergentes", pelo desgaste político dos governos "reformadores" e pelo aumento das tensões sociais em vários países da periferia (Stolowicz, 2004; Álvarez, 2004, p. 46-49). De que maneira isso ocorreu?

Em primeiro lugar, ao justificar, com argumentos mais brandos e sofisticados, a separação e subordinação da política à economia. Uma vez que a diferença entre instituições eficientes e ineficientes consiste na sua funcionalidade para a "economia de mercado", à racionalidade política cabe um papel subsidiário diante da racionalidade econômica. Nesse esquema teórico, a "economia de mercado" precede a política, de modo que o jogo político fica restrito, logicamente, à busca incessante pela diminuição de custos de transação. Além disso, nessa lógica, os resultados das políticas de ajustamento sempre poderão ser creditados, quando for da conveniência dos seus promotores, à má execução e à falta de convicção dos seus operadores locais. Um argumento que, ironizou Vilas (2007a, p. 61), remete ao discurso religioso, para o qual, diante da infalibilidade do dogma, o problema radica, inevitavelmente, na falta de fé dos praticantes e na fraqueza da carne humana.

Em segundo lugar, por alimentar o discurso político do fim dos antagonismos estruturais e da harmonia de interesses. Classes, aparelhos privados da sociedade civil, grupos de interesse, movimentos sociais, todos são vistos como instituições que "interagem" para a obtenção de determinados fins e flutuam mais ou menos no mesmo nível de poder. O próprio Estado é tomado como mais uma instituição, entre tantas outras, o que simplesmente esvazia a dominação como questão (Álvarez, 2004, p. 47-48). Esse discurso deu nova munição para o trabalho de persuasão e organização social necessário à sustentabilidade política da neoliberalização. E quando, ocasionalmente, reconhece-se que existem assimetrias, o esvaziamento dos conflitos estruturais *a priori* já preparou o terreno para a evocação ao "empoderamento dos pobres". Como virtualmente não existem relações de dominação, qualquer um pode se empoderar — i.e., ter capacidade para — sem sofrer a obstrução de outrem. O poder deixa de ser visto como uma relação social necessariamente entranhada numa determinada estrutura social. As iniciativas orientadas por esse referencial vão desde projetos de "desenvolvimento local" no meio rural até a criação de conselhos público-privados para a "gestão" de cidades. Em todos os casos, o discurso é sempre o mesmo: não há ganhadores e perdedores, somente ganhadores.

Em terceiro lugar, como salientou Álvarez (2004, p. 48), por alimentar a neoliberalização do Estado municiando os "reformadores" com um discurso politicamente muito mais palatável. Assim, por exemplo, em vez de o controle sobre o gasto público aparecer como um requerimento contábil calculado pela relação custo-benefício, pode-se tratá-lo como mais um meio de redução dos custos de transação, independentemente da natureza das instituições. Afinal, não importa se públicas ou privadas, o que importa é que as "funções" e as "regras do jogo" sejam cumpridas cabalmente. Além disso, como todos os atores flutuam mais ou menos no mesmo patamar — uma vez que todos os indivíduos têm, abstratamente, capacidade igual para formar instituições —, a NEI estimula a política de que todos devem dar a sua cota. Além de nivelar atores estruturalmente desiguais, esse discurso dilui a responsabilidade do Estado, visto como mais um ator. Ainda, a NEI empresta argumentos para justificar o ataque aos sindicatos de trabalhadores do setor público, mediante a ideia de captura de renda por interesses corporativos.

Em quarto lugar, a NEI favorece a legitimação de um novo ciclo de negócios — em particular, envolvendo a exploração de recursos naturais e energéticos — que alarga o espaço social da valorização do capital, com argumentos que superam o economicismo dos enfoques hipermercadistas, a partir da ideia de engenharia institucional e de entorno institucional eficiente (Álvarez, 2004, p. 48).

Embora viesse num movimento ascendente desde o início dos anos 1980, a projeção da NEI ganhou força com as crises financeiras associadas à aplicação das prescrições de Washington. Com a metástase da crise na Ásia Oriental, iniciou-se uma troca de acusações no interior do *establishment* capitalista oficial e privado, com propostas diversas sobre a adequação das bases institucionais que regulam as transações financeiras (Naím, 2000; Florio, 2002; Cunha, 2004; Önis & Senses, 2005). A partir de 1998, avolumaram-se mais e mais críticas ao consenso de Washington dentro da sua própria base. Os ataques de Stiglitz (1998) ao "fundamentalismo de mercado" do FMI — e, por extensão, ao Tesouro estadunidense e a Wall Street (Wade & Veneroso, 1998) — compuseram esse mosaico. Em abril de 1998, durante a Cúpula das Américas realizada em Santiago do Chile, Wolfensohn declarou que o consenso de Washington havia terminado.

RECICLAGEM E DILATAÇÃO DO PROGRAMA POLÍTICO NEOLIBERAL — 1995-2008

Embora continuasse imprescindível a manutenção de políticas "já provadas" para o crescimento econômico, impunha-se uma "nova" agenda, centrada na promoção da "inclusão social" e da "participação". Seis meses depois, o teor da suposta nova agenda foi enunciado no seu discurso ante o Conselho de Governadores do banco, cujos pivôs eram educação e saúde básicas (Wolfensohn, 1998). O próprio Williamson (1998) revisitou o decálogo de políticas que compilara havia quase uma década, insistindo na sua reprodução, mas acrescentando a necessidade de "fortalecer as instituições" (mediante a criação de bancos centrais independentes, comissões orçamentárias insuladas etc.) e "melhorar a educação" primária e secundária.

Dentro do Banco Mundial abriu-se um debate intenso. Duas correntes se destacaram. Uma, mais ortodoxa, defendeu a realização de uma agenda de reformas institucionais, de segunda geração, que complementasse as reformas de primeira geração inspiradas no consenso de Washington, a fim de garantir a sua eficácia e consolidação. Seus expoentes mais notórios respondiam pela atuação do Banco na América Latina e no Caribe: Shahid Javed Burki, vice-presidente, e Guillermo Perry, sucessor de Sebastián Edwards no cargo de economista-chefe do Banco para a região. Outra corrente, mais heterodoxa, criticou de forma aberta o consenso e preconizou a necessidade de regulação estatal em certas áreas onde o livre mercado não bastasse para assegurar o desenvolvimento. Seu expoente mais conhecido foi Joseph Stiglitz, então economista-chefe e vice-presidente do Banco. A seguir, ambas são vistas em maior detalhe.

Burki e Perry (1998) argumentaram que as reformas de primeira geração, embora tivessem sido bem-sucedidas em controlar a inflação e desmontar os principais instrumentos de sustentação do nacional-desenvolvimentismo, não tiveram a mesma eficácia em lograr taxas de crescimento sustentáveis, nem tampouco reduzir significativamente a pobreza. Para lograr ambos os objetivos, quatro setores estratégicos deveriam ser reformados: finanças, educação, justiça e administração pública.

No setor financeiro, a reforma consistiria na criação de redes de proteção ao sistema bancário privado contra crises financeiras, deslocando de forma mais equilibrada o risco para o Estado. Tais redes deveriam: fornecer informações adequadas sobre a qualidade das operações e a carteira dos bancos; prover seguros de proteção aos depósitos; oferecer mecanismos de empréstimo em última instância; exigir requisitos mínimos de capital para a entrada no mercado financeiro; supervisionar as operações; garantir políticas de saída; proporcionar créditos para os "pobres" iniciarem um "negócio"; e, por último, diminuir o risco moral (*moral hazard*) e a especulação embutidos na própria existência de mecanismos mais sólidos de proteção e salvaguarda.

No âmbito educacional, a reforma deveria: acelerar a descentralização administrativa; estimular a concorrência entre escolas públicas e privadas por financiamento; expandir a prestação de serviços privados financiados pelo Estado; e atrelar a remuneração dos profissionais a metas de desempenho. Na mesma direção, Burki e Perry ressaltaram a necessidade de desarticulação da resistência dos sindicatos de professores, principalmente por meio de expedientes que estimulassem a concorrência no interior da sua base social, como a remuneração por produtividade e o reconhecimento público, entre outros. Recomendaram, também, a realização de uma ampla propaganda sobre os "benefícios" da reforma voltada para o tema da capacitação da força de trabalho para elevar a produtividade da economia no mercado internacional.

Na seara judicial, o eixo da reforma residiria em seis medidas: padronização do trabalho dos magistrados; introdução de esquemas de remuneração condicionados a metas de desempenho; informatização de serviços; simplificação de ritos processuais; redução dos custos judiciais e adoção, pelos juízes, de um equilíbrio entre o cumprimento da lei e a obediência a ordens superiores. A reforma deveria focalizar, sobretudo, a "base de incentivos" que orienta o comportamento da burocracia (desembargadores, juízes e funcionários), incorporando técnicas de reconhecimento e premiação já utilizadas no setor privado.

Em matéria de administração pública, embora destacassem a ausência de um paradigma claro de reforma — como o que existia para as áreas de política macroeconômica, liberalização da economia e privatização —, Burki e Perry defenderam uma agenda de mudanças cujo eixo residia na incorporação de métodos de gestão empregados pelo setor privado. Isso exigiria ações direcionadas para: a) avançar no processo de descentralização e ele-

RECICLAGEM E DILATAÇÃO DO PROGRAMA POLÍTICO NEOLIBERAL — 1995-2008

var o grau de delegação na tomada de decisões (sobretudo para níveis inferiores da hierarquia); b) aumentar o grau de concorrência no interior da burocracia, atrelando todas as funções a esquemas de gratificação baseados no desempenho; c) implementar formas de gestão orientadas para a "satisfação do cliente", concedendo-lhe "voz" e "participação" em certas áreas e fases da prestação de serviços; d) enxugar a máquina estatal, demitindo funcionários, e reorganizar a provisão de serviços públicos, transferindo diversas atividades para o setor privado; e) basear todas as agências e atividades da administração pública na lógica mercantil, por meio da competição entre órgãos públicos por financiamento. Esse conjunto de ações deveria diminuir a informalidade[70] no seio da administração pública e "aproximá-la" do setor privado e do "povo", aumentando a sua capacidade de responder às demandas econômicas e sociais. Permaneceram em aberto questões relacionadas ao melhor sequenciamento das reformas e à velocidade adequada de sua implementação.

Para complementar as reformas nos quatro setores acima referidos, Burki e Perry (1997) recomendaram aos governos da América Latina e do Caribe a máxima prioridade quanto à liberalização dos mercados de trabalho e terra. No primeiro caso, seria necessário rever a legislação trabalhista e modificar toda a estrutura da justiça do trabalho, com o objetivo de reduzir os custos de contratação e demissão de trabalhadores, diminuir o poder de negociação dos sindicatos e facilitar a emergência de novas modalidades de contrato entre empresas e trabalhadores. No segundo caso, seria preciso modificar as legislações agrárias, a fim de estimular a maximização das transações de compra e venda e de arrendamento de terras (inclusive daquelas que foram objeto de reformas agrárias passadas), com o objetivo de acelerar a entrada

---

[70]Segundo Burki e Perry (1998, p. 144-146), o problema principal da administração pública latino-americana seria o predomínio da "informalidade", definida pelas seguintes características: excesso de centralismo e baixa delegação de poder; ausência de cooperação e confiança; excesso de regras formais (frequentemente contraditórias entre si) e não cumprimento delas; falta de circulação de informações ("entesouramento"); criação de organizações informais por fora da estrutura oficial; nomeações de pessoal *ad hoc*; secundarização da meritocracia e estímulo ao oportunismo, à corrupção, à influência política e à não responsabilização. As origens da informalidade residiriam na "herança colonial", no baixo "capital social" (nível de confiança) e na "fraqueza" ou "desinteresse" do Estado em cumprir suas próprias regras.

de produtores rurais "eficientes" e saída de produtores "ineficientes", segundo os parâmetros da rentabilidade média do capital agroindustrial. Além disso, recomendaram ações para aliviar a pobreza rural e, ao mesmo tempo, incrementar as transações no mercado fundiário formal, como, por exemplo, a outorga de títulos de propriedade a posseiros. Em lugar da reforma agrária redistributiva, baseada no instrumento da desapropriação (com indenização em títulos públicos resgatáveis no longo prazo), defenderam uma reforma agrária "assistida pelo mercado" (*market-assisted land reform*), baseada na concessão, pelo Estado, de empréstimo a trabalhadores rurais para que negociassem diretamente com os proprietários a compra de terras, paga em dinheiro a preço de mercado, acrescida de uma pequena subvenção para investimentos produtivos.

Os trabalhos de Burki e Perry não trouxeram elementos novos ao enfoque "amistoso com o mercado", pois se baseavam nas premissas básicas do pensamento neoclássico e reiteravam todas as diretrizes do consenso de Washington, dedicando-se tão somente a completá-lo e aprofundá-lo (Bustelo, 2003; Mora, 2005; Stolowicz, 2005). Sua agenda apenas organizou, de forma clara, as ações pendentes até então relativamente dispersas, do ajuste estrutural na América Latina e no Caribe (Vilas, 2000, p. 27).

A segunda vertente, encabeçada por Stiglitz (1998 e 2000), afirmou que o consenso de Washington tinha um foco muito estreito, defendia políticas incompletas e, às vezes, equivocadas, por: a) privilegiar em demasia a área macroeconômica, negligenciando completamente outros aspectos vitais do desenvolvimento; b) enfatizar excessivamente a redução da inflação, o que teria levado à defesa de políticas macroeconômicas que não necessariamente eram as melhores para promover o crescimento; b) deixar de lado outras fontes de instabilidade macroeconômica, como a debilidade do sistema financeiro; c) privilegiar a liberalização financeira, sem a devida montagem de uma estrutura institucional de regulação e supervisão que fortalecesse o setor bancário e reduzisse sua vulnerabilidade externa; d) confundir meios e fins, de tal maneira que a tríade liberalização comercial, desregulação e privatização teria tomado o lugar do fomento à livre concorrência.

A proposta de Stiglitz estabelecia dois grandes objetivos interligados: ampliar a concepção de desenvolvimento — incorporando metas como

RECICLAGEM E DILATAÇÃO DO PROGRAMA POLÍTICO NEOLIBERAL — 1995-2008

equidade social, educação, inovação tecnológica, proteção ambiental, participação social e superação do "tradicionalismo" na vida social — e melhorar o "funcionamento dos mercados". Para alcançá-los, também seria preciso realizar uma segunda geração de reformas estruturais que promovesse: a) a criação de um marco legal e instrumentos de regulação que fortalecessem o sistema financeiro e estimulassem a concorrência em todos os setores da economia, pois só assim faria sentido avançar no processo de liberalização e privatização; b) a focalização do Estado na construção de "capital humano" (educação básica), na promoção da inovação ou transferência (no caso de países mais atrasados) de tecnologia e na montagem de redes de proteção social para os segmentos mais pobres da população; c) a criação de mecanismos de participação social que articulassem toda a sociedade no processo de mudança.

Stiglitz também sugeriu propostas específicas no âmbito da gestão macro e microeconômica, como: a) a constituição de leis antimonopólio efetivas e a unificação em um só bloco de leis de concorrência e de comércio justo em nível internacional; b) o abandono do controle da inflação como prioridade fundamental para mais da metade dos países em desenvolvimento, estabelecendo-se como teto a taxa de 15% ao ano; c) a busca de formas diferenciadas de manejo do déficit orçamentário e em conta corrente, e não a mera reprodução de fórmulas esquemáticas de austeridade fiscal; d) o abandono das altas taxas de juros como meio por excelência para se atrair capital estrangeiro.

Para Stiglitz, a realização desse conjunto de medidas demandaria um enfoque mais "flexível" sobre os setores e as atividades que devem ficar sob controle do Estado e do setor privado. Assim, partindo do pressuposto de que ao Estado cabe, antes de tudo, complementar os mercados, propôs que o Estado corrigisse falhas de mercado quando necessário, atuando temporariamente como um "catalisador" para resolver problemas de escassez de oferta de determinados bens e serviços. Porém, assim que os problemas fossem sanados, a atividade deveria ser concedida ou devolvida ao setor privado.

Stiglitz afirmou que as suas propostas conformariam um "novo consenso", que deveria ser assimilado pelos grupos dirigentes nacionais e convertido numa plataforma de mudanças apoiada por uma ampla coalizão social. Somente a partir dessa "interiorização" poder-se-ia articular o melhor formato e sequenciamento para as reformas de segunda geração.

Comparada às proposições de Burki e Perry, a vertente encabeçada por Stiglitz se distanciou mais da teoria neoclássica. Embora o objetivo perseguido por ambas as vertentes fosse a rigor o mesmo, Stiglitz enfatizou mais a necessidade de o Estado corrigir as "falhas de mercado" e orientar os agentes econômicos em determinados aspectos. Assim, a perspectiva de Stiglitz dialogou mais com a estratégia do Leste da Ásia do que a outra vertente. Nesse sentido, ela implicou um questionamento maior do consenso de Washington.

Entretanto, em termos teóricos, Stiglitz inovou pouco, uma vez que não abandonou as premissas fundamentais da teoria neoclássica (Fiori, 1999; Vilas, 2000; Bustelo, 2003; Fine, 2006 e 2001; Mora, 2005). Com base no individualismo metodológico — segundo o qual a sociedade é composta por um agregado de indivíduos que buscam maximizar a utilidade —, elaborou uma compreensão da economia capitalista como um constructo de indivíduos informados imperfeitamente, coordenada de maneira também imperfeita pelo mercado, mas que *pode* e *deve* se aproximar do modelo neoclássico de concorrência perfeita. Ademais, ao explicar as relações econômicas a partir dos seus fundamentos "micro", deixou de lado conceitos como classe, poder e estrutura social.

Sem romper com o programa básico do ajuste estrutural e a teoria neoclássica, a intervenção de Stiglitz não conseguiu — e, a rigor, não pretendeu — oferecer uma saída teórica e política para a camisa de força imposta pela restauração liberal-conservadora (Fiori, 1999, p. 40). De fato, como salientou Vilas (2000, p. 34), serviu mais à defesa de uma proposta de "regulação pragmática dos mercados" do que propriamente à construção de uma alternativa efetiva ao neoliberalismo, condensado, de forma estilizada, no consenso de Washington. Por outro lado, Stiglitz não esclareceu quais agentes sociais poderiam levar adiante a sua proposta. Tudo se passa como se o desenvolvimento se resumisse à ampliação de metas e ao emprego de instrumentos adequados, sem qualquer mudança nas relações de poder político e econômico vigentes nos âmbitos nacional e in-

RECICLAGEM E DILATAÇÃO DO PROGRAMA POLÍTICO NEOLIBERAL — 1995-2008

ternacional. Em suma, Stiglitz não apontou claramente quem seriam os ganhadores e os perdedores, nem que coalizão de poder daria sustentação à sua proposta.

Ainda sim, as críticas de Stiglitz ao consenso de Washington e, sobretudo, à forma como o FMI — orientado pelo Tesouro estadunidense — agiu frente à crise financeira na Ásia Oriental soaram mal dentro do *establishment* norte-americano oficial e privado. Coube a Lawrence Summers, secretárioadjunto do Tesouro e ex-economista-chefe do Banco, exigir que Wolfensohn lhe pusesse freio. De olho num segundo mandato e ambicionando uma futura indicação ao Prêmio Nobel, Wolfensohn demitiu Stiglitz do cargo de economista-chefe do Banco em novembro de 1999 (Wade, 2001, p. 116). Todavia, manteve-o como assessor especial, dado o seu prestígio internacional — naquele momento, Stiglitz era forte candidato ao Nobel de Economia, o que de fato ocorreria em 2001. Pouco depois, novas críticas de Stiglitz (2000) à gestão da crise financeira asiática pelo complexo Washington-Wall Street tornaram insustentável a sua permanência no Banco.

No final da década de 1990, o andamento das reformas estruturais estava praticamente paralisado nos principais "mercados emergentes". Ao mesmo tempo, a eclosão de uma série de protestos sob o slogan da "antiglobalização" (Seattle em 1999, Washington em 2000 e Gênova em 2001) deu visibilidade à insatisfação de setores populares organizados contra as políticas neoliberais em diversas partes do mundo. Em inúmeros países da periferia, governos liberalizadores enfrentavam a conjugação variada de instabilidade monetária e financeira, degradação dos indicadores econômicos e sociais, baixíssima popularidade e protestos sociais crescentes. Em alguns casos, os governos eleitos começaram a cair em série, como ocorreu na Argentina (Menem) e no México (Zedillo). Na Indonésia, a ditadura de Suharto — aliado histórico dos EUA na região — não sobreviveu à derrocada econômica e à pressão social, chegando ao fim depois de mais de 40 anos. Nos países da Ásia Oriental, os efeitos socialmente regressivos da crise financeira eram assustadores, pauperizando velozmente milhões de trabalhadores (Wolfensohn, 1998 e 1999). Críticas à agenda liberalizadora simbolizada no consenso de Washington e propostas de regulação e controle dos fluxos privados de capital financeiro ganharam alguma visibilida-

O BANCO MUNDIAL COMO ATOR POLÍTICO, INTELECTUAL E FINANCEIRO

de internacional, impulsionadas por dirigentes de algumas organizações internacionais (como a Cepal e a Unctad) e acadêmicos ilustres da academia anglo-americana (Rodrik, Stiglitz, Wade, entre outros). Em suma, dez anos depois da euforia neoliberal que marcou o fim da guerra fria, o tom dos pronunciamentos por parte de segmentos de ponta do *establishment* oficial e privado havia mudado. Apesar dos ganhos de poder e riqueza extraordinários auferidos pelos setores dominantes ao longo da década de 1990 (Duménil & Lévy, 2007 e 2005; Harvey, 2007; Portes & Hoffman, 2003), o prognóstico para o início do século XXI indicava certo mal-estar, a julgar pela avaliação de Hernando De Soto:[71]

> O momento triunfante do capitalismo é seu momento de crise. A queda do Muro de Berlim pôs fim a mais de um século de competições entre o capitalismo e o comunismo. Restou o capitalismo como o único modo viável de se organizar racionalmente a economia moderna (...). Por conseguinte, em variados graus de entusiasmo, o Terceiro Mundo e as nações do extinto bloco comunista equilibraram seus orçamentos, cortaram subsídios, deram boas-vindas aos investimentos estrangeiros e reduziram suas tarifas. Seus esforços foram recompensados com amargas decepções. Da Rússia à Venezuela, os últimos cinco anos foram tempos de sofrimento econômico, de queda nas receitas, de ansiedade e ressentimentos (...). Na América Latina, a simpatia pelos mercados livres diminui (...). Mais preocupante ainda, nas nações do extinto bloco comunista o capitalismo vem deixando a desejar (De Soto, 2000, p. 15-16).

Em resposta ao agravamento dos problemas econômicos e das tensões sociais, o Banco Mundial concentrou a sua mensagem política em três gran-

---

[71]As credenciais do peruano Hernando De Soto também são impecáveis. Ex-economista do Gatt, assessor principal do presidente Alberto Fujimori para a implementação das reformas neoliberais no Peru, fundador e presidente do Instituto para Liberdade e Democracia (ILD) — considerado pela revista *The Economist* o segundo mais importante centro mundial de estudos para formulação de políticas — De Soto vende sua assessoria a governos da América Latina, África, Ásia e do Oriente Médio interessados na implementação da sua principal proposta: a privatização das terras comunais e públicas e a formalização dos bens imobiliários em poder dos "pobres" (barracos, posse de terra urbana ou rural etc.) como mecanismos de expansão da economia capitalista e domesticação política. Seus livros foram traduzidos para mais de dez idiomas. Para uma crítica à aplicação de suas propostas para o meio urbano, consulte-se Davis (2006, p. 178-185). Para o meio rural, cf. Cousins *et al.* (2005).

RECICLAGEM E DILATAÇÃO DO PROGRAMA POLÍTICO NEOLIBERAL — 1995-2008

des temas. O primeiro era a urgência de que, tanto ao sul como ao leste, os governos colocassem em prática — com o devido apoio da "comunidade internacional" — mecanismos que amortecessem os efeitos socialmente regressivos das políticas neoliberais como elementos permanentes do ajustamento estrutural, a fim de garantir o apoio necessário à sua sustentabilidade política. Nas palavras de Wolfensohn:

> Se não temos a capacidade de fazer frente às emergências sociais, se não contamos com planos de longo prazo para estabelecer instituições sólidas, se não logramos uma maior equidade e justiça social, não haverá estabilidade política. E sem estabilidade política, por muitos recursos que consigamos acumular para programas econômicos, não haverá estabilidade financeira. (...) Comprovamos que quando pedimos aos governos que adotem medidas rigorosas para organizar suas economias, podemos gerar enormes tensões. (...) Quando corrigimos os desequilíbrios orçamentários, temos de ter em conta que podem desaparecer os programas voltados para manter as crianças na escola; que podem desaparecer os programas de atenção à saúde para os mais pobres; que por falta de crédito podem desaparecer pequenas e médias empresas, fonte de renda para seus proprietários e de emprego para muitos outros. (...) Devemos ter em conta os aspectos financeiros, institucionais e sociais. (...) Somente então poderemos conseguir o apoio da comunidade financeira internacional *e* dos cidadãos (Wolfensohn, 1998, p. 2-3, grifo no original).

O segundo tema era o da necessidade de um paradigma internacional de desenvolvimento que fosse além da agenda de reformas de primeira geração e englobasse os fundamentos sociais capazes de assegurar longa vida à nova configuração de poder nascida com a neoliberalização. O assunto já havia sido esboçado no RDM 1997 e estivera presente nos discursos de Wolfensohn de 1996 e 1997. Em 1998 — em meio às crises financeiras na Ásia Oriental e na Rússia e à perda do "zelo reformador" na América Latina — a questão ganhou contornos mais bem definidos e ênfase redobrada:

> A ideia de que o desenvolvimento exige um esforço total — um programa econômico e social equilibrado — não é revolucionária, mas a verdade é que não é esse o enfoque que estamos adotando atualmente na comunidade

internacional. (...) Com demasiada frequência, nossa concepção das transformações econômicas necessárias é muito restrita; ao prestar mais atenção às cifras macroeconômicas ou às reformas de grande alcance, como a privatização, temos deixado de lado a infraestrutura institucional básica, sem a qual uma economia de mercado simplesmente não pode funcionar. Em lugar de incentivos para criar riqueza, pode haver incentivos para a liquidação de ativos. Com demasiada frequência nos temos centrado excessivamente no econômico, sem compreender bem os aspectos sociais, políticos, ambientais e culturais da sociedade. (...) Tampouco temos pensado na sustentabilidade: o que faz falta para que a transformação social e econômica seja duradoura. Sem isso, podemos estabelecer uma nova arquitetura financeira internacional, mas será uma edificação levantada sobre a areia. (...) Em uma economia globalizada, o que importa é a *totalidade* da mudança em um país (Wolfensohn, 1998, p. 5, grifo no original).

Tal paradigma converter-se-ia em força material por meio da construção de coalizões centradas na obtenção de resultados tangíveis entre ONU, governos, organismos multilaterais, setor privado e organizações sociais. A pauta neoliberal deveria permanecer no terreno do indiscutível, como um dado, para que a cooperação pudesse ocorrer em torno de objetivos estritamente pragmáticos e circunstanciais. A naturalização efetiva do projeto político dominante dependeria, assim, da conquista da hegemonia na sociedade civil. Por isso, Wolfensohn enfatizou a necessidade de se avançar rápida e consistentemente no terreno social, com o propósito de educar e organizar a população de acordo com os preceitos da visão de mundo neoliberal. Em seus próprios termos:

> Devemos nos esforçar para estabelecer instituições oficiais e civis sólidas de alcance local, que inspirem confiança (...). Para criar instituições com tais características se requer algo mais do que a modificação das regras formais. Também é necessário mudar as regras e normas informais; é preciso formar as pessoas, estabelecer valores, desenvolver aptidões e criar incentivos que possam servir de apoio aos que estejam empenhados em conseguir a mudança (Wolfensohn, 1999a, p. 8).

RECICLAGEM E DILATAÇÃO DO PROGRAMA POLÍTICO NEOLIBERAL — 1995-2008

Para potencializar essa operação político-intelectual, Wolfensohn lançou em 1999 o Marco Integral de Desenvolvimento (Comprehensive Development Framework). O objetivo era formalizar a provisão de um marco de políticas que abarcasse os aspectos macroeconômicos, financeiros, estruturais, sociais e ambientais do desenvolvimento que fosse compartilhado por toda a "comunidade internacional" e, sobretudo, cuja implementação pudesse ser devidamente monitorada. Como mostra a Tabela 6.4, os itens que dariam forma ao MID eram os mesmos prescritos gradativamente pelo Banco desde o início dos anos 1990, voltados para a criação de um ambiente aberto, atrativo e seguro para o capital: boa governança entre atores públicos e privados nacionais e estrangeiros; regras institucionais e jurídicas favoráveis aos negócios; reestruturação do Estado a serviço da acumulação privada de capital; políticas sociais coerentes com o modelo macroeconômico; infraestrutura e estratégias de ajustamento rural, urbano e ambiental. Uma vez aceita a arquitetura de "boas políticas", o sequenciamento e o ritmo da sua implementação dar-se-iam de acordo com as condições sociais, econômicas e políticas de cada país, a fim de potencializar o processo de transformação social como um todo e lhe dar condições de sustentabilidade (Wolfensohn, 1999, p. 8). O sentido de propriedade (*ownership*) também teria importância fundamental: a população deveria se identificar com os programas e projetos e caberia aos governos dirigi-los, se necessário com a assistência externa (*ibidem*, p. 9). Por sua vez, o manejo do orgulho nacional e do sentido de comunidade pela via da valorização da cultura e das artes locais favoreceria a identificação e a adesão social (*ibidem*, p. 17). Por fim, cada país que participasse do marco teria — eis a inovação principal do MID — a sua matriz de políticas atualizada em tempo real (*ibidem*, p. 23) como forma de vigilância nacional e internacional. Não deixa de ser irônico que Wolfensohn tenha se visto obrigado a afirmar que o MID não representava uma "volta ao planejamento centralizado", mas era tão somente um poderoso "instrumento de gestão" (*ibidem*, p. 31). Para legitimar uma iniciativa tão flagrantemente intrusiva à soberania nacional, Wolfensohn empunhou a bandeira do "banco de conhecimento" (*knowledge bank*), de acordo com a qual o Banco Mundial atuaria muito mais como uma fonte autorizada de conhecimento, aconselhamento político e incentivos para todos os que "voluntariamente" se engajassem no processo de neoliberalização e de governança aberta e transparente do que como um financiador do desenvolvimento.

A rigor, o MID não fez mais do que formalizar o que Robert Cooper — diplomata britânico e conselheiro político do então primeiro-ministro Tony Blair — chamou, poucos anos depois, de "um novo tipo de imperialismo, aceitável para um mundo de direitos humanos e valores cosmopolitas" (Cooper, 2002, p. 5). Segundo ele, "um imperialismo que, como todo imperialismo, procura trazer ordem e organização, mas que, atualmente, depende de princípios voluntários" (*ibidem*, p. 5). Cooper distinguiu duas formas contemporâneas do fenômeno. A primeira batizou de "imperialismo voluntário da economia global" (*voluntary imperialism of the global economy*):

> Esse é geralmente operado por um consórcio internacional por meio de instituições financeiras internacionais como o Fundo Monetário Internacional (FMI) e o Banco Mundial (...). Essas instituições fornecem ajuda aos Estados que desejam encontrar o seu caminho de volta à economia global e ao círculo virtuoso de investimento e prosperidade. Em troca elas fazem exigências (...). A teologia da ajuda hoje cada vez mais enfatiza a governança. Se os Estados querem ser beneficiados, eles têm de se abrir para a interferência de organizações internacionais e Estados estrangeiros (Cooper, 2002, p. 5).

A segunda forma recebeu o nome de "imperialismo de vizinhos" (*imperialism of neighbours*), baseado em intervenções multilaterais onde e quando fosse necessário para restaurar a ordem social e, assim, garantir a estabilidade do sistema político internacional e as oportunidades de negócios. De acordo com Cooper, "governo fraco é sinônimo de desordem e isso significa queda nos investimentos". Em tais operações restauradoras, a "comunidade internacional" forneceria, além de soldados, também policiais, juízes, funcionários de prisões e quadros para o banco central. Como forças auxiliares, milhares de ONGs também participariam da empreitada (Cooper, 2002, p. 5). O diplomata seguiu com a sua argumentação em um livro publicado no ano seguinte (Cooper, 2003, p. 65-75).

Tabela 6.4

Matriz de políticas para implementação do Marco Integral de Desenvolvimento — 1999

Requisitos prévios para o crescimento econômico sustentável e a redução da pobreza

	Estruturais				Humanos				Físicos			Estratégias específicas			
Associados no processo de desenvolvimento	Bom governo	Sistema judicial	Sistema financeiro	Rede de proteção social e programas sociais	Instituições de educação e de conhecimentos	Saúde e população	Abastecimento de água e esgoto	Energia	Estradas, transporte e comunicações	Questões ambientais e culturais	Estratégia para o meio rural	Estratégia para o meio urbano	Estratégia para o setor privado	Títulos específicos de cada país
Governo – nacional – estadual – local														
Organismos multilaterais e bilaterais														
Sociedade civil														
Setor privado														

Fonte: Wolfensohn (1999: 33).

A rigor, a trajetória do Banco Mundial no pós-guerra fria abarcou as duas formas de imperialismo. No primeiro caso, integrando o consórcio patrocinado pelos EUA e seus principais aliados que impôs a difusão a quase todo o sistema internacional da neoliberalização das políticas domésticas. No segundo caso, participando, de diferentes maneiras, de consórcios de "reconstrução nacional" em países recém-saídos de guerras civis e conflitos internacionais. A novidade, em ambos os casos, estava em fazer crer que as formas de imperialismo eram decorrentes de princípios voluntários.

O lançamento do MID encerrou o primeiro mandato de Wolfensohn, condensando as linhas gerais da reciclagem neoliberal operada pelo Banco durante a segunda metade dos anos 1990. A partir de então, no que diz respeito às prescrições do Banco, o que se viu foi tão somente mais do mesmo. Contudo, o segundo mandato de Wolfensohn, iniciado em 2000, foi marcado por mais um caso de ingerência explícita do Tesouro norte-americano nos trâmites internos da organização. O episódio foi analisado em detalhe por Wade (2001, 2001a e 2002) e pôs em evidência os limites políticos e ideológicos estreitos dentro dos quais o trabalho intelectual do Banco tem lugar, limites que invariavelmente minam o conceito de "banco de conhecimento" (Pincus & Winters, 2002, p. 14).

Ravi Kanbur — antigo economista-chefe do Banco na África e professor em Cornell — havia sido contratado por Stiglitz para dirigir a equipe responsável pela redação do RDM 2000-2001, cujo tema era a "luta contra a pobreza", numa referência aos RDMs de 1990 e 1980. Com a demissão de Stiglitz, Kanbur foi nomeado economista-chefe, continuando à frente da elaboração do RDM. A versão preliminar do informe apresentada em janeiro de 2000 continha algumas ideias inaceitáveis para o Tesouro. Em parte, culpava-se a rápida abertura dos mercados nacionais às correntes de capital de curto prazo pela crise financeira no Sudeste da Ásia; aceitava-se o controle de capitais adotado pelos governos do Chile e da Malásia como instrumentos válidos de política econômica; recomendava-se a criação de políticas compensatórias (ou "redes de proteção") antes da liberalização; e dava-se ênfase à "capacitação dos pobres", i.e., à criação de organizações (associações, coo-

RECICLAGEM E DILATAÇÃO DO PROGRAMA POLÍTICO NEOLIBERAL — 1995-2008

perativas, redes etc.) para articular os interesses de segmentos pauperizados da população, com base no conceito de "capital social".[72]

As pressões para a revisão do documento foram de tal ordem que motivaram o pedido de demissão de Kanbur. A parte referente à "capacitação dos pobres" foi subordinada à reafirmação do crescimento econômico como precondição e meio principal para a redução da pobreza. Em lugar da criação de redes de proteção antes da liberalização, prescreveu-se o seu estabelecimento simultâneo. Por fim, a parte sobre o controle de capitais foi desidratada, apagando-se a referência ao caso malasiano e afirmando-se que, em qualquer circunstância, a regulação da conta capital constitui uma medida transitória para a liberalização dos mercados financeiros.

Aparadas essas arestas, todo o resto do RDM seguiu, com as devidas atualizações, a linha política perseguida desde 1990-1991, razão pela qual não foi objeto de veto do Tesouro. A agenda de combate à pobreza proposta continha três áreas de igual importância: promoção de oportunidades, fortalecimento da autonomia/empoderamento dos pobres e melhoria da segurança (Banco Mundial, 2001, p. 33). No primeiro âmbito, o problema central consistiria em "alcançar um crescimento rápido, sustentável e benéfico para os pobres" (*ibidem*, p. 38). Para isso, prosseguia, "é preciso que exista tanto um ambiente econômico conducente ao investimento privado e à inovação tecnológica como estabilidade política e social para sustentar o investimento público e privado" (*ibidem*, p. 38). Insistindo no discurso de que o ajuste simplesmente era "bom para os pobres", desde que corretamente operado pelos governos, o relatório afirmou:

> Os mercados são essenciais para a vida dos pobres. (...) Em média, os países abertos ao comércio internacional e dotados de sólidas políticas monetárias e de mercados financeiros bem desenvolvidos registram maior crescimento. Em média, onde as reformas favoráveis ao mercado foram bem implementadas, a estagnação cessou e o crescimento recomeçou (Banco Mundial, 2001, p. 38).

---

[72]Adotado pelo Banco como artifício para englobar todas as relações sociais antes desconsideradas por economistas de certa filiação teórica, o "capital social" funciona, como argumenta Fine, como instrumento de colonização das Ciências Sociais pela economia neoclássica. Sobre o tema, consulte-se Fine (2007, 2003 e 2002) e Harriss (2006, 2002 e 2001).

O BANCO MUNDIAL COMO ATOR POLÍTICO, INTELECTUAL E FINANCEIRO

Estabelecido esse pressuposto, o informe arrolou o mesmo conjunto de medidas *pro-poor* que vinha prescrevendo há uma década. Entre as principais estavam: a) a simplificação de regulamentos que afetam microempresas e firmas de pequeno e médio porte; b) a legalização dos bens imobiliários dos "pobres" para que sirvam de garantia para a obtenção de empréstimos bancários; c) o investimento em "capacidades humanas" como saúde e educação básicas; d) a realização de reformas agrárias "assistidas pelo mercado", baseadas em transações voluntárias entre compradores e vendedores de terra a preços de mercado, em situações em que a desigualdade na distribuição fundiária fosse muito elevada e houvesse concentração de pobreza e tensões sociais no campo; e) a oferta de serviços públicos segundo mecanismos de mercado prestada por organizações sociais e empresariais (Banco Mundial, 2001, p. 38-39).

O segundo âmbito, fortalecimento da autonomia (ou empoderamento), implicava fomentar a mobilização dos "pobres" em organizações locais para que fiscalizassem as instituições estatais, participassem do processo decisório local e, assim, colaborassem para "assegurar o primado da lei na vida diária" (*ibidem*, p. 39). Isso, por sua vez, implicaria a remoção de barreiras políticas, jurídicas e sociais que se erguem contra certos grupos sociais e os impedem de "ingressar efetivamente nos mercados" (*ibidem*, p. 39), i.e., de servir como força de trabalho plena e livremente explorável.

Por fim, melhorar a "segurança dos pobres" significava reduzir a sua "vulnerabilidade" a riscos como doenças, choques econômicos e catástrofes naturais e habilitá-los a enfrentarem tais riscos. Como? Primeiro, criando-se um ambiente favorável aos negócios e ao crescimento econômico como forma principal de prevenção. Segundo, apoiando-se "o conjunto de recursos dos pobres (humanos, naturais, físicos, financeiros e sociais)" para que pudessem se dedicar a atividades mercantis de maior risco e rendimento "capazes de extraí-los da pobreza", seja como vendedores da sua força de trabalho, seja como produtores diretos (*ibidem*, p. 40). Terceiro, instituindo-se uma "abordagem modular de gestão de risco" que alternasse o uso dos instrumentos de política social — como seguro de saúde, assistência e pensões para idosos, seguro-desemprego, frentes temporárias de trabalho, fundos sociais, microcrédito e transferências de dinheiro — de acordo com

RECICLAGEM E DILATAÇÃO DO PROGRAMA POLÍTICO NEOLIBERAL — 1995-2008

os riscos peculiares de cada grupo social e indivíduo, a fim de garantir portas de saída permanentes que assegurassem a exposição de cada um aos imperativos de mercado (*ibidem*, p. 40). Em outras palavras, o pacote de ações voltadas para garantir a "segurança dos pobres" prescrito pelo Banco orientava-se, basicamente, para a reformatação da política social de acordo com os imperativos do modelo macroeconômico e do ajuste fiscal, em clave neoliberal. O fracionamento da "gestão de riscos" pressupunha a demolição das modalidades de ação pública orientadas para a prestação universal de serviços sociais, lastreadas na noção de direitos inerentes à cidadania. A exposição de indivíduos e grupos sociais ao risco da dependência do mercado deveria ser modulada permanentemente, a fim de assegurar a sua disciplina e subordinação ao capital (Cammack, 2003, p. 13).

No ano seguinte, o RDM 2002 — cujo tema era a "construção de instituições para os mercados" — reafirmou o programa político, porém dentro de um marco teórico global baseado integralmente na Nova Economia Institucional. Sem surpresa, o informe reafirmou a centralidade do livre mercado como mecanismo mais eficiente para alocação de recursos, incorporando a criação e o aperfeiçoamento de instituições como requisito funcional para o crescimento econômico e a manutenção de um ambiente adequado aos negócios.

Seguindo o vocabulário e o itinerário intelectual da NEI, o informe identificou três fatores responsáveis pela limitação das oportunidades de mercado a indivíduos e empresas: a) custos de transação elevados, derivados da falta de informação adequada; b) problemas de definição e observância dos direitos de propriedade; c) falhas de governo e de mercado que dificultam o ingresso de agentes econômicos mais eficientes e a saída de agentes menos eficientes. Para superar tais limitações, então, seria necessário criar ou aperfeiçoar instituições capazes de: a) processar e difundir informações sobre situações de mercado, seus bens e participantes, de modo que os agentes econômicos tivessem clareza sobre o que está sendo transacionado; b) definir e fazer cumprir os direitos de propriedade e os contratos; c) regular a concorrência mercantil, no sentido de protegê-la juridicamente de arbitrariedades políticas, com o objetivo de estendê-la a todos os âmbitos da vida social (do individual ao coletivo, do rural ao urbano, da agricultura às finanças).

O BANCO MUNDIAL COMO ATOR POLÍTICO, INTELECTUAL E FINANCEIRO

Seguindo as coordenadas estabelecidas dez anos antes (Banco Mundial, 1992), o informe destacou que o crescimento econômico e a redução da pobreza não dependiam apenas de políticas macroeconômicas sólidas, mas, fundamentalmente, de instituições públicas adequadas e da boa governança entre os setores público e privado. Tal como no RDM 1997, enfatizou-se a necessidade de um Estado forte, capaz de respaldar um sistema jurídico que garantisse as condições legais necessárias à atividade econômica privada; um Estado que respeitasse as leis e se abstivesse de agir de forma arbitrária (Banco Mundial, 2002, p. 5). Todavia, diferentemente da centralidade atribuída pelo RDM 1997 à reforma do Estado, o informe de 2002 diluiu o tema numa retórica mais geral em prol da reengenharia das instituições. Num movimento de reafirmação do paradigma dominante, a liberalização foi explicitamente conceituada como um "agente catalisador da mudança institucional ao longo da história", de tal maneira que "os países abertos costumam ter também uma maior qualidade institucional" (Banco Mundial, 2002, p. 10). Não surpreende, pois, que temas como política industrial e regulação comercial e financeira tenham sido suprimidos do relatório.

Os RDMs posteriores deram continuidade ao programa político neoliberal reciclado pelo neoinstitucionalismo.[73] Em todos eles, o foco das prescrições do Banco incidiu diretamente sobre a organização política, econômica, jurídica e social dos países da periferia. O RDM 2003 teve como pauta central a constituição de modalidades de gestão ambiental favoráveis à mercantilização e ao livre comércio dos recursos naturais. O RDM 2004 abordou o tema dos marcos regulatórios necessários à prestação de serviços públicos, na linha das reformas de segunda geração. O RDM 2005 articulou, em um enfoque global único, liberalização econômica, política tributária e flexibilização das leis trabalhistas. O RDM 2006 tratou da relação entre desigualdades socioeconômicas e desenvolvimento, articulando "empoderamento" e "clima de investimento". O RDM 2007 abordou o tema "juventude", inteiramente ancorado na teoria do capital humano, então

---

[73]Os títulos dos RDMs seguintes são: "Desenvolvimento sustentável em uma economia dinâmica" (2003), "Fazendo os serviços funcionarem para os pobres" (2004a), "Um melhor clima de investimentos para todos" (2005), "Equidade e desenvolvimento" (2006), "O desenvolvimento e a próxima geração" (2007) e "Agricultura para o desenvolvimento" (2008).

robustecido com a teoria do capital social. Por fim, o RDM 2008 discutiu, depois de 26 anos, o tema da agricultura. Em todos, sem exceção, o tema principal veio embalado pelos pilares do programa neoliberal reciclado: blindagem da política econômica, boa governança, sentido de propriedade (*ownership*) e políticas compensatórias/empoderamento dos pobres, com o propósito de assegurar um ambiente social e institucional plenamente "amistoso" à acumulação de capital.

A agenda política impulsionada pelas IFIs a partir da segunda metade dos anos 1990 pode ser caracterizada como uma espécie de "consenso de Washington ampliado" (Rodrik, 2002), cujo duplo objetivo consiste em completar e consolidar as reformas de primeira geração e avançar na difusão e implementação das reformas de segunda geração, conforme a Tabela 6.5.

Tabela 6.5
Consenso de Washington original (final dos anos 1980) e ampliado (final dos anos 1990)

Consenso de Washington original	Consenso de Washington ampliado Os dez itens anteriores e mais:
Disciplina fiscal	Governança corporativa e reforma institucional
Reorientação dos gastos públicos	Combate à corrupção
Reforma tributária	Mercados de trabalho flexíveis
Taxa de juros	Acordos da OMC
Taxa de câmbio	Estandardização dos códigos financeiros nacionais com os padrões e regras internacionais
Liberalização comercial	Fortalecimento do sistema financeiro nacional e abertura "prudente" da conta de capitais
Abertura para o financiamento externo direto	Regime de taxas cambiais sem intermediação
Privatização	Bancos centrais independentes e controle da inflação
Desregulamentação da economia	Políticas compensatórias focalizadas
Direitos de Propriedade	Metas de redução da pobreza

Fonte: Rodrik (2002, p. 292).

O BANCO MUNDIAL COMO ATOR POLÍTICO, INTELECTUAL E FINANCEIRO

A caracterização acima, elaborada por Dani Rodrik, é útil ao identificar a reorientação do Banco para assuntos de governança (local, regional, nacional e internacional), reforma do Estado e das instituições públicas, precarização da legislação trabalhista, homogeneização da arquitetura financeira internacional e aliviamento seletivo da pobreza. Nesse sentido, fica bastante clara a aproximação entre a agenda do Banco e a atualização do consenso de Washington coordenada por Kuczynski e Williamson (2004).

Por outro lado, tal caracterização deixa de lado toda a ofensiva do Banco Mundial em matéria ambiental. Com efeito, a extensão das relações de valorização ao conjunto dos recursos naturais se tornou estrategicamente tão importante para a acumulação capitalista que, a partir de 1992-1993, o Banco passou a impulsionar também o ajustamento ambiental das políticas nacionais (Goldman, 2005, p. 97), com o objetivo de homogeneizar as normas nacionais segundo os imperativos do capital. A construção não apenas dos marcos normativos, mas também do consentimento político necessários a esse processo, teve como um dos pivôs o Banco Mundial. Uma das suas maiores conquistas, alerta Goldman (*ibidem*, em, p. xv-xvi), foi fazer com que uma determinada visão de mundo, uma abordagem específica sobre o desenvolvimento e a autoridade para produzir dados que dessem suporte a elas fossem aceitas socialmente, em detrimento de outras. Assim, depois de uma década de gravitação no campo ambiental, as maiores organizações ambientalistas deixaram as trincheiras de combate ao Banco para se tornar as principais copatrocinadoras de projetos financiados pela organização. "Consenso de Washington ampliado" e "neoliberalismo verde", pois formavam o cerne da agenda política do Banco posta em prática desde então.

CONTROVÉRSIAS EM WASHINGTON E REAFIRMAÇÃO DA *REALPOLITIK* ESTADUNIDENSE — 1998-2000

Com a irrupção da crise financeira na Ásia oriental em 1997, esquentou o debate sobre a responsabilidade das IFIs frente à instabilidade da economia internacional. Nos EUA, em particular, o papel do FMI e do Banco Mundial voltou a ser objeto de intensa controvérsia dentro do *establishment* capitalista, oficial e privado.

Em dezembro de 1997 veio a público um documento de trabalho (*working paper*) de Anne Krueger, que havia sido economista-chefe do Banco Mundial entre 1982-1986 e, então, trabalhava no Departamento de Economia da Universidade de Stanford.[74] Ao avaliar a trajetória do FMI e do Banco Mundial, o trabalho tinha o propósito de subsidiar o debate sobre a reforma de ambas as instituições.

A tese central de Krueger era a de que, com o avanço da liberalização econômica e a explosão dos fluxos privados de capital, o papel financeiro das IFIs havia se reduzido e precisava ser repensado. No que diz respeito ao Banco, a autora enfatizou três pontos. Em primeiro lugar, argumentou que a instituição, empurrada por pressões externas, havia extrapolado em demasia a sua competência original, envolvendo-se em assuntos ambientais, cooperação com ONGs, combate à corrupção e outras tantas novas questões. O alargamento do seu mandato, por sua vez, estaria na origem de muitas acusações sobre a sua perda de eficácia (Krueger, 1997, p. 74). Em segundo lugar, Krueger afirmou que em países de renda média o aval das gêmeas às políticas econômicas já não era mais indispensável para o capital estrangeiro, uma vez que os credores privados já haviam aprendido, ou estariam aprendendo rapidamente, a diferenciar a qualidade do ambiente de políticas existente pelos seus próprios meios. Por isso, a função sinalizadora das IFIs, antes necessária para orientar o movimento dos capitalistas da OCDE para os mercados mais promissores da periferia, estaria sendo realizada sem maiores problemas por agências privadas (*ibidem*, p. 38-39). Em terceiro lugar, Krueger sustentou que o Banco perdera a sua importância como fonte de financiamento para projetos de desenvolvimento em um número considerável de países (sobretudo na América Latina e no Leste e Sudeste da Ásia), mas preservava ainda essa importância em alguns países do Sul da Ásia, na Ásia Central e na maior parte da África. Ou seja, o financiamento do Banco seria relevante apenas para os países mais pobres (*ibidem*, p. 75-76).

---

[74]Com pequenas modificações, o texto foi publicado um ano depois na *Journal of Economics Literature* (vol. 36, dezembro, p. 1.983-2.020).

Krueger (*ibidem*, p. 77-80) apresentou, então, três propostas. Primeira, que o Banco se retirasse gradualmente dos países de renda média e focalizasse a sua carteira nos países pobres. Segunda, que os empréstimos da instituição fossem redirecionados, sobretudo, para acelerar as reformas estruturais. Terceira, que o Banco se tornasse um ator ultraespecializado (*niche player*) e reduzisse, assim, o seu âmbito de ação. Krueger considerou "duvidosa" a possibilidade de o Banco conseguir manter a multiplicidade crescente de funções e, ao mesmo tempo, tornar-se uma organização mais efetiva. Em sua opinião, o Banco precisava, definitivamente, recuperar o quanto antes o foco de atuação. Acompanhando o posicionamento da Comissão Bretton Woods, Krueger rejeitou a proposta de fusão do FMI e do Banco Mundial, entre outras razões porque isso poderia dar lugar a uma mudança estatutária segundo a linha de funcionamento da ONU, regida pelo princípio de um voto para cada Estado-membro. Ou seja, se de fato ocorresse, a reforma do Banco deveria ser comandada pelos maiores acionistas.

À medida que a turbulência financeira se agravava na Ásia Oriental e irrompia no Brasil e na Rússia, a controvérsia sobre o papel das IFIs subia de tom. Em novembro de 1998, o Congresso norte-americano aprovou a liberação de fundos adicionais ao FMI da ordem de US$ 18 bilhões, com o objetivo de fazer frente à tormenta. Porém, a oposição conservadora exigiu a designação de uma Comissão Consultiva sobre Instituições Financeiras Internacionais para analisar, em seis meses, sete instituições importantes e recomendar mudanças. A presidência da comissão ficou a cargo do republicano Allan Meltzer. Composta por 11 especialistas (seis republicanos e cinco democratas) provenientes dos meios financeiro, político e acadêmico dos EUA, a comissão centrou-se no FMI, no Banco Mundial e nos três bancos regionais de desenvolvimento (BID, BAD e BAfD), deixando em segundo plano a OMC e o Banco de Pagamentos Internacionais (BIS). A partir de dados fornecidos pelas próprias instituições, especialmente pelos bancos, a comissão concluiu o relatório final em fevereiro de 2000. O mesmo caiu como uma bomba sobre as gêmeas de Bretton Woods, em particular sobre o Banco Mundial.

A comissão aprovou uma breve resolução por unanimidade, ao passo que o informe final foi aprovado por oito votos a três. Votaram a favor todos

RECICLAGEM E DILATAÇÃO DO PROGRAMA POLÍTICO NEOLIBERAL — 1995-2008

os republicanos e parte dos democratas.[75] A resolução afirmou dois pontos: primeiro, o FMI, o Banco Mundial e os três bancos regionais deveriam cancelar a dívida dos países pobres altamente endividados que implementassem "uma estratégia de desenvolvimento econômico e social eficaz, em conexão com o Banco Mundial e as instituições de desenvolvimento regional"; segundo, o FMI deveria limitar seus empréstimos à provisão de liquidez a curto prazo, abandonando a concessão de empréstimos a longo prazo para programas de redução da pobreza e outros fins (Meltzer *et al.*, 2000, p. 18). Em outras palavras, atrelava-se, de um lado, o cancelamento da dívida multilateral dos países mais pobres ao cumprimento do conjunto de reformas estruturais que compõe o programa neoliberal, sob a supervisão das instituições de Bretton Woods; de outro lado, limitava-se o papel do FMI ao de "bombeiro" do sistema financeiro internacional.

O relatório Meltzer — como ficou conhecido — teceu críticas bastante duras às IFIs e propôs a reforma ampla de cada uma, sobretudo do Banco Mundial, bem como uma nova divisão de trabalho entre elas. Com efeito, parte das críticas pouco acrescentou ao arsenal tradicionalmente desferido por campanhas à direita (Eberstadt & Lewis, 1995; Bandow *et al.*, 1994) e à esquerda (Danaher, 1994). Outra parte, porém, trouxe elementos novos ao debate sobre o presente e o futuro das gêmeas de Bretton Woods.

---

[75]Votaram a favor Allan Meltzer (professor na Carnegie Mellon University e no American Enterprise Institute, membro do conselho de assessores econômicos da presidência em 1988-1989, entre outros postos), Charles Calomiris (professor em Columbia e codiretor do projeto sobre desregulação financeira do American Enterprise Institute), Tom Campbell (professor em Stanford e congressista), Edwin Feulner (presidente da Fundação Heritage e ex-presidente da Sociedade Mont Pelerin), W. Lee Hoskins (presidente e diretor-geral do Huntington National Bank entre 1991-1997 e do Federal Reserve de Cleveland entre 1980-1987), Richard Huber (ex-diretor, presidente e gerente-geral da Aetna Inc., megacorporação do ramo de saúde), Manuel Johnson (professor na George Mason University entre 1977-1994, secretário assistente do Tesouro entre 1982-1986, vice-diretor do Federal Reserve entre 1986-1990 e sócio principal da firma de consultoria Smick Medley) e Jeffrey Sachs (professor em Harvard e assessor econômico de governos na América Latina, Europa Oriental, ex-URSS, Ásia e África). Votaram contra Fred Bergsten (secretário assistente do Tesouro entre 1977-81 e diretor do Institute for International Economics desde 1981, entre outros postos), Jerome Levinson (diversos cargos na área de assistência externa desde a década de 1960) e Esteban Edward Torres (assessor especial da presidência entre 1979-1981 e congressista entre 1983-1999, entre outros postos).

O relatório partiu de três ideias-chave. Primeira, a redução drástica da importância das IFIs como provedoras de fundos para "mercados emergentes" diante do agigantamento dos mercados de capital, embora alguns países pobres continuassem altamente dependentes do dinheiro das IFIs. Segunda, a perda da importância estratégica dos empréstimos multilaterais após o fim da guerra fria. Terceira, a reforma das IFIs como medida vital para a manutenção da "liderança" dos EUA no plano internacional.

Em linhas gerais, segundo o relatório, os problemas atuais mais importantes das IFIs seriam: a) a superposição considerável de ações entre o Banco Mundial e o FMI, e entre o primeiro e os bancos regionais (BID, BAD e BAfD); b) a amplitude excessiva do seu âmbito de atuação; c) a falta de transparência e responsabilização; d) a impossibilidade de evitar o aumento em profundidade e severidade das crises econômicas e financeiras internacionais; e) o confisco de recursos internacionais para cumprir objetivos definidos pelo governo dos EUA ou pelo Tesouro norte-americano; f) a incapacidade de desenvolver programas regionais e globais bem-sucedidos para fazer frente a problemas transnacionais em áreas como agricultura, transporte, meio ambiente e saúde pública; g) o uso excessivo de empréstimos condicionados e a imposição de múltiplas condicionalidades; h) a incapacidade de fazer com que os tomadores de crédito cumprissem os compromissos acordados; i) a reticência em reduzir os empréstimos aos países que não cumprem com suas obrigações (Meltzer *et al.*, 2000, p. 31).

O relatório criticou a atuação do FMI nas crises financeiras do México (1982 e 1994-95), do Leste da Ásia (1997-1998) e da Rússia (1998-1999), afirmando que a assistência prestada pelo fundo não as preveniu nem as tratou do modo mais eficaz. Conclusão: "As intervenções do FMI (tanto a assistência estrutural a longo prazo como o controle das crises a curto prazo) não estão associadas, em geral, com nenhum benefício econômico claro para os países receptores" (*ibidem*, p. 45). O relatório reconheceu que "os governos do G7, particularmente o dos EUA, usam o FMI como um veículo para lograr fins políticos próprios", o que "perturba o processo democrático dos países credores ao evitar a autoridade parlamentar sobre a ajuda ao exterior ou a política exterior" (*ibidem*, p. 45). E arrematou:

RECICLAGEM E DILATAÇÃO DO PROGRAMA POLÍTICO NEOLIBERAL — 1995-2008

Os planos de assistência financeira dos credores assistidos pelo FMI nas recentes crises tiveram efeitos sumamente prejudiciais e severos nos países em desenvolvimento. As pessoas que lutaram duramente para sair da pobreza viram seus êxitos destruídos, sua riqueza e suas poupanças perdidas, suas pequenas empresas em bancarrota. Os trabalhadores perderam seus empregos, com frequência sem nenhuma "rede de segurança" para suavizar a queda. Os proprietários de bens imóveis, locais e estrangeiros, sofreram grandes perdas, enquanto os bancos credores estrangeiros estiveram protegidos. Esses bancos receberam compensação por assumir riscos, na forma de taxas de juros altas, mas não tiveram de suportar a totalidade (e, em alguns casos, nenhuma) das dívidas associadas com os empréstimos de alto risco. A assistência que ajudou os banqueiros internacionais também protegeu politicamente os devedores locais influentes (...). Esse sistema estimulou práticas bancárias nada seguras, incluindo a diversificação insuficiente, a influência política excessiva na destinação de créditos bancários e a excessiva dependência do capital de curto prazo para financiar investimentos a longo prazo (Meltzer *et al.*, 2000, p. 45-46).

Como solução, o relatório propôs a reestruturação do FMI como uma instituição menor voltada para apenas três funções, as quais, se levadas a cabo corretamente, "incrementariam a estabilidade global, melhorariam o funcionamento dos mercados e ajudariam os países a melhorar suas políticas monetárias e fiscais internas" (*ibidem*, p. 47). A primeira função seria a de evitar crises financeiras e a sua propagação, provendo liquidez a economias emergentes solventes. Nesse sentido, o FMI passaria a atuar como "quase prestamista em última instância", e não em primeira instância, a fim de — segundo o relatório — minimizar o risco moral (*moral hazard*), i.e., a certeza de que, na hora de o mercado cobrar o seu preço, a instituição e o Estado salvariam os grandes investidores de um modo ou de outro. Para terem acesso à assistência financeira do FMI, os países teriam de cumprir um conjunto de condições consideradas relativamente fáceis de monitorar e de pôr em prática — como a abertura do mercado doméstico aos bancos estrangeiros, o ajuste fiscal e o controle inflacionário —, e não mais um rol extenso de mudanças estruturais, institucionais e financeiras. Os países préqualificados pelo FMI teriam condições melhores de obter acesso a emprésti-

O BANCO MUNDIAL COMO ATOR POLÍTICO, INTELECTUAL E FINANCEIRO

mos privados em termos mais favoráveis. Os países não qualificados só receberiam assistência financeira se implementassem reformas estruturais, cuja supervisão ficaria a cargo do Banco Mundial, dos bancos regionais e do próprio "mercado". A segunda função do FMI seria, precisamente, a de recolher, publicar e disseminar informação financeira e econômica sobre os países-membros, a fim de orientar os investidores privados sobre o seu "desempenho econômico". Por fim, a terceira função seria a de "proporcionar assessoramento (porém não impor condições) com relação à política econômica" dos países-membros (*ibidem*, p. 48).

No que diz respeito ao Banco Mundial e aos três bancos regionais, o relatório constatou altos custos e baixa efetividade na redução da pobreza e no fomento às reformas institucionais. As causas de tal desempenho, segundo o informe, radicavam no fato de que: a) a maior parte dos recursos do Banco fluía para alguns poucos países que já tinham acesso a capitais privados; b) a quantidade de fundos que os bancos multilaterais proviam aos seus principais tomadores de empréstimos era ínfima, quando comparada aos recursos obtidos nos mercados financeiros; c) a garantia do governo receptor do crédito — requisito para todos os empréstimos do Banco — eliminava qualquer conexão entre o fracasso do projeto e o risco de perda do Banco; d) a fungibilidade do dinheiro dificultava ou mesmo impossibilitava o monitoramento do uso adequado dos recursos emprestados; e) os países não implementavam reformas impostas por terceiros; f) os projetos de desenvolvimento só tinham êxito se o país receptor tivesse um interesse significativo no projeto e canalizasse esforços para viabilizá-lo (*ibidem*, p. 29-30).

A partir de dados fornecidos pelo próprio Banco Mundial, o relatório mostrou que, entre 1993 e 1999, 70% dos empréstimos do Banco não destinados à assistência (cerca de US$ 13 bilhões em recursos líquidos) haviam sido destinados a apenas 11 países, todos com acesso amplo aos mercados de capitais.[76] Outro cálculo chegou à conclusão de que 78% de todas as

---

[76]Os países citados foram China (12%), Argentina (10%), Rússia (9%), México (7%), Indonésia (7%), Brasil (7%), Coreia do Sul (6%), Índia (4%), Tailândia (3%), Turquia (3%) e Filipinas (2%).

RECICLAGEM E DILATAÇÃO DO PROGRAMA POLÍTICO NEOLIBERAL — 1995-2008

atividades financiadas pelo GBM estavam localizadas em países plenamente inseridos no circuito de valorização do capital financeiro internacional. Tais cifras serviam para demonstrar, segundo o relatório, a contradição entre o discurso em prol da redução da pobreza absoluta defendido pela instituição e a destinação efetiva da sua carteira. Por outro lado, o fato de que a soma emprestada aos 11 maiores tomadores representasse somente 1,4% dos US$ 880 bilhões provenientes de fontes privadas foi tomado como ilustração inapelável da pouca relevância do Banco como emprestador (*ibidem*, p. 63). O texto não poupou palavras para diagnosticar a mudança radical do contexto internacional e a necessidade de readequação imediata do Banco Mundial e dos três bancos regionais:

> Com o fim da guerra fria, os empréstimos como um movimento estratégico saíram de moda. A necessidade de comprometer grandes quantidades de capitais para a contenção terminou. Uma nova geração de líderes nos setores público e privado nas nações em desenvolvimento, educados nas universidades do Ocidente, converteu-se em sofisticados criadores de políticas (...). Os países abriram seus mercados; o comércio internacional floresceu e o capital humano, tecnológico e financeiro se movia mais facilmente. O que é mais importante, a explosão dos mercados financeiros, tanto em alcance como em desejo de assumir riscos, desafiou a vantagem comparativa dos bancos na transferência de recursos. Ao término de dez anos, os mercados de bônus internacionais haviam quintuplicado — de US$ 185 bilhões em 1988 para US$ 977 bilhões em 1998 (...). Os Bancos devem aceitar que não são mais uma fonte significativa de fundos para o mundo emergente, e que não podem prover mais do que uma pequena fração do que os mercados oferecem (*ibidem*, p. 60).

Além de mostrar que a destinação dos recursos do Banco Mundial não visava aos países mais pobres, o relatório apontou que a qualidade técnica dos projetos e programas financiados — avaliada segundo a relação entre objetivos e resultados — permaneceu muito baixa durante o período 1990-1999, segundo os critérios do próprio Banco. Levando em conta o desempenho da instituição na África, no Sul e no Leste da Ásia e na América Latina, chegou-se à conclusão de que, como médias gerais, 47% dos empréstimos para ajuste (estrutural e setorial) e 59% dos empréstimos para projetos fracassaram em obter resultados satisfatórios a longo prazo (*ibidem*, p. 75). No continente africano — justamente onde o Banco deveria, em tese, mostrar a sua "vantagem comparativa" na redução da pobreza — o percentual de fracasso chegou a 73%.

Cruzando informações sobre a atividade financeira do Banco Mundial e dos bancos regionais, o relatório mostrou, ainda, uma superposição considerável de empréstimos na Ásia, na América Latina e na África, de modo que os tomadores de recursos eram basicamente os mesmos, como ilustra a Tabela 6.6. Tal situação resultaria na perda de eficiência no uso de recursos e numa competição desnecessária entre os bancos por clientes e projetos (*ibidem*, p. 65).

Para modificar tal quadro, o relatório propôs uma reforma ampla do Banco Mundial, dos bancos regionais e da divisão de trabalho entre eles. Em relação ao Banco Mundial, recomendou-se a redução significativa do seu papel de emprestador internacional. Todos os seus programas nacionais e regionais na América Latina e na Ásia passariam para os respectivos bancos regionais. Na África, o Banco permaneceria como a principal fonte multilateral de crédito, até que o BAfD tivesse condições operacionais de assumir esse papel. Uma parte do seu capital passaria aos bancos regionais e a outra seria reduzida de acordo com a diminuição da sua carteira de empréstimos. Seu nome mudaria para Agência de Desenvolvimento Mundial (ADM). Sua atuação junto ao setor privado limitar-se-ia à provisão de "assistência técnica" e à disseminação de "boas práticas". Empréstimos e garantias seriam cancelados. A CFI se fundiria à ADM e a AMGI seria eliminada. Mudanças na mesma direção ocorreriam nos bancos regionais, de tal maneira que, no conjunto, eles concentrariam a sua atuação apenas nos 80 ou 90 países mais pobres, sem acesso aos mercados de capitais. Embora o relatório admitisse que o desvio de recursos do Banco Mundial e dos demais bancos multilaterais para o socorro às crises financeiras tenha sido um meio pelo qual os maiores acionistas — com destaque para os EUA — executaram suas políticas internacionais sem se submeter ao processo orçamentário e legislativo, propôs-se que esse papel deveria caber, dali em diante, apenas ao FMI.

RECICLAGEM E DILATAÇÃO DO PROGRAMA POLÍTICO NEOLIBERAL — 1995-2008

Tabela 6.6
Superposição dos empréstimos dos bancos regionais de desenvolvimento e do Banco Mundial — 1996-1998
Milhões de dólares

		Ásia		
	BAD Soma	Percentual na região	Bird Soma	Percentual na região
Coreia do Sul	4.015	24,6	7.048	27,7
Indonésia	3.767	23,1	4.223	16,6
China	2.920	17,9	6.487	25,5
Índia	1.576	9,6	2.095	8,2
Tailândia	1.510	9,2	2.068	8,1
Filipinas	1.419	8,7	1.141	4,5
Total	15.207	93,1	23.062	90,7

		América Latina		
	BAD Soma	Percentual na região	Bird Soma	Percentual na região
Argentina	5.785	28,.9	6.038	35
Brasil	4.642	23,2	4.296	24,9
México	1.829	9,1	3.677	21,3
Peru	1.493	7,4	1.080	6,3
Venezuela	1.030	5,1	122	0,7
Uruguai	882	4,4	269	1,6
Colômbia	768	3,8	302	1,8
Total	16.429	81	15.784	91,5

		África		
	BAD Soma	Percentual na região	Bird Soma	Percentual na região
Marrocos	611	30,4	748	35,2
Argélia	580	28,9	239	11,2
Tunísia	414	20,6	658	30,9
África do Sul	154	7,7	46	2,2
Total	1.759	87,6	1.691	79,5

Fonte: Meltzer (2000, p. 65).

Segundo o relatório, o Banco tinha crescido tanto e ocupava-se de tantas áreas que teria perdido eficiência no gasto dos recursos e na eficácia nos resultados, razão pela qual seria preciso reduzir com urgência o seu tamanho e o seu âmbito de atuação. Ou seja, o relatório criticava o Banco por fazer coisas demais e mal e propunha que fizesse poucas coisas e bem: ironicamente, a mesma censura que o Banco Mundial fazia ao Estado. Uma vez reformado, ele se concentraria em apenas duas funções. A primeira seria a produção de "bens públicos globais", como "tratamentos melhorados para enfermidades tropicais e a Aids, uma proteção racional dos recursos ambientais, sistemas de infraestrutura entre países, o desenvolvimento de tecnologia para a agricultura tropical e a criação de melhores práticas gerenciais e regulatórias" (*ibidem*, p. 84). A segunda, mais estratégica, seria o fornecimento de "assistência técnica" a governos e bancos regionais direcionada para a criação de sistemas legais que "apoiem os direitos de propriedade claramente definidos", regimes fiscais e administrações públicas "transparentes", políticas que "promovam o livre fluxo de bens e capital a longo prazo" e "normas de governo corporativas" (*ibidem*, p. 85).

Em outras palavras, o novo Banco Mundial deixaria de atuar como prestamista e reforçaria o papel que já desempenhava como ator político, ideológico e intelectual comprometido com a promoção da liberalização econômica, a maximização da acumulação privada e a manutenção da ordem política e social. O relatório não deixou dúvida quanto ao marco estratégico que lhe servia de base:

> Ao alentar o desenvolvimento, os países deveriam abrir os mercados para comerciar e estimular a propriedade privada, o estado de direito, a democracia política e a liberdade individual. As economias de mercado funcionam melhor quando operam em um ambiente onde os governos nacionais e as instituições internacionais seguem políticas predizíveis que mantêm a estabilidade econômica, protegem a liberdade política e a propriedade privada e mantêm incentivos para comportamentos eficientes e com um propósito determinado, que levam à criação de riqueza, a qual beneficia todos os membros da sociedade (*ibidem*, p. 32-33).

RECICLAGEM E DILATAÇÃO DO PROGRAMA POLÍTICO NEOLIBERAL — 1995-2008

Nos países com acesso ao mercado de capitais, a carteira dos bancos passaria ao setor privado, desde que os Estados receptores dessem as mesmas garantias que davam aos bancos. De acordo com o relatório, mesmo projetos comumente não financiados pelos mercados de capitais (como nas áreas de infraestrutura, desenvolvimento rural etc.) estariam agora na sua órbita de valorização, uma vez isentos de riscos pelo Estado. Literalmente: "O setor privado está preparado para financiar projetos socialmente desejáveis com um fluxo de caixa limitado, se o governo garante pagar a dívida, como o faz quando os países pedem empréstimos dos bancos de desenvolvimento" (*ibidem*, p. 61).

Já nos 80 ou 90 países tidos como "verdadeiramente pobres" (i.e., sem acesso aos mercados de capitais), o Banco Mundial e os bancos regionais continuariam financiando o aliviamento da pobreza focado na provisão de saúde pública, educação primária e infraestrutura física, porém — eis a grande novidade — não mais por meio de empréstimos, e sim de subvenções pagas diretamente aos projetos, com base no seu desempenho. As subvenções seriam outorgadas por licitações competitivas, cobririam de 10% a 90% do custo dos projetos (dependendo do acesso ao mercado de capitais e da renda *per capita*) e seriam pagas diretamente aos provedores do serviço (nacionais ou estrangeiros), e não aos governos. Caberia ao Estado, mediante a "assistência técnica" dos bancos multilaterais, cobrir o restante do custo dos projetos, atenuar eventuais riscos políticos (descumprimento de contratos, adulteração das regras do jogo etc.) e responder por eles. Os provedores poderiam ser ONGs, empresas privadas ou agências públicas. A quantidade e a qualidade do desempenho seriam fiscalizadas por auditores externos (firmas especializadas). Tal enfoque situaria a "ajuda externa" no plano visível do mercado não apenas por rebaixar custos, mas por fixar metas e garantir a destinação correta dos fundos. Tal enfoque de aliviamento da pobreza estaria aberto também aos doadores bilaterais. O esquema funcionaria da seguinte maneira:

> Um país com renda de US$ 1 mil dólares *per capita* que se qualifica para uma subvenção de 70% decide que a vacinação de suas crianças contra o sarampo é uma meta desejável. Se a agência de desenvolvimento [i.e., o Banco Mundial ou um dos bancos regionais] confirma essa necessidade, o governo

solicitaria ofertas competitivas de provedores do setor privado, organizações não governamentais, tais como instituições de caridade, e entidades do setor público ou o Ministério da Saúde. Supondo que a oferta qualificada mais baixa fosse de US$ 5 por criança vacinada, a agência de desenvolvimento acordaria pagar US$ 3,5 (70%) para cada vacina, diretamente ao provedor. O governo seria responsável pelo US$ 1,5 restante da quantia (30%). Os pagamentos seriam feitos somente após a certificação de um agente independente (Meltzer *et al.*, 2000, p. 81).

De acordo com o relatório, um sistema desse tipo teria uma dupla vantagem de manter os preços relativos dos insumos necessários à prestação do serviço e condicionar estritamente os pagamentos aos resultados. Para o provedor — especializado naquela atividade — haveria a certeza de lucro. A corrupção seria desestimulada, pois os pagamentos seriam efetuados diretamente aos provedores e teriam como base critérios de mercado. O mesmo sistema teria "o potencial de se estender além dos projetos nacionais, para programas regionais, nos quais a cooperação entre os governos participantes daria escala maior às economias" (*ibidem*, p. 81).

Além desse novo modelo de assistência externa para o aliviamento da pobreza, o relatório (*ibidem*, p. 82-83) propôs também que o Banco Mundial e os bancos regionais concedessem empréstimos, com percentuais variáveis de subsídio sobre os juros, aos países mais pobres, como o objetivo de fomentar a realização de reformas institucionais ou apoiar a sua sustentação. O desempenho do programa de reformas seria avaliado por auditores independentes e quanto mais eficiente fosse a sua implementação, mais favoráveis seriam as condições de pagamento do empréstimo.

Uma das condições que permitiria aos EUA insistir em um novo modelo de assistência externa condicionado estritamente ao desempenho e aos resultados seria, segundo o relatório, o fim da guerra fria. Desde 1989, não haveria mais "qualquer razão fundamental para assistir regimes corruptos e instáveis que tiveram alguma vez importância estratégica" (*ibidem*, p. 57). Daí a necessidade de reforma das IFIs "para assegurar que cada dólar (...) leve consigo o incentivo de estimular o desempenho e alcançar resultados que possam ser monitorados" (*ibidem*, p. 58).

RECICLAGEM E DILATAÇÃO DO PROGRAMA POLÍTICO NEOLIBERAL — 1995-2008

A reforma das IFIs na direção proposta pelo relatório serviria à manutenção da "liderança" dos EUA no plano internacional e ao avanço do programa político neoliberal, os quais, por sua vez, demandariam o aumento da influência norte-americana sobre as IFIs. Literalmente:

> O interesse dos EUA não é inteiramente comercial, financeiro ou mercantil. Com a ajuda de outras economias de mercado democráticas, somos os líderes em disseminar a democracia, o estado de direito e a estabilidade econômica. Os esforços dos EUA para reestruturar as instituições financeiras internacionais deveriam continuar essa tradição de liderança, fomentando acordos apropriados para o novo ambiente que esses esforços criarão. As reformas são necessárias para permitir que as instituições financeiras internacionais tenham um papel importante (...) durante os próximos 50 anos em diante (Meltzer *et al.*, 2000, p. 33).

Não é difícil perceber que, do ponto de vista político, as propostas contidas no relatório Meltzer orientaram-se para: a) a potencialização da liberalização econômica internacional; b) a afirmação da primazia norte-americana na condução da reforma das instituições de Bretton Woods; c) o esvaziamento do papel financeiro dos BMDs em favor do financiamento privado em países de renda média; d) o condicionamento da anulação total ou parcial da dívida multilateral dos países mais pobres à execução de políticas neoliberais, o que mantém a dependência externa e a regressão social; d) a constituição de uma política de assistência externa (multilateral ou bilateral) aos países mais pobres baseada em subvenções diretas a prestadores de serviços condicionadas à mercantilização plena dos serviços públicos, termos que são ainda mais corrompedores de que a atuação tradicional do Banco Mundial.

Embora concordassem com a necessidade de reforma das IFIs, os três membros da comissão contrários ao relatório consideraram suas proposições "falhas" e "totalmente carentes de respaldo", advertindo que, se adotadas, aumentariam o "risco de uma instabilidade global" e afetariam negativamente os "interesses dos EUA" (Meltzer *et al.*, 2000, p. 103). Para eles, o relatório apresentava uma visão enganosa do impacto econômico e social da ação das IFIs, uma vez que não reconhecia o papel que jogaram na promoção do crescimento econômico, na redução da pobreza e na manutenção da hegemonia norte-americana. Nas suas palavras: "O resultado final da 'era das IFIs', apesar das imperfeições óbvias, é um êxito indubitável, de proporções históricas, em termos tanto econômicos como sociais. Os Estados Unidos se beneficiaram enormemente como resultado dela" (*ibidem*, p. 103).

Em relação ao FMI, afirmaram que a proposta de limitar o papel do Fundo ao apoio a países pré-qualificados à sua assistência simplesmente minaria a sua capacidade de prevenir e responder a uma crise financeira internacional. Sem a autorização para negociar reformas políticas, o FMI não poderia fazer com que o socorro financeiro servisse de veículo para a saída da crise. Por outro lado, limitar a atuação do Fundo a um rol de critérios pré-qualificadores esvaziaria a importância política dos países que o apoiam, o que fomentaria a desordem econômica global. De acordo com o grupo, outras propostas de reforma do FMI — como as sistematizadas por um grupo de trabalho integrado por figuras como Paul Volcker, George Soros e Paul Krugman — seriam mais equilibradas do que o enfoque do tudo ou nada proposto pelo relatório (*ibidem*, p. 104-06).

Em relação ao Banco Mundial, os três membros da comissão sustentaram que, se aplicadas, as propostas do relatório: a) limitariam os fundos direcionados aos países mais pobres; b) castigariam os países pobres que obtinham acesso ao mercado de capitais ao negar-lhes empréstimos; c) tornaria os empréstimos multilaterais aos países mais pobres dependentes da "boa vontade" dos países doadores, uma vez que, no esquema atual, os créditos da AID são financiados por repasses do Bird, os quais, em larga medida, dependem dos países de renda média e de grandes projetos de infraestrutura; d) deixaria os países da periferia mais avançados totalmente dependentes da volatilidade dos mercados de capitais; e) esvaziaria o papel desempenhado pelo Banco Mundial no fortalecimento de coalizões domésticas comprometidas com as reformas neoliberais (*ibidem*, p. 106-08).

Quatro meses depois da conclusão do relatório Meltzer saiu a resposta oficial do Tesouro norte-americano. Destacando os pontos de concordância e discordância, a resposta reafirmou com clareza a importância

RECICLAGEM E DILATAÇÃO DO PROGRAMA POLÍTICO NEOLIBERAL — 1995-2008

estratégica das IFIs para os interesses econômicos e políticos dos EUA. Nos seus próprios termos:

> As IFIs estão entre os mais efetivos e eficientes meios disponíveis para avançar as prioridades da política norte-americana pelo mundo. Desde o seu nascimento, elas são centrais para tratar dos principais desafios econômicos e do desenvolvimento do nosso tempo. Elas promovem crescimento, estabilidade, mercados abertos e instituições democráticas, resultando em mais exportações e empregos nos Estados Unidos, enquanto avançam nossos valores fundamentais por todo o mundo (US Department of Treasury, 2000, p. 2).

Como produto do que chamou de consenso bipartidário sobre a política norte-americana para as IFIs, o Tesouro arrolou sete pontos de concordância com o relatório Meltzer: a) a necessidade de maior transparência das instituições; b) a criação de novos mecanismos para "incentivar" os países a reduzirem a sua "vulnerabilidade" a crises financeiras, como a linha de crédito contingente do FMI, condicionada à realização *ex-ante* de reformas estruturais; c) um novo foco dentro das IFIs sobre a importância de sistemas financeiros "fortes e abertos", administração da dívida e regimes cambiais mais flexíveis; d) a revisão do enfoque de empréstimos das IFIs para os países mais pobres, centrada numa maior seletividade e com foco ainda mais direcionado para o crescimento econômico, o combate à corrupção e a redução da pobreza, sobretudo por meio de investimentos em saúde e educação básicas; e) um aumento do cancelamento da dívida e da ajuda financeira dirigida aos países mais pobres; f) o protagonismo dos BMDs junto à comunidade internacional na provisão de bens públicos globais, como a promoção do "desenvolvimento sustentável", o combate a doenças infecciosas e a adoção de "boas práticas" de desenvolvimento; g) maior clareza na distinção dos respectivos papéis desempenhados pelos BMDs e pelo FMI (US Department of Treasury, 2000, p. 3-4).

Após relacionar os pontos de concordância, o Tesouro passou aos pontos de discordância. Na visão do governo Clinton, como um todo as propostas de reforma das IFIs apresentadas pelo relatório Meltzer prejudicariam a funcionalidade delas para a defesa da economia e dos interesses estratégicos norte-americanos. Literalmente:

> O teste crítico na avaliação da conveniência de propostas alternativas de reforma deveria ser uma avaliação sobre se elas fortaleceriam ou enfraqueceriam a capacidade das instituições para tratar dos desafios econômicos que são críticos para os interesses dos Estados Unidos. Na nossa visão, as recomendações centrais da maioria, tomadas como um todo, prejudicariam substancialmente os interesses estratégicos econômicos e nacionais dos Estados Unidos, por reduzir dramaticamente a capacidade do FMI e dos BMDs de responder a crises financeiras e privá-los de instrumentos efetivos para promover a estabilidade financeira internacional e a reforma econômica orientada para o mercado e o desenvolvimento. (...) Especificamente, se as propostas da maioria da comissão estivessem em seu lugar em 1997 e 1998, nem o FMI nem o Banco Mundial seriam capazes de responder à crise financeira severa que se espalhou pelos mercados emergentes durante aquele período. Como resultado, a crise seria mais profunda e mais prolongada, com maior devastação sobre as economias afetadas e consequências potencialmente muito mais severas para produtores rurais, trabalhadores e homens de negócio norte-americanos (*ibidem*, p. 5).

Referindo-se ao Banco Mundial e aos demais BMDs, a posição do Tesouro foi igualmente clara e direta:

> Se as recomendações da comissão fossem aplicadas tal como escritas, países tão diversos como Brasil, Indonésia, Turquia e África do Sul — onde interesses estratégicos e econômicos importantes e de longo prazo dos Estados Unidos estão claramente em jogo — teriam acesso negado à assistência dos BMDs. Se essas recomendações fossem aplicadas hoje, o Banco Mundial e os bancos regionais de desenvolvimento seriam efetivamente excluídos de empréstimos de todo tipo, em qualquer circunstância. Esses países atualmente absorvem inteiramente um terço das exportações norte-americanas, uma porção que cresceu consideravelmente durante a década passada. Além disso, eles são o lar de uma parte substancial dos pobres do mundo (*ibidem*, p. 27).

RECICLAGEM E DILATAÇÃO DO PROGRAMA POLÍTICO NEOLIBERAL — 1995-2008

Segundo o Tesouro, se as propostas de reforma contidas no relatório Meltzer estivessem em vigor no início dos anos 1990, teriam excluído os BMDs do suporte à reestruturação econômica nas sociedades do Leste da Europa, na Ásia e na América Latina, precisamente "em um período de oportunidades históricas para a reforma construtiva" (ibidem, p. 5). Sem a ação dos BMDs, o apoio para as políticas de desregulação financeira, liberalização comercial, privatização, reforma agrícola e outras em economias que, então, eram sócias comerciais cada vez mais importantes dos EUA teria sido, enfim, muitíssimo menor.

Para o Tesouro, ainda, o esvaziamento do papel financeiro do Banco Mundial proposto pelo relatório Meltzer oneraria os EUA, ao obrigar o país a aumentar os gastos com a assistência bilateral ao desenvolvimento, contrariando a queda dessa modalidade ao longo dos anos 1990. Além disso, a efetividade da própria assistência externa seria prejudicada, dadas as funções singulares desempenhadas pelo Banco Mundial. Nas suas palavras:

> Por essencialmente tirar o Banco Mundial do negócio do financiamento ao desenvolvimento, as reformas da comissão eliminariam a mais eficiente e efetiva das instituições internacionais de desenvolvimento, aquela com a maior concentração de experiência e habilidade (...). O resultado imporia uma carga muito maior aos recursos bilaterais para satisfazer os objetivos (...) que são tão importantes para o interesse dos EUA. Isso também reduziria a efetividade da assistência ao desenvolvimento fornecida pelos Estados Unidos e outras nações (ibidem, p. 5).

Na visão do Tesouro (ibidem, p. 7-8), as propostas do relatório Meltzer para o Banco Mundial e os bancos regionais seriam desastrosas para o avanço da neoliberalização internacional por várias razões. Em primeiro lugar, porque eliminariam a capacidade dessas instituições de impulsionar a reestruturação econômica em países que contam com grandes mercados nacionais, uma agenda extensa de reformas ainda pendentes e, em muitos casos, acesso frágil e limitado aos mercados de capital privado. Em segundo lugar, porque limitariam enormemente a capacidade dos BMDs de promover a empresa privada, a privatização de empresas públicas e o desenvolvimento de mercados de capital domésticos. Em terceiro lugar, porque reduziria o âmbito de ação do Banco Mundial, precisamente a instituição "mais forte, mais experiente e mais competente" entre todos os BMDs (*ibidem*, p. 8). Em quarto, porque a retirada dos BMDs do papel de fornecedores de empréstimos de emergência para países em crise financeira não poderia ser inteiramente suprida pelo FMI. Em quinto, porque o sistema de subvenções diretas a prestadores de serviço simplesmente não funcionaria. Haveria falta de recursos para a assistência financeira multilateral, em função do fim da alavancagem financeira fornecida pelos empréstimos convencionais dos BMDs — cada dólar aportado pelos EUA entre 1995 e 1999 havia gerado 70 dólares de assistência ao desenvolvimento — e dos recursos advindos dos pagamentos de créditos concessionários. Além disso, a subvenção direta não seria um instrumento financeiro efetivo quando comparada aos empréstimos convencionais, pelo fato de não fomentar "melhorias" no enfoque geral de políticas e nas instituições públicas domésticas.

O relatório do Tesouro também expôs a agenda de reformas do governo Clinton para os BMDs. Seis áreas deveriam ser revistas (*ibidem*, p. 12-14). Em primeiro lugar, a concessão de empréstimos e créditos dos BMDs deveria seguir metas claras e mensuráveis de "performance" dos clientes, excluindo-se do acesso ao financiamento aqueles que não apresentassem resultados tangíveis no avanço da liberalização econômica e das reformas de segunda geração. Em segundo lugar, os BMDs deveriam focalizar as suas carteiras de empréstimos para a redução da pobreza, priorizando os investimentos em saúde primária, educação básica e água potável. No âmbito da assistência técnica, os bancos deveriam orientar os Estados a como remodelar o gasto público de modo a priorizar aquelas áreas. Em terceiro lugar, os BMDs deveriam estabelecer uma abordagem mais seletiva que facilitasse a graduação, de modo que os empréstimos declinassem à medida que os países expandissem a sua capacidade para atrair financiamento privado. Não deveriam ser cogitados novos aumentos do capital geral dos bancos para empréstimos, apenas para créditos (*soft loans*). Em quarto lugar, os BMDs precisariam dar às suas operações um alto grau de transparência. Em quinto lugar, o Banco Mundial e dos demais bancos multilaterais deveriam fomentar e coordenar esforços internacionais para a provisão de bens públicos globais no âmbito da saúde pública e da gestão ambiental. Por fim, a relação entre os BMDs e o FMI deveria ser mais seletiva, a fim de eliminar sobreposições e inconsistências.

As propostas do relatório Meltzer para o FMI também foram rejeitadas pelo Tesouro. Primeiro, porque limitariam os empréstimos do FMI apenas a países pré-qualificados, deixando de fora um número potencialmente grande de países-membros. Segundo, porque retirariam do FMI a aplicação de condicionalidades mais duras e amplas, consideradas vitais para a restauração da confiança e a retomada do crescimento econômico. Terceiro, porque eliminariam a capacidade do FMI de fornecer créditos concessionários aos países mais pobres, enfraquecendo tanto a pressão pela adoção de políticas macroeconômicas neoliberais como a efetividade da assistência externa ao desenvolvimento (*ibidem*, p. 6-7).

As propostas do Tesouro para a reforma do FMI abarcaram cinco pontos. Primeiro, que a instituição priorizasse o fornecimento de um fluxo permanente de informações dos governos para os mercados. Segundo, que esse trabalho de vigilância se concentrasse nos pontos mais suscetíveis à maior vulnerabilidade financeira, como taxas de câmbio e indicadores de liquidez. Terceiro, que o FMI atuasse principalmente na prevenção do contágio nos "mercados emergentes" e jogasse um papel mais ativo na provisão de um enfoque macroeconômico — em conjunto com os programas de redução da pobreza do Banco Mundial — nos países mais pobres. Quarto, que o Fundo enfatizasse as soluções das crises financeiras baseadas no mercado, i.e., na catalisação de financiamento privado em termos apropriados, a fim de reduzir o "risco moral". Quinto, que o FMI se modernizasse como instituição. Isso passaria pelo estabelecimento de um departamento de avaliação de operações (como existe no Banco Mundial) e pela criação de um grupo formal, constituído por financistas, para "aprofundar o entendimento do Fundo sobre as tendências do mercado global" (*ibidem*, p. 12). A revisão da participação acionária dos Estados-membros mereceu uma única linha em todo o documento, apenas para constar.

No tocante à proposta de perdão da dívida multilateral dos países mais pobres altamente endividados apresentada no relatório Meltzer, o Tesouro posicionou-se terminantemente contra. Além de estimular o famigerado "risco moral", tal medida minaria uma fonte cada vez mais importante de financiamento da AID: o pagamento dos débitos pelos mutuários. Com isso, haveria menos fundos disponíveis para países elegíveis aos créditos da AID, embora não habilitados a receber o cancelamento por meio da iniciativa PPME. Em lugar do cancelamento, que custaria ao Banco Mundial cerca de US$ 20,3 bilhões, o Tesouro propôs um plano de redução da dívida que custaria ao Banco, por meio da iniciativa PPME, apenas US$ 6,3 bilhões (*ibidem*, p. 39-41).

No geral, as propostas para a reforma das gêmeas de Bretton Woods feitas no final do governo Clinton pelo Tesouro não fizeram mais do que reafirmar *in totum* o programa neoliberal tal como vinha sendo conduzido. No tocante aos BMDs, as propostas enfatizaram a promoção das reformas de segunda geração, o reforço das condicionalidades e a manutenção do seu papel de "bombeiros" da globalização financeira. Nenhuma mudança relevante foi cogitada. Sem surpresa, o repasse de funções do Banco Mundial para os bancos regionais — mais suscetíveis à influência dos países da periferia do que o Banco Mundial — foi rejeitado. Afinal, como fez questão de frisar Allan Meltzer, "os Estados Unidos têm um controle mais direto sobre o Banco Mundial", razão pela qual "o Tesouro dos EUA não deseja ver um deslocamento de responsabilidade e poder" para tais países (Meltzer *et al.*, 2000, p. 7). No tocante ao FMI, igualmente nenhuma mudança relevante foi considerada.

O fato de uma comissão do Congresso norte-americano ter produzido, ainda que não consensualmente, propostas como as contidas no relatório Meltzer seria impensável sem a confluência específica de determinadas pressões internacionais e domésticas. No âmbito internacional, a irrupção de crises financeiras sucessivas mais ou menos violentas, que expuseram o grau de instabilidade da economia internacional e as contradições da adoção da agenda liberalizadora. No âmbito doméstico, o acirramento da disputa política entre o governo Clinton e a maioria republicana no Congresso.

Com a posse de Bush em janeiro de 2001 e a conformação de uma maioria parlamentar afinada com o novo governo, não se assistiu mais a ataques daquela virulência ao Executivo estadunidense e às IFIs por parte do Legislativo (Toussaint, 2006, p. 237). Tal como ocorrera com os governos republicanos de Reagan e Bush pai, a *realpolitik* falou mais alto e a instrumentalização do Banco deu o tom da política norte-americana para a instituição. Diversas prioridades em matéria de segurança foram prontamente assumidas pelo Banco em nome do "interesse geral", sendo a principal delas o "combate ao terrorismo". Após os ataques de 11 de setembro de 2001, o tema entrou na agenda do Banco engatado à tríade segurança, aliviamento da pobreza e boa governança. Assim declarou Wolfensohn em seu discurso anual proferido em outubro de 2004:

> Este ano estamos noticiando um crescimento econômico recorde e, mesmo assim, sentimo-nos de alguma forma menos seguros quanto ao futuro. (...) Basta que olhemos para estas barreiras de concreto que cercam nossos prédios para entender a grande diferença em relação aos anos anteriores. Elas não estão lá por causa dos manifestantes. Elas estão lá por causa dos terroristas. Um computador encontrado no Paquistão mostrou que o Banco e o Fundo se tornaram alvos da Al-Qaeda. O terror chegou à nossa porta. (...) É absolutamente certo que juntos combateremos o terror. É nossa obrigação. No entanto, o perigo está em que, ao nos preocupar com as ameaças imediatas, percamos a perspectiva de mais longo prazo e das causas igualmente urgentes do nosso mundo inseguro: a pobreza, a frustração e a falta de esperança. (...) Se quisermos estabilidade em nosso planeta, precisamos lutar para acabar com a pobreza (Wolfensohn, 2004, p. 2).

Tal como fizera na Bósnia, em Kosovo, na Faixa de Gaza, no Timor-Leste e em tantos outros países e regiões durante a década de 1990, o Banco prontamente integrou a operação de "reconstrução" do Afeganistão e do Iraque, por meio de empréstimos — que se materializavam em contratos altamente lucrativos para firmas norte-americanas e europeias — e, sobretudo, "assessoramento" para a reescrita dos marcos constitucionais e a remodelagem completa do Estado.[77]

---

[77]Para abordagens críticas sobre o tema, ver Bello (2006) e Klein (2008).

O BANCO MUNDIAL COMO ATOR POLÍTICO, INTELECTUAL E FINANCEIRO

Estreitamente ligada à anterior, outra prioridade cara à política externa dos EUA (e do Reino Unido) assumida pelo Banco traduziu-se no aumento da sua atuação nos chamados "Estados frágeis", caracterizados por alta instabilidade política, conflitos internos ou transfronteiriços graves e paralisação ou colapso da autoridade pública e do sistema de tomada de decisões. O tema remete à literatura sobre Estados "fracassados" ou "falidos" (*failed states*), em voga no *mainstream* anglo-americano (Cooper, 2003; Mallaby, 2004; Fukuyama, 2005). Nesse âmbito, o Banco criou em 2001 um fundo fiduciário para financiar operações em Angola, Burundi, Camboja, Comores, Haiti, Libéria, República Centro-Africana, Sudão, Tadjiquistão, Togo e Zimbábue. O Banco também passou a participar da coordenação de diversas iniciativas bilaterais (com a Usaid e o Department for International Development do Reino Unido) e multilaterais (com o Grupo de Aprendizagem e Assessoria da OCDE, a ONU e a União Europeia).[78]

Não demorou até que parte das inovações propostas pelo relatório Meltzer logo se materializasse na política externa dos EUA. Em março de 2002, durante a Conferência de Monterrey — a mesma em que se saudou a iniciativa PPME como altamente promissora — o presidente Bush anunciou a criação de mais um programa de ajuda externa bilateral, a Conta do Desafio do Milênio (Millennium Challenge Account). Por meio dela, Washington prometeu aumentar em 50% a assistência externa bilateral ao desenvolvimento durante os três anos seguintes, o que significaria um aumento de US$ 5 bilhões para 2006.

O projeto de lei foi enviado ao Congresso em fevereiro de 2003 e a CDM foi criada em janeiro no ano seguinte, com um caixa de quase US$ 1 bilhão. Foi uma das raras propostas do governo Bush que contou com apoio bipartidário (*The New York Times*, 7/12/2007). Suas operações tiveram início em agosto de 2004. Para gerir a CDM criou-se uma entidade específica, a Corporação do Desafio do Milênio, presidida pelo secretário de Estado (na época, Colin Powell).

Os fundos da CDM são concedidos sob a forma de subvenções diretamente a Estados, ONGs e empresas privadas, com o objetivo de premiar os países que apresentam resultados positivos na constituição de um ambiente

---

[78]O Banco mantém a seguinte página sobre o tema: http://go.worldbank.org/BNFOS8V3S0

aberto ao capital estrangeiro e favorável à livre acumulação de capital, segundo determinados critérios de mensuração. O pressuposto central da CDM é o de que a qualidade do ambiente de políticas determina a eficácia da ajuda externa. Literalmente:

> A Conta reconhece que a assistência ao desenvolvimento pode ser frutífera somente quando vai acompanhada de políticas prudentes nos países em desenvolvimento. Em um ambiente normativo sadio, cada dólar de ajuda atrai dois dólares de capital privado. Nos países em que predomina uma política pública desacertada, a ajuda pode prejudicar os mesmos cidadãos a que se pretende ajudar, ao excluir o investimento privado e perpetuar políticas fracassadas (Usaid, 2002, p. 1).

Para receber os fundos, os países devem formular propostas de financiamento à CDM, por meio de um processo participativo de discussão entre esferas de governo, ONGs, empresários e *think tanks*. Quanto mais amplo e envolvente, mais legitimidade social e credibilidade política. O país, então, é avaliado segundo 16 indicadores de desempenho, agrupados em três eixos de políticas, conforme a Tabela 6.7. Os indicadores são fornecidos por diferentes organizações. O avanço simultâneo nos três eixos de políticas qualifica o país para receber as subvenções da CDM. O país firma um contrato com os EUA, válido até certa data, que estabelece uma série de obrigações para ambas as partes. O contratante deve apresentar resultados tangíveis no uso dos recursos. Sua performance passa a ser monitorada de perto pela Corporação, pela Usaid e por firmas norte-americanas de consultoria.

Tabela 6.7
Indicadores de desempenho da Conta do Desafio do Milênio

Eixos de políticas	Indicadores	Fonte de dados
Exercício do poder (governo justo)	Liberdades civis	Freedom House
	• Direitos políticos	• Freedom House
	• Voz e prestação de contas	• Instituto do Banco Mundial
	• Eficácia governamental	• Instituto do Banco Mundial
	• Império da lei	• Instituto do Banco Mundial

(cont.)

O BANCO MUNDIAL COMO ATOR POLÍTICO, INTELECTUAL E FINANCEIRO

Eixos de políticas	Indicadores	Fonte de dados
	• Controle da corrupção	• Instituto do Banco Mundial
Investimento nas pessoas	• Gasto em educação pública como porcentagem do PIB	• Banco Mundial e fontes nacionais
	• Taxa de conclusão dos estudos primários	• Unesco e fontes nacionais
	• Taxa de conclusão dos estudos primários por meninas	• Unesco
	• Gasto público em serviços de saúde como porcentagem do PIB	• Organização Mundial da Saúde
	• Taxas de imunização contra doenças infecciosas	• Organização Mundial da Saúde
	• Administração dos recursos naturais	• Socioeconomic Data and Applications Center — Columbia & Yale
Fomento à liberdade econômica	• Inflação	• Fundo Monetário Internacional
	• Política comercial	• Fundação Heritage
	• Política fiscal	• Fontes nacionais
	• Marcos regulatórios	• Instituto do Banco Mundial
	• Tempo para abrir um negócio	• Banco Mundial
	• Acesso e direito à terra	• Fida e CFI

Fonte: Millennium Challenge Corporation <http://www.mcc.gov/selection/indicators/index.php>. Acesso em 18.09.08.

Os desembolsos da CDM estavam muito aquém do esperado no final de 2007, pois haviam sido gastos até então apenas US$ 155 milhões dos US$ 4,8 bilhões aprovados. E os recursos para 2008 estavam ameaçados de corte pelo Congresso (*The New York Times*, 7/12/2007). Mesmo assim, no segundo semestre de 2008, a Corporação do Desafio do Milênio informava que estavam em implementação programas nos seguintes países: Armênia, Benin, Cabo Verde, Geórgia, El Salvador, Gana, Honduras, Madagascar,

RECICLAGEM E DILATAÇÃO DO PROGRAMA POLÍTICO NEOLIBERAL — 1995-2008

Mali, Nicarágua e Vanuatu. Informava, também, que havia contratos firmados com Burquina Faso, El Salvador, Lesoto, Marrocos, Mongólia, Moçambique, Namíbia, Tanzânia. Por fim, em processo de "qualificação" para a assinatura do contrato estavam Guiana, Indonésia, Jordânia, Quênia, Maláui, Moldávia, Paraguai, Peru, Filipinas, São Tomé e Príncipe, Uganda, Ucrânia e Zâmbia.[79]

Do ponto de vista programático, as semelhanças entre o enfoque neoconservador materializado na CDM e o MID, lançado por Wolfensohn em 1999, são evidentes. A agenda liberalizadora é, rigorosamente, a mesma. Ademais, ambos apostam na construção do "sentido de propriedade" (*ownership*), pelo qual são os próprios países que devem estabelecer as prioridades em matéria de políticas, bem como o ritmo e o sequenciamento das reformas, mediante um processo de concertação o mais amplo possível entre governo, empresariado, organizações sociais e "comunidade internacional". Uma vez que, em ambos, o rol de objetivos macroeconômicos e macropolíticos já está previamente delimitado, a ênfase em *ownership* serve como meio para internalizar as prescrições a partir da adaptação criativa às circunstâncias nacionais, dispensando-se a tutela direta (Taylor & Soederberg, 2007, p. 466-473). Por outro lado, a ênfase em subvenções, em vez de empréstimos, associada à necessidade de pré-qualificação para a obtenção de fundos, indica um endurecimento das condicionalidades sobre os países mais pobres.

OPERAÇÕES FINANCEIRAS POR SETORES E REGIÕES

A Tabela 6.8 apresenta os dados gerais da movimentação financeira do Banco Mundial, discriminando os compromissos anuais do Bird e da AID. Observa-se um comportamento mais ou menos regular do Banco até 1996, interrompido por um aumento bastante acentuado dos empréstimos em 1998-99, alavancado, sobretudo, pelo Bird. Depois disso, os compromissos desceram a patamares extraordinariamente baixos, recuperando-se lentamente, des-

---

[79]Cf. <http://www.mcc.gov/countries/index.php> Acesso em 18/09/2008

sa vez mais por conta da AID do que do Bird. No geral, percebe-se uma queda considerável da carteira do Bird, a qual, depois de 2000, não conseguiu sequer voltar ao mesmo patamar do início dos anos 1990. O mesmo não ocorre com a AID. Não apenas a oscilação da sua carteira de créditos foi menos irregular do que a do Bird, como o montante de compromissos praticamente dobrou entre 1990 e 2007. A partir de 2000, a AID passou a responder por uma fatia muito maior do financiamento total do Banco Mundial, evidenciando a perda de importância relativa do Bird como emprestador. Essa "AIDzação" do Banco Mundial (Kapur, 2003, p. 4) contrabalança a autonomia financeira baseada no mercado que o Bird gradualmente conquistou, uma vez que a principal fonte de financiamento da AID são as doações dos países da Parte I. Significa dizer que esse processo torna o Banco mais diretamente dependente do dinheiro dos doadores mais poderosos.

As tabelas seguintes (6.9 e 6.10) informam o montante de empréstimos para ajustamento estrutural e setorial desembolsado pelo Banco Mundial de 1994 a 2008. Destaca-se a proporção elevada desse tipo de empréstimo, que variou de 21% em 1996 a extraordinários 53% do total de compromissos financeiros em 1999. Os aumentos acentuados dos desembolsos de 1995, 1998-1999 e 2002 se deveram às operações para liberalização econômica nas sociedades do Leste preparadas depois de 1992 e, sobretudo, à assistência emergencial a países em crise financeira. A Tabela 6.11, na sequência, ilustra a geografia dessas operações ao apresentar os compromissos financeiros para fins de ajustamento por região entre 1996 e 2004.

Nas Tabelas 6.12 e 6.13, nas páginas seguintes, apresentam a carteira de empréstimos do Banco Mundial discriminada por setores e regiões, em valores e em percentagem, de 1995 a 2008. Em primeiro lugar, constata-se a importância estratégica dos itens dedicados direta e exclusivamente à governança e ao regime de direito. As operações incluem reforma da administração pública, desconcentração e descentralização, gestão de finanças públicas, política tributária, reforma jurídica e judicial (efetividade das leis). O crescimento das operações para esse fim ocorreu de modo contínuo ao longo de quase todo o período, com um pico entre 1998-2002, precisamente os anos em que os desembolsos para ajustamento estrutural di-

RECICLAGEM E DILATAÇÃO DO PROGRAMA POLÍTICO NEOLIBERAL — 1995-2008

recionados aos países em crise financeira subiram extraordinariamente. Essa mudança na carteira do Banco é o resultado prático da reciclagem do programa político neoliberal tal como praticado pela organização. Por outro lado, deve-se recordar que, em paralelo aos empréstimos desse tipo, todos os demais empréstimos para projetos de desenvolvimento passaram a conter componentes de "desenvolvimento institucional", a partir da ideia de que é preciso "(re)construir a capacidade" do Estado. Essa modalidade de ação do Banco impulsiona a remodelagem da administração pública de forma parcelada e cirúrgica.

Em segundo lugar, as Tabelas 6.12 e 6.13 mostram a continuidade da importância dos empréstimos tradicionais do Banco para infraestrutura, energia e transportes. Do ponto de vista setorial, os compromissos variaram entre um quinto e quase um terço do total a cada ano. Ao final de 2007, porém, os patamares de dez anos antes ainda não haviam sido atingidos, o que evidencia, mais uma vez, que a carteira do Banco sofreu modificações de fundo.

Em terceiro lugar, percebe-se que durante os picos de empréstimos para socorro financeiro e ajustamento, os compromissos voltados diretamente para questões consideradas *soft* (como educação, saúde, desenvolvimento rural, proteção social e gestão de recursos naturais) sofreram redução. O inverso ocorreu nos anos seguintes, evidenciando a orientação do Banco Mundial no sentido de alavancar o aliviamento da pobreza para compensar os efeitos socialmente regressivos do ajustamento *pari passu* a aceleração do redesenho das políticas sociais e ambientais.

Os dados das Tabelas 6.12 e 6.13 são complementados pela Tabela 6.14, que informa, em termos percentuais, o montante de compromissos financeiros por setor e tópico do Bird e da AID entre 2002 e 2008. De modo geral, constata-se que em algumas rubricas a distribuição dos empréstimos ocorre de modo relativamente equilibrado, enquanto em outras ocorre de maneira alternada, variando as posições entre Bird e AID a cada ano, razão pela qual não é possível identificar tendências específicas relativas a cada um. Porém, em alguns tópicos como "desenvolvimento humano", "desenvolvimento rural" e "desenvolvimento social", mais voltados para o aliviamento da pobreza, o financiamento da AID tem sido proporcionalmente

Tabela 6.8

Compromissos financeiros do Banco Mundial — anos fiscais 1990-2008

Milhões de dólares

Operações	1990	1991	1992	1993	1994	1995	1996	1997	1998	1999	2000	2001	2002	2003	2004	2005	2006	2007	2008
Compromissos financeiros do Banco Mundial (Bird + AID)	20,7	22,7	21,7	23,7	20,8	22,5	21,5	19,1	28,6	29	15,2	17,3	19,5	18,5	20	22,3	23,6	24,7	24,7
Razão Bird/AID	2,18	2,60	2,30	2,52	2,15	2,96	2,11	3,15	2,81	3,26	2,53	1,54	1,43	1,53	1,22	1,56	1,48	1,07	1,19
Compromissos financeiros do Bird	14,2	16,4	15,1	16,9	14,2	16,9	14,6	14,5	21,1	22,2	10,9	10,5	11,5	11,2	11,0	13,6	14,1	12,8	13,4
Nº de operações	121	126	112	122	124	135	129	141	115	131	97	91	96	99	87	118	112	112	99
Nº de países	38	42	43	44	52	n.d	45	42	43	39	41	36	40	n.d	33	37	33	34	34
Compromissos financeiros da AID	6,5	6,3	6,5	6,7	6,6	5,7	6,9	4,6	7,5	6,8	4,3	6,8	8	7,3	9	8,7	9,5	11,9	11,2
Nº de operações	101	103	110	123	104	137	127	100	67	145	126	134	133	141	158	160	167	189	199
Nº de países	43	40	49	44	45	n.d.	49	50	19	53	52	57	62	55	62	66	59	64	72

Fonte: relatórios anuais de 1990 a 2008.
n.d.: informação não disponível.

Tabela 6.9

Empréstimos para fins de ajustamento estrutural e setorial do Banco Mundial

— anos fiscais 1994-2000

Milhões de dólares

	1994		1995		1996		1997		1998		1999		2000	
Empréstimos para fins de ajuste	US$	%	US$	%	US$	%	US$	%	US$	%	US$	%	US$	%
Bird	510	21	n.i.		2.830	63	4.138	81	9.935	88	13.937	91	4.426	87
AID	1.912	79	n.i.		1.679	37	948	19	1.354	12	1.391	9	682	13
Total	2.425	100	5.405	100	4.509	100	5.086	100	11.289	100	15.328	100	5.108	100
Total de compromissos financeiros do Banco Mundial														
Bird	14.244		16.853		14.656		14.525		21.086		22.182		10.919	
AID	6.592		5.669		6.861		4.622		7.508		6.813		4.358	
Total Bird e AID	20.836		22.522		21.517		19.147		28.594		28.996		15.276	
Percentual dos empréstimos para fins de ajuste		12		24		21		27		39		53		33

Fonte: relatórios anuais do Banco Mundial (1994, 1995, 1993 e 2000).

n.i.: não informado.

Tabela 6.10

Empréstimos para fins de ajustamento estrutural e setorial do Banco Mundial

— anos fiscais 2001-2008

Milhões de dólares

Empréstimos para fins de ajuste	2001		2002		2003		2004		2005		2006		2007		2008	
	US$	%	US$	%	US$	%	US$	%	US$	%	US$	%	US$	%	US$	%
Bird	3.937	68	7.383	75	4.187	70	4.453	72	4.264	65	4.906	67	3.635	58	3.967	60
AID	1.826	32	2.443	25	1.826	32	1.698	25	2.331	35	2.425	33	2.645	42	2.672	40
Total	5.763	100	9.826	100	6.018	100	6.151	100	6.595	100	7.331	100	6.280	100	6.639	100
Total de compromissos financeiros do Banco Mundial																
Bird	10.487		11.452		11.231		11.045		13.611		14.135		12.829		13.468	
AID	6.764		8.068		7.283		9.035		8.696		9.506		11.867		11.235	
Total Bird e AID	17.251		19.519		18.513		20.080		22.307		23.641		24.696		24.703	
Percentual dos empréstimos para fins de ajuste		33		50		33		31		30		31		25		27

Fonte: relatórios anuais do Banco Mundial (2004 a 2008).

n.i.: não informado.

Tabela 6.11

Compromissos financeiros para fins de ajustamento do Banco Mundial por região — anos fiscais 1996-2004 (a)

Milhões de dólares

Região	1996		1997		1998		1999		2000		2001		2002		2003		2004	
	US$	%	US$	%	US$	%	US$	%	US$	%	US$	%	US$	%	US$	%	US$	%
África	1.138	25	693	14	818	7	769	5	495	10	908	16	1.437	15	789	13	925	15
Leste da Ásia e Pacífico	130	3	10	0	5.685	50	5.712	37	552	11	250	4	17	0	100	2	104	2
Sul da Ásia	3	0	3	0	250	2	350	2	251	5	500	9	850	9	615	10	480	8
Europa e Ásia Central	1.500	33	3.174	62	2.768	25	3.372	22	950	19	1.132	20	4.743	48	710	12	1.620	26
América Latina e Caribe	1.028	23	1.011	20	1.589	14	4.445	29	2.860	56	2.788	48	2.517	26	3.639	60	3.022	49
Oriente Médio e Norte da África	710	16	195	4	180	2	680	4	0	0	185	3	263	3	165	3	0	0
Total	4.509	100	5.086	100	11.289	100	15.328	100	5.108	100	5.763	100	9.826	100	6.018	100	6.151	100
Dos quais BIRD	2.830	63	4.138	81	9.935	88	13.937	91	4.426	87	3.937	68	7.383	75	4.187	70	4.453	72
Dos quais AID	1.679	37	948	19	1.354	12	1.391	9	682	13	1.826	32	2.443	25	1.826	32	2.443	25

Fonte: relatórios anuais do Banco Mundial (1998, 2000, 2003 e 2004).

(a) A partir de 2005, o Banco deixou de informar o montante dos compromissos financeiros para fins de ajustamento por região.

O BANCO MUNDIAL COMO ATOR POLÍTICO, INTELECTUAL E FINANCEIRO

maior do que o do Bird. O mesmo vale para os setores de educação e, em menor grau, saúde. Já o Bird manteve, ao longo do período, clara ênfase nos tópicos "gestão ambiental", "crescimento financeiro e do setor privado" (nos quais costumam entrar os empréstimos para ajustamento) e, em menor grau, "desenvolvimento urbano". O mesmo ocorreu, em termos setoriais, com "finanças" (ajustamento) e "transportes".

A Tabela 6.15, na página 443, mostra a distribuição regional dos empréstimos do Banco Mundial, diferenciando o peso do Bird e da AID a cada ano. Os picos de socorro financeiro e ajustamento agora podem ser localizados geograficamente. A região da América Latina e do Caribe se destaca como a maior cliente do Banco, aparecendo mais vezes em primeiro lugar durante o período de 1992 a 2008. Até 2000, a região foi seguida de perto, alternando posições, com o Leste da Ásia e Pacífico e a Europa e Ásia Central. Entre 2000 e 2006, a região manteve-se no topo da contratação de empréstimos, mas foi seguida de perto, alternando posições, com a África, o Sul da Ásia e, em menor grau, Europa e Ásia Central, evidenciando o peso crescente da AID na carteira do Banco Mundial. No último biênio (2007-2008), a África superou a América Latina e o Caribe como região receptora de empréstimos do Banco Mundial.

Na sequência, as Tabelas 6.16 e 6.17 recuam um pouco no tempo e apresentam, em valores e em percentagem, o acumulado de empréstimos do Bird por região, setor e tema entre 1990 e 2003, ao passo que as Tabelas 6.18 e 6.19 trazem as mesmas informações relativas à AID. A Tabela 6.20, por sua vez, apresenta os empréstimos do Bird e da AID por região, setor e tema em percentagem calculada sobre o total emprestado no período. A Tabela 6.21, a seguir, compara o percentual de empréstimos do Bird e da AID por região no mesmo período. Esse conjunto de informações permite identificar não somente para onde foi o dinheiro e para que finalidades, como também discernir eventuais continuidades e descontinuidades em relação ao quinquênio seguinte (2003-2008).

Os dados dão suporte a inúmeras inferências. Uma delas, de caráter mais geral, é que o foco regional diferenciado do Bird e da AID ensejou algumas diferenças importantes no perfil das suas carteiras. A Tabela 6.20 mostra, por exemplo, que entre 1990 e 2003 os empréstimos para socorro finan-

<h1 style="text-align:center">Tabela 6.12</h1>

Empréstimos do Banco Mundial por tópico e setor — anos fiscais 1995-2008

Milhões de dólares

	1995-97 (média anual)	1998-99 (média anual)	2000	2001	2002	2003	2004	2005	2006	2007	2008
Tópico											
Gestão financeira	1.129,2	1.952,7	799,6	895,3	1.408	777,7	428,6	594,6	213,8	248,3	396,6
Administração de recursos naturais e ambientais	2.616,5	2.018,6	1.829,4	1.354,6	924	1.102,6	1.304,6	2.493,8	1.387,3	2.017	2.661,8
Crescimento financeiro e do setor privado	5.876,9	9.486	3.368,4	3.940,9	5.055,4	2.882,9	4.176,6	3.862	6.137,8	4.260,8	6.156,2
Desenvolvimento humano	1.888,7	2.486,5	1.190,3	1.134,7	1.756,1	3.374,0	3.079,5	2.951,0	2.600,1	4.089,4	2.280,9
Administração do setor público	1.646,0	2.550,7	2.142,5	2.053,7	4.247,2	2.464,1	3.374,0	2.636,4	3.820,9	3.389,7	4.346,6
Império da lei	274,4	362,9	373,6	410	273,2	530,9	503,4	303,8	757,6	424,5	304,2
Desenvolvimento rural	2.418,4	2.746,4	1.413,7	1.822,3	1.600,0	1.910,9	1.507,8	2.802,2	2.215,8	3.175,7	2.276,8
Desenvolvimento social, gênero e inclusão	1.102,7	1.320,5	800,8	1.469,7	1.385,7	1.003,1	1.557,8	1.285,8	1.094,1	1.250,3	1.002,9
Proteção social e gestão de riscos	1.288,9	2.653,9	1.895	1.651	1.086,4	2.324,5	1.577	2.437,6	1.891,7	1.647,6	881,9
Comércio e integração	674,7	813,2	426,4	1.059,9	300,9	566,3	1.212,7	1.079,9	1.610,9	1.569,9	1.393,2
Crescimento urbano	2.090,4	2.403,3	1.036,6	1.458,6	1.482,4	1.576,3	1.358,1	1.860	1.911,2	2.622,7	3.001,2
Total por tópico	21.006,8	28.794,8	15.276,2	17.250,6	19.519,4	18.513,2	20.080,1	22.307	23.641,2	24.695,8	24.702,3

(cont.)

	1995-97 (média anual)	1998-99 (média anual)	2000	2001	2002	2003	2004	2005	2006	2007	2008
Setor											
Agricultura, pesca e florestas	1.395	2.097,1	837,5	695,5	1.247,9	1.213,2	1.386,1	1.933,6	1.751,9	1.717,4	1.360,6
Educação	1.633,2	2.154,3	728,1	1.094,7	1.384,6	2.348,7	1.684,5	1.951,1	1.990,6	2.021,8	1.926,6
Energia e mineração	3.459,9	2.311	1.572,4	1.530,7	1.974,6	1.088,4	966,5	1.822,7	3.030,3	1.784,0	4.180,3
Finanças	2.069,6	5.029,9	1.571,6	2.246,3	2.710,8	1.446,3	1.808,9	1.675,1	2.319,7	1.613,6	1.540,7
Saúde e outros serviços sociais	2.053,2	3.114,1	1.491,7	2.521,2	2.366,1	3.442,6	2.997,1	2.216,4	2.132,3	2.752,5	1.607,9
Indústria e comércio	1.661,3	2.922,7	1.036,7	718,3	1.394,5	796,7	797,9	1.629,4	1.542,2	1.181,3	1.543,5
Informação e comunicação	152	179,4	273,8	216,9	153,2	115,3	90,9	190,9	81	148,8	56,5
Lei, justiça e administração pública	3.543,2	6.264,7	4.534,6	3.850,2	5.351,2	3.956,5	4.978,7	5.569,3	5.857,6	5.468,2	5.296,4
Transportes	3.186,0	3.511,3	1.717,2	3.105,2	2.390,5	2.727,3	3.777,8	3.138,2	3.214,6	4.949,0	4.829,9
Água, saneamento e proteção contra inundações	1.853,5	1.210,2	1.512,6	1.271,7	546	1.378,3	1.591,6	2.180,3	1.721,0	3.059,4	2.359,9
Total por setor	21.006,8	28.794,8	15.276,2	17.250,6	19.519,4	18.513,2	20.080,1	22.307	23.641,2	24.695,8	24.702,3
Bird	15.288,5	21.634,3	10.918,6	10.487	11.451,8	11.230,7	11.045,4	13.610,8	14.135	12.828,8	13.467,6
AID	5.718,3	7.160,5	4.357,6	6.763,6	8.067,6	7.282,5	9.034,6	8.696,2	9.506,2	11.866,9	11.234,7
Razão Bird/AID	2,6	3	2,5	1,5	1,4	1,5	1,2	1,5	1,4	1	1.1

Fonte: Banco Mundial (2004, p. 104; 2007, p. 5; 2008, p. 57).

Tabela 6.13

Empréstimos do Banco Mundial por tópico e setor — anos fiscais 1995-2008

Percentual

	1995-97 (média anual)	1998-99 (média anual)	2000	2001	2002	2003	2004	2005	2006	2007	2008
Tópico											
Administração financeira	5,4	6,8	5,2	5,2	7,2	4,2	2,1	2,7	0,9	1	1,6
Administração de recursos naturais e ambientais	12,5	7	12	7,9	4,7	6	6,5	11,2	5,9	8,2	10,8
Crescimento financeiro e do setor privado	28	32,9	22	22,8	25,9	15,6	20,8	17,3	26	17,3	24,9
Desenvolvimento humano	9	8,6	7,8	6,6	9	18,2	15,3	13,2	11	16,6	9,2
Administração do setor público	7,8	8,9	14	11,9	21,8	13,3	16,8	11,8	16,2	13,7	17,6
Império da lei	1,3	1,3	2,4	2,4	1,4	2,9	2,5	1,4	3,2	1,7	1,2
Desenvolvimento rural	11,5	9,5	9,3	10,6	8,2	10,3	7,5	12,6	9,4	12,9	9,2
Desenvolvimento social, gênero e inclusão	5,2	4,6	5,2	8,5	7,1	5,4	7,8	5,8	4,6	5,1	4,1
Proteção social e administração de riscos	6,1	9,2	12,2	9,6	5,6	12,6	7,9	10,9	8	6,7	3,6
Comércio e integração	3,2	2,8	2,8	6,1	1,5	3,1	6	4,8	6,8	6,4	5,6
Crescimento urbano	9,9	8,3	6,8	8,5	7,6	8,5	6,8	8,3	8,1	10.6	12,1
Total por tópico	100	100	100	100	100	100	100	100	100	100	100

(cont.)

	1995-97 (média anual)	1998-99 (média anual)	2000	2001	2002	2003	2004	2005	2006	2007	2008
Setor											
Agricultura, pesca e florestas	6,6	7,3	5,5	4	6,4	6,6	6,9	8,7	7,4	7	5,5
Educação	7,8	7,5	4,8	6,3	7,1	12,7	8,4	8,7	8,4	8,2	7,8
Energia e mineração	16,5	8	10,3	8,9	10,1	5,9	4,8	8,2	12,8	7,2	16,9
Finanças	9,9	17,5	10,3	13	13,9	7,8	9	7,5	9,8	6,5	6,2
Saúde e outros serviços sociais	9,8	10,8	9,8	14,6	12,1	18,6	14,9	9,9	9	11,1	6,5
Indústria e comércio	7,9	10,2	6,8	4,2	7,1	4,3	4	7,3	6,5	4,8	6,2
Informação e comunicação	0,7	0,6	1,8	1,3	0,8	0,6	0,5	0,9	0,3	0,6	0,2
Lei, justiça e administração pública	16,9	21,8	29,7	22,3	27,4	21,4	24,8	25	24,8	22,1	21,4
Transportes	15,2	12,2	11,2	18	12,2	14,7	18,8	14,1	13,6	20	19,6
Água, saneamento e proteção contra inundações	8,8	4,2	9,9	7,4	2,8	7,4	7,9	9,8	7,3	12,4	9,6
Total por setor	100	100	100	100	100	100	100	100	100	100	100
Bird	72,8	75,1	71,5	60,8	58,7	60,7	55	61	59,8	51,9	54,5
AID	27,2	24,9	28,5	39,2	41,3	39,3	45	39	40,2	48,1	45,5
Bird + AID	100	100	100	100	100	100	100	100	100	100	100

Fonte: Banco Mundial (2004, p. 104; 2007, p. 55; 2008, p. 57) [cálculos do autor].

Tabela 6.14

Empréstimos do Bird e da AID por tópico e setor — anos fiscais 2002-2008

Percentual

Tópico	2002		2003		2004		2005		2006		2007		2008	
	Bird	AID	Bird	AID	Bird	AID	Bird	AID	Bird	AID	Bird	AID	Bird	AID
Gestão financeira	9	5	5	3	3	1	3	2	1	1	1	1	1	2
Gestão de recursos naturais e ambientais	4	6	6	7	7	6	15	5	7	4	12	4	14	7
Crescimento financeiro e do setor privado	30	19	18	12	22	18	17	16	31	19	20	14	34	15
Desenvolvimento humano	7	11	17	20	14	17	10	19	8	15	12	21	5	14
Administração do setor público	24	19	14	12	15	19	9	16	14	19	12	15	15	19
Império da lei	1	2	3	1	4	1	2	1	4	3	2	1	2	1
Desenvolvimento rural	5	13	9	13	6	10	10	17	6	14	11	15	5	15
Desenvolvimento social, gênero e inclusão	4	11	3	10	4	13	5	7	3	8	3	8	1	8
Proteção social e administração de riscos	6	5	12	13	10	5	13	8	7	9	6	8	3	4
Comércio e integração	2	2	4	2	7	5	5	4	8	6	8	5	6	5
Desenvolvimento urbano	8	7	9	7	8	5	11	5	11	15	13	8	14	10
Total por tópico	100	100	100	100	100	100	100	100	100	100	100		100	100

(*cont.*)

Setor	2002		2003		2004		2005		2006		2007		2008	
Agricultura, pesca e florestas	5	8	5	9	6	9	11	5	5	10	7	7	3	9
Educação	7	8	12	14	5	13	8	10	7	10	3	13	5	11
Energia e mineração	6	16	5	7	3	7	6	11	15	10	4	10	20	13
Finanças	18	10	10	5	11	6	9	4	14	3	9	4	8	4
Saúde e outros serviços sociais	12	13	18	19	16	14	7	16	8	11	7	16	5	8
Indústria e comércio	5	10	4	5	6	2	6	9	6	8	6	4	8	4
Informação e comunicação	1	1	<1	1	<1	1	<1	1	<1	1	<1	1	<1	<1
Lei, justiça e administração pública	31	20	23	18	24	24	26	26	22	28	21	23	18	26
Transportes	13	11	15	14	23	14	15	12	15	12	28	12	23	16
Água, saneamento e proteção contra inundações	2	5	8	14	6	10	12	6	8	7	15	10	10	9
Total por setor	100	100	100	100	100	100	100	100	100	100	100	100	100	100
Percentual total	58,7	41,3	60,7	39,3	55	45	61	39	59,8	40,2	51,9	48,1	54,5	45,5

Fonte: relatórios anuais do Banco Mundial (2002 a 2008).

Tabela 6.15

Distribuição regional dos empréstimos do Banco Mundial — anos fiscais 1992-2008

Percentual

Regiões	1992	1993	1994	1995	1996	1997	1998	1999	2000	2001	2002	2003	2004	2005	2006	2007	2008
América Latina e Caribe	26,1	26	22,8	26,9	20,6	23,8	21,1	26,7	26,6	30,7	22,4	31,4	26,5	23,2	25	18,4	18,9
Dos quais Bird	92,8	94,9	n.i.	94,3	91,2	97,3	94	92,2	95,9	90,7	95,9	97,4	93,6	94,9	95,7	95,6	93,4
Dos quais AID	7,2	5,1	n.i.	5,7	8,8	2,7	6	7,8	4,1	9,3	4,1	2,6	6,4	5,1	4.	4,4	6,6
África	18,3	11,9	13,5	10,1	12,7	9,1	10,1	7,1	14,1	19,5	19,4	20,2	20,5	17.4	20.2	23,5	23
Dos quais Bird	18,6	1,7	4,5	3,5	0	3,2	2	0,2	4,5	0	1,1	0,4	0	0	0.8	0.6	0.5
Dos quais AID	81,4	98,3	95,4	96,5	100	96,8	98	99,8	95,5	100	98,9	99,6	100	100	99,2	99,4	99,5
Oriente Médio e Norte da África	6,8	7,9	5,5	4,3	7,4	4,8	3,4	5,4	6	2,9	2,8	5,7	5,4	5,8	7,2	3.7	6
Dos quais Bird	89,3	93,4	91,3	94,6	80	84,1	74,5	75,5	82,6	70	81,5	81	86,7	94,4	78,4	76,2	81,8
Dos quais AID	10,7	6,6	8,7	5,4	20	15,9	25,5	24,5	17,4	30	18,5	19	13,3	5,6	21,6	23,8	18,2
Leste da Ásia e Pacífico	25,1	23,5	29	25,3	25,2	25,4	33,7	33,7	19,5	12,4	9,1	12,5	12,8	12,9	14,4	16,4	18,1
Dos quais Bird	80,5	79,1	76,6	80,7	78,5	83,7	91,9	89,7	83,8	53,2	55,4	76,5	64,7	62,8	68,9	69,4	59,9
Dos quais AID	19,5	20,9	23,4	19,3	21,5	16,3	8,1	10,3	16,2	46,8	44,6	23,5	35,3	37,2	31,1	30,6	40,1
Sul da Ásia	13,8	14,4	11,4	13,3	13,6	10,5	13,5	8,8	13,8	18,8	18	15,8	17	22,4	16,1	22,8	17,2
Dos quais Bird	45	33,5	20	52,7	39,7	31,1	34,1	29,3	44,2	62,7	25,5	28,6	12,8	42	32,4	28,4	35,1
Dos quais AID	55	66,5	80	47,3	60,3	68,9	65,9	70,7	55,8	37,3	74,5	71,4	87,2	58	67,6	71,6	64,9
Europa e Ásia Central	9,9	16,2	17,9	20	20,4	26,4	18,3	18,2	19,9	15,6	28,3	14,4	17,7	18,4	17,1	15,2	16,9
Dos quais Bird	98,1	97,3	94,8	87,9	89,2	90,2	85,4	82,3	89,8	80	88,6	78,2	84,7	87,7	87,3	88,8	89
Dos quais AID	1.9	2,7	5,2	12,1	10,8	9,8	14,6	17,7	10,2	20	11,4	21,8	15,3	12,3	12,7	11,2	11

Fonte: relatórios anuais do Banco Mundial (1992 a 2008) [cálculos do autor].

n.i. — não informado.

O BANCO MUNDIAL COMO ATOR POLÍTICO, INTELECTUAL E FINANCEIRO

ceiro proporcionalmente vieram mais do Bird (31,7% da sua carteira) do que da AID (17,5%), o que se explica pelo fato de que as crises financeiras mais agudas ocorreram em clientes vitais para o Bird e a banca privada internacional (como México, Brasil, Argentina, Turquia, Rússia e Leste da Ásia). Do mesmo modo, empréstimos para energia e mineração tiveram muito mais peso na carteira do Bird (15,2%) do que da AID (8%). O inverso também é ilustrativo. Projetos para fins de aliviamento da pobreza tenderam a ter maior peso na carteira da AID do que na do Bird. Vide, por exemplo, os temas "desenvolvimento social, gênero e inclusão", "desenvolvimento humano" e "desenvolvimento rural" e os setores de "agricultura, pesca e florestamento" "educação" e "saúde e outros serviços sociais". Outra conclusão é que, para além das diferenças, tanto o Bird como a AID deram peso similar a temas relativos à reforma do Estado, a questões comerciais, ao desenvolvimento urbano e à gestão ambiental, o que revela a centralidade da remodelagem institucional na agenda do Banco Mundial, independentemente da diversidade socioeconômica da enorme quantidade de países clientes. Contrastando as informações sobre 1990-2003 com aquelas relativas a 2002-2008, percebe-se que esse tópico foi imensamente reforçado.

Por fim, as Tabelas 6.22 e 6.23 ilustram, separadamente, a distribuição regional dos empréstimos do Bird e da AID. Verifica-se que as regiões da América Latina e Caribe e da Europa e Ásia Central são clientes quase exclusivas do Bird, o mesmo valendo para a África em relação à AID. Já com o Sul e o Leste da Ásia e com o Oriente Médio e Norte da África isso não ocorre, uma vez que a posição que ocupam na carteira do Bird e da AID é, basicamente, a mesma em todos os anos entre 1995 e 2008 em termos regionais.

PESQUISA, CONHECIMENTO E MECANISMOS DE REPRODUÇÃO DO PARADIGMA DOMINANTE

Ao final da era Wolfensohn, o Banco ostentava uma posição sem rival em matéria de influência intelectual. Suas publicações eram referências obrigatórias em cursos de Economia no mundo inteiro, sendo citadas mais do que

RECICLAGEM E DILATAÇÃO DO PROGRAMA POLÍTICO NEOLIBERAL — 1995-2008

a média das revistas especializadas. Para a elaboração de uma gama variadíssima de pesquisas acadêmicas, a dependência dos indicadores socioeconômicos produzidos pelo Banco, em regime de quase monopólio, era incontornável. O Relatório sobre o Desenvolvimento Mundial (RDM), editado anualmente desde 1978, era de longe a publicação do gênero mais citada no mundo. Servia para sumarizar o "estado das artes" em várias áreas relacionadas a políticas de desenvolvimento e estabelecer um roteiro autorizado de discussão, ancorando-se na literatura afinada com o paradigma neoliberal produzida dentro e fora do Banco e dando visibilidade a ela. Sua confecção consumia cerca de 10% do orçamento anual para pesquisa, algo entre US$ 2,5 milhões e US$ 3 milhões. Por sua vez, as análises comparativas entre países feitas pelo Banco não tinham concorrência e tornavam os pesquisadores externos parcialmente caudatários, pois em geral não dispunham do mesmo acesso a dados primários nem de meios para refutar métodos e conclusões do Banco. Como regra, as últimas publicações e os resumos de imprensa da instituição eram tomados como referência autorizada pelos maiores jornais do planeta. Na cobertura de diversos assuntos, a mídia dependia quase exclusivamente do Banco como fonte de dados e interpretações. A mesma influência e dependência podia ser constatada entre formuladores e operadores de política nos países da periferia (Goldman, 2005, p. 101-02). A produção intelectual do Banco também servia de orientação para agências bilaterais de assistência ao desenvolvimento e os demais bancos multilaterais (BID, BAD e BAfD). O mesmo ocorria com a OMC, que dependia do Banco para análises sobre políticas de integração comercial (Broad, 2007, p. 701-702). Além disso, os cursos de treinamento e capacitação promovidos pelo Banco emitiam certificados que abriam as portas para o mercado internacional de consultorias — cujo *boom*, diga-se de passagem, foi concomitante aos programas de ajustamento estrutural que levaram as universidades à míngua — no topo do qual está o próprio Banco Mundial (Goldman, 2005, p. 2-3). Por outro lado, tais atividades eram copiadas nos Estados-membros e serviam como modelo de formação, legitimando a institucionalização de um determinado padrão de profissionalização, enquanto marginalizava outros (Goldman, 2005, p. 230). Em suma, apesar do histórico medíocre em matéria de criação de conhecimen-

Tabela 6.16
Empréstimos do Bird por tema e setor e por região — anos fiscais 1990-2003
Milhões de dólares

	Empréstimos do Bird						
	África	Leste da Ásia e Pacífico	Europa e Ásia Central	América Latina e Caribe	Oriente Médio e Norte da África	Sul da Ásia	Total
Tema							
Administração econômica	212,30	711,40	4.866,81	7.631,60	644,21	322,85	14.389,17
Governança do setor público	452,90	3.983,1	4.925,22	9.551	1.119,57	722,08	20.753,88
Império da lei	23,87	446,93	942,70	1.103,05	369	331,30	3.216,84
Desenvolvimento financeiro e do setor privado	464,87	20.469,40	18.377,35	16.788,54	4.037,31	6.829,02	66.966,49
Comércio e integração	250,35	2.139,02	2.917,38	2.177,15	731,99	995,66	9.211,55
Proteção social e administração do risco	56,85	2.088,80	3.614,47	6.968,85	748,65	244,62	13.722,24
Desenvolvimento social, gênero e inclusão	74,86	1.419,90	556,91	2.810	411,82	300,26	5.573,74
Desenvolvimento humano	230,09	2.894,82	2.355,11	7.679,45	1.362,77	351,41	14.873,64
Desenvolvimento urbano	459,29	6.378,89	2.866,83	5.666,04	1.569,07	2.527,14	19.467,27
Desenvolvimento rural	351,33	6.360,03	3.382,00	6.226,70	1.836,25	1.454,44	19.610,74
Gestão ambiental e dos recursos naturais	499,86	9.962,87	3.576,20	5.307,62	1.713,34	2.293	23.352,89
Total dos temas	3.076,56	56.855,17	48.380,97	71.910,01	14.543,97	6.371,77	211.138,45

(*cont.*)

	Empréstimos do Bird						
	África	Leste da Ásia e Pacífico	Europa e Ásia Central	América Latina e Caribe	Oriente Médio e Norte da África	Sul da Ásia	Total
Setor							
Agricultura, pesca e florestamento	276,88	3.623,34	2.494,17	3.893,61	1.986,37	580,51	12.854,87
Lei, justiça e administração pública	479,79	5.164,82	10.766,20	20.134,09	1.861,22	1.205,58	39.611,70
Informação e comunicação	221,57	1.631,61	716,66	464,20	251,61	72,23	3.357,87
Educação	143,83	3.399,28	1.611,90	6.816,33	1.110,87	98,08	13.180,27
Financeiro	104,15	7.646,44	5.895,33	11.155,63	1.981,63	1.358,30	28.141,47
Saúde e outros serviços sociais	160,55	2.065,79	3.612,06	8.629,64	1.045,14	245	15.758,18
Industria e comércio	356,42	5.354,85	8.817,10	2.953,80	2.490,27	1.255,39	21.227,82
Energia e mineração	597,23	11.604,15	8.587,78	3.633,45	1.094,35	6.583,29	32.100,25
Transporte	185,33	11.215,95	4.345,42	9.267,05	1.280,80	4.188,63	30.483,18
Água, saneamento e proteção contra inundações	550,82	5.148,95	1.534,35	4.962,21	1.441,72	784,77	14.422,82
Total dos setores	3.076,56	56.855,17	48.380,97	71.910,01	14.543,97	6.371,77	211.138,45

Fonte: Banco Mundial (2003a, p. 141).

Tabela 6.17
Empréstimos do Bird por tema e setor e por região — anos fiscais 1990-2003
Percentual por região

	Empréstimos do Bird					
	África	Leste da Ásia e Pacífico	Europa e Ásia Central	América Latina e Caribe	Oriente Médio e Norte da África	Sul da Ásia
Tema						
Administração econômica	6,9	1,3	10,1	10,6	4,4	2
Governança do setor público	14,7	7	10,2	13,3	7,7	4,4
Império da lei	0,8	0,8	1,9	1,5	2,5	2
Desenvolvimento financeiro e do setor privado	15,1	36	38	23,3	27,8	41,7
Comércio e integração	8,1	3,8	6	3	5	6,1
Proteção social e administração do risco	1,8	3,7	7,5	9,7	5,1	1,5
Desenvolvimento social, gênero e inclusão	2,4	2,5	1,2	3,9	2,8	1,8
Desenvolvimento humano	7,5	5,1	4,9	10,7	9,4	2,1
Desenvolvimento urbano	14,9	11,2	5,9	7,9	10,8	15,4
Desenvolvimento rural	11,4	11,2	7	8,7	12,6	8,9
Gestão ambiental e dos recursos naturais	16,2	17,5	7,4	7,4	11,8	14
Total dos temas por região	100	100	100	100	100	100

(cont.)

			Empréstimos do Bird			
	África	Leste da Ásia e Pacífico	Europa e Ásia Central	América Latina e Caribe	Oriente Médio e Norte da África	Sul da Ásia
Setor						
Agricultura, pesca e florestamento	9	6,4	5,2	5,4	13,7	3,5
Lei, justiça e administração pública	15,6	9,1	22,3	28	12,8	7,4
Informação e comunicação	7,2	2,9	1,5	0,6	1,7	0,4
Educação	4,7	6	3,3	9,5	7,6	0,6
Financeiro	3,4	13,4	12,2	15,5	13,6	8,3
Saúde e outros serviços sociais	5,2	3,6	7,5	12	7,2	1,5
Industria e comércio	11,6	9,4	18,2	4,1	17,1	7,7
Energia e mineração	19,4	20,4	17,8	5,1	7,5	40,2
Transporte	6	19,7	9	12,9	8,8	25,6
Água, saneamento e proteção contra inundações	17,9	9,1	3,2	6,9	9,9	4,8
Total dos setores por região	100	100	100	100	100	100
Percentual de cada região	1,5	26,9	22,9	34,1	6,9	7,8

Fonte: Banco Mundial (2003a, p. 141) [cálculos do autor].

Tabela 6.18

Créditos da AID por tema e setor e por região — anos fiscais 1990-2003

Milhões de dólares

	Créditos da AID						
	África	Leste da Ásia e Pacífico	Europa e Ásia Central	América Latina e Caribe	Oriente Médio e Norte da África	Sul da Ásia	Total
Tema							
Administração econômica	2.371,82	248,72	397,45	403,86	32,20	904,76	4.358,80
Governança do setor público	5.756,68	494,91	606,59	512,91	151,06	1.941,12	9.463,27
Império da lei	476,24	120,10	209,58	112,30	6,52	178,81	1.103,54
Desenvolvimento financeiro e do setor privado	7.959,19	1.563,13	1.882,97	841,94	397,49	3.006,33	15.651,04
Comércio e integração	1.804	247,04	141,26	182,51	11,62	526,24	2.912,66
Proteção social e administração do risco	1.962,70	955,54	449,50	420,97	183,81	1.795,76	5.768,28
Desenvolvimento social, gênero e inclusão	2.959,73	835,05	316,68	314,49	397,43	3.890,56	8.713,93
Desenvolvimento humano	4.845,57	1.597,10	355,22	315,45	322,42	5.004,34	12.440,09
Desenvolvimento urbano	3.779,62	1.291,16	433,77	294,26	230,54	1.279,20	7.308,54
Desenvolvimento rural	4.299,21	3.715,85	512,81	607,39	431,24	4.522,88	14.089,38
Gestão ambiental e dos recursos naturais	2.363,61	1.974,23	303,67	249,01	321,05	2.634,77	7.846,35
Total dos temas	38.578,35	13.042,83	5.609,48	4.255,09	2.485,37	25.684,76	89.655,88

(*cont.*)

	Créditos da AID						
	África	Leste da Ásia e Pacífico	Europa e Ásia Central	América Latina e Caribe	Oriente Médio e Norte da África	Sul da Ásia	Total
Setor							
Agricultura, pesca e florestamento	2.747,13	3.043,40	493,15	311,58	358,07	3.986,02	10.939,34
Lei, justiça e administração pública	9.515,23	1.374,08	1.407,73	1.214,74	327,92	3.372,17	17.211,88
Informação e comunicação	333,81	59,48	17,99	40,38	3,64	224,30	679,60
Educação	3.733,44	1.343,24	186,36	448,89	367,07	3.878,16	9.957,17
Financeiro	2.293,95	862,83	659,13	255,13	217,41	1.202,52	5.490,97
Saúde e outros serviços sociais	4.801,12	1.427,67	549,45	578,52	454,49	5.546,87	13.358,12
Industria e comércio	3.669,92	1.003,23	959,96	285,95	194,11	1.729,45	7.842,61
Energia e mineração	3.383,01	1.282,58	592,81	175,65	66,62	1.690,19	7.190,87
Transporte	5.679,83	1.406,38	401,98	710,53	190,38	2.353,25	10.742,35
Água, saneamento e proteção contra inundações	2.420,90	1.239,94	340,91	233,74	305,66	1.701,84	6.242,98
Total dos setores	38.578,35	13.042,83	5.609,48	4.255,09	2.485,37	25.684,76	89.655,88

Fonte: Banco Mundial (2003a, p. 142).

Tabela 6.19
Créditos da AID por tema e setor e por região — anos fiscais 1990-2003
Percentual por região

	Créditos da AID					
	África	Leste da Ásia e Pacífico	Europa e Ásia Central	América Latina e Caribe	Oriente Médio e Norte da África	Sul da Ásia
Tema						
Administração econômica	6,1	1,9	7,1	9,5	1,3	3,5
Governança do setor público	14,9	3,8	10,8	12,1	6,1	7,6
Império da lei	1,2	0,9	3,7	2,6	0,3	0,7
Desenvolvimento financeiro e do setor privado	20,6	12	33,6	19,8	16	11,7
Comércio e integração	4,7	1,9	2,5	4,3	0,5	2
Proteção social e administração do risco	5,1	7,3	8	9,9	7,4	7
Desenvolvimento social, gênero e inclusão	7,7	6,4	5,6	7,4	16	15,1
Desenvolvimento humano	12,6	12,2	6,3	7,4	13	19,5
Desenvolvimento urbano	9,8	9,9	7,7	6,9	9,3	5
Desenvolvimento rural	11,1	28,5	9,1	14,3	17,4	17,6
Gestão ambiental e dos recursos naturais	6,1	15,1	5,4	5,9	12,9	10,3
Total dos temas	100	100	100	100	100	100

(*cont.*)

	Créditos da AID					
	África	Leste da Ásia e Pacífico	Europa e Ásia Central	América Latina e Caribe	Oriente Médio e Norte da África	Sul da Ásia
Setor						
Agricultura, pesca e florestamento	7,1	23,3	8,8	7,3	14,4	15,5
Lei, justiça e administração pública	24,7	10,5	25,1	28,5	13,2	13,1
Informação e comunicação	0,9	0,5	0,3	0,9	0,1	0,9
Educação	9,7	10,3	3,3	10,5	14,8	15,1
Financeiro	5,9	6,6	11,8	6	8,7	4,7
Saúde e outros serviços sociais	12,4	10,9	9,8	13,6	18,3	21,6
Industria e comércio	9,5	7,7	17,1	6,7	7,8	6,7
Energia e mineração	8,8	9,8	10,6	4,1	2,7	6,6
Transporte	14,7	10,8	7,2	16,7	7,7	9,2
Água, saneamento e proteção contra inundações	6,3	9,5	6,1	5,5	12,3	6,6
Total dos setores	100	100	100	100	100	100
Total por região	43	14,5	6,3	4,7	2,8	28,6

Fonte: Banco Mundial (2003a, p. 142) [cálculos do autor].

Tabela 6.20
Empréstimos do Banco Mundial (Bird e AID) por tema e setor e por região — anos fiscais 1990-2003
Percentual

| | Empréstimos do Bird e da AID | | | | | | | | | | | | | |
| | África | | Leste da Ásia e Pacífico | | Europa e Ásia Central | | América Latina e Caribe | | Oriente Médio e Norte da África | | Sul da Ásia | | Total por tema | |
Tema	Bird	AID	Bird	AID	Bird	AID	Bird	AID	Bird	AID	Bird	AID	Bird	AID
Administração econômica	0,1	2,6	0,3	0,3	2,3	0,4	3,6	0,5	0,3	>0,1	0,2	1	6,8	4,9
Governança do setor público	0,2	6,4	1,9	0,6	2,3	0,7	4,5	0,6	0,5	0,2	0,3	2,2	9,8	10,6
Império da lei	>0,1	0,5	0,2	0,1	0,4	0,2	0,5	0,1	0,2	>0,1	0,2	0,2	1,5	1,2
Desenvolvimento financeiro e do setor privado	0,2	8,9	9,7	1,7	8,7	2,1	8	0,9	1,9	0,4	3,2	3,4	31,7	17,5
Comércio e integração	0,1	2	1	0,3	1,4	0,2	1	0,2	0,3	>0,1	0,5	0,6	4,4	3,2
Proteção social e administração do risco	>0,1	2,2	1	1,1	1,7	0,5	3,3	0,5	0,4	0,2	0,1	2	6,5	6,4
Desenvolvimento social, gênero e inclusão	>0,1	3,3	0,7	0,9	0,3	0,4	1,3	0,4	0,2	0,4	0,1	4,3	2,6	9,7
Desenvolvimento humano	0,1	5,4	1,4	1,8	1,1	0,4	3,6	0,4	0,6	0,4	0,2	5,6	7	13,9
Desenvolvimento urbano	0,2	4,2	3	1,4	1,4	0,5	2,7	0,3	0,7	0,3	1,2	1,4	9,2	8,2
Desenvolvimento rural	0,2	4,8	3	4,1	1,6	0,6	2,9	0,7	0,9	0,5	0,7	5	9,3	15,7
Gestão ambiental e dos recursos naturais	0,2	2,6	4,7	2,2	1,7	0,3	2,5	0,3	0,8	0,4	1,7	2,9	11,1	8,8

(*cont.*)

	Empréstimos do Bird e da AID												
	África		Leste da Ásia e Pacífico		Europa e Ásia Central		América Latina e Caribe		Oriente Médio e Norte da África		Sul da Ásia		Total por tema	
Setor														
Agricultura, pesca e florestamento	0,1	3,1	1,7	3,4	1,2	0,6	1,8	0,3	0,9	0,4	0,3	4,4	6,1	12,2
Lei, justiça e administração pública	0,2	10,6	2,4	1,5	5,1	1,6	9,5	1,4	0,9	0,4	0,6	3,8	18,8	19,2
Informação e comunicação	0,1	0,4	0,8	0,1	0,3	>0,1	0,2	>0,1	0,1	>0,1	>0,1	0,3	1,6	0,8
Educação	0,1	4,2	1,6	1,5	0,8	0,2	3,2	0,5	0,5	0,4	>0,1	4,3	6,2	11,1
Financeiro	>0,1	2,6	3,6	1	2,8	0,7	5,3	0,3	0,9	0,2	0,6	1,3	13,3	6,1
Saúde e outros serviços sociais	0,1	5,4	1	1,6	1,7	0,6	4,1	0,6	0,5	0,5	0,1	6,2	7,5	14,9
Industria e comércio	0,2	4,1	2,5	1,1	4,2	1,1	1,4	0,3	1,2	0,2	0,6	1,9	10,1	8,7
Energia e mineração	0,3	3,8	5,5	1,4	4,1	0,7	1,7	0,2	0,5	0,1	3,1	1,9	15,2	8
Transporte	0,1	6,3	5,3	1,6	2,1	0,4	4,4	0,8	0,6	0,2	2	2,6	14,4	12
Água, saneamento e proteção contra inundações	0,3	2,7	2,4	1,4	0,7	0,4	2,4	0,3	0,7	0,3	0,4	1,9	6,8	7

Fonte: Banco Mundial (2003a, p. 141-42) [cálculos do autor].

Tabela 6.21

Empréstimos do Banco Mundial (Bird e AID) por região — anos fiscais 1990-2003

Percentual

	Empréstimos do Banco Mundial						
	África	Leste da Ásia e Pacífico	Europa e Ásia Central	América Latina e Caribe	Oriente Médio e Norte da África	Sul da Ásia	Total
Bird	1,5	28,6	22,9	34,1	6,9	7,8	100
AID	43	14,5	6,3	4,7	2,8	28,6	100

Fonte: Banco Mundial (2003a, p. 141-42) [cálculos do autor].

RECICLAGEM E DILATAÇÃO DO PROGRAMA POLÍTICO NEOLIBERAL — 1995-2008

to (Gavin & Rodrik, 1995, p. 333; Stern & Ferreira, 1997, p. 609), a legitimidade do Banco Mundial como fonte de dados, afiançador de ideias, formador de *policymakers*, produtor de análises comparativas e guia em matéria de políticas de desenvolvimento era ampla, disseminada e sólida. A capacidade do Banco não para a inovação própria, mas para rapidamente assumir a liderança em qualquer temática, era inegável.

O Banco aplicava esse "capital intelectual" por meio do seu considerável programa de empréstimos e da sua posição única como mediador entre governos, agências bilaterais e multilaterais e o universo empresarial, traduzindo-o em políticas e negócios. Quanto mais afinada com a agenda do Banco e mais insulada das pressões do sistema político local fosse a equipe de governo dos Estados-membros, mais eficaz era o trabalho de persuasão do Banco (Woods, 2006, p. 5). Para erguer essa blindagem política era indispensável, entre outros expedientes, construir consentimento social em torno de determinados programas, ideias e práticas institucionais. Não por acaso o Banco gastava tanto com pesquisa e publicidade. Em 2005, a verba para esse setor era de US$ 25,3 milhões, cerca de 2,5% do orçamento da instituição, acrescidos de mais US$ 6,9 milhões fornecidos por *trusts funds*, normalmente financiados por agências bilaterais (Deaton *et al.*, 2006, p. 26-27). Além disso, o orçamento do Departamento de Assuntos Externos, que era de US$ 20 milhões em 2000, saltara para US$ 34 milhões em 2005, chegando a contar com fundos equivalentes aos da Fundação Heritage, um dos *think tanks* conservadores dos Estados Unidos mais influentes (Broad, 2006, p. 411-12).

A atividade de pesquisa era realizada em todo o Banco, abarcando os departamentos regionais, as redes, o Instituto Banco Mundial e, sobretudo, a Vice-Presidência de Economia do Desenvolvimento (DEC). Com 93 pesquisadores em tempo integral e 30 funcionários de apoio, a DEC constituía o núcleo da investigação do Banco e era subordinada diretamente ao economista-chefe (Deaton *et al.*, 2006, p. 25-28). O Gráfico 6.1 ilustra a organização dos grupos dentro do Banco responsáveis pela realização de pesquisas.

Tabela 6.22

Distribuição regional dos empréstimos do Bird — anos fiscais 1995-2008

Percentual

Regiões	1995	1996	1997	1998	1999	2000	2001	2002	2003	2004	2005	2006	2007	2008
América Latina e Caribe	33,9	27,6	30,6	26,9	32,2	36	46	37	50	45	37	40	34	32
África Subsaariana	<1	0	<1	<1	<1	<1	0	<1	<1	0	<1	<1	<1	<1
Oriente Médio e Norte da África	5,5	8,7	5,3	3,4	5,4	7	3	4	8	9	9	9	5	9
Europa e Ásia Central	23,5	26,7	31,4	21,2	19,6	25	21	42	19	27	26	25	26	28
Sul da Ásia	9,4	7,9	4,3	6,3	3,4	9	19	8	7	4	15	9	13	11
Leste da Ásia e Pacífico	27,3	29	28,1	42	39,5	23	11	9	16	15	13	17	22	20

Fonte: relatórios anuais do Banco Mundial (1995 a 2008) [cálculos do autor].

Tabela 6.23

Distribuição regional dos créditos da AID — anos fiscais 1995-2008

Percentual

Regiões	1995	1996	1997	1998	1999	2000	2001	2002	2003	2004	2005	2006	2007	2008
América Latina e Caribe	6,1	5,7	2,7	4,8	8,9	3,8	7	2	2	4	3	3	2	3
África Subsaariana	38,9	39,9	36,4	37,5	30,3	47,3	50	47	51	45	45	50	49	50
Oriente Médio e Norte da África	<1	4,6	3,1	3,3	5,7	3,7	2	1	3	2	1	4	2	2
Europa e Ásia Central	9,6	6,9	10,7	10,1	13,7	7,1	8	8	8	6	6	5	4	4
Sul da Ásia	25,1	25,8	30	33,9	26,6	27	18	32	29	33	33	27	34	25
Leste da Ásia e Pacífico	19,4	17	17,1	10,3	14,8	11,1	15	10	7	10	12	11	10	16

Fonte: relatórios anuais do Banco Mundial (1995 a 2008) [cálculos do autor].

Gráfico 6.1
Grupos dentro do Banco Mundial que produzem pesquisa — maio de 2006

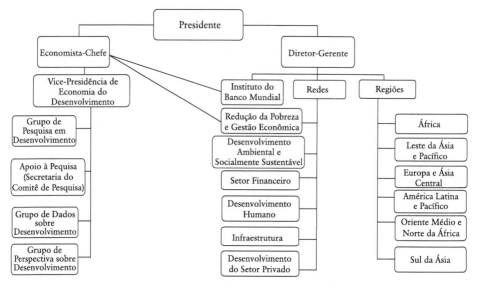

Fonte: Deaton et al. (2006, p. 25).

O estudo de Broad (2006) evidenciou a existência de um sistema interno de recompensas e sanções que se reforçavam mutuamente para assegurar que a produção intelectual da DEC seguisse a linha política e ideológica do Banco e, assim, contribuísse para a manutenção do paradigma neoliberal. Um sistema informal, sutil, que funcionava de acordo com normas suaves e, quando necessário, passava por cima de regras formais. Um sistema cuja dinâmica solapava o debate interno e afetava as conclusões das pesquisas, confirmando *a priori* as hipóteses neoliberais.

Segundo a autora, tal sistema estava estruturado por seis mecanismos. O primeiro deles era a forma de recrutamento ou contratação (*ibidem*, p. 400-02). A diversidade do *staff* em termos de nacionalidade não se refletia no âmbito intelectual. Quase todos os funcionários eram economistas ou tinham pós-graduação em Economia e a maioria esmagadora dos pesquisadores havia estudado nos Estados Unidos e no Reino Unido. As fronteiras da disciplina e a inclinação para a economia neoclássica demarcavam um perfil profissional específico, predisposto a "ressoar" o paradigma dominante. Não surpreende, assim, que muito pouco da pesquisa produzida pelo Banco envolvesse pesquisadores de países da periferia (Deaton *et al.*, 2006, p. 9).

O segundo mecanismo identificado por Broad era a promoção (*ibidem*, p. 402-404). Como a maioria dos empregados trabalhava com contratos de curto prazo, o maior objetivo de um pesquisador que desejasse fazer carreira no Banco era obter depois de cinco anos a regularização necessária à estabilidade no cargo. A regularização dependia de avaliações favoráveis sobre o trabalho realizado. Um dos critérios avaliados era o número de publicações. Os profissionais da DEC precisavam publicar não apenas dentro do Banco, como também pelo menos dois artigos por ano em revistas de Economia consideradas de excelência internacional. Outro critério avaliado era a capacidade dos pesquisadores de obter financiamento adicional junto ao Comitê de Pesquisa e aos *trusts funds*. Esse dinheiro destinava-se a cobrir despesas com contratação de consultores externos, realização de seminários e conferências, disponibilização de dados *online*, viagens, entre outras. Sendo bem-sucedido na competição por fundos, o pesquisador conquistava prestígio e capacidade de alavancar novos recursos. Além disso, as avaliações também observavam a influência do pesquisador sobre as operações do Banco. Uma terça parte do tempo (13 semanas por ano) do pesquisador devia ser dedicada a apoiar o *staff* operacional, normalmente sob a forma de trabalho analítico ou assessoramento a países clientes. Interessado em "mover o dinheiro" rapidamente e influenciar as políticas dos governos, ao *staff* operacional interessava contar com pesquisadores que tivessem sintonia com as suas atividades. Ou seja, enquanto os pesquisadores precisavam "vender" suas ideias para os operadores, a esses interessava "comprar" parte do tempo de trabalho de pesquisadores que os ajudassem a promover internamente as operações que comandavam. À mesma conclusão chegou Goldman (2005, p. 105-110).

O terceiro mecanismo identificado por Broad era o reforço seletivo das normas (*ibidem*, p. 404-407). A pesquisa que não tivesse a "ressonância" esperada era submetida a um processo mais rigoroso de avaliação interna e

O BANCO MUNDIAL COMO ATOR POLÍTICO, INTELECTUAL E FINANCEIRO

externa e, com frequência, era descartada. De acordo com um dos entrevistados, a avaliação das propostas de pesquisa dependia do tema do documento e de quem fosse o autor. "Se você for um economista neoclássico respeitado, [a aprovação] só precisa da assinatura do seu chefe. Se for crítico, você é submetido a revisões intermináveis até desistir" (*apud* Broad, p. 404). Evidentemente, esse tipo de mecanismo só poderia funcionar com eficácia dentro de uma organização fortemente hierarquizada. Entende-se por isso a observação de que havia pressão não apenas sobre os pesquisadores, mas também sobre os seus superiores por parte da presidência do Banco e de outras altas instâncias. Tudo para que coisas diretamente contrárias à linha política do Banco não fossem ditas (Deaton *et al.* 2006, p. 20).

O desencorajamento do discurso dissonante era o quarto mecanismo (*ibidem*, p. 407-410). Admitia-se a crítica em questões marginais, mas não em aspectos centrais da agenda política do Banco ou do pensamento neoliberal. Aqueles que haviam levantado algum dissenso eram caracterizados como pessoas "inadaptadas", "iconoclastas" e "insatisfeitas", interessadas em perseguir tão somente suas próprias "idiossincrasias".

O quinto mecanismo era a manipulação de dados e conclusões (*ibidem*, p. 410-411). Broad citou exemplos de como o Banco havia alterado e manipulado resumos executivos e informes para a imprensa, jogando com o fato de que a maioria das pessoas, incluindo jornalistas de grandes meios de comunicação, costuma ler apenas comunicados resumidos. Em alguns casos, entre o resumo e o conteúdo do trabalho havia discordância integral.

O sexto e último mecanismo era a projeção externa (*ibidem*, p. 411-412). Cabia ao Departamento de Assuntos Externos, responsável pela publicidade do Banco, projetar certos trabalhos produzidos pela DEC por meio de um trabalho intenso de difusão nos âmbitos político, jornalístico e acadêmico. Com um orçamento milionário e contatos privilegiados nos grandes meios de comunicação, o departamento era capaz de promover lançamentos e coletivas de imprensa em várias cidades do mundo, assegurando a qualquer pesquisador um púlpito de alcance sem igual capaz de catapultá-lo numa velocidade meteórica. Em troca, a visibilidade propiciada pelo departamento cobrava a sintonia entre o conteúdo da pesquisa e a linha político-intelectual do Banco.

RECICLAGEM E DILATAÇÃO DO PROGRAMA POLÍTICO NEOLIBERAL — 1995-2008

Não causa estranheza, assim, a constatação de que a maioria das publicações do Banco se baseasse em fontes (primárias e secundárias) do próprio Banco, financiadas ou promovidas por ele. Um caso de narcisismo agudo, que às vezes chegava, segundo Deaton *et al.* (2006, p. 73), ao nível da "paródia", mas que tinha a sua eficácia político-intelectual. Enquanto um documento dependia do outro para sua evidência e argumentação, um corpo interno de conhecimento era produzido e reforçado, amalgamando ideias e práticas e desencorajando o dissenso (Goldman, 2005, p. 131). Mais do que isso, desencorajando o que precisamente caracteriza a atividade científica: a reflexividade crítica, decorrente do questionamento livre dos próprios pressupostos que lhe dão fundamento (Bourdieu, 2001, p. 38).

O fato de que a pesquisa fosse usada para "fazer proselitismo sobre as políticas do Banco, com frequência sem tomar uma visão balanceada das evidências e sem expressar o ceticismo adequado" (Deaton *et al.*, 2006, p. 6), levou a que uma equipe de "notáveis"[80] — contratada pelo Banco para avaliar a investigação produzida pela instituição entre 1998 e 2005 — emitisse um alerta eloquente:

> O painel endossa o direito do Banco de defender vigorosamente e promover suas políticas. Mas quando a liderança do Banco apela seletivamente a pesquisas não comprovadas e relativamente novas como evidência forte de que suas políticas preferenciais funcionam, ela empresta uma confiança injustificável às prescrições do Banco. Colocar resultados frágeis de pesquisas novas em um pedestal atrai recriminações posteriores que minam a credibilidade e utilidade das pesquisas do Banco (Deaton *et al.* 2006, p. 6).

---

[80] A equipe foi dirigida por Angus Deaton (Princeton) e integrada por Kenneth Rogoff (ex-economista-chefe do FMI e professor em Harvard), Abhijit Banerjee (MIT), Nora Lustig (Pnud) e mais 25 pesquisadores, entre os quais Nancy Birdsall e Sebastián Edwards. O relatório foi concluído em setembro de 2006 e divulgado em janeiro de 2007. O foco da avaliação foi o trabalho da Vice-Presidência de Economia do Desenvolvimento (DEC). Analisou-se também a produção dos departamentos regionais e temáticos, do Instituto do Banco Mundial e da pesquisa contratada a consultores externos.

O BANCO MUNDIAL COMO ATOR POLÍTICO, INTELECTUAL E FINANCEIRO

DE 2005 A MEADOS DE 2008: O BANCO MUNDIAL SOB WOLFOWITZ E ZOELLICK

Em meados da década de 2000, os imperativos dos mercados financeiros eram assumidos cada vez mais como condições da existência social. De modo geral, o fluxo dos acontecimentos desde o início da década havia empurrado o mundo para a direita e, em regra, a doutrina neoliberal e o programa político dela decorrente constituíam em quase todas as partes "a gramática básica de governo" (Anderson, 2008, p. 27). Como um dos pivôs desse processo, o Banco seguia com a missão de impulsionar a constituição de uma economia livre e aberta para o capital e a mercantilização da natureza e do conjunto da vida social.

As provisões norte-americanas para o Banco eram seguidas sem sofrer maiores contestações por parte das demais potências, até porque parte dessas não tinha força para contestá-las, outras estavam satisfeitas e algumas não queriam pôr em perigo relações bilaterais amplas desafiando os EUA abertamente (Kapur, 2002, p. 65). O cenário era de tal maneira assimétrico que motivava declarações do seguinte teor por parte do antigo conselheiro de segurança nacional dos EUA Zbigniew Brzezinski:

> Alguns Estados são obviamente mais "iguais" do que outros. É inevitável que as nações mais ricas, fortes e avançadas se encontrem em uma posição mais favorável para dominar o jogo, e isso se aplica de maneira muito especial ao caso dos Estados Unidos. Seja na OMC, no Banco Mundial ou no FMI, a estadunidense é, de longe, a voz que mais se faz ouvir. Produz-se, portanto, um ajuste perfeito entre hegemonia global e globalização econômica: os Estados Unidos podem promover um sistema global aberto ao mesmo tempo em que defendem em grande medida as normas desse sistema e escolhem para si mesmos o quanto querem depender dele (Brzezinski, 2005, p. 172).

Wolfensohn deixou a presidência do Banco Mundial em maio de 2005 e fundou uma empresa, a Wolfensohn & Company, para investir e vender assessoria a governos e grandes corporações interessadas em fazer negócios em "mercados emergentes". Em 2006, Jim — como era conhecido — foi

RECICLAGEM E DILATAÇÃO DO PROGRAMA POLÍTICO NEOLIBERAL — 1995-2008

convidado a assumir a presidência do Conselho Consultivo Internacional do Citigroup. Para o seu lugar, o governo Bush indicou Paul Wolfowitz. O escândalo representado por essa escolha desviou a atenção da grande maioria dos analistas, poupando a gestão Wolfensohn do devido escrutínio.

Doutor em Ciência Política pela Universidade de Chicago (1972), Wolfowitz desenvolveu extensa carreira no aparato de segurança norte-americano, ocupando cargos no Pentágono e no Departamento de Estado, com algumas passagens pela academia.[81] Após trabalhar como professor na Universidade de Yale (1970-1973), entrou para a Agência de Controle de Armas e Desarmamento (1973-1977). Em 1976, integrou a chamada Equipe B, montada por George Bush pai, então diretor da CIA, para avaliar a política da agência para a União Soviética. A equipe concluiu que a URSS era militarmente muito mais perigosa do que se pensava, pois haveria desenvolvido uma nova geração de armas de destruição em massa. Embora falsa, tal afirmação serviu como justificativa para dar musculatura, logo depois, à campanha de Ronald Reagan (Mallaby, 2006, p. 410).

Em 1977, Wolfowitz foi para o Pentágono e, em 1980, para o Departamento de Estado, onde assumiu a direção do Escritório de Planejamento de Políticas. Trabalhou um ano (1980-1981) na Johns Hopkins University como professor de relações internacionais. Com a nomeação de George Schultz como secretário de Defesa em 1982, foi designado para o cargo de subsecretário para Assuntos de Ásia Oriental e Pacífico (1982-1986) e, depois, embaixador dos EUA na Indonésia (1986-1989), cumprindo um papel importante no apoio às ditaduras de Marcos (Filipinas), Suharto (Indonésia) e Chun Doo Hwan (Coreia do Sul). De 1989 a 1993 serviu como subsecretário de Defesa, sob as ordens de Dick Cheney, envolvendo-se na primeira guerra do Golfo Pérsico.

Durante os dois mandatos de Clinton, Wolfowitz voltou à Johns Hopkins University (1994-2001), agora como professor e decano da Paul Nitze School of Advanced Studies (Sais). Conduziu uma campanha que

---

[81]Sobre a biografia de Wolfowitz, consulte-se <http://www.whitehouse.gov/government/wolfowitz-bio.html>, <http://go.worldbank.org/092NEX71N0> e <http://en.wikipedia.org/wiki/Paul_Wolfowitz#cite_note-Tanenhaus-21>

arrecadou mais de US$ 75 milhões, dobrando a dotação da Sais, uma escola com apenas 750 estudantes, espalhados em *campi* localizados em Washington, Nanquim e Bolonha. Também foi membro do conselho assessor das revistas *Foreign Affairs* e *National Interest* e professor visitante no American Enterprise Institute.

Em junho de 1997, fundou uma organização de cunho neoconservador chamada Projeto para o Novo Século Americano, junto com Dick Cheney, Donald Rumsfeld, Jeb Bush e Francis Fukuyama, entre outros. No ano seguinte, o projeto iniciou uma campanha para que o governo Clinton realizasse um ataque preventivo ao Iraque e destituísse Saddam Hussein, com o argumento de que o país possuía armas de destruição em massa e, por isso, era um agressor em potencial dos EUA e de seus principais aliados (Pnac, 1998).

Durante a disputa eleitoral de 2000, Wolfowitz trabalhou como assessor de política externa da campanha de George W. Bush. Com a vitória do Partido Republicano, foi nomeado em 2001 para o cargo de subsecretário de Defesa, agora sob o comando de Donald Rumsfeld. A partir de então, a doutrina da guerra preventiva foi posta em prática integralmente, primeiro com a invasão do Afeganistão em outubro de 2001, depois com o ataque ao Iraque em março de 2003. Era a culminação de uma escalada de agressões militares conduzida de modo mais ou menos ininterrupto desde 1991 (Fiori, 2004a, p. 100; Anderson, 2008, 13-14).

A designação de Wolfowitz para a presidência do Banco Mundial fez parte de um assalto neoconservador às organizações internacionais liderado pelo governo Bush. A operação começou em janeiro de 2005, com a indicação de Ann Veneman, secretária de Agricultura dos EUA, para o cargo de diretora-executiva do Unicef, embora os EUA e a Somália fossem os únicos entre 191 países que se recusaram a ratificar a Convenção das Nações Unidas sobre Direitos da Criança. Dois meses depois, John Bolton — ex-presidente do American Enterprise Institute (1997-2001) e destacado unilateralista — foi escolhido como embaixador dos EUA na ONU. Três dias se passaram e veio a indicação de Wolfowitz (Toussaint, 2006, p. 251-252). Do ponto de vista norte-americano, o que estava em pauta nos três movimentos era a fusão do neoliberalismo com o neoconservadorismo (promovido por inte-

RECICLAGEM E DILATAÇÃO DO PROGRAMA POLÍTICO NEOLIBERAL — 1995-2008

resses petrolíferos e militares e ideário religioso extremista) e o unilateralismo (guerra preventiva e combate ao terrorismo) (Bond, 2006, p. 1).

A indicação de Wolfowitz repercutiu mal na imprensa internacional, sobretudo na Europa. O jornal francês *Le Monde* chamou a indicação de "uma nova manifestação da arrogância da América". Até o *Financial Times*, dirigindo-se às classes dirigentes europeias, afirmou em editorial que o Banco Mundial dirigido por Wolfowitz não seria "mais do que um instrumento do poder dos EUA" (Mallaby, 2006, p. 401). Mesmo assim, a indicação foi aprovada por unanimidade pelo Conselho de Governadores do Banco Mundial.

Wolfowitz logo tratou de nomear alguns aliados de primeira hora da invasão do Iraque como altos funcionários do Banco (Inter Press Service, 2007, 13/04/07). Primeiro foi a ex-chanceler espanhola Ana Palacio, designada como vice-presidente do Banco em junho de 2006. Palacio havia integrado o gabinete do então presidente do Governo José Maria Aznar e era uma das principais defensoras da participação da Espanha na "coalizão dos dispostos", termo utilizado pelo presidente Bush para indicar os países que apoiaram a invasão do Iraque. No mesmo mês Wolfowitz nomeou o ex-ministro da economia de El Salvador Juan José Daboub como um dos dois diretores-gerentes do Banco. Daboub havia sido chefe da equipe do presidente Francisco Flores, cujo governo enviou quase 400 soldados ao Iraque, mais do que qualquer outro país em desenvolvimento integrante da coalizão. Poucos meses depois, em março de 2007, Wolfowitz convidou Marwan Muasher para o cargo de vice-presidente para Assuntos Externos do Banco. Muasher era vice primeiro-ministro da Jordânia e atuara em 2002 como embaixador nos Estados Unidos. Foi um dos principais articuladores do apoio do seu país à invasão do Iraque. Durante a invasão e depois dela, Muasher era considerado um dos principais aliados dos EUA dentro de um mundo árabe cada vez mais hostil. Além dos três personagens citados, Wolfowitz nomeou três membros do governo Bush como "conselheiros especiais" da presidência, com salários equivalentes ao do *staff* sênior do Banco.

No início de abril de 2007, poucos meses após anunciar que a luta con-

O BANCO MUNDIAL COMO ATOR POLÍTICO, INTELECTUAL E FINANCEIRO

tra a corrupção seria uma prioridade para o Banco Mundial, estourou um escândalo de favorecimento ilícito envolvendo Wolfowitz.[82] Em meados do mês, o sindicato dos funcionários do Banco pediu a sua renúncia (*La Jornada*, 13/04/07). O assunto ganhou destaque na imprensa norte-americana e na europeia. Os países europeus, em particular a Alemanha, pressionaram pela renúncia, ameaçando quebrar o acordo informal pelo qual os EUA indicam, desde 1944, o presidente do Banco. O discurso dos europeus era o de que a permanência de Wolfowitz minaria a credibilidade da instituição. A oposição liberal norte-americana também se manifestou contra Wolfowitz, como forma de fustigar o governo republicano (*The New York Times*, 08/05/2007). O que estava em jogo, porém, não era o favorecimento ilícito e o tráfico de influência, mas sim a liderança de um personagem claramente identificado com a linha mais dura da política externa norte-americana, num momento de desgaste da estratégia militar empregada contra o Iraque e de afirmação unilateralista dos EUA na arena internacional. Nesse sentido, destituir Wolfowitz em nome da "credibilidade" do Banco Mundial era conveniente tanto para as demais potências ocidentais, interessadas em minimizar a ofensiva unilateralista, como para a burocracia sênior do próprio Banco, que poderia lançar mão de um artifício moralista útil à imagem da instituição, sem pôr em xeque a agenda neoliberal. A Casa Branca apoiou Wolfowitz até a última hora, mas acabou cedendo diante da pressão internacional e da oposição liberal interna. Em meados de maio, Wolfowitz anunciou que deixaria a presidência do Banco, após acordo com a diretoria executiva para que declarasse que ele, ao cabo, agira "de boa-fé" (*Folha de S. Paulo*, 18/05/2007).

Dentro dos EUA algumas poucas vozes defenderam a quebra da regra informal entre os EUA e a Europa e sugeriram que o novo presidente do Banco Mundial deveria vir dos países em desenvolvimento. Stiglitz propôs os nomes de Ernesto Zedillo (ex-presidente do México) e Armínio Fraga (ex-presidente do Banco Central do Brasil). Já países como Brasil, África

---

[82]Wolfowitz foi acusado de usar o cargo para aumentar irregularmente o salário da sua namorada, Shaha Riza, funcionária do Banco cedida ao Departamento de Estado norte-americano. Riza recebia, então, um salário superior ao da secretária de Estado, Condoleezza Rice (*The New York Times*, 20/04/2007).

RECICLAGEM E DILATAÇÃO DO PROGRAMA POLÍTICO NEOLIBERAL — 1995-2008

do Sul e Austrália pediram que o novo presidente fosse escolhido independentemente da sua nacionalidade, mas nenhum deles apresentou um nome (*Folha de S. Paulo*, 26/06/08). O que se viu, então, foi mais uma negociação fechada entre os acionistas mais poderosos do Banco. O resultado é conhecido: no final de maio de 2007, o presidente George W. Bush anunciou a indicação de Robert Zoellick para a presidência do Banco Mundial, com o apoio de França, Alemanha e Reino Unido (*La Jornada*, 3/06/07). Em julho o novo presidente tomou posse.

Advogado com mestrado e doutorado na área jurídica pela Harvard University, Zoellick alternou a sua vida profissional com passagens pelos setores público e privado, sempre em altos cargos. De 1985 a 1988 ocupou vários postos no Departamento do Tesouro, sempre como homem de confiança de James Baker. De 1989 a 1992 desempenhou o cargo de subsecretário de Estado, atuando diplomaticamente no processo de reunificação alemã. Também foi chefe de gabinete do presidente George Bush de 1992 a 1993, desempenhando, em particular, um papel importante na articulação política para o lançamento do Nafta em janeiro de 1994. Com a chegada dos democratas ao poder, migrou para o setor privado, no qual ocupou, de 1993 a 1997, o cargo de vice-presidente executivo da Fannie Mae, a maior empresa de financiamento imobiliário dos EUA. Trabalhou como professor de segurança nacional na Academia Naval dos EUA (1997-98) e passou por dois importantes *think tanks* norte-americanos, o célebre Center for Strategic and International Studies, do qual foi presidente de 1998 a 1999, e o German Marshall Fund, dedicado a promover a cooperação entre EUA e Europa, do qual foi membro de 1999 a 2001. Nesse período também integrou o conselho consultivo da Enron, gigante norte-americana de energia envolvida num escândalo de fraude contábil que desnudou a falácia da "nova economia". Com o retorno dos republicanos à Casa Branca, foi convidado para desempenhar a função de negociador principal dos EUA na OMC para Ásia e Pacífico de 2001 a 2005, atuando na articulação internacional para o lançamento da Rodada de Doha. No exercício dessa função, também cumpriu um papel estratégico nas negociações para a entrada da China na OMC e esteve à frente de quase duas dezenas de acordos bilaterais de livre comércio com os EUA. De 2005 a 2006 foi guindado ao posto de subsecretário de Estado para Assuntos Econômicos, Empresariais e Agrícolas, atuando na linha de frente da defesa dos interesses corporativos e geoestratégicos norte-americanos em matéria de liberalização comercial. Ao longo da sua vida profissional Zoellick também integrou o conselho consultivo de diversas organizações, como Council on Foreign Relations, European Institute, American Council on Germany, American Institute of Contemporary German Studies, National Bureau of Asian Research, Overseas Development Council, World Wildlife Fund e Institute of International Economics. De volta ao setor privado em 2006, exerceu o cargo de conselheiro internacional principal do banco de investimento Goldman Sachs, um dos maiores dos EUA. De lá foi pinçado pela Casa Branca para comandar o Banco Mundial.[83]

Vários órgãos da imprensa internacional caracterizaram Zoellick como uma espécie de anti-Wolfowitz. Comparado ao antecessor, um ideólogo neoconservador de primeira hora, Zoellick é mesmo um republicano mais moderado e pragmático. Todavia, o que se fez questão de esquecer é que ele também integra a linha-dura do Partido Republicano. Em 1998, por exemplo, foi um dos signatários da carta aberta ao presidente Clinton elaborada pelo Projeto para o Novo Século Americano — junto com Wolfowitz, Rumsfeld, Kagan, Bolton e Fukuyama, entre outros —, cujo propósito era pressionar o governo a atacar o Iraque e destituir Saddam Hussein,[84] na linha da "guerra preventiva". Dois anos depois, publicou um artigo na revista *Foreign Affairs* em que criticava a política externa do governo Clinton por, entre outras razões, não haver priorizado as políticas de liberalização comercial.[85] Ancorado na defesa da supremacia militar como base para a política externa, Zoellick apelou à ideia de "mal" nas relações internacionais para legitimar o exercício da violência. Nas suas palavras:

---

[83]Sobre a biografia de Zoellick, consulte-se BBC (25/06/07), Barry (2005), <http://en.wikipedia.org/wiki/Robert_Zoellick> e <http://www.worldbank.org/zoellick>. Sobre o escândalo da Enron, vide BBC (14/01/2002).

[84]As assinaturas podem ser conferidas em http://www.newamericancentury.org/iraqclintonletter.htm

[85]No mesmo número, Condollezza Rice — então professora de Ciência Política na Universidade de Stanford e assessora do candidato George W. Bush — publicou um artigo intitulado *Promoting the national interest*, que complementava o de Zoellick.

RECICLAGEM E DILATAÇÃO DO PROGRAMA POLÍTICO NEOLIBERAL — 1995-2008

> Uma política externa republicana moderna reconhece que ainda existe o mal no mundo — pessoas que odeiam a América e as ideias que ela representa. Hoje, nós enfrentamos inimigos que trabalham para desenvolver armas nucleares, biológicas e químicas, junto com mísseis para lançá-las. Os Estados Unidos devem permanecer vigilantes e ter a força para derrotar seus inimigos. Pessoas motivadas pela hostilidade ou por uma necessidade de dominar não responderão à razão ou à boa vontade. Elas manipularão regras civilizadas para fins não civilizados (Zoellick, 2000, p. 70).

Do ponto de vista programático, entre 2005 e junho de 2008 o Banco deu continuidade à agenda política neoliberal reciclada na segunda metade dos anos 1990. Contudo, alguns elementos ganharam maior destaque (Zoellick, 2008 e 2007; Banco Mundial, 2008, 2007 e 2006; Mallaby, 2007). Em primeiro lugar, seguiu-se o fortalecimento do papel da AID em relação ao Bird — configurando a "AIDzação" do Banco Mundial (Kapur, 2003) —, processo que está relacionado com a "crise de relevância" do Bird como fonte de financiamento atrativo para países de renda média e mesmo para alguns países pobres, como mostra a gravitação financeira crescente da China na África (Wade, 2007, p. 1). O aumento do caixa da AID contará, para o período de 2009-2011 (15ª Reposição), com uma contribuição do próprio GBM de US$ 3,5 bilhões (cf. Tabela 1.6). Um dos principais objetivos do foco nos países mais pobres é a promoção de mais uma rodada de políticas de liberalização e ajustamento do setor agrícola, sob a forma de uma nova Revolução Verde, em particular no continente africano.

Em segundo lugar, todas as linhas de atuação ligadas à "reconstrução" dos chamados "Estados frágeis" foram reforçadas. Durante o ano fiscal de 2008 (encerrado em junho), por exemplo, o GBM destinou mais de US$ 3 bilhões para essa finalidade, seguindo o nexo entre liberalização econômica, gestão de governo e segurança. Depois de haver atuado na Bósnia, na Faixa de Gaza, em Ruanda e Moçambique, o Banco ampliou o seu arco e estava trabalhando em países como Sudão, Libéria, Serra Leoa, República Democrática do Congo, Burundi, Costa do Marfim, Angola, Timor-Leste, Papua Nova Guiné, Afeganistão e Haiti, entre outros.

Em terceiro lugar, o Banco se pôs a desenvolver um modelo de operações mais diferenciado para países de renda média e "mercados emergentes", mediante o barateamento e a simplificação burocrática dos empréstimos, a fim de torná-los mais atraentes. Nesse tópico, o aprofundamento das relações com a China é uma das metas mais importantes da gestão Zoellick.

Em quarto lugar, o Banco deu maior atenção ao fomento dos chamados bens públicos regionais e globais, como o tratamento de doenças transmissíveis e pesquisas e operações relacionadas a mudanças climáticas e à gestão dos recursos naturais.

Em quinto lugar, o Banco anunciou em 2008 que reforçará a sua atuação no mundo árabe nos próximos anos, sobretudo nos países exportadores de petróleo, com o propósito de fomentar a criação de ambientes seguros, abertos e rentáveis para o capital.

Em sexto lugar, a carteira da CFI aumentou significativamente, passando de US$ 5,4 bilhões em 2005 para US$ 11,4 bilhões em 2008 (cf. Tabela 1.10), e estreitou-se ainda mais a articulação entre a CFI e a AID.

Por fim, a gestão Zoellick deu continuidade à ênfase do papel intelectual do Banco Mundial como promotor de ideias relativas ao desenvolvimento capitalista, em clave neoliberal, fortalecendo atividades de pesquisa, formação de quadros, coordenação de iniciativas multilaterais, assistência técnica e diálogo com governos.

Considerações finais

Em operação desde 1946, o Banco Mundial tornou-se uma organização imensa e de enorme complexidade, muito diferente daquela acordada em 1944. Junto aos demais componentes do Grupo, sua ação cobre virtualmente todos os âmbitos da assistência internacional ao desenvolvimento, o que potencializa o seu poder de coerção, persuasão e barganha junto aos governos.

Apesar da quantidade enorme de publicações produzidas a cada ano e do trabalho intenso de relações públicas, a maior parte das atividades realizadas pelo Banco ocorre em âmbito reservado, protegida do escrutínio público. Junto aos governos, o "diálogo sobre políticas" (o que se deve ou não fazer e para quem) e a "assistência técnica" (como e quem deve fazer) sempre correm à frente dos acordos de empréstimo e, em regra, são operações de caráter confidencial. Do mesmo modo, as relações do Banco com empresas multinacionais e corporações financeiras privadas envolvidas direta e indiretamente com os milhares de contratos que brotam a cada ano dos projetos financiados pelo Banco passam muito longe das vistas da opinião pública.

A opacidade relativa das suas atividades, porém, não livra o Banco da necessidade de obter apoio público e legitimidade internacional para levar adiante a sua pauta política e "mover o dinheiro", i.e., alavancar a sua carteira de empréstimos. Historicamente, graças à rentabilidade e à segurança dos seus títulos, o Banco sempre captou mais dinheiro nos mercados financeiros privados do que pôde emprestar (Goldman, 2005, p. xiv). Criar e expandir a demanda para os seus serviços é uma necessidade permanente e vital. O Banco precisa de clientes para sobreviver.

Do ponto de vista financeiro, o Banco é um ator muito pequeno diante dos problemas mundiais: no agregado, seus empréstimos raramente che-

O BANCO MUNDIAL COMO ATOR POLÍTICO, INTELECTUAL E FINANCEIRO

gam a mais de 2% do investimento em países da periferia (Kapur, 2002, p. 70). Além disso, a sua posição entre os bancos globais declina sensivelmente desde os anos 1960, concomitantemente com o processo de desregulação financeira e concentração bancária. A rigor, se o Banco Mundial fosse apenas um intermediário financeiro, ele precisaria de apenas um décimo do seu *staff* atual. Na verdade, dentro do Banco Mundial o dinheiro sempre foi visto como o lubrificante necessário para mover o produto principal: prescrições políticas e ideias — produzidas ou avalizadas por ele — sobre o que fazer, como fazer, quem deve fazer e para quem em matéria de desenvolvimento capitalista (Kapur, 2006, p. 159).

A institucionalização de prescrições políticas e ideias, por sua vez, exige a criação e manutenção de um clima hospitaleiro pelo mundo afora, razão pela qual o Banco investe tanto em relações públicas, pesquisa, atividades de formação profissional e articulação com instituições internacionais, agências bilaterais, órgãos públicos e organizações nacionais privadas nos Estados-membros. Desde Washington, dados e mensagens que emite são irradiados por agências de notícias internacionais e costumam ser reproduzidos por grandes veículos nacionais de comunicação com força normativa. Além disso, nos países onde atua o Banco teceu ao longo de décadas uma malha mais ou menos extensa e diversificada de relações em diversos âmbitos (político, empresarial, científico e social) que dá suporte material à manutenção e à disseminação da sua influência. Definitivamente, o exercício da sua influência precisa costurar relações para além dos limites de Washington para se reproduzir em escala ampliada (Goldman, 2005, p. 19-20). Sem isso, o Banco não teria a autoridade e a gravitação que tem.

Os Estados Unidos desempenharam um papel central na criação do Banco, forjando-o como parte da sua rede de poder infraestrutural externo (Wade, 1997, p. 386). No decorrer das seis décadas seguintes, apesar do declínio do seu poder de voto (de 34,2% em 1947 para 16,3% em 2007) e da superação gradual da dependência financeira do Bird em relação ao mercado financeiro norte-americano, os Estados Unidos mantiveram o monopólio do poder de veto e uma liderança política incontestável sobre o Banco.

A despeito do seu poder potencial esmagador, ao longo da história a ingerência direta dos Estados Unidos foi seletiva, até porque o peso da in-

CONSIDERAÇÕES FINAIS

fluência norte-americana sobre todos os aspectos do Banco — desde a sua estrutura operacional e sua direção política geral até a formação intelectual do *staff* e a modelagem das formas de empréstimo (Gwin, 1997, p. 197) — permitia uma congruência estrutural entre os interesses externos estadunidenses e a linha de atuação do Banco. Esse distanciamento relativo em relação às provisões imediatas da política externa norte-americana — em geral, atendidas por canais bilaterais — assegurou a preservação do caráter multilateral do Banco, o que foi importante para a construção da imagem de autonomia relativa da organização entre os membros prestatários (Kapur, 2002, p. 55).

Seis décadas crescendo e fazendo mais por meio de mudanças incrementais sucessivas engendraram uma organização que opera muito além da sua área original de competência (Pincus & Winters, 2002, p. 2-3). Esse processo foi impulsionado a partir de Washington e seus principais aliados durante a guerra fria e sobreviveu a ela como meio de difusão da neoliberalização a todas as sociedades ao sul e ao leste.

O fim da guerra fria, o *boom* da globalização financeira e o volume inédito de fluxos de capital privado para "mercados emergentes" puseram em questão a relevância do Banco Mundial como ator financeiro. Esse debate veio à tona no início dos anos 1990, por ocasião do aniversário de 50 anos das gêmeas de Bretton Woods, e não saiu mais da pauta. Desde então, propostas diversas para a reforma do Banco (e também do FMI) foram objeto de embates dentro do *establishment* norte-americano, em particular durante e depois da crise financeira do Leste da Ásia (1998-2000), sem maiores resultados práticos. Enquanto isso, os Estados Unidos reduziram a sua fatia no financiamento da AID ao patamar histórico mais baixo a partir de 2006, perdendo para o Reino Unido a posição de doador principal pela primeira vez desde 1960.

Deflagrada em meados de 2008 nos Estados Unidos, a crise financeira atual se irradiou para outros países centrais e setores econômicos (crédito, produção, exportações e emprego), pondo em questão o dogma liberalizador e desregulacionista impulsionado ininterruptamente há mais de três décadas pela coalizão anglo-americana (Wade, 2008, p. 17). Os pacotes bilionários de socorro a bancos autorizados em diversos países para debelar a crise e salvar seus respectivos sistemas financeiros apareceram na imprensa internacional como expressões de ruptura com a "ortodoxia neoliberal" e o "sonho do livre mercado" (Wolf, 2008). Contudo, a ação dos tesouros nacionais apenas mostra, como já ocorreu tantas outras vezes no passado, que o poder político institucionalizado no Estado "não tem ascos ideológicos quando do que se trata é salvar o sistema econômico e social que lhe dá sustentação" (Vilas, 2008, p. 1). Nesse sentido, a heterodoxia aparente das medidas adotadas e dos instrumentos utilizados esconde a defesa dos atores econômicos mais poderosos, ancorada, do ponto de vista sistêmico, na financeirização da economia internacional e, do ponto de vista político-ideológico, na ausência de projetos viáveis radicalmente alternativos.

A gestão da crise financeira internacional realça a importância de instituições multilaterais diante da volatilidade da economia mundial e reaviva o debate sobre a reforma das gêmeas de Bretton Woods. Em meio às discussões, ainda incipientes, as grandes potências rapidamente se mobilizaram e instaram o FMI para que socorresse em novembro quatro países (Ucrânia, Hungria, Paquistão e Islândia, primeira economia europeia desenvolvida a recorrer ao Fundo desde os anos 1970), totalizando empréstimos de US$ 41,8 bilhões. Nunca o FMI emprestou tanto tão rapidamente (Batista Jr., 2008). Para uma instituição cuja legitimidade era seriamente questionada e cuja sobrevivência financeira parecia estar ameaçada, tal desempenho revela outra situação. Bastou os acionistas mais poderosos se moverem, puxados pelos Estados Unidos, para que a instituição recobrasse fôlego.

Por sua vez, no mesmo rastro, o Banco Mundial anunciou que aumentará os empréstimos e desembolsará até US$ 100 bilhões nos próximos três anos para países de renda média (clientes do Bird) e baixa (clientes da AID), com o propósito de minimizar os impactos da crise financeira, da desaceleração da economia internacional e do aperto nas condições de crédito (*Folha de S. Paulo*, 12/11/2008). Isso mostra que o discurso sobre a "crise de relevância" do Banco se evapora quando, passada a bonança dos mercados, estão em jogo tanto a salvaguarda de determinados "mercados emergentes" e a continuidade de programas macroeconômicos "sólidos" como a estabilidade política e social em países pobres, castigados pela recente alta dos preços dos alimentos e dos combustíveis, e naqueles que vêm

CONSIDERAÇÕES FINAIS

sendo alvos de pressões competitivas cada vez mais intensas entre grandes potências e grandes corporações privadas (Fiori, 2008). Os próximos anos mostrarão se esse aumento dos compromissos financeiros incrementará a carteira do Bird a ponto de reverter o processo de "AIDzação" do Banco, em curso há uma década (Kapur, 2003). De todo modo, as cifras anunciadas revelam que, do ponto de vista financeiro, o Banco seguirá sendo um ator coadjuvante na gestão da crise, cuja voz ressoará apenas em países da periferia. Basta recordar, como ilustração, que a soma de todos os empréstimos realizados desde 1947 (US$ 639 bilhões) pela entidade é inferior ao primeiro pacote de socorro proposto pelo Tesouro norte-americano (de cerca de US$ 700 bilhões), autorizado pelo Congresso em outubro de 2008.

A gestão da crise financeira, a recessão das maiores economias do mundo (Estados Unidos, Japão e zona do euro) e, em graus e formas muito variados, o retorno do nacionalismo econômico em alguns países trazem à agenda internacional a necessidade de acordos que sejam capazes de reacomodar as novas hierarquias de poder entre Estados/economias nacionais no sistema internacional (*Folha de S. Paulo*, 16/11/2008; *O Estado de S. Paulo*, 16/11/2008; *Folha de S. Paulo*, 15/12/2008). Entre tantos outros temas, está em pauta a reforma das gêmeas de Bretton Woods, que passa não apenas pela redefinição do papel delas, mas também pela revisão do próprio sistema de representação dos Estados-membros no FMI e no Banco Mundial. Parece inevitável que ocorra alguma reforma nos próximos anos. O que está em disputa, porém, é que forças a pilotarão, para que direção, com qual velocidade e até que extensão e profundidade. O modo como esse processo impactará o programa neoliberal impulsionado pelas gêmeas de Bretton Woods há décadas é, por enquanto, objeto de mera especulação. O certo é que o Banco já mostrou sua capacidade de manter, pela via da reciclagem, tal programa político.

Bibliografia e documentos citados

AGLIETTA, Michel & MOATTI, Sandra. *El FMI: del orden monetario a los desórdenes financieros*. Madrid: AKAL Ediciones, 2002.

ÁLVAREZ, Jairo Estrada. *Construcción del modelo neoliberal en Colombia (1970-2004)*. Bogotá: Ediciones Aurora, 2004.

AMBROSE, Soren. *Activistas contra el FMI y el Banco Mundial en su 60° aniversario*. Red del Tercer Mundo, disponível em: <http://www.redtercermundo.org.uy/texto_completo.php?id=2516>

AMIN, Samir. *Más allá del capitalismo senil. Por un siglo XXI no norteamericano*. Buenos Aires: Paidós, 2005.

AMMANN, Safira Bezerra. *Ideologia do desenvolvimento de comunidade no Brasil*. 10ª edição. São Paulo: Cortez, 2003.

AMSDEN, Alice. "Why Isn't the Whole World Experimenting with the East Asian Model to Develop? Review of *The East Asian Miracle*", *World Development*, vol. 22, n° 4, 1994, pp. 627-633.

ANDERSON, Perry. "Jottings on the Conjuncture", *New Left Review*, 48, nov.-dec., 2008, pp. 5-37.

—— (2002) "Force and Consent", *New Left Review*, n° 17, sep.-oct., pp. 5-30.

ARANTES, Pedro Fiori. *O ajuste urbano: as políticas do Banco Mundial e do BID para as cidades latino-americanas*. (Dissertação de mestrado). Faculdade de Arquitetura e Urbanismo da Universidade de São Paulo, São Paulo, 2004.

ASSMANN, Hugo. "El 'progresismo conservador' del Banco Mundial", *in* Hugo Assmann (ed.) *Banco Mundial: un caso de "progressismo conservador"*. San José: Departamento Ecuménico de Investigaciones, 1980, pp. 9-68.

ASSOCIAÇÃO INTERNACIONAL DE DESENVOLVIMENTO. *Additions to IDA resources: fifteenth replenishment. Approved by the Executive Directors of IDA on February 28*. Washington, 2008.

—— *Aumento de los recursos de la AIF: decimocuarta reposición. Aprobado por los Directores Ejecutivos de la AIF el 10 de marzo*. Washington, 2005.

—— *Additions to IDA Resources: Thirteenth Replenishment*. Washington, IDA/SecM2002-0488, September 17, 2002.

AYRES, Robert. *Banking on the Poor: the World Bank and World Poverty*. London: MIT Press, 1983.

BALASSA, Bela *et al*. *Uma nova fase de crescimento para a América Latina e o Caribe*. Rio de Janeiro: Fundação Getulio Vargas, 1986.

BANCO MUNDIAL. *World Development Report*. Washington, 2008.

——. *Relatório anual — volume I*. Washington, 2008a.

——. *Relatório anual — volume I*. Washington, 2007.

——. *Annual Report — volume II*. Washington, 2007a.

——. *Relatório anual — volume I*. Washington, 2006.

——. *Annual Report — volume II*. Washington, 2006a.

——. *World Development Indicators — 2006*. Washington, 2006b.

——. *Relatório sobre o Desenvolvimento mundial*. Washington, 2005.

——. *Relatório anual — volume I*. Washington, 2005a.

——. *Hacia un major equilíbrio. El Grupo del Banco Mundial y las industrias extractivas. Respuesta del equipo de gestión del Grupo del Banco Mundial*. Washington, 17 de setembro, 2004.

——. *Relatório sobre o desenvolvimento mundial*. Washington, 2004a.

——. *Relatório anual — volume I*. Washington, 2004b.

——. *Relatório sobre o desenvolvimento mundial*. Washington, 2003.

——. *Annual Report — volume II*. Washington, 2003.

——. *The Inspection Panel 10 Years On*. Washington, 2003b.

——. *Relatório sobre o desenvolvimento mundial*. Washington, 2002.

——. *Annual Report*. Washington, 2002a.

——. *Relatório sobre o desenvolvimento mundial*. Washington, 2001.

——. *Annual Report*. Washington, 2001a.

——. *Annual Report — volume I*. Washington, 2000.

——. *Annual Report*. Washington, 1999.

——. *Informe anual*. Washington, 1998.

——. *Relatório sobre o desenvolvimento mundial*. Washington, 1997.

——. *The Strategic Compact: a Plan for Renewal*. Washington, Annual Meetings World Bank Group Issue Brief, 15 September, 1997a.

——. *Annual Report*. Washington, 1997b.

——. *Relatório sobre o desenvolvimento mundial*. Washington, setembro, 1996.

——. *¿Qué significa para el Banco Mundial la reforma del Estado?* Washington, 1996a.

——. *Annual Report*. Washington, 1996b.

——. *Annual Report*. Washington, 1995.

——. *Relatório sobre o desenvolvimento mundial*. Washington, 1995a.

——. *Annual Report*. Washington, 1994.

——. *The East Asian Miracle*. Washington, Oxford University Press, 1993.

BIBLIOGRAFIA E DOCUMENTOS CITADOS

——. *Annual Report*. Washington, 1993a.

——. *América Latina y el Caribe: diez años después de la crisis de la deuda*. Washington, Oficina Regional de América Latina y el Caribe, diciembre, 1993b.

——. *Governance and Development*. Washington, Oxford University Press, 1992.

——. *Effective Implementation: Key to Development Impact*. Washington, 1992a.

——. *Annual Report*. Washington, 1992b.

——. *World Development Report 1992*. Washington, 1992c.

——. *Informe sobre el desarrollo mundial*. Washington, 1991.

——. *Annual Report*. Washington, 1991a.

——. *Informe sobre el desarrollo Mundial*. Washington, 1990.

——. *Annual Report*. Washington, 1990a.

——. *Sub-Saharan Africa: from Crisis to Sustainable Growth*. Washington, 1989.

——. *Informe sobre el desarrollo mundial*. Washington, 1989a.

—— *Annual Report*. Washington, 1989b.

——. *Annual Report*. Washington, 1988.

——. *Rural Development. World Bank Experience, 1965-86*. Washington, Operations Evaluation Department, 1988a.

——. *Informe sobre el desarrollo mundial*. Washington, 1987.

——. *Annual Report*. Washington, 1987a.

——. *Informe sobre el desarrollo mundial*. Washington, 1983.

——. *Accelerated development in Sub-Saharan Africa: an agenda for action*. Washington, 1981.

——. *World Development Report*. Washington, 1980.

——. *Informe sobre el desarrollo mundial*. Washington, 1979.

——. *Informe sobre el desarrollo mundial*. Washington, 1978.

—— *Annual Report*. Washington, 1977.

——. *Reforma de la tenencia de la tierra*. Washington, 1975.

——. *Desarrollo rural. Documento de política sectorial*. Washington, 1975a.

——. *Informe anual*. Washington, 1972.

——. *Annual Report*. Washington, 1969.

——. *Annual Report*. Washington, 1968.

——. *Annual Report*. Washington, 1967.

——. *Annual Report*. Washington, 1957.

——. *Fourth annual report*. Washington, 1949.

——. *Second annual report*. Washington, 1947.

BANDOW, Doug & VÁSQUEZ, Ian (eds.). *Perpetuating Poverty: the World Bank, the IMF, and the Developing World*. Washington: Cato Institute, 1994.

BARROS, Flávia. *Banco mundial e ONGs ambientalistas internacionais. Ambiente, desenvolvimento, governança global e participação da sociedade civil*. (Tese de doutorado). Programa de Pós-Graduação em Sociologia da Universidade de Brasília, Brasília, março 2005.

———. (org.). *Banco Mundial, participação, transparência e responsabilização. A experiência brasileira com o Painel de Inspeção.* Brasília: Rede Brasil.

BARRY, Tom. "Robert Zoellick: a Bush family man". *Counterpunch.* 2005 <http://www.counterpunch.org/barry01142005.html>.

BATISTA, Paulo Nogueira. *O Consenso de Washington: a visão neoliberal dos problemas latino-americanos.* São Paulo, 1999, Consulta Popular, cartilha n° 7.

BATISTA JR., Paulo Nogueira. "O FMI na crise", *Folha de S. Paulo,* 27/11/08.

———. "O Plano Real à luz da experiência mexicana e argentina", *Estudos Avançados,* vol. 10, n° 28, set-dez, 1996, pp. 127-97.

BELLO, Walden. "The Rise of the Relief and Reconstruction Complex", *Journal of International Affairs,* vol. 59, n° 2, spring/summer, 2006, pp. 281-96.

BELLO, Walden & GUTTAL, Shalmali. "The Limits of Reform: the Wolfensohn Era at the World Bank", *Race & Class,* vol. 47, n° 3, 2006, pp. 68-81.

BERKMAN, Steve. *The World Bank and the Gods of Lending.* Sterling: Kumarian Press, 2008.

BISSELL, Richard E. "El proyecto hidroeléctrico Arun III de Nepal", *in* Dana Clark, Jonathan Fox e Kay Treakle (comp.) *Derecho a exigir respuestas. Reclamos de la sociedad civil ante el Panel de Inspección del Banco Mundial.* Buenos Aires: Siglo XXI, 2005, pp. 67-88.

BLOCK, Fred L. *Los orígenes del desorden económico internacional.* México DF: Fondo de Cultura Económica, 1989.

BOND, Patrick. "Civil Society and Wolfowitz's World Bank: Reform or Rejection", *in* David Moore (ed.) *The World Bank: Development, Poverty, Hegemony.* Scottsville: University of KwaZulu-Natal Press, 2007, pp. 479-505.

———. "The World Bank During Neoliberal and Neoconservative Fusion", *Socialist Worker,* issue 2020, September, 2006 <http://www.socialistworker.co.uk/art.php?id=9806>

———. *Against Global Apartheid: South Africa, the World Bank, IMF and International Finance.* London/Cape Town: Zed Books/University of Cape Town Press, 2003.

BORÓN, Atílio. *Estado, capitalismo y democracia en América Latina*: 3ª edición. Buenos Aires, CLACSO, 2004.

BOURDIEU, Pierre. *Contrafogos 2: por um movimento social europeu.* Rio de Janeiro: Jorge Zahar Editor, 2001.

BRENNER, Robert. *O boom e a bolha: os Estados Unidos na economia mundial.* Rio de Janeiro: Record, 2003.

BROAD, Robin. "'Knowledge Management': a Case Study of the World Bank's Research Department", *Development in Practice,* vol. 17, n° 4-5, August, 2007, p. 700-08.

BIBLIOGRAFIA E DOCUMENTOS CITADOS

——. "Research, Knowledge, and the Art of 'Paradigm maintenance': the World Bank's Development Economics Vice-Presidency (DEC)", *Review of International Political Economy*, vol. 13, nº 3, August, 2006, pp. 387-419.

BROWN, Bartram S. *The United States and the Politicization of the World Bank*. London and New York: Kegan Paul International, 1992.

BROWN, Michael Barrat. *Africa's Choices After Thirty Years of the World Bank*. Boulder: Westview Press, 1995.

BRZEZINSKI, Zbigniew. *El dilema de EE.UU.: ¿Dominación global o liderazgo global?* Barcelona: Paidós, 2005.

——. *El gran tablero mundial. La supremacia estadunidense y sus imperativos geoestratégicos*. Barcelona: Paidós, 1998.

BURBACH, Roger & FLYNN, Barbara. *Agroindústria nas Américas*. Rio de Janeiro: Jorge Zahar Editor, 1982.

BURKETT, Paul. "Poverty Crisis in the Third World: the Contradictions of World Bank Policy", *Monthly Review*, vol. 42, nº 7, December, 1990, pp. 20-31.

BURKI, Shahid Javed & EDWARDS, Sebastián. *Latin America After Mexico: Quickening the Pace*. Washington: The World Bank, June, 1996.

——. *Dismantling the Populist State: the Unfinished Revolution in Latin America and the Caribbean*. Washington: The World Bank, June, 1996a.

BURKI, Shahid Javed & PERRY, Guillermo. *Más allá del Consenso de Washington: la hora de la reforma institucional*. Washington: Banco Mundial, 1998.

——. *The Long March: a Reform Agenda for Latin America and the Caribbean in the Next Decade*. Washington: World Bank, 1997.

BUSTELO, Pablo. *Desarrollo económico: del Consenso al Post-Consenso de Washington y más allá*. Madrid, 2003. <www.ucm.es/info/eid/pb/td.htm>

——. *Teorías contemporáneas del desarrollo económico*. Madri: Editorial Sintesis, 1999.

CAMMACK, Paul. *Forget the Transnational State*. Manchester: Paper in the Politics of the Global Competitiveness, 2007. <www.e-space.mmu.ac.uk/e-space/bitstream/2173/6759/1/robinson.pdf>

——. *What the World Bank Means by Poverty Reduction*. Manchester: Chronic Poverty Research Center, University of Manchester, 2003. <www.chronicpoverty.org/pubfiles/Cammack.pdf>

——. "Ataque a los pobres", *New Left Review*, nº 13, jan.-feb., 2002, pp. 104-12.

CARROLL, Toby. *Efficiency of What and for Whom? The Theoretical Underpinnings of the Post-Washington Consensus' socio-institutional neoliberalism*. Perth: Asia Research Centre, Murdoch University, working paper, nº 122, July, 2005.

CASABURI, Gabriel & TUSSIE, Diana. "La sociedad civil y las agendas de los organismos de crédito", *in* Diana Tussie (comp.) *Luces y sombras de una nueva relación. El*

Banco Interamericano de Desarrollo, el Banco Mundial y la sociedad civil. Buenos Aires: Flacso, Temas Grupo Editorial, 2000, pp. 15-38.

CAUFIELD, Catherine. *Masters of Illusion: the World Bank and the Poverty of Nations*. New York: Henry Holt, 1996.

CERNEA, Michael (ed.). *Putting People First: Sociological Variables in Rural Development*. Washington: Oxford University Press (published for the World Bank), 1985.

———. *Organizaciones no-gubernamentales y desarrollo local*. Washington: Banco Mundial, WDP 40, 1989.

CHARNOCK, Greig. *Why do Institutions Matter? Global Competitiveness and the Politics of Policies in Latin America*. Manchester: Centre for International Politics, University of Manchester, working paper, 2007, nº 35, October.

CHENERY, Hollis *et al. Redistribución con crecimiento*. Madrid: Tecnos, 1976.

CHERU, Fantu. *Efectos de las políticas de ajuste estructural en el goce efectivo de los derechos humanos*. Informe apresentado à Comissão de Direitos Humanos do Conselho Econômico e Social das Nações Unidas, 24 de fevereiro, 1999 <http://www.cajpe.org.pe/RIJ/bases/nuevdh/6987.htm>.

CHOSSUDOVSKY, Michel. *A globalização da pobreza: impactos das reformas do FMI e do Banco Mundial*. 2ª reimpressão. São Paulo: Moderna, 1999.

CLARK, Dana. "Funcionamiento del Panel de Inspección del Banco Mundial", *in* Dana Clark, Jonathan Fox e Kay Treakle (comp.). *Derecho a exigir respuestas. Reclamos de la sociedad civil ante el Panel de Inspección del Banco Mundial*. Buenos Aires: Siglo XXI, 2005, pp. 41-65.

COELHO, Jaime César. *Economia, poder e influência externa: o Grupo Banco Mundial e as políticas de ajustes estruturais na América Latina, nas décadas de oitenta e noventa*. 2002. (Tese de doutorado). Departamento de Ciência Política do Instituto de Filosofia e Ciências Humanas da Universidade de Campinas, Campinas, dezembro, 2002.

COOPER, Robert. *The Breaking of Nations: Order and Chaos in the Twenty-First Century*. New York: Grove Press, 2003.

———. "The new liberal imperialism", *The Guardian*, April 7, 2002.

CORNIA, G.A. *et al.* (eds.). *Adjustment with a Human Face*. Washington: Oxford University Press, 1987.

COUSINS, Been *et al. Will Formalising Property Rights Reduce Poverty in South Africa's "second economy"? Questioning the Mythologies of Hernando de Soto*. Cape Town: University of Western Cap, School of Government, Programme for Land and Agrarian Studies, Policy Brief nº 18, October, 2005.

COVEY, Jane. "Critical Cooperation? Influencing the World Bank Through Policy Dialogue and Operational Cooperation". *In*: Jonathan Fox and David Brown (eds.).

BIBLIOGRAFIA E DOCUMENTOS CITADOS

The Struggle for Accountability: the World Bank, NGOs and Grassroots Movements. Cambridge and London: MIT Press, 1998, pp. 81-120.

CROZIER, Michel *et al. The Crisis of Democracy: Report on the Governability of Democracies to the Trilateral Comission.* New York: University Press, 1975.

CUNHA, André Moreira. "Liberalização econômica, crise financeira e reformas estruturais: a experiência asiática sob perspectiva latino-americana", *Ensaios FEE,* vol. 25, n° 2, outubro, 2004, pp. 365-402.

DANAHER, Kevin (ed.). *50 Years is Enough: the Case Against the World Bank and the International Monetary Fund.* Boston: South End Press, 1994.

DAVIS, Mike. *Planeta Favela.* São Paulo: Boitempo, 2006.

DEATON, Angus *et al. An Evaluation of World Bank Research, 1998-2005.* Washington: September, 2006. <http://www.princeton.edu/~deaton/>.

DE SOTO, Hernando. *O mistério do capital. Por que o capitalismo dá certo nos países desenvolvidos e fracassa no resto do mundo?* Rio de Janeiro/São Paulo: Record, 2001.

——. *El otro sendero: la revolucion informal.* Buenos Aires: Editorial Sudamericana, 1986.

DEZALAY, Yves & GARTH, Bryant. *La internacionalización de las luchas por el poder: la competencia entre abogados y economistas por transformar los Estados latinoamericanos.* México DF: Instituto de Investigaciones Jurídicas, Universidad Nacional Autónoma de México, 2005.

DREIFUSS, René. *A Internacional Capitalista: estratégias e táticas do empresariado transnacional — 1918-86.* Rio de Janeiro: Espaço & Tempo, 1987. 2ª edição.

DUMÉNIL, Gérard & LÉVY, Dominique. *Crisis y salida de la crisis: orden y desorden neoliberales.* México DF: Fondo de Cultura Económica, 2007.

——. "O neoliberalismo sob a hegemonia norte-americana". In François Chesnais (org.) *A finança mundializada.* São Paulo: Boitempo, 2005, pp. 85-108.

EBERSTADT, Nicholas & LEWIS, Clifford M. "Privatizing the World Bank", *The National Interest,* n° 40, summer, 1995, pp. 14-19.

EDWARDS, Sebastián. "¿El fin de las reformas latinoamericanas?", *Estudios Públicos,* 69 (verano), 1998, pp. 69-84.

——. *Crisis y reforma en América Latina: del desconsuelo a la esperanza.* Buenos Aires: Emecé Editores, 1997.

——. "El mal desempeño de las economías latinoamericanas", *Estudios Públicos,* 67 (invierno), 1997a, pp. 1-12.

EICHENGREEN, Barry. *A globalização do capital: uma história do sistema monetário internacional.* São Paulo: Editora 34, 2000.

ENGEL, Susan. *Where to Neoliberalism? The World Bank and the Post-Washington Consensus in Indonesia and Vietnam.* Wollongong, paper presented to the 16th Biennal Conference of the Asian Studies Association of Australia, 26-29 June, 2006.

ESTULIN, Daniel. *A verdadeira história do Clube Bilderberg*. São Paulo: Planeta do Brasil, 2006.

FEDER, Ernest. "La pequena revolución verde de McNamara. El proyecto del Banco Mundial para la eliminación del campesinado del Tercer Mundo", *Comercio Exterior*, vol. 26, n° 7, julio, 1976, p. 793-803.

FINE, Ben. "The Developmental State is Dead: Long Live Social Capital?". *In*: David Moore (ed.). *The World Bank: Development, Poverty, Hegemony*. Scottsville: University of KwaZulu-Natal Press, 2007, pp. 121-43.

——. "The New Development Economics". *In*: Jomo KS & Ben Fine (eds.). *The New Development Economics after the Washington Consensus*. London: Zed Books, 2006, pp. 1-20.

——. "Social Capital: the World Bank's Fungible Friend", *Journal of Agrarian Change*, vol. 3, n° 4, October, 2003, pp. 586-603.

——. "The World Bank's Speculation on Social Capital". *In* Johathan Pincus & Jeffrey Winters (eds.). *Reinventing the World Bank*. Ithaca, London: Cornell University Press, 2002, pp. 203-21.

——. "Neither the Washington nor the Post-Washington Consensus: an Introduction". *In* Ben Fine, Costas Lapavitsas and Jonathan Pincus (eds.) *Development Policy in the Twenty-First Century: Beyond the Post-Washington Consensus*. London: Routledge, 2006, pp. 1-26.

FINNEMORE, Martha. "Redefining Development at the World Bank". *In*: Frederick Cooper & Randall Packard (eds.). *International Development and the Social Sciences. Essays on the History and Politics of Knowledge*. Berkeley: University of California Press, 1997, pp. 203-227.

FIORI, José Luís. "O fantasma das rebeliões", *Valor Econômico*, 5/12/08. <http://www.cartamaior.com.br/templates/colunaMostrar.cfm?coluna_id=4047>.

——. "Formação, expansão e limites do poder global". *In*: José Luís Fiori (org.). *O poder americano*. Petrópolis: Vozes, 2004, pp. 11-64.

——. "O poder global dos Estados Unidos: formação, expansão e limites". *In*: José Luís Fiori (org.). *O poder americano*. Petrópolis: Vozes, 1004a, pp. 67-109.

——. "De volta à questão da riqueza de algumas nações". *In*: José Luís Fiori (org.). *Estados e moedas no desenvolvimento das nações*. 3ª edição. Petrópolis: Vozes, 1999, pp. 11-46.

FLORIO, Massimo. "Economists, Privatization in Russia, and the Waning of the 'Washington Consensus'", *Review of International Political Economy*, vol. 9, n° 2, summer, 2002, pp. 374-415.

FMI & AID. *Examen del mecanismo de los documentos de estrategia de lucha contra a pobreza (DELP): principales conclusiones*. Washington, 15 de marzo de 2002.

BIBLIOGRAFIA E DOCUMENTOS CITADOS

FOX, Jonathan. "Los flujos y reflujos de los préstamos del Banco Mundial en México". *In*: Norma Klahn *et al*. (comp.) *Las nuevas fronteras del siglo XXI*. México DF: Banco Mundial para la Pobreza y el Medio Ambiente, La Jornada Ediciones/Unam/UAM/Chicano-Latino Research Center, University of California, 2000, pp. 605-39.

FUKUYAMA, Francis. *Construção de Estados: governo e organização no século XXI*. Rio de Janeiro: Rocco, 2005.

GARDNER, Richard. *La diplomacia del dólar y la esterlina: orígenes y futuro del sistema de Bretton Woods-GATT*. Barcelona: Galaxia Guttenberg/Círculo de Lectores, 1994.

GAVIN, Michael & RODRIK, Dani. "The World Bank in historical perspective", *American Economic Review*, 85, n° 2, May, 1995, pp. 329-34.

GEORGE, Susan. *O mercado da fome*. Rio de Janeiro: Paz e Terra, 1978.

GEORGE, Susan & SABELLI, Fabrizio. *La religión del crédito: el Banco Mundial y su imperio secular*. 2ª edição. Barcelona: Intermón, 1996.

GILBERT, Christopher & VINES, David. "The World Bank: an Overview of Some Major Issues", *in* Charles Gilbert & David Vines (eds.). *The World Bank: Structure and Policies*. Cambridge: Cambridge University Press, 2000, pp- 10-38.

GILL, Stephen. *Power and Resistance in the New World Order*. 2nd edition. London: Palgrave, 2008.

——. "Constitutionalizing Inequality and the Clash of Globalizations", *International Studies Review*, vol. 4, 2002, n° 2, pp. 47—65.

——. *The Constitution of Global Capitalism*. Los Angeles, texto apresentado na reunião anual da International Studies Association, 2000.

GODEFROY, Thierry & LASCOUMES, Pierre. *El capitalismo clandestino: la obscena realidad de los paraísos fiscales*. Barcelona: Paidós, 2005.

GOLDMAN, Michael. *Imperial Nature: the World Bank and Struggles for Social Justice in the Age of Globalization*. New Haven/London: Yale University Press, 2005.

GORE, Charles. "The Rise and Fall of the Washington Consensus as a Paradigm for Developing Countries", *World Development*, vol. 28, 2000, n° 5, pp. 789-804.

GOWAN, Peter. *A roleta global: uma aposta faustiana de Washington para a dominação do mundo*. Rio de Janeiro: Record, 2003.

GRAMSCI, Antonio. *Maquiavel, a política e o Estado moderno*. 3ª edição. Rio de Janeiro: Civilização Brasileira, 1978.

GRAY, John. *Falso amanhecer: os equívocos do capitalismo global*. Rio de Janeiro: Record, 2000.

GUILHOT, Nicolas. "De uma verdade a outra", *Le Monde Diplomatique*, setembro, 2000. <http://diplo.uol.com.br/2000-09,a1824>.

487

GWIN, Catherine. "US Relations with the World Bank, 1945-1992". Vol. 2. *In*: Devesh Kapur *et al.* (eds.). *The World Bank: its First Half Century*. Washington: Brookings Institution Press, pp. 195-274, 1997.

HARRISS, John. "Social Capital". *In*: Jomo KS & Ben Fine (eds.). *The New Development Economics after the Washington Consensus*. London: Zed Books, 2006, pp. 184-99.

———. *Depoliticizing Development: the World Bank and Social Capital*. London: Anthem Press, 2002.

———. "Public Action and the Dialetics of Decentralization: Against the Myth of Social Capital as 'the Missing Link in Development'", *Social Scientist*, vol. 29, n° 11-12, nov./dec., 2001, pp. 25-40.

HARRISON, Graham. "The World Bank and the Construction of Governance States in Africa". *In*: David Moore (ed.). *The World Bank: Development, Poverty, Hegemony*. Scottsville, University of KwaZulu-Natal Press, 2007, pp. 369-86.

HARVEY, David. *Breve historia del neoliberalismo*. Madrid: Akal, 2007.

———. *O novo imperialismo*. São Paulo: Edições Loyola, 2004.

HAYTER, Teresa. *Aid as Imperialism*. Baltimore: Penguin, 1971.

HELLEINER, Eric. *States and the Reemergence of Global Finance: from Bretton Woods to the 1990s*. Ithaca, London: Cornell University Press, 1994.

HENRY, Nelson. *Educação comunitária: princípios e práticas colhidos na experiência através do mundo*. Rio de Janeiro: Usaid, 1965.

HILDYARD, Nicholas. *The World Bank and the State: a Recipe for Change?* London: Bretton Woods Project, 1998.

———. "Public Risk, Private Profit: the World Bank and the Private Sector", *The Ecologist*, vol. 26, n° 4, 1996, pp. 176-79.

HIRST, Paul & THOMPSON, Grahame. 3ª edição. *Globalização em questão*. Petrópolis: Vozes, 2001.

HOBSBAWM, Eric. *Era dos extremos. O breve século XX — 1914-1991*. São Paulo: Companhia das Letras, 1995.

HUNTINGTON, Samuel. *A ordem política nas sociedades em mudança*. São Paulo/Rio de Janeiro: Editora da USP/Forense Universitária, 1975.

ICMM. *Hacia un major equilibrio: el Grupo del Banco Mundial y las industrias extractivas*. El informe final de la Revisión de las Industrias Extractivas. Comentários del Consejo Internacional de Mineria y Metales. <http://www.icmm.com/>.

KAPUR, Devesh. "The 'Knowledge' Bank". *In*: Nancy Birdsall (ed.). *Rescuing the World Bank*. Washington, Center for Global Development, 2006, pp. 159-70.

———. *Do As I Say Not As I Do: a Critique of G-7 Proposals on "Reforming" the World Bank*. Paper presented at Conference on "The impact of globalization on the nation-state from above: the International Monetary Fund and the World Bank", April 25-27, New Haven, Yale University, 2003.

BIBLIOGRAFIA E DOCUMENTOS CITADOS

——. "The Changing Anatomy of Governance of the World Bank". *In*: Jonathan Pincus & Jeffrey Winters (eds.). *Reinventing the World Bank*. Ithaca/London: Cornell University Press, pp. 54-75.

——. *The State in a Changing World: a Critique of the 1997 World Development Report*. Working Paper, February, 1998. <http://www.ciaonet.org/wps/kad01/>.

KAPUR, Devesh *et al*. *The World Bank: its First Half Century. History*. Vol. 1. Washington: Brookings Institution Press, 1997.

——. *The World Bank: its First Half Century. Perspectives*. Vol. 2. Washington: Brookings Institution Press, 1997a.

KAY, Cristóbal. "Rural Poverty and Development Strategies in Latin America", *Journal of Agrarian Change*, vol. 6, n° 4, October, 2006, pp. 455-508.

KISSINGER, Henry. *Diplomacia*. Rio de Janeiro: Francisco Alves, 1997.

KLEIN, Naomi. *A doutrina do choque: a ascensão do capitalismo de desastre*. Rio de Janeiro: Nova Fronteira, 2008.

KOFAS, Jon. *The Sword of Damocles: US Financial Hegemony in Colombia and Chile, 1950-1970*. Westport: Praeger, 2002.

——. "Stabilization and Class Conflict: the State Department, the IMF, and the IBRD in Chile, 1952-1958", *The International History Review*, vol. 21, n° 2, June, 1999, pp. 352-85.

——. The Politics of Austerity: the IMF and US Foreign Policy in Bolivia, 1956-1964, *The Journal of Developing Areas*, vol. 29, n° 2, January, 1995, pp. 213-35.

KRUIJT, Dirk. "Monopolios de filantropía: el caso de las llamadas 'organizaciones no gubernamentales' en América Latina", *Polémica*, 16 (2ª época), 1992, pp. 41-47.

KUCZYNSKI, Pedro-Pablo & WILLIAMSON, John. *Depois do Consenso de Washington: retomando o crescimento e a reforma na América Latina*. São Paulo: Saraiva, 2004.

LACROIX, Richard L. *Desarrollo rural integral en América Latina*. Washington: Banco Mundial, Documento de Trabajo, n° 7.165, 1985.

LAPPÉ, Frances Moore & COLLINS, Joseph. *Comer és primero: más allá del mito de la escasez*. Cidade do México: Siglo XXI, 1982.

LEHER, Roberto. *Da ideologia do desenvolvimento à ideologia da globalização: a educação como estratégia do Banco Mundial para "alívio" da pobreza*. (Tese de doutorado). Faculdade de Educação da Universidade de São Paulo, São Paulo, 1998.

LEYS, Colin. *A política a serviço do mercado: democracia neoliberal e interesse público*. Rio de Janeiro: Record, 2004.

LICHTENSZTEJN, Samuel & BAER, Mônica. *Fundo Monetário Internacional e Banco Mundial: estratégias e políticas do poder financeiro*. São Paulo: Brasiliense, 1987.

LIPTON, Michael & SHAKOW, Alexander. "O Banco Mundial e a pobreza", *Finanças & Desenvolvimento*, vol. 2, n° 2, junho, 1982, pp. 16-19.

MAGDOFF, Harry. *A era do imperialismo: a economia da política externa dos Estados Unidos*. São Paulo: Hucitec, 1978.

MALLABY, Sebastian. "A booster for the World Bank", *The Washington Post*, October 15, 2007.

———. "Para salvar el Banco Mundial", *Foreign Affairs*, vol. 5, n°, 3, jul.-sep, 2007.

———. *The World's Banker: a Story of Failed States, Financial Crises, and the Wealth and Poverty of Nations*. New York: Penguin Books, 2004.

——— "ONGs: combatir la pobreza perjudicando a los pobres", *Foreign Policy*, oct.-nov., 2004.

MASON, Edward & ASHER, Robert. *The World Bank since Bretton Woods*. Washington: The Brookings Institution, 1973.

McNAMARA, Robert. *Discurso ante la Junta de Gobernadores*. Washington, 30 de septiembre, 2980.

———. *Discurso ante la Junta de Gobernadores*. Washington, 1-5 de septiembre, 1975.

———. "O problema da população: mitos e realidades". *In*: Robert McNamara. *Cem países, dois bilhões de seres: a dimensão do desenvolvimento*. Rio de Janeiro: Fundação Getulio Vargas, 1974, pp. 17-34.

———. "A imposição do desenvolvimento". *In*: Robert McNamara. *Cem países, dois bilhões de seres: a dimensão do desenvolvimento*. Rio de Janeiro: Fundação Getulio Vargas, 1974a, pp. 3-16.

———. *Discurso ante la Junta de Gobernadores*. Nairobi, 24-28 de septiembre, 1973.

———. *Discurso ante la Junta de Gobernadores*. Washington, 25-29 de septiembre, 1972.

———. *A essência da segurança*. São Paulo: Ibrasa, 1968.

MEDEIROS, Carlos Aguiar de. "Rivalidade estatal, instituições e desenvolvimento econômico". *In*: José Luís Fiori e Carlos Medeiros (orgs.). *Polarização mundial e crescimento*. Petrópolis: Vozes, 2001, pp. 77-102.

MELTZER, Allan *et al*. *Informe de la Comisión de Asesoramiento para las Instituciones Financieras Internacionales*. Traduzido pela Fundação Heritage. Washington, março, 2000.

MIHEVIC, John. "El Banco Mundial a los 60 años", *Revista del Sur*, n° 155-156, septiembre-octubre, 2004. <http://www.redtercermundo.org.uy/revista_del_sur/texto_completo.php?id=2590>.

MILIBAND, Ralph. *Socialismo e ceticismo*. São Paulo/Bauru: Editora da Unesp/Edusc, 2000.

MORA, Andrés Felipe. "El Consenso de Washington como prescripción política: aspectos históricos, teóricos y críticos", *Espacio Crítico*, n° 3, julio-diciembre, 2005.

MOSLEY, Paul *et al*. Vol. 1. *Aid and Power: the World Bank and Policy-Based Lending*. London: Routledge, 1991.

MULTILATERAL INVESTMENT GUARANTEE AGENCY. *Annual Report*. Washington, 2008.

BIBLIOGRAFIA E DOCUMENTOS CITADOS

NAÇÕES UNIDAS. *Conferência Monetária e Financeira das Nações Unidas — Bretton Woods, New Hampshire, 1º a 22 de julho*. Rio de Janeiro: Imprensa Nacional, 1944.

NAÍM, Moisés. "Washington Consensus or Washington Confusion?", *Foreign Policy*, nº 118, 2000, pp. 86-103.

——. "Transição para o regime de mercado na América Latina: dos choques macroeconômicos à terapia institucional". *In*: Carlos G. Langoni (org.). *A Nova América Latina*. Rio de Janeiro: Fundação Getulio Vargas, 1996, pp. 211-63.

NELSON, Paul. "Teoría y práctica en la nueva agenda del Banco Mundial". *In*: Diana Tussie (comp.) *Luces y sombras de una nueva relación. El Banco Interamericano de Desarrollo, el Banco Mundial y la sociedad civil*. Buenos Aires, Flacso, Temas Grupo Editorial, 2000, pp. 73-100.

NORTH, Douglass. *Instituciones, cambio institucional y desempeño económico*. México DF: Fondo de Cultura Económica, 1993.

OLIVER, Robert W. *George Woods and the World Bank*. Boulder/London: Lynne Rienner, 1995.

ÖNIS, Ziya & SENSES, Filkret. "Rethinking the emerging post-Washington Consensus", *Development and Change*, vol. 36, nº 2, 2003, pp. 263-90.

PALIT, Chittaroopa. "Rebelión monzónica: resistencia en la India a la construcción de una megapresa en el Valle de Narmada", *New Left Review*, nº 21, mayo-junio, 2003, pp. 80-100.

PANITCH, Leo. "'The State in a Changing World': Social-Democratizing Global Capitalism?", *Monthly Review*, vol. 50, nº 5, October, 1998. <http://www.monthlyreview.org/1098pan.htm>.

PAULY, Louis W. *Who Elected the Bankers? Surveillance and Control in the World Economy*. Ithaca/London: Cornell University Press, 1997.

PAYER, Cheryl. *Lent and Lost: Foreign Credit and Third World Development*. London/New Jersey: Zed Books, 1991.

——. *The World Bank: a Critical Analysis*. New York: Monthly Review Press, 1982.

——. "El Banco Mundial y los pequeños agricultores". *In*: Hugo Assmann (ed.). *Banco Mundial: un caso de "progresismo conservador"*. San José: Departamento Ecuménico de Investigaciones, 1980, pp. 135-70.

——. *The Debt Trap: the International Monetary Fund and the Third World*. New York: Monthly Review Press, 1974.

PEET, Richard *et al. La maldita trinidad: el Fondo Monetario Internacional, el Banco Mundial y la Organización Mundial de Comercio*. Pamplona: Laetoli, 2004.

PETRAS, James. "La globalización: un análisis crítico". *In*: John Saxe-Fernández *et al.* (eds.) *Globalización, imperialismo y clase social*. Buenos Aires: Lumen, 2001, pp. 33-85.

PINCUS, Jonathan & WINTERS, Jeffrey. "Reinventing the World Bank". *In*: Jonathan Pincus and Jeffrey Winters (eds.). *Reinventing the World Bank*. Ithaca/London: Cornell University Press, 2002, pp. 1-25.

POLACK, Jacques. "The World Bank and the IMF: a Changing Relationship". *In*: Devesh Kapur *et al.* (eds.). *The World Bank: its First Half Century*. Vol. 2. Washington: Brookings Institution Press, 1997, pp. 473-521.

POLLIN, Robert. *Los contornos del declive. Las fracturas económicas de la economía estadunidense y las políticas de austeridad global*. Madrid: Akal, 2005.

PORTES, Alejandro & HOFFMAN, Kelly. "La estructura de clases en América Latina: composición y cambios durante la era neoliberal", *Desarrollo Económico*, vol. 43, n° 171, out-dez, 2003, pp. 355-87.

PORTES, Alejandro & ROBERTS, Bryan R. *La ciudad bajo el libre mercado: la urbanización en América Latina durante los años del experimento neoliberal*. Princeton: The Center for Migration and Development/Princeton University, working paper n° 5-01.

PROJECT FOR THE NEW AMERICAN CENTURY. *Letter to President Clinton on Iraq*. Washington, January 26, 1998.

RABOTNIKOF, Nora *et al.* "Los organismos internacionales frente a la sociedad civil: las agendas en juego". *In*: Diana Tussie (comp.). *Luces y sombras de una nueva relación. El Banco Interamericano de Desarrollo, el Banco Mundial y la sociedad civil*. Buenos Aires: Flacso, Temas Grupo Editorial, 2000, pp. 39-72.

RBJA — REDE BRASILEIRA DE JUSTIÇA AMBIENTAL. *Manifesto de lançamento da RBJA*. Niterói, 2001. <http://www.justicaambiental.org.br/_justicaambiental/pagina.php?id=135>.

REAGAN, Ronald. *Summary Proceedings of 1983 Annual Meetings of the Board of Governors*. Washington, IBRD, 1983.

RIBEIRO FILHO, Geraldo Browne. *O Banco Mundial e as cidades: construindo instituições na periferia. O caso do Produr, Bahia*. 2006. (Tese de doutorado): Programa de Pós-Graduação em Planejamento Urbano e Regional, Universidade Federal do Rio de Janeiro, Rio de Janeiro, 2006.

RICH, Bruce. "The World Bank under James Wolfensohn". *In*: Johathan Pincus & Jeffrey Winters (eds.). *Reinventing the World Bank*. Ithaca/London: Cornell University Press, 2002, pp. 26-53.

——. *Mortgaging the Earth: the World Bank, Environmental Impoverishment, and the Crisis of Development*. Boston: Beacon Press, 1994.

RIE. *Hacia un major equilibrio: revisión de las industrias extractivas*. 2003. Relatório Final.

RODRIK, Dani. *Depois do neoliberalismo, o quê?* Texto apresentado no seminário "Novos rumos do desenvolvimento no mundo", BNDES, Rio de Janeiro, 12-13 de setembro, 2002.

BIBLIOGRAFIA E DOCUMENTOS CITADOS

ROSTOW, Walter W. *A estratégia americana*. Rio de Janeiro: Zahar, 1965.

SANAHUJA, José Antonio. *Altruismo, mercado y poder: el Banco Mundial y la lucha contra la pobreza*. Barcelona: Intermón Oxfam, 2001.

SAPRIN. *Las políticas de ajuste estructural en las raices de la crisis económica y la pobreza*. Washington, abril, 2002.

SAXE-FERNÁNDEZ, John. "Globalización y imperialismo". *In*: John Saxe-Fernández (coord.) *Globalización: crítica a un paradigma*. México DF: Universidad Nacional Autónoma de México, 1999, pp. 9-68.

SAXE-FERNÁNDEZ, John & DELGADO-RAMOS, Gian Carlo. *Imperialismo y Banco Mundial*. Madrid: Editorial Popular, 2004.

SMITH, Adam. *A riqueza das nações*. Vol. 2. São Paulo: Martins Fontes, 2003.

SOGGE, David. *Dar y tomar: ¿qué sucede con la ayuda internacional?* Barcelona: Icaria Editorial, 2002.

———. (ed.) *Compasión y cálculo: un análisis crítico de la cooperación no gubernamental al desarrollo*. Barcelona: Icaria Editorial, 1998.

STAHL, Karin. "Política social en América Latina: la privatización de la crisis", *Nueva Sociedad*, n° 131, mayo-junio, 1994, pp. 48-71.

STERN, Nicholas & FERREIRA, Francisco. "The World Bank as 'Intellectual Actor'". *In*: Devesh Kapur *et al.* (eds.). *The World Bank: its First Half Century*. Vol. 2. Washington: Brookings Institution Press, 1997, pp. 523-610.

STIGLITZ, Joseph. *A globalização e seus malefícios: a promessa não cumprida de benefícios globais*. 4ª edição. São Paulo: Futura, 2003

———. *Os exuberantes anos 90: uma nova interpretação da década mais próspera da história*. São Paulo: Companhia das Letras, 2003a.

———. "Distribuição, eficiência e voz: elaborando a segunda geração de reformas". *In*: Edson Teófilo (org.). *Distribuição de riqueza e crescimento econômico*. Brasília, MDA/CNDRS/Nead, 2000, pp. 29-59.

———. "Más instrumentos y metas más amplias para el desarrollo. Hacia el Consenso Post-Washington", *Instituciones & Desarrollo*, octubre, 1998, pp. 13-57.

STOLOWICZ, Beatriz. "El posliberalismo y la izquierda en América Latina", *Espacio Crítico*, n° 2, enero-junio, 2005.

———. "América Latina: estrategias dominantes ante la crisis". *In*: Naum Minsburg (org.). *Los guardianes del dinero: las políticas del FMI en Argentina*. Buenos Aires: Grupo Editorial Norma, 2003, pp. 323-60.

STRANGE, Susan. *Dinero loco: el descontrol del sistema financiero global*. Buenos Aires: Paidós, 1999.

STREETEN, Paul *et al*. *Lo primero es lo primero: satisfacer las necesidades básicas en los países en desarrollo*. Madrid: Tecnos (publicado para el Banco Mundial), 1996.

TABB, William. *Economic Governance in the Age of Globalization*. New York: Columbia University Press, 2004.

——. *The Amoral Elephant: Globalization and the Struggle for Social Justice in the Twenty-First Century*. New York: Monthly Review Press, 2001.

——. "Globalization is an issue, the power of capital is the issue", *Monthly Review*, vol. 49, n° 2, 1997, pp. 20-30.

TANZER, Michael. "Globalizing the Economy: the Influence of the International Monetary Fund and the World Bank", *Monthly Review*, vol. 47, n° 4, 1995, pp. 1-15.

TAVARES, Maria da Conceição. "A retomada da hegemonia norte-americana". *In*: Maria da Conceição Tavares e José Luís Fiori (org.). *Poder e dinheiro: uma economia política da globalização*. Petrópolis: Vozes, 1997, pp. 27-53.

TAVARES, Maria da Conceição & MELIN, Luiz Eduardo. "Pós-escrito 1997: a reafirmação da hegemonia norte-americana". *In*: Maria da Conceição Tavares e José Luís Fiori (org.). *Poder e dinheiro: uma economia política da globalização*. Petrópolis: Vozes, 1997, pp. 55-86.

TAYLOR, Marcus & SOEDERBERG, Susanne. "The King is Dead (Long Live the King?): from Wolfensohn to Wolfowitz at the World Bank". *In*: David Moore (ed.) *The World Bank: Development, Poverty, Hegemony*. Scottsville: University of KwaZulu-Natal Press, 2007, pp. 453-77.

THORP, Rosemary. *Progreso, pobreza y exclusión: una historia económica de América Latina en el siglo XX*. Washington: Banco Interamericano de Desarrollo/Unión Europea, 1998.

TOUSSAINT, Eric. *Banco Mundial: el golpe de Estado permanente*. Madri: El Viejo Topo, 2006.

US AGENCY FOR INTERNATIONAL DEVELOPMENT. *Millennium Challenge Account Update*. Washington, June 3, 2002. <http://usinfo.state.gov/journals/ites/0303/ijee/usaidfs.htm>.

——. *Uma introdução ao desenvolvimento da comunidade para auxiliares de comunidade*. Rio de Janeiro: Usaid, 1965.

US DEPARTMENT OF TREASURY. *Response to the Report of the International Financial Institution Advisory Commission*. Washington, June 8, 2000.

——. *United States Participation in the Multilateral Development Banks in the 1980s*. Washington, 1982.

US DEPARTMENT OF STATE. *Implementing the Millennium Challenge Account. US Government Background Paper*. Washington, February 5, 2003.

——. *Proceedings and Documents of the United Nations Monetary and Financial Conference, Bretton Woods, New Hampshire, July 1-22, 1944*. Vol. II. Washington, US Government Printing Office, 1948.

BIBLIOGRAFIA E DOCUMENTOS CITADOS

VAN DE LAAR, Aart. "The World Bank and the World's Poor", *World Development*, vol. 4, n° 10-11, 1976, pp. 837-51.

VAN DORMAEL, Armand. *Bretton Woods: Birth of a Monetary System*. London: MacMillan, 1978.

VELASCO E CRUZ, Sebastião. *Trajetórias: capitalismo neoliberal e reformas econômicas nos países da periferia*. São Paulo: UNESP, 2007.

———. *Globalização, democracia e ordem internacional: ensaios de teoria e história*. Campinas/São Paulo: Unicamp/Unesp, 2004.

VELTMEYER, Henry. "The World Bank on Poverty in Latin America", *Theomai Journal*, n° 15, 2007, pp. 35-53.

VILAS, Carlos M. "Confusiones y autoengaños", *Pagina 12*, 3/11/08.

———. "La recuperación de la soberania nacional como condición del desarrollo y la justicia social", *Realidad Económica*, n° 229, julio-agosto, 2007, pp. 8-20.

——— "¿Hacia atrás o hacia adelante? La revalorización del Estado después del 'Consenso de Washington'", *Perspectivas*, vol. 32, jul./dic., 2007a, pp. 47-81.

———. "Técnica y política en la reforma neoliberal del Estado", *Revista Argentina de Sociología*, vol. 3, n° 5, noviembre/diciembre, 2005, pp. 294-302.

———. "Imperialismo, globalización, imperio: las tensiones contemporáneas entre la territorialidad del Estado y la desterritorialización del capital", *Política y Sociedad*, vol. 41, n° 3, 2004, pp. 13-34.

——— "La piedra en el zapato: Estado, instituciones públicas y mercado". *In*: Leticia Campos Aragón (coord.) *La realidad económica actual y las corrientes teóricas de su interpretación*. México DF: Instituto de Investigaciones Económicas, Universidad Nacional Autónoma de México, 2002, pp. 13-39.

———. "El Síndrome de Pantaleón: política y administración en la reforma del Estado y la gestión de gobierno", *Foro Internacional*, vol. 41, n° 3, 2001, pp. 421-50.

———. "¿Más allá del 'Consenso de Washington'? Un enfoque desde la política de algunas propuestas del Banco Mundial sobre la reforma institucional", *América Latina Hoy*, n° 26, diciembre, 2000, pp. 21-39.

———. "¿Gobernar la globalización? Política y economía en la regulación de los movimientos internacionales de capital", *Ciencia y Sociedad*, vol. 25, n° 1, enero-marzo, 2000a, pp. 7-34.

———. "Entre la desigualdad y la globalización: la calidad de nuestras democracias", *Boletín Electoral Latinoamericano*, n° XXII, 1999, pp. 39-128.

———. "La reforma del Estado como cuestión política", *Política y Cultura*, vol. 8, 1997, pp. 147-85.

———. "De ambulancias, bomberos y policías: la política social del neoliberalismo (notas para una perspectiva macro)", *Desarrollo Económico*, vol. 36, n° 144, jan.-mar., 1997a, pp. 931-52.

——. "Reforma del Estado y pobreza", *Realidad Económica*, n° 144, 1996, pp. 20-31.

WADE, Robert Hunter. "¿Cambio de régimen financiero?", *New Left Review*, n° 54, nov./dic., 2008, pp. 5-21.

——. *Testimony to House Financial Services Committee*. Washington, May 23, 2007. <www.house.gov/apps/list/hearing/financialsvcs_dem/htwade052207.pdf>.

——. "Asfixiar al Sur", *New Left Review*, n° 38, marzo/abril, 2006, pp. 101-13.

——. "US Hegemony and the World Bank: the Fight Over People and Ideas", *Review of International Political Economy*, vol. 9, n° 2, summer, 2002, pp. 215-43.

——. "Enfrentamiento en el Banco Mundial", *New Left Review,* n° 7, jan./feb., 2001, pp. 112-24.

——. "Making the WDR 2000: Attacking Poverty", *World Development*, vol. 29, n° 8, 2001a, pp. 1435-41.

——. *The US Role in the Malaise at the World Bank: Get Up, Gulliver!* London, paper for G24, draft, 24 August, 2001b. <http://www.ksghome.harvard.edu/~drodrik/WadeG24.pdf>.

——. "Greening the Bank: the Struggle Over the Environment, 1970-1995". *In*: Devesh Kapur *et al.* (eds.). *The World Bank: its First Half Century*. Vol. 2. Washington: Brookings Institution Press, 1997, pp. 611-734.

——. "Japón, el Banco Mundial y el arte del mantenimiento del paradigma: el Milagro del Este Asiático en perspectiva política", *Desarrollo Económico*, vol. 37, n° 147, oct.-dic., 1997a, pp. 351-87.

——. "Success or Mess?", *Times Literary Supplement*, December 12, 1997b.

WADE, Robert H. & VENEROSO, Frank. "The Asian Crisis: the High Debt Model versus the Wall Street-Treasury-IMF complex", *New Left Review*, 228, March-April, 1998, pp. 3-23.

WEISS, Linda. "Globalization and the Myth of the Powerless State", *New Left Review*, n° 225, Sep.-Oct., 1997, pp. 3-27.

WHITE HOUSE, The. *The Millennium Challenge Account*. Washington, Fact Sheet, November 25, 2002. <http://usinfo.state.gov/journals/ites/0303/ijee/whfs.htm>.

WILKS, Alex & LEFRANÇOIS, Fabien. *¿Cegando con la información o animando el diálogo? Como los análisis del Banco Mundial determinan las políticas en las Estratégias de Lucha contra la Pobreza (DELP)*. Londres: Bretton Woods Project y World Vision International, 2002.

WILLIAMS, David & YOUNG, Tom. "The World Bank and the Liberal Project". *In*: David Moore (ed.). *The World Bank: Development, Poverty, Hegemony*. Scottsville: University of KwaZulu-Natal Press, 2007, pp. 203-25.

WILLIAMSON, John. "Revisión del consenso de Washington". *In* Louis Emmerij & José Nuñez del Arco (comp.). *El desarrollo económico y social en los umbrales del siglo XXI*. Washington, Banco Interamericano de Desarrollo, 1998, pp. 51-65.

BIBLIOGRAFIA E DOCUMENTOS CITADOS

——. "Democracy and the 'Washington Consensus'", *World Development*, vol. 21, n° 8, 1993, pp. 1.329-1.336.

——. "Reformas políticas na América Latina na década de 80", *Revista de Economia Política*, vol. 12, n° 1, janeiro-março, 1992, pp. 43-49.

WINTERS, Jeffrey. "Criminal debt". *In* Johathan Pincus & Jeffrey Winters (eds.). *Reinventing the World Bank*. Ithaca/London: Cornell University Press, 2002, pp. 101-30.

WISE, David & ROSS, Thomas B. *O governo invisível*. Rio de Janeiro: Civilização Brasileira, 1965.

WOLF, Martin. "Os limites da liberalização", *Folha de S. Paulo*, 26/03/08.

WOLFENSOHN, James. *Segurança e desenvolvimento no século XXI*. Washington, discurso anual na reunião do Banco Mundial e do FMI, 3/10/04.

——. *Un nuevo equilíbrio global — El desafio del liderazgo*. Dubai, discurso anual ante la Junta de Gobernadores, 23 de septiembre de 2003.

——. *Propuesta para un Marco Integral de Desarrollo (documento preliminar)*. Washington, 21 de enero de 1999.

——. *Coaliciones para el cambio*. Washington, discurso anual ante la Junta de Gobernadores, 28 de septiembre de 1990(a).

——. *La otra crisis*. Washington, discurso anual ante la Junta de Gobernadores, 6 de octubre de 1998.

——. *El desafío de la inclusión*. Hong-Kong, discurso anual ante la Junta de Gobernadores, 23 de septiembre de 1997.

——. *People and Development*. Washington, annual meetings address, October 1, 1996.

——. *New Directions and New Partnerships*. Washington, address to the Board of Governors, October 10, 1995.

WOLFOWITZ, Paul. *Buen gobierno y desarrollo: el momento de actuar*. Jakarta, discurso, 11 de abril de 2006.

——. *Camino a la prosperidad*. Singapur, discurso anual ante la Junta de Gobernadores, 19 de septiembre de 2006(a).

——. *El derrotero hacia el futuro: una política de resultados*. Washington, discurso anual en la reunión del Banco Mundial y FMI, 24 de septiembre de 2005.

WOOD, Ellen Meiksins. *Empire of capital*. London/New York: Verso, 2003.

——. *Democracia contra capitalismo: a renovação do materialismo histórico*. São Paulo: Boitempo, 2003a.

WOODS, Ngaire. *The Globalizers: the IMF, the World Bank and Their Borrowers*. Ithaca/London: Cornell University Press, 2006.

ZOELLICK, Robert. *Estados frágiles: garantizar el desarrollo*. Ginebra, 12 de septiembre, 2008.

——. *Una globalización incluyente y sostenible*. Washington, 10 de octubre, 2007.

——. "A Republican Foreign Policy", *Foreign Affairs*, vol. 79, n° 1, 2000, pp. 63-78.

Reportagens citadas

The New York Times, 21/07/1994 — "Bretton Woods: a policy revisited".

El País, 2/10/1994 — "Los alternativos piden anular la deuda externa de los países en desarrollo".

El País, 9/10/1994 — "Los desafios de la recuperación".

Folha de S. Paulo, 5/02/1995 — "Crise mexicana põe FMI em xeque".

BBC, 14/01/2002 — "Regulators probe Enron stock selloff".

The New York Times, 17/03/2007 — "Wolfowitz nod follows spread of conservative philosophy".

La Jornada, 13/04/2007 — "Escándalo en Washington por abuso de poder y corrupción del *halcón* de Bush".

Inter Press Service, 13/04/2007 — "Wolfowitz metió la guerra de Iraq en el Banco Mundial".

La Jornada, 14/04/2007 — "Banco Mundial, escándalos de corrupción... y de guerra".

The New York Times, 20/04/2007 — "World Bank Board decide Wolfowitz's fate".

The New York Times, 08/05/2007 — "Deal is offered for Chief's exit at World Bank".

Folha de S. Paulo, 18/05/2007 — "Após crise, Wolfowitz cai do BIRD".

La Jornada, 3/06/2007 — "Bajo a lupa".

BBC, 25/06/07 — "Profile: Robbert Zoellick".

La Jornada, 26/06/2007 — "Cercano a los Bush, fue electo por unanimidad para *mejorar la credibilidad* de la institución".

Folha de S. Paulo, 26/06/2007 — "Conselho do Banco Mundial aprova escolha de Zoellick para presidência".

The New York Times, 07/12/2007 — "U.S. Agency's slow pace endangers foreign aid".

Folha de S. Paulo, 12/11/2008 — "BIRD promete US$ 100 bilhões para os países emergentes".

Folha de S. Paulo, 15/12/2008 — "Banco Mundial prevê crise de desemprego".

Folha de S. Paulo, 16/11/2008 — "Ambicioso, pacote do G20 ainda encara ceticismo".

O Estado de S. Paulo, 16/11/2008 — "G-20 faz 47 recomendações anticrise".

Páginas eletrônicas consultadas

American Enterprise Institute — http://www.aei.org/
Associação Mundial para a Água — http://www.gwpforum.org/servlet/PSP
Banco Interamericano de Desenvolvimento — http://www.iadb.org/
Banco Mundial — http://www.worldbank.org/
Bank Information Center — http://www.bicusa.org/en/index.aspx
Bretton Woods Committee — http://www.brettonwoods.org/
Bretton Woods Project — http://www.brettonwoodsproject.org/
Campanha Jubileu 2000 — http://www.jubileubrasil.org.br/
Carnegie Endowment for International Peace — http://
www.carnegieendowment.org/
Cato Institute — http://www.cato.org/
Center for Strategic and International Studies — http://www.csis.org/index.php
Centre for Research on Globalisation — http://globalresearch.ca/
Choike — http://www.choike.org/nuevo/
Comité para la Anulación de la Deuda del Tercer Mundo —
    http://www.cadtm.org/spip.php?rubrique1
Educação para Todos — http://portal.unesco.org
Environmental Defense Fund — http://m.edf.org/home.cfm
European Network on Debt & Development (Eurodad) — http://www.eurodad.org/
Fifty Years is Enough Network — http://www.50years.org/
Focus on the Global South — http://www.focusweb.org/
Foreign Affairs — http://www.foreignaffairs.org/
Foreign Policy — http://www.foreignpolicy.com/
Freedom House — http://www.freedomhouse.org/
Friends of River Narmada — http://www.narmada.org/
Fundo Global para o Meio Ambiente — http://www.gefweb.org/
German Marshall Fund of the US, The — http://www.gmfus.org/about/index.cfm
Group of Fifty — http://www.g-50.org/index.cfm
Grupo Consultivo para a Pesquisa Agrícola Internacional —
    http://www.cgiar.org/index.html

Heritage Foundation — http://www.heritage.org/
Institute for Liberty and Democracy — http://ild.org.pe/en/home
Inter-American Dialogue — http://www.thedialogue.org/
International Council on Mining & Metals — http://www.icmm.com/
International Financial Institutions Advisory Commission —
    http://www.house.gov/jec/imf/ifiac.htm
International Fund for Agricultural Development — http://www.ifad.org/
Millennium Challenge Corporation — http://www.mcc.gov/
Monitor de IFIs en América Latina — http://ifis.choike.org/esp/
Oxfam — http://www.oxfam.org/
Parceria em Estatística para o Desenvolvimento do Século XXI —
    http://www.paris21.org
Plataforma de Doadores Globais para o Desenvolvimento Rural —
    http://www.donorplatform.org/
Project for the New American Century — http://newamericancentury.org/
Project Syndicate — http://www.project-syndicate.org/
Red del Tercer Mundo — http://www.redtercermundo.org.uy/
Right Web — http://rightweb.irc-online.org/index.html
Socioeconomic Data and Applications Center —
    http://sedac.ciesin.columbia.edu/es/mcc.html
Structural Adjustment Review Initiative Network — http://www.saprin.org/index.htm
Tercer Mundo Económico — http://www.redtercermundo.org.uy/tm_economico/
Transnational Institute — http://www.tni.org/
US Agency for International Development — http://www.usaid.gov/
US Department of State — http://www.state.gov/
US Department of Treasury — http://www.ustreas.gov/
White House, The — http://www.whitehouse.gov/index.html
World Bank Boycott Project — http://www.econjustice.net/wbbb/
World Business Council for Sustainable Development — http://www.wbcsd.org
World Commission on Dams — http://www.dams.org

*O texto deste livro foi composto em Sabon,
desenho tipográfico de Jan Tschichold de 1964
baseado nos estudos de Claude Garamond e
Jacques Sabon no século XVI, em corpo 10,5/15.
Para títulos e destaques, foi utilizada a tipografia
Frutiger, desenhada por Adrian Frutiger em 1975.*

*A impressão se deu sobre papel off-white 80g/m²
pelo Sistema Digital Instant Duplex da Divisão
Gráfica da Distribuidora Record.*